新《公司法》
裁判精要与实务指南
（股权激励卷）

王俊凯　吴疆　钟飚　著

ESSENTIAL JUDGMENTS AND PRACTICAL GUIDE UNDER
THE NEW COMPANY LAW
(EQUITY INCENTIVES VOLUME)

图书在版编目(CIP)数据

新《公司法》裁判精要与实务指南. 股权激励卷 / 王俊凯, 吴疆, 钟飚著. -- 北京：北京大学出版社, 2025.2. -- ISBN 978-7-301-35982-2

Ⅰ. D922.291.91-62

中国国家版本馆 CIP 数据核字第 20256U9W89 号

书　名	新《公司法》裁判精要与实务指南（股权激励卷）
	XIN《GONGSIFA》CAIPAN JINGYAO YU SHIWU ZHINAN
	（GUQUAN JILI JUAN）
著作责任者	王俊凯　吴疆　钟飚　著
策划编辑	陆建华
责任编辑	李蹊　费悦
标准书号	ISBN 978-7-301-35982-2
出版发行	北京大学出版社
地　址	北京市海淀区成府路 205 号　100871
网　址	http://www.pup.cn　http://www.yandayuanzhao.com
电子邮箱	编辑部 yandayuanzhao@pup.cn　总编室 zpup@pup.cn
新浪微博	@北京大学出版社　@北大出版社燕大元照法律图书
电　话	邮购部 010-62752015　发行部 010-62750672
	编辑部 010-62117788
印刷者	天津中印联印务有限公司
经销者	新华书店
	720 毫米×1020 毫米　16 开本　23.5 印张　409 千字
	2025 年 2 月第 1 版　2025 年 2 月第 1 次印刷
定　价	88.00 元

未经许可，不得以任何方式复制或抄袭本书之部分或全部内容。

版权所有，侵权必究

举报电话：010-62752024　电子邮箱：fd@pup.cn

图书如有印装质量问题，请与出版部联系，电话：010-62756370

分 工

王俊凯 撰写了第一章、第二章、第三章、第四章,负责全书统稿。

吴　疆 撰写了第五章、第六章、第七章、第八章,同时还撰写了第九章第三节"二、芯片企业的股权激励——兼论股权激励与上市的衔接""三、股权激励中的'股份支付'问题详解";第十章第三节"二、跨境电商上市公司的股权激励解析";第十一章第三节"一、一家上市建筑公司的股权激励方案及锁定期满后的减持问题";第十二章第三节"一、办案手记之一:违法解除劳动合同后,当初的激励股权退不退?""二、办案手记之二:年底了,你公司的股权激励有没有效果?"

钟　飚 撰写了第九章、第十章、第十一章、第十二章(不包含吴疆律师撰写的上述文章)。

凡例

一、本书法律、行政法规名称中的"中华人民共和国"省略，其余一般不省略，例如《中华人民共和国民法典》简称《民法典》。

二、"新《公司法》"为2023年12月29日修订的《中华人民共和国公司法》。

三、《民事诉讼法》为2023年9月1日修正的《中华人民共和国民事诉讼法》。

四、本书中下列司法解释及司法文件的全称及对应的简称：

1.《最高人民法院关于适用〈中华人民共和国公司法〉若干问题的规定（三）》简称《公司法司法解释（三）》；

2.《最高人民法院关于适用〈中华人民共和国公司法〉若干问题的规定（四）》简称《公司法司法解释（四）》；

3.《最高人民法院关于适用〈中华人民共和国公司法〉若干问题的规定（五）》简称《公司法司法解释（五）》；

4.《最高人民法院关于适用〈中华人民共和国民事诉讼法〉的解释》简称《民事诉讼法司法解释》；

5.《全国法院民商事审判工作会议纪要》简称《九民会议纪要》；

6.《最高人民法院关于适用〈中华人民共和国民法典〉婚姻家庭编的解释（一）》简称《民法典婚姻家庭编司法解释（一）》；

7.《全国法院贯彻实施民法典工作会议纪要》简称《民法典工作会议纪要》；

8.《最高人民法院关于适用〈中华人民共和国民法典〉总则编若干问题的解释》简称《民法典总则编司法解释》；

9.《最高人民法院关于适用〈中华人民共和国民法典〉合同编通则若干问题的解释》简称《民法典合同编通则司法解释》；

10.《最高人民法院关于审理民事案件适用诉讼时效制度若干问题的规定》简称《诉讼时效司法解释》。

序言

一、本卷的缘起

笔者在书店翻阅关于股权激励的书籍时,看到的内容大致都是这样:提及如何确定激励模式,内容基本是各种激励模式的比较及如何分步骤来确定激励模式;提及如何确定激励对象,内容基本是"定人三原则、定人五原则"及导入岗位评估排序法等;提及如何确定股权激励计划的考核办法,便少不得提一番关键业绩指标考核法、360度考核法、EVA考核法、平衡计分考核法等。市面上具有这些内容的股权激励书籍不少,但大同小异,笔者总感觉似乎还缺少些什么。

在提笔欲写本书时,笔者的脑海里第一时间跳出的也是上述内容,也曾经一度朝这个方向对本书框架进行设计。但在初步框架形成时,却发现和市面上的股权激励书籍并无二致,不得不放弃了市面流行的框架和表达方式。笔者在长时间的"冷却"过程中进行了艰辛的思考,最终下定决心:我们应当写本从纯粹法律视角出发的股权激励实务书,而不是市面上流行的管理学、财会学视角的股权激励书,这才是我们擅长的角度和领域,也更符合我们律师作为创作者的定位。

有些事情受阻,往往受观念的限制,一旦观念更新,前行的速度就会大大加快。在决意以法律视角进入股权激励领域并付诸实施一段时间后,笔者发现市面关于纯粹法律视角的股权激励书籍少之又少,可以说找不到几本。这个发现,虽开始给笔者带来了郁闷,但也带来了惊喜。因为这是机会,是撰写本书的社会意义所在,是本书存在的独一无二的价值,这种意外的发现与认知,显然也成为迷惘中笔者前进的巨大驱动力。

虽确定了专注于法律视角,但从哪个方面着手深入突破、衍生,并由此组成一个具有逻辑性的有机体系,成为新的困扰。法律视角下,哪些内容是对读者有价值的,且这些内容是笔者擅长撰写的?如果聚焦在股权激励的实操细节上,显然回到了管理学、财会学视角上去。再次历经了一段"冷却"时间,并经过对法律实务书籍的反复比照,笔者得出新的结论。

法律实务书分为交易型和争议解决型,前者侧重于探讨如何达成交易、交易的实施步骤是什么;后者侧重于法律层面的分析对比,多数以司法机关的裁判案例和裁判观点为基础,从司法判决角度来分析股权激励的实务问题。交易型的实务书,是作者个人实战经验的总结和细致披露,个性化强,对读者而言存在着不确定性;争议解决型实务书以司法机关的判例和观点作为支撑,具有可预见性、稳定性和普适性。从这一角度来说,以争议解决为角度撰写股权激励实务书也是必然的要求。

本书需要聚焦司法案例和观点来阐述股权激励问题,这当然是纯粹法律角度,也当然属于法律实务之书,且有别于管理学、财会学视角,不会与它们产生过多的交集,凸显出本书的明确定位和特色。

观念得到二次更新,仍然得益于反复的思考。这次的感悟,极大推动了本书撰写的进程。但第三次阻滞来了,本书的框架的确搭建起来了,但都是以专题的形式简单并排相加,没有体现出清晰的逻辑结构。这次阻滞的化解速度较快,完全受本系列图书"股权转让卷"的启发,该卷视股权转让本质为一种合同行为,同时为了体现"新《公司法》"这个重点主题,将框架设计为两部分:第一部分是股权转让中的公司法,以专题形式进行叠加;第二部分是股权转让中的合同法,以合同的订立、履行、解除、违约为逻辑线与股权转让行为结合。

股权激励关系本质是合同关系,可通过股权激励协议书这类合同来实现激励效果。与股权转让合同一样,股权激励合同也是一种特殊的非典型合同,本书在框架设计上借鉴了"股权转让卷"思考的成果,高效的同时也更能体现本书设计的初衷,也与系列图书的定位、特色保持一致。在笔者看来,这是目前智力思考范围内能设计出的关于股权激励法律实务的较为完美的体系。

故本卷整体上也划分为两部分:第一部分是股权激励中的公司法(第一章到第六章),以专题形式将与新《公司法》直接密切相关的内容进行提炼和叠加;第二部分是股权激励中的合同法律(第七章到第十二章),股权激励是指激励者(实施股权激励的单位)与激励对象(单位中的重要人员)签署股权激励合同,以合同形式确定双方的权利义务并保障股权激励方案的具体落实的行为。股权激励本质上就是合同关系,且属特别的股权转让类型,是特殊类型的股权转让合同。本书将合同的订立、主体、履行、解除、终止、违约作为主线,把股权激励的相关内容全部串联起来,如此形成逻辑体系,正是笔者意欲达到的效果。

二、本卷的框架

第一章,股权激励与股东资格。激励对象获得激励股权的目的一般是想在公司中获得较好的经济效益,如有可能最好还能适度参与公司经营管理,此时股东资格对于纠纷解决至关重要。与公司纠纷中的其他场景一样,股权激励场景中的原告之股东资格往往是其主张权利的前提条件,因此本书第一章设计的股权激励与股东资格关系相关内容,具有提纲挈领的作用。本章主要解决的问题是:激励对象什么时候取得股东资格,其依据是什么;是否履行出资义务对股东资格、股东权利存在什么影响;哪些人可以成为激励对象,哪些人可以享有股东资格;什么因素会影响到股东资格的认定。这其实涉及的是股权激励中的"定人员"问题。

第二章,股权激励与股权转让。股权激励既然是一种股权转让关系,为什么还要将两者的关系设计为本章的内容?因为新《公司法》对于股权转让作出了很多规定,有些规则相较之前有改变,且两者虽然有联系,但毕竟不完全等同。本章主要解决的问题是:股权激励中的优先购买权、股权激励中的股权转让及转让价格之确定等。

第三章,股权激励与股权回购。新《公司法》上的股权回购,是指异议股东在具备法定情形下请求公司回购股权,这不仅包括公司主动回购股权的情形,还包括控股股东因滥用股东权利时,其他股东不需要存在异议就可提出股权回购请求权的情形。股权激励场合中,最常见的是股权激励协议中约定的回购条件触发时所产生的股权回购,比如严重违反劳动制度、离职、死亡等。本章主要解决的问题是:激励股权回购条件的触发、回购条款的效力、回购价格如何确定等。

第四章,股权激励与股权代持。在直接持股情形下,因股东人数超过法定股东人数最高限额,预留出股权激励池的创始股东会代激励对象持有股权;在间接持股情形下,也可能产生其他股东代持激励股权的现象。上述情形在法律适用上与通常接触到的股权代持没有区别,只是具有股权激励的特殊背景。本章主要解决的问题是:股权代持关系是否成立、名义股东擅自转让股权的责任承担、股权代持协议的履行和解除等。

第五章,股权激励与财产分割。从激励对象本身来看,激励股权只与公司或持股平台有关联,激励股权属激励对象的个人财产;如果放到婚姻家事的范畴,就会产生激励股权是不是夫妻共同财产的问题,在离婚时将产生能否分割激励股权、如何分割激励股权的问题。激励股权与其他财产类型还不大一样,比如它的行权时间落在婚姻关系存续期间还是婚姻关系形成之前或者婚姻关系结束之后,认定激励股权的性质和分割方法都不同。本章主要解决的问题是:激励股权属于个人财产还是夫妻共同财产、激励股权如何分割等。

第六章,股权激励与公司决议。股东会、董事会决议可以合称为公司决议,新《公司法》规定了公司决议效力有三种类型:决议无效、决议被撤销、决议不成立。公司作出不分红决议、不按决议确定的分红方案来分红、公司决议内容侵害激励对象的合法权利等都可能被激励对象提起公司决议效力之诉。本章主要解决的问题是:有效的公司决议应如何履行内部合法程序、激励对象提起决议效力诉讼的程序如何等。

第七章,股权激励合同的订立。前面六章讲了股权激励与新《公司法》直接密切相关的若干主题,从本章开始讲股权激励与合同直接密切相关的主题,主要适用《民法典》合同编及相关司法解释,辅以新《公司法》规定。股权激励合同属于非典型合同的一种,其订立的特别之处在于,激励对象的相对方并非都是与激励对象产生劳动关系的用人单位,也可以是用人单位的关联公司,甚至可以是用人单位的创始股东;既可以是公司,也可以是合伙企业;既可以是非自然人主体,也可以是自然人主体。股权激励合同签订遵从合同签订的一般原理,比如要约、承诺、书面或非书面合同形式等。本章主要解决的问题是:要约、承诺的判定;合同签约主体的识别;合同的成立与生效等。

第八章,股权激励合同的效力。股权激励合同效力类型包括有效、无效、可撤销、不生效等,须根据《民法典》及相关司法解释来判定。本章主要解决的问题是:无效、可撤销、不生效的股权激励合同之认定。特别说明的是,实务中常发生激励股权是赠与还是非赠与、赠与是否成立与生效等问题的讨论,这可结合合同效力类型来对比分析,故本章放入了赠与内容。

第九章,股权激励合同的履行。激励者交付股权(分期、分批次交付),取得股权对应价款;激励对象以行权方式获得股权,支付股权价款。这就是股权激励合同中签约主体的主要权利义务。本章主要解决的问题是:行权时股价的支付;行权的期限;激励对象有哪些行权权利,如何行权;行权的价格如何确定;行权条件是否成就的判断等。

第十章,股权激励合同的解除。激励对象严重违反公司制度、业绩未达标、离职、死亡等,都可能导致股权激励合同的解除。股权激励合同的解除,应遵从《民法典》合同编的相关规则来认定处理。本章主要解决的问题是:股权激励合同的解除条件是否成就的认定以及合同解除后的责任承担等。

第十一章,股权激励合同的违约责任。合同的解除或终止,不影响违约责任的承担。本章主要解决的问题是:股权激励合同中的违约金如何计算;违约金的司法酌减；如何计算损失赔偿额；激励对象支付的股款或投资款是否应返还、应如何返还等。

第十二章，股权激励纠纷案件性质、诉讼时效、法院管辖。股权激励纠纷案中，首先要解决的问题是，案件性质为民商事案件，还是劳动纠纷案件。因激励对象兼具劳动者身份，其与用人单位签订劳动合同时，也签订了股权激励合同。在股权激励合同发生争议时，当事人往往也将劳动合同引入，进行有利于自己的主张和抗辩，导致诉讼程序拖长和案情复杂化。如果股权激励纠纷属民商事案件，在审理过程中会对诉讼时效产生争议；在立案阶段，则会产生管辖法院的争议。本章主要解决的问题是：股权激励纠纷案件的性质属于民商事案件还是劳动争议案件、如何起算股权激励案件的诉讼时效、如何确定股权激励案件的管辖法院等。

三、本书的章节

本系列图书定位为律师实务系列图书，为律师办案提供实用和实在的帮助。律师办案的基本思路首先是了解案情，查看证据；其次是思考与案件密切关联的法律依据，也就是请求权基础规范在哪里；再次是查阅裁判案例、提炼裁判观点，看能否与案件"对号入座"；最后是看律师实务文章，从中找到实务操作的建议或法律理解上的启发。针对律师办案基本思路，本书设定每章内容由三小节组成：

第一节，请求权基础规范。该节由三层次的法律规定组成：一是新《公司法》的规定，将其置于前面，与"新《公司法》系列图书"的定位吻合；二是其他法律规定，包括《民法典》、公司法司法解释及其他相关的规定；三是收录司法政策文件，比如《九民会议纪要》，让读者对法律规定有全面的理解，也方便读者查阅。

在对股权激励法规的收集上，与本系列图书"股权转让卷"序言中提及的一样，同样提倡保持六种视觉：一是公司法视觉，二是合同法视觉，三是外资企业法视觉，四是国有企业法视觉，五是证券法、资本市场法视觉，六是强制执行视觉。

第二节，裁判精要。此节将针对本章的内容，对大量的裁判案例进行归纳梳理，只提炼与本章内容相关的裁判观点，也就是判决书中"法院认为"的部分，本书对该部分亦作处理。首先，简化表达，极少数案例的观点难以切割才作全面引用；其次，为了节约版面不引用案情简介，读者可以通过裁判观点前的案号自行检索；再次，组合不同角度的裁判观点，再用抽象提取的观点进行概括；最后，搭建起关于本章内容的实务框架体系，亦符合本系列图书"裁判精要"的定位。

第三节，实务指南。该章的实务心得文章从对新《公司法》条文的理解、某些方面的实务操作指引、不同实务要点之间的对比等角度出发。特别提醒两点：一是本节中出现了若干篇关于上市公司的股权激励案例的分析，因股权激励方案是个整体统一的方案，很难说该分析案例必须放在哪一章，将分析案例呈现出来是希望读者得到有益的启发和思考，并不必然意味着与本章内容完全对应；二是本节中出现的较多示范文本举例主要取材于股份有限公司通行的标准的条文版本，该内容与本章定位基本一致，目的是让读者可以借鉴其表达方式来制定属于自己公司的股权激励方案。

新《公司法》颁布后，实务中仍存在一些需要研究探讨的问题，本系列图书脱胎于笔者亲历的实务经验，其中难免存在不足、错误之处，恳请各位读者不吝赐教。

王俊凯　吴疆　钟飚
2025 年 1 月 1 日

目 录

第一部分 股权激励中的公司法

第一章 股权激励与股东资格 ··· **003**

第一节 请求权基础规范 ·· 003
一、新《公司法》规定 ·· 003
二、其他法律规定 ·· 004

第二节 裁判精要 ·· 014
一、持股平台因素 ·· 014
二、享有股权因素 ·· 017
三、劳动关系因素 ·· 021
四、出资因素 ·· 023

第三节 实务指南 ·· 024
一、新《公司法》对股权激励的影响：激励对象 ······················· 024
二、一家生产型的拟上市企业是如何做股权激励的 ····················· 026
三、示范条款的制定：激励对象确定的依据和范围 ····················· 030
四、示范条款的制定：股票期权的来源、数量及分配 ··················· 032

第二章 股权激励与股权转让 ··· **035**

第一节 请求权基础规范 ·· 035
一、新《公司法》规定 ·· 035
二、其他法律规定 ·· 036

第二节 裁判精要 ·· 038
一、优先购买权 ·· 038
二、股权转让价格 ·· 039

第三节 实务指南 ·· 044

一、新《公司法》对股权激励的影响：股权转让 …………………… 044
　　二、再战IPO(Initial Public Offering，即首次公司募股，以下
　　　　简称"IPO")的食品企业股权激励方案评析 ……………………… 047
　　三、示范条款的制定：时间安排 ……………………………………… 050

第三章　股权激励与股权回购 …………………………………………… **053**

第一节　请求权基础规范 …………………………………………… 053
　　一、新《公司法》规定 ………………………………………………… 053
　　二、其他法律规定 ……………………………………………………… 055

第二节　裁判精要 …………………………………………………… 060
　　一、回购条件触发的认定 ……………………………………………… 060
　　二、回购股权义务的确定 ……………………………………………… 068
　　三、股权回购价格的确定 ……………………………………………… 077

第三节　实务指南 …………………………………………………… 081
　　一、新《公司法》对股权激励的影响：股权回购、定向减资 ……… 081
　　二、科创板芯片企业的股权激励详解 ………………………………… 084
　　三、如何撰写关于回购和注销股份的法律意见书 …………………… 088

第四章　股权激励与股权代持 …………………………………………… **090**

第一节　请求权基础规范 …………………………………………… 090
　　一、新《公司法》规定 ………………………………………………… 090
　　二、其他法律规定 ……………………………………………………… 090

第二节　裁判精要 …………………………………………………… 092
　　一、股权代持关系是否成立 …………………………………………… 092
　　二、名义股东擅自转让股权 …………………………………………… 095
　　三、代持协议的履行和解除 …………………………………………… 097

第三节　实务指南 …………………………………………………… 101
　　一、新《公司法》对股权激励的影响：授权资本制 ………………… 101
　　二、餐饮企业IPO上市的股权架构及股权激励解析 ………………… 102
　　三、如何撰写关于激励计划调整及授予的法律意见书 ……………… 106
　　四、点评监事会核查意见的公告样板 ………………………………… 107

第五章　股权激励与财产分割 … 109

第一节　请求权基础规范 … 109
一、新《公司法》规定 … 109
二、其他法律规定 … 109

第二节　裁判精要 … 111
一、激励股权权属问题 … 111
二、激励股权如何分割 … 113

第三节　实务指南 … 115
一、离职股权激励退出条款怎么设计——兼论闭环原则 … 115
二、董事会终止实施激励计划的公告样板之点评 … 118
三、示范条款的制定：激励主体异动时的处理 … 120

第六章　股权激励与公司决议 … 124

第一节　请求权基础规范 … 124
一、新《公司法》规定 … 124
二、其他法律规定 … 124

第二节　裁判精要 … 125
一、公司内部程序履行 … 125
二、公司决议效力之诉 … 127

第三节　实务指南 … 130
一、餐饮企业赴港上市，股权激励如何实施？ … 130
二、点评独立董事征集委托投票权的公告样板 … 133
三、示范条款的制定：股权激励计划的实施程序 … 138

第二部分　股权激励中的合同法

第七章　股权激励合同的订立 … 145

第一节　请求权基础规范 … 145
一、《民法典》规定 … 145
二、其他法律规定 … 146

第二节 裁判精要 ·· 157
一、要约、承诺 ·· 157
二、合同签订的主体:激励者的识别 ·············· 161
三、合同是否成立生效 ·································· 168

第三节 实务指南 ·· 170
一、跨境电商上市公司的股权激励解析 ········· 170
二、示范条款的制定:声明、特别提示、释义 ···· 174
三、示范条款的制定:目的原则、管理机构 ····· 176

第八章 股权激励合同的效力 ························ **178**

第一节 请求权基础规范 ···································· 178
一、《民法典》规定 ··· 178
二、其他法律规定 ··· 180

第二节 裁判精要 ·· 182
一、股权激励合同是否有效 ···························· 182
二、股权激励与股权赠与 ······························ 184

第三节 实务指南 ·· 192
一、新《公司法》对股权激励的影响:出资方式、出资期限 ······ 192
二、股权激励收益应如何纳税——以股权期权为例 ·············· 194
三、股权激励中,上市后的减持约束条款如何书写? ············· 196
四、如何撰写关于股权激励计划的法律意见书 ···················· 197

第九章 股权激励合同的履行 ························ **201**

第一节 请求权基础规范 ···································· 201
一、《民法典》规定 ··· 201
二、其他法律规定 ··· 202

第二节 裁判精要 ·· 217
一、行权约定不明或没有约定 ······················· 217
二、行权条件是否成就 ·································· 223
三、行权 ·· 239

第三节 实务指南 ·· 249
一、新《公司法》对股权激励的影响:财务资助 ················ 249
二、芯片企业的股权激励——兼论股权激励与上市的衔接 ······ 250

三、股权激励中的"股份支付"问题详解 ………………………… 256

四、示范条款的制定：行权价格及确定方法 …………………… 259

第十章 股权激励合同的解除 ………………………… **262**

第一节 请求权基础规范 ………………………… 262

一、《民法典》规定 ………………………… 262

二、其他法律规定 ………………………… 263

第二节 裁判精要 ………………………… 267

一、合同解除的条件 ………………………… 267

二、合同解除的责任 ………………………… 272

第三节 实务指南 ………………………… 278

一、新《公司法》对股权激励的影响：无面额股、类别股 ……… 278

二、跨境电商上市公司的股权激励解析 ………………………… 279

三、示范条款的制定：股票期权的授予与行权条件 …………… 283

第十一章 股权激励合同的违约责任 ………………………… **288**

第一节 请求权基础规范 ………………………… 288

一、《民法典》规定 ………………………… 288

二、其他法律规定 ………………………… 290

第二节 裁判精要 ………………………… 294

一、违约金 ………………………… 294

二、赔偿损失 ………………………… 299

第三节 实务指南 ………………………… 310

一、一家上市建筑公司的股权激励方案及锁定期满后的减持问题 … 310

二、如何制定股权激励计划考核办法 …………………………… 316

三、示范条款的制定：权利与义务 ……………………………… 319

第十二章 股权激励纠纷案件性质、诉讼时效、法院管辖 ……… **322**

第一节 请求权基础规范 ………………………… 322

一、诉讼时效 ………………………… 322

二、法院管辖 ………………………… 323

第二节 裁判精要 ………………………… 325

一、股权激励纠纷案的性质之辩 ………………………… 325

二、股权激励案件的诉讼时效 …………………………………… 349

三、股权激励纠纷案的法院管辖 ………………………………… 353

第三节　实务指南 ……………………………………………………… 355

一、办案手记之一：违法解除劳动合同后，当初的激励股权退不退？ …………………………………………………… 355

二、办案手记之二：年底了，你公司的股权激励有没有效果？ ……… 356

第一部分

股权激励中的公司法

第一章　股权激励与股东资格

第一节　请求权基础规范

一、新《公司法》规定

第 34 条　公司登记事项发生变更的,应当依法办理变更登记。
公司登记事项未经登记或者未经变更登记,不得对抗善意相对人。

第 39 条　虚报注册资本、提交虚假材料或者采取其他欺诈手段隐瞒重要事实取得公司设立登记的,公司登记机关应当依照法律、行政法规的规定予以撤销。

第 48 条　股东可以用货币出资,也可以用实物、知识产权、土地使用权、股权、债权等可以用货币估价并可以依法转让的非货币财产作价出资;但是,法律、行政法规规定不得作为出资的财产除外。

对作为出资的非货币财产应当评估作价,核实财产,不得高估或者低估作价。法律、行政法规对评估作价有规定的,从其规定。①

第 55 条　有限责任公司成立后,应当向股东签发出资证明书,记载下列事项:(一)公司名称;(二)公司成立日期;(三)公司注册资本;(四)股东的姓名或者名称、认缴和实缴的出资额、出资方式和出资日期;(五)出资证明书的编号和核发日期。

出资证明书由法定代表人签名,并由公司盖章。

第 56 条　有限责任公司应当置备股东名册,记载下列事项:(一)股东的姓名或者名称及住所;(二)股东认缴和实缴的出资额、出资方式和出资日期;(三)出资证明书编号;(四)取得和丧失股东资格的日期。

---

① 激励者要享有公司股份获得股东身份,一般都需要履行出资义务,可以货币出资,也可以非货币出资。对这一点,股权激励场景与其他场景没有质的区别,只是股权激励中以货币出资为主要形式;以非货币出资的,主要是适用于高新技术企业的股权激励,即以科技成果、技术形式出资为主。

记载于股东名册的股东,可以依股东名册主张行使股东权利。①

第 86 条 股东转让股权的,应当书面通知公司,请求变更股东名册;需要办理变更登记的,并请求公司向公司登记机关办理变更登记。公司拒绝或者在合理期限内不予答复的,转让人、受让人可以依法向人民法院提起诉讼。

股权转让的,受让人自记载于股东名册时起可以向公司主张行使股东权利。②

第 90 条 自然人股东死亡后,其合法继承人可以继承股东资格;但是,公司章程另有规定的除外。

第 102 条 股份有限公司应当制作股东名册并置备于公司。股东名册应当记载下列事项:(一)股东的姓名或者名称及住所;(二)各股东所认购的股份种类及股份数;(三)发行纸面形式的股票的,股票的编号;(四)各股东取得股份的日期。③

第 167 条 自然人股东死亡后,其合法继承人可以继承股东资格;但是,股份转让受限的股份有限公司的章程另有规定的除外。④

二、其他法律规定

(一)股东出资

【公司法层面】

1.《公司法司法解释(三)》

第 7 条 出资人以不享有处分权的财产出资,当事人之间对于出资行为效力产生争议的,人民法院可以参照民法典第三百一十一条的规定予以认定。

以贪污、受贿、侵占、挪用等违法犯罪所得的货币出资后取得股权的,对违法犯罪行为予以追究、处罚时,应当采取拍卖或者变卖的方式处置其股权。

第 9 条 出资人以非货币财产出资,未依法评估作价,公司、其他股东或者公司债权人请求认定出资人未履行出资义务的,人民法院应当委托具有合法资格的评估机构对该财产评估作价。评估确定的价额显著低于公司章程所定价额的,人民法院应当认定出资人未依法全面履行出资义务。

第 10 条 出资人以房屋、土地使用权或者需要办理权属登记的知识产权等财

---

① 名字记载在股东名册上,是取得股东资格的标志,但不是唯一标志。
② 名字记载在股东名册上,是股权转让关系中股权权属变更的标志,但不是唯一标志。
③ 出资证明书、股东名册、工商登记都是证明股东资格的重要证据,但也只是初始证据,并非最终证据。
④ 股权取得方式可分为原始取得、继受取得,前者如付款购买股权,后者如继承取得股权。股权激励以原始取得为主要方式,鲜见继承激励股权产生的纠纷,但离婚时分割激励股权的案例比较多。

产出资,已经交付公司使用但未办理权属变更手续的,公司、其他股东或者公司债权人主张认定出资人未履行出资义务的,人民法院应当责令当事人在指定的合理期间内办理权属变更手续;在前述期间内办理了权属变更手续的,人民法院应当认定其已经履行了出资义务;出资人主张自其实际交付财产给公司使用时享有相应股东权利的,人民法院应予支持。

出资人以前款规定的财产出资,已经办理权属变更手续但未交付给公司使用,公司或者其他股东主张其向公司交付、并在实际交付之前不享有相应股东权利的,人民法院应予支持。

第 11 条 出资人以其他公司股权出资,符合下列条件的,人民法院应当认定出资人已履行出资义务:(一)出资的股权由出资人合法持有并依法可以转让;(二)出资的股权无权利瑕疵或者权利负担;(三)出资人已履行关于股权转让的法定手续;(四)出资的股权已依法进行了价值评估。

股权出资不符合前款第(一)、(二)、(三)项的规定,公司、其他股东或者公司债权人请求认定出资人未履行出资义务的,人民法院应当责令该出资人在指定的合理期间内采取补正措施,以符合上述条件;逾期未补正的,人民法院应当认定其未依法全面履行出资义务。

股权出资不符合本条第一款第(四)项的规定,公司、其他股东或者公司债权人请求认定出资人未履行出资义务的,人民法院应当按照本规定第九条的规定处理。

第 15 条 出资人以符合法定条件的非货币财产出资后,因市场变化或者其他客观因素导致出资财产贬值,公司、其他股东或者公司债权人请求该出资人承担补足出资责任的,人民法院不予支持。但是,当事人另有约定的除外。

第 22 条 当事人之间对股权归属发生争议,一方请求人民法院确认其享有股权的,应当证明以下事实之一:(一)已经依法向公司出资或者认缴出资,且不违反法律法规强制性规定;(二)已经受让或者以其他形式继受公司股权,且不违反法律法规强制性规定。

2.《公司法司法解释(四)》

第 16 条 有限责任公司的自然人股东因继承发生变化时,其他股东主张依据公司法第七十一条第三款规定行使优先购买权的,人民法院不予支持,但公司章程另有规定或者全体股东另有约定的除外。

3.《市场主体登记管理条例实施细则》

第 13 条第 3 款 依法以境内公司股权或者债权出资的,应当权属清楚、权能完整,依法可以评估、转让,符合公司章程规定。

【证券法层面】

1.《国有科技型企业股权和分红激励暂行办法》(已被修改)

第19条 企业以股权期权方式授予的股权,激励对象分期缴纳相应出资额的,以实际出资额对应的股权参与企业利润分配。

2.《关于国有控股混合所有制企业开展员工持股试点的意见》

三、企业员工入股

(二)员工出资。员工入股应主要以货币出资,并按约定及时足额缴纳。按照国家有关法律法规,员工以科技成果出资入股的,应提供所有权属证明并依法评估作价,及时办理财产权转移手续。上市公司回购本公司股票实施员工持股,须执行有关规定。

试点企业、国有股东不得向员工无偿赠与股份,不得向持股员工提供垫资、担保、借贷等财务资助。持股员工不得接受与试点企业有生产经营业务往来的其他企业的借款或融资帮助。

四、企业员工股权管理

(五)破产重整和清算。员工持股企业破产重整和清算时,持股员工、国有股东和其他股东应以出资额为限,按照出资比例共同承担责任。

3.《非上市公众公司监管指引第6号——股权激励和员工持股计划的监管要求(试行)》

二、员工持股计划

(二)员工持股应以货币出资,并按约定及时足额缴纳,可以由员工合法薪酬和法律、行政法规允许的其他方式解决。

4.《关于试点创新企业实施员工持股计划和期权激励的指引》(已失效)

一、关于上市前实施的员工持股计划

(一)试点企业首发上市前实施员工持股计划的应当体现增强公司凝聚力、维护公司长期稳定发展的导向,建立健全激励约束长效机制,有利于兼顾员工与公司长远利益,为公司持续发展夯实基础。原则上符合下列要求:

……

员工入股应主要以货币出资,并按约定及时足额缴纳。按照国家有关法律法规,员工以科技成果出资入股的,应提供所有权属证明并依法评估作价,及时办理财产权转移手续。

【科技成果入股、技术入股】

1.《促进科技成果转化法》

第 16 条 科技成果持有者可以采用下列方式进行科技成果转化：(一)自行投资实施转化；(二)向他人转让该科技成果；(三)许可他人使用该科技成果；(四)以该科技成果作为合作条件，与他人共同实施转化；(五)以该科技成果作价投资，折算股份或者出资比例；(六)其他协商确定的方式。

第 45 条 科技成果完成单位未规定、也未与科技人员约定奖励和报酬的方式和数额的，按照下列标准对完成、转化职务科技成果做出重要贡献的人员给予奖励和报酬：(一)将该项职务科技成果转让、许可给他人实施的，从该项科技成果转让净收入或者许可净收入中提取不低于百分之五十的比例；(二)利用该项职务科技成果作价投资的，从该项科技成果形成的股份或者出资比例中提取不低于百分之五十的比例；(三)将该项职务科技成果自行实施或者与他人合作实施的，应当在实施转化成功投产后连续三至五年，每年从实施该项科技成果的营业利润中提取不低于百分之五的比例。

国家设立的研究开发机构、高等院校规定或者与科技人员约定奖励和报酬的方式和数额应当符合前款第一项至第三项规定的标准。

国有企业、事业单位依照本法规定对完成、转化职务科技成果做出重要贡献的人员给予奖励和报酬的支出计入当年本单位工资总额，但不受当年本单位工资总额限制、不纳入本单位工资总额基数。

2.《实施〈中华人民共和国促进科技成果转化法〉若干规定》

二、激励科技人员创新企业

(九)国家鼓励企业建立健全科技成果转化的激励分配机制，充分利用股权出售、股权奖励、股票期权、项目收益分红、岗位分红等方式激励科技人员开展科技成果转化。国务院财政、科技等行政主管部门要研究制定国有科技型企业股权和分红激励政策，结合深化国有企业改革，对科技人员实施激励。

3.《关于支持科技成果出资入股确认股权的指导意见》

一、鼓励以科技成果出资入股确认股权。以科技成果出资入股的，支持在企业创立之初，通过发起人协议、投资协议或公司章程等形式对科技成果的权属、评估作价、折股数量和比例等事项作出明确约定，形成明晰的产权，避免今后发生纠纷，影响企业发行上市或挂牌转让。按照《公司法》的相关规定，包括科技成果在内的无形资产占注册资本的比例可达到 70%。

二、鼓励企业明确科技人员在科技成果中享有的权益,依法确认股权。支持企业根据《科学技术进步法》、《促进科技成果转化法》、《专利法》和《专利法实施细则》等相关法律法规的规定,在相关的职务发明合同中约定科技人员在职务发明中享有的权益,并依法确认科技人员在企业中的股权。

三、落实北京中关村等园区先行先试政策,采取多种方式合理确认股权。支持北京中关村、上海张江、武汉东湖国家自主创新示范区和安徽合芜蚌自主创新综合试验区内的企业、高等院校及科研院所按照依据国家法律法规制定的先行先试政策进行股权和分红权激励,对做出突出贡献的科技人员和经营管理人员所实施的技术入股、股权奖励、分红权等,以合理的方式确认其在企业中的股权。

四、进一步深化发行审核机制改革,对科技成果形成的股权予以审核确认。对于企业在股权形成及演变过程中存在的审批或者备案手续方面的瑕疵,中国证监会本着重要性原则处理。涉及的股权占比较低、不影响公司控制权稳定且没有重大风险隐患的,在做充分的信息披露并说明出现股权纠纷时的解决机制的情况下,将不再要求企业在上市前补办相关确认手续。

4.《财政部、国家知识产权局关于加强知识产权资产评估管理工作若干问题的通知》

一、知识产权占有单位符合下列情形之一的,应当进行资产评估:(一)根据《公司法》第二十七条规定,以知识产权资产作价出资成立有限责任公司或股份有限公司的;(二)以知识产权质押,市场没有参照价格,质权人要求评估的;(三)行政单位拍卖、转让、置换知识产权的;(四)国有事业单位改制、合并、分立、清算、投资、转让、置换、拍卖涉及知识产权的;(五)国有企业改制、上市、合并、分立、清算、投资、转让、置换、拍卖、偿还债务涉及知识产权的;(六)国有企业收购或通过置换取得非国有单位的知识产权,或接受非国有单位以知识产权出资的;(七)国有企业以知识产权许可外国公司、企业、其他经济组织或个人使用,市场没有参照价格的;(八)确定涉及知识产权诉讼价值,人民法院、仲裁机关或当事人要求评估的;(九)法律、行政法规规定的其他需要进行资产评估的事项。

非国有单位发生合并、分立、清算、投资、转让、置换、偿还债务等经济行为涉及知识产权的,可以参照国有企业进行资产评估。

5.《财政部、国家发展改革委、科技部、劳动保障部关于企业实行自主创新激励分配制度的若干意见》

三、企业在实施公司制改建、增资扩股或者创设新企业的过程中,对职工个人合法拥有的、企业发展需要的知识产权,可以依法吸收为股权(股份)投资,并办理权属变更手续。

企业应当在对个人用于折股的知识产权进行专家评审后,委托具备相应资质的资产评估机构进行价值评估,评估结果由企业董事会或者经理办公会等类似机构和个人双方共同确认。其中,国有及国有控股企业应当按国家有关规定办理备案手续。

企业也可以与个人约定,待个人拥有的知识产权投入企业实施转化成功后,按照其在近3年累计为企业创造净利润的35%比例内折价入股。折股所依据的累计净利润应当经过中介机构依法审计。

四、企业实现科技成果转化,且近3年税后利润形成的净资产增值额占实现转化前净资产总额30%以上的,对关键研发人员可以根据其贡献大小,按一定价格系数将一定比例的股权(股份)出售给有关人员。

价格系数应当综合考虑企业净资产评估价值、净资产收益率和未来收益折现等因素合理确定。企业不得为个人认购股权(股份)垫付款项,也不得为个人融资提供担保。个人持有股权(股份)尚未缴付认股资金的,不得参与分红。

五、高新技术企业在实施公司制改建或者增资扩股过程中,可以对关键研发人员奖励股权(股份)或者按一定价格系数出售股权(股份)。

奖励股权(股份)和以价格系数体现的奖励额之和,不得超过企业近3年税后利润形成的净资产增值额的35%,其中,奖励股权(股份)的数额不得超过奖励总额的一半;奖励总额一般在3年到5年内统筹安排使用。

(二)上市公司

【股权激励的资金来源】

1.《境内上市公司外籍员工参与股权激励资金管理办法》

六、境内上市公司外籍员工参与股权激励所需资金,可以来源于其在境内的合法收入,也可以来源于从境外汇入的资金。

2.《关于上市公司实施员工持股计划试点的指导意见》

二、员工持股计划的主要内容

(五)员工持股计划的资金和股票来源

1.员工持股计划可以通过以下方式解决所需资金:(1)员工的合法薪酬;(2)法律、行政法规允许的其他方式。

【激励股权的来源】

1.《上市公司股权激励管理办法》

第12条 拟实行股权激励的上市公司,可以下列方式作为标的股票来源：(一)向激励对象发行股份；(二)回购本公司股份；(三)法律、行政法规允许的其他方式。

第22条 本办法所称限制性股票是指激励对象按照股权激励计划规定的条件,获得的转让等部分权利受到限制的本公司股票。

限制性股票在解除限售前不得转让、用于担保或偿还债务。

第28条 本办法所称股票期权是指上市公司授予激励对象在未来一定期限内以预先确定的条件购买本公司一定数量股份的权利。

激励对象获授的股票期权不得转让、用于担保或偿还债务。

2.《国有控股上市公司(境内)实施股权激励试行办法》

第8条 股权激励的方式包括股票期权、限制性股票以及法律、行政法规允许的其他方式。上市公司应以期权激励机制为导向,根据实施股权激励的目的,结合本行业及本公司的特点确定股权激励的方式。

第9条 实施股权激励计划所需标的股票来源,可以根据本公司实际情况,通过向激励对象发行股份、回购本公司股份及法律、行政法规允许的其他方式确定,不得由单一国有股股东支付或擅自无偿量化国有股权。

3.《国有控股上市公司(境外)实施股权激励试行办法》

第3条 本办法所称股权激励主要指股票期权、股票增值权等股权激励方式。

股票期权是指上市公司授予激励对象在未来一定期限内以预先确定的价格和条件购买本公司一定数量股票的权利。股票期权原则上适用于境外注册、国有控股的境外上市公司。股权激励对象有权行使该项权利,也有权放弃该项权利。股票期权不得转让和用于担保、偿还债务等。

股票增值权是指上市公司授予激励对象在一定的时期和条件下,获得规定数量的股票价格上升所带来的收益的权利。股票增值权主要适用于发行境外上市外资股的公司。股权激励对象不拥有这些股票的所有权,也不拥有股东表决权、配股权。股票增值权不能转让和用于担保、偿还债务等。

上市公司还可根据本行业和企业特点,借鉴国际通行做法,探索实行其他中长期激励方式,如限制性股票、业绩股票等。

4.《中央企业控股上市公司实施股权激励工作指引》

第 10 条 上市公司股权激励方式包括股票期权、股票增值权、限制性股票,以及法律法规允许的其他方式。(一)股票期权,是指上市公司授予激励对象在未来一定期限内以预先确定的价格和条件购买本公司一定数量股票的权利。激励对象有权行使或者放弃这种权利。股票期权不得转让、用于担保或偿还债务。(二)股票增值权,是指上市公司授予激励对象在一定的时期和条件下,获得规定数量的股票价格上升所带来的收益的权利。股权激励对象不拥有这些股票的所有权,也不拥有股东表决权、配股权。股票增值权不得转让、用于担保或偿还债务。(三)限制性股票,是指上市公司按照股权激励计划规定的条件授予激励对象转让等权利受到限制的本公司股票。激励对象自授予日起享有限制性股票的所有权,但在解除限售前不得转让、用于担保或偿还债务。

第 12 条 股票增值权原则上适用于境内注册、发行中国香港上市外资股的上市公司(H 股公司)。

股票增值权应当由公司统一管理,达到可行权条件后原则上由公司统一组织行权,并根据激励对象个人业绩完成情况兑现收益。

第 13 条 上市公司确定实施股权激励所需标的股票来源,应当符合法律法规、股票交易上市地监管规定和上市规则。应当根据企业实际情况,采取向激励对象发行股份(增量)、回购本公司股份(存量)及其他合规方式确定标的股票来源,不得仅由国有股东等部分股东支付股份或其衍生权益。对于股票市场价格低于每股净资产或股票首次公开发行价格的,鼓励通过回购本公司股份的方式确定标的股票来源。

5.《关于上市公司实施员工持股计划试点的指导意见》

(五)员工持股计划的资金和股票来源

2.员工持股计划可以通过以下方式解决股票来源:(1)上市公司回购本公司股票;(2)二级市场购买;(3)认购非公开发行股票;(4)股东自愿赠与;(5)法律、行政法规允许的其他方式。

6.《科创板上市公司持续监管办法(试行)》

第 23 条 科创公司授予激励对象的限制性股票,包括符合股权激励计划授予条件的激励对象在满足相应条件后分次获得并登记的本公司股票。

限制性股票的授予和登记等事项,应当遵守交易所和证券登记结算机构的有关规定。

第 24 条 科创公司授予激励对象限制性股票的价格,低于市场参考价 50% 的,应符合交易所有关规定,并应说明定价依据及定价方式。

出现前款规定情形的,科创公司应当聘请独立财务顾问,对股权激励计划的可行性、相关定价依据和定价方法的合理性、是否有利于公司持续发展、是否损害股东利益等发表意见。

7.《上海证券交易所科创板股票上市规则》

10.1 上市公司以本公司股票为标的,采用限制性股票、股票期权或者本所认可的其他方式,对董事、高级管理人员及其他员工进行长期性激励的,应当遵守本章规定,履行相应审议程序和信息披露义务。

10.5 上市公司授予激励对象限制性股票,包括下列类型:(一)激励对象按照股权激励计划规定的条件,获得的转让等部分权利受到限制的本公司股票;(二)符合股权激励计划授予条件的激励对象,在满足相应获益条件后分次获得并登记的本公司股票。

(三)非上市公司

【股权激励的资金来源】

1.《关于规范国有企业职工持股、投资的意见》

二、规范国有企业改制中的职工持股行为

(七)规范入股资金来源。国有企业不得为职工投资持股提供借款或垫付款项,不得以国有产权或资产作标的物为职工融资提供保证、抵押、质押、贴现等;不得要求与本企业有业务往来的其他企业为职工投资提供借款或帮助融资。对于历史上使用工效挂钩和百元产值工资含量包干结余以全体职工名义投资形成的集体股权现象应予以规范。

2.《非上市公众公司监管指引第6号——股权激励和员工持股计划的监管要求(试行)》

一、股权激励

(二)激励对象包括挂牌公司的董事、高级管理人员及核心员工,但不应包括公司监事。挂牌公司聘任独立董事的,独立董事不得成为激励对象。

核心员工的认定应当符合《公众公司办法》的规定。

【激励股权的来源】

1.《国有科技型企业股权和分红激励暂行办法》(已被修改)

第3条第1款 本办法所称股权激励,是指国有科技型企业以本企业股权为标的,采取股权出售、股权奖励、股权期权等方式,对企业重要技术人员和经营管理人员实施激励的行为。

第 8 条 企业可以通过以下方式解决激励标的股权来源：(一)向激励对象增发股份。(二)向现有股东回购股份。(三)现有股东依法向激励对象转让其持有的股权。

第 9 条 企业可以采取股权出售、股权奖励、股权期权等一种或多种方式对激励对象实施股权激励。

大、中型企业不得采取股权期权的激励方式。

企业的划型标准，按照国家统计局《关于印发统计上大中小微型企业划分办法的通知》(国统字〔2011〕75 号)等有关规定执行。

2.《关于国有控股混合所有制企业开展员工持股试点的意见》

三、企业员工入股

(六)持股方式。持股员工可以个人名义直接持股，也可通过公司制企业、合伙制企业、资产管理计划等持股平台持有股权。通过资产管理计划方式持股的，不得使用杠杆融资。持股平台不得从事除持股以外的任何经营活动。

3.《非上市公众公司监管指引第 6 号——股权激励和员工持股计划的监管要求(试行)》

一、股权激励

(三)拟实施股权激励的挂牌公司，可以下列方式作为标的股票来源：1.向激励对象发行股票；2.回购本公司股票；3.股东自愿赠与；4.法律、行政法规允许的其他方式。

二、员工持股计划

(三)员工持股计划可以通过以下方式解决股票来源：1.挂牌公司回购本公司股票；2.通过全国股转系统购买；3.认购定向发行股票；4.股东自愿赠与；5.法律、行政法规允许的其他方式。

其中向员工持股计划定向发行股票的，应当符合《证券法》《公众公司办法》的规定。①

---

① 《公司法》《证券法》直接规定股权激励的条文很少，但依旧为股权激励制度奠定基石、树立框架。关于股权激励的部门规章规定则非常多，都是关于股权激励操作的实施细则，有证券资本市场层面的、国有企业层面的、外商投资企业层面的，对我们直观理解股权激励这种特殊的股权转让方式大有裨益，这也是从事股权激励风险防范业务非常重要的依据。

第二节 裁判精要

一、持股平台因素

1. 分析职工持股会要运用历史思维。从公司成立之初看,相关部门未直接赋予职工发起人身份,而是构建了职工持股会这个主体参与公司设立;职工虽然缴纳了股款履行出资义务也享受了分红,但其享有的表决权是通过委派代表行使的,职工不直接参与公司经营管理,而是以职工持股会名义参与;同时通过持股会章程判断,职工不享有完整的股东权益,只是基于职工投资身份而享有福利,因此只是职工持股会与公司之间构成股东与公司的关系,而非职工与公司之间构成股东与公司的关系,职工并不直接持股,亦不享有股东资格。

在(2018)粤04民终2982号案中,二审法院认为,上诉人能否凭借实际出资行为主张工商登记为汇达丰公司股东为本案争议焦点。就此焦点,法院进行了具体分析:

第一,从历史背景分析。本案上诉人出资事实发生于我国社会主义市场经济转型企业改制的特殊历史时期,职工个人未与改制企业或工会签订书面协议,而是成立股东持股会,并依托于工会成立汇达丰公司。

第二,从汇达丰公司成立时的情形分析。1997年12月3日政府有关部门批复的改制方案以及1997年12月5日的招股说明书,已经明确要将集体净资产优惠转让给工会职工持股会,由持股会与物资供应公司成立汇达丰公司。工会职工持股会也对发售对象及份额进行了内部限定,并且要求职工调离时退出股份,可见这种股份属于福利性股权激励方案,与普通隐名出资情形并不相同。

第三,从持股会章程规定来分析。《持股会章程》第3条规定工会职工持股会以其全部出资额为限对公司承担有限责任,会员以其投入工会职工持股会的资金额享有出资者的资金收益,通过职工持股会参与公司经营管理决策等权利。第8条对于会员的权利规定更为明确,即对投入持股会的股金享有所有权及红利分配权,参加持股会会员大会及被选举为会员代表以及持股会解散、清算时按所持股份比例取得剩余财产等权利,而第17条规定会员代表大会可以讨论决定持股会在汇达丰公司持股方式的改变,即由持股会持股改变为由若干股份公司持股。本案职工持股会是作为实现持股职工特定目的的特殊主体,章程也对于在汇达丰公司中的持股方式作了限定,即由持股会持股或者股份公司持股,这种代持模式决定了代持机构与公司之间构成股东与公司关系,职工会员与公司之间不存在直接持股关系。

第四,从隐名股权转让合同分析。上诉人主张工会认可其持有的是汇达丰公司隐名股份,属于隐名股东。对此,法院认为,即便工会在受让职工股权时使用的合同版本中称呼对方为隐名股东,但职工并不因此显名。一方面,持股会从未有过职工显名事项的程序规定;另一方面,职工取代工会成为显名股东需要得到汇达丰公司其他股东过半数同意。至本案二审判决前,奥粤公司与珠海电力实业公司并不认可上诉人要求显名的请求。

第五,从持股会及工会的现状分析。上诉人称现在持股会人员发生重大变化,原有会员代表不能维护上诉人权益,这是工会应根据客观情况变化及时调整持股会人员的问题,不足以成为上诉人直接显名的充分理由。

2. 股权激励计划中持股平台可以是公司或合伙企业,其持有公司部分股权,与激励者具有股东关系的通常是持股平台,而非被"装到"持股平台的激励对象。以合伙企业作为持股平台的,如果被登记为魅客部落的合伙人仅是工商登记形式上的需要,其并无出资的真实意思表示,则工商登记不应被视为激励对象在持股平台上具有合伙人身份的凭证,对于合伙企业内部关系而言,应以是否有合伙的意思表示、实际出资、是否共担风险、共享盈余并行使合伙人权利等实质要件作为确认合伙人身份的主要依据,形式登记为合伙人不等于享有在合伙企业的投资份额,更不一定享有股东资格。

在(2018)粤03民终7548号案中,二审法院认为,本案争议焦点在于,罗某是否拥有魅客部落20.13%的投资份额。

首先,罗某主张其持有魅客部落20.13%的投资份额,是基于罗某在创客公司初创阶段对公司发展所作的重大贡献,王某某为了表示奖励,承诺给罗某创客公司5%的股权,通过对当时创客公司2.5%的股权折算,罗某在魅客部落持有20.13%的投资份额。对此,法院认为,第一,上述主张仅是罗某的单方所称,王某某并未予以认可,罗某又不能提供其他证据予以佐证,应承担举证不能的不利法律后果。第二,依《增资协议》的约定,魅客部落设立的目的在于实施公司员工股权激励计划,王某某将其在创客公司12.41%的股权转给魅客部落作为激励公司员工的股份(该股权在本轮投资后稀释为10.43%)。王某某将其在创客公司12.41%的股权转给魅客部落后,因拟激励对象、拟激励方案等已发生重大变化,无法实施期权激励计划,王某某根据创客公司股东会决议通过与魅客部落签订《股权转让协议》的方式,将该10.43%的股权又转回给王某某,后王某某又将上述股权分别无偿赠与蓝色核心和蓝色核心一(二者均为持股平台),拟用于实施股权激励计划,罗某的上述主张与事实不符。第三,罗某主张王某某承诺给其创客公司5%的股权,但该事实在《增资协议》中却没有披露,罗某也没有证据能够证明除增资协议约定魅客部落持有12.41%股权拟用于实现员工期权外,王某某和罗某还存在奖励股权的其他约定。综上,罗某的上述主张因缺乏事实依据,不予采信。

其次,从魅客部落设立的目的来看,魅客部落是根据《增资协议》设立的,目的是成为实施公司员工股权激励计划的平台,并非从事实际经营活动的有限合伙企业,这一点从魅客部落成立后既未从事任何经营活动,罗某与王某某也不存在共享盈余、共担亏损及债务的权利和义务的情况得以印证,罗某被登记为挂名合伙人仅是为了满足工商登记合伙企业需要两名合伙人的法定要求。因此,罗某虽与王某某签订合伙协议,并被工商登记为魅客部落的合伙人,但双方并不存在合伙经营的意思表示,自然不具备魅客部落合伙人的实质要件。

再次,从魅客部落设立的过程来看,验资报告显示王某某认缴的出资额79780元已实际到位,罗某认缴的注册资本为20130元,实际出资0元,注册资金并未到位,只是在2017年9月6日双方诉讼发生后,罗某才向魅客部落银行账户转账汇款20130元,备注为股东股权出资。从这一点也可以看出,罗某被登记为魅客部落的合伙人仅是工商登记形式上的需要,其并无出资的真实意思表示。

最后,工商登记档案不应当视为合伙人的身份凭证,仅为证明合伙人身份的一种证据,对于合伙企业内部关系而言,应贯彻意思自治原则,以是否实际出资,是否共担风险、共享盈余并行使合伙人权利等实质要件作为确认合伙人身份的主要依据。罗某、王某某系登记在册的魅客部落的合伙人,合伙企业内部争议应以双方的真实意思表示为准,根据《增资协议》,魅客部落仅为实施员工股权激励计划的平台,魅客部落名下全部创客公司的股权均出于实施公司员工股权激励计划的目的而持有。因此,罗某主张其拥有魅客部落20.13%的投资份额,无相关事实和法律依据,不予支持。

3. 员工参与股权激励计划、达成间接持有公司股票的目的应表现为员工自身或者受其委托投资的员工代表与持股平台建立投资关系、成为持股平台的合伙人。激励对象只是将投资款汇入持股平台,但未能签订合伙协议,亦未被登记为持股平台的合伙人,不能认定其已间接持有公司股票,激励对象实际未能实现参与股权激励计划的目的。

在(2020)京03民终12696号案中,二审法院认为,争议焦点在于王某某是否达成了员工股权激励计划中约定的间接持有长城华冠公司股票的目的。长城华冠公司认可员工股权激励计划的持股方式为:誉华特企业作为长城华冠公司的股东,系长城华冠公司的员工持股平台,员工代表通过持有誉华特企业的出资进而间接持有长城华冠公司股票。据此,员工参与股权激励计划、达成间接持有长城华冠公司股票的目的应表现为该员工自身或者受其委托投资的员工代表与誉华特企业建立投资关系、成为誉华特企业的合伙人。

长城华冠公司主张王某某通过委托董某某持有誉华特企业的出资已经实现参与员工股权激励计划的目的,但根据查明的事实,在王某某按照长城华冠公司的指示将投资款通过董某某汇入誉华特企业后,董某某或王某某未能签订誉华特企业的合伙协议,亦未被登记为誉华特企业的合伙人,同时,董某某也未在《委托投资协议》上签字。长城华冠公司以其向王某某出具了《员工股权激励确认书》,工商登记仅具有对抗效力等为由主张王某某已实现间接持有长城华冠公司股票的目的,但该确认书系长城华冠公司自行制作,现无证据表明长城华冠公司的员工持股平台誉华特企业已经将王某某或王某某的受托人吸纳为合伙人,仅凭长城华冠公司的内部记载,不足以确认王某某或王某某的受托人已经与誉华特企业建立投资关系并成为誉华特企业的合伙人。

二、享有股权因素

1. 公司与激励对象签约,为了对特定人员实施激励措施而将公司拥有资产虚化为股票,属股权激励协议,激励对象只享有分红权而不享有股东资格;股东与激励对象签约,可以产生股权转让或股权赠与的法律关系,激励对象依协议享有股东资格。

在(2012)沪一中民四(商)终字第57号案中,二审法院认为本案的争议焦点在于系争技术股认股协议的性质。上诉人王某某认为该份协议系股权转让或者股权赠与协议,被上诉人甲公司认为该份协议主要是公司为员工发放奖金的依据,如果甲公司上市后,王某某可以认购这些股票。

对此,法院认为,首先,系争协议约定上诉人王某某在满足特定条件下可认购和配发的是股票而非股权,且该份协议系甲公司与王某某签署,如果系股权赠与或者股权转让协议,应是由甲公司的股东熊某某与王某某签订,由熊某某将其在甲公司的股权转让给王某某,故该协议并非上诉人所主张的股权转让或者股权赠与协议,王某某不能依此成为甲公司的股东。

其次,双方当事人在签订本案所涉协议时,甲公司系有限责任公司,根据现行法律之规定是无法发行股票的,王某某作为公司的高级管理人员对此应是明知的,故应当探寻当事人真正的缔约目的。

再次,从协议的缔约目的来看,甲公司作为有限责任公司无法发行股票,该协议的签约目的应是激励高级管理人员而将公司所拥有的资产虚化为股票。从2009年和2010年甲公司对王某某的奖金分红中也可以看出王某某所拥有的技术股的数量是甲公司对员工进行激励的一个重要的考量因素。

最后,未有证据证明在系争协议签订后至王某某向原审法院起诉前,王某某曾向甲公司或者甲公司的股东要求确认其股东身份。故本案所涉协议并非股权转让协议或者股权赠与协议,双方当事人签署该份协议的真正目的在于甲公司在满足特定条件下给予王某某一定的激励,王某某不享有股权而只享有一定的经济利益。

2. 虚拟股的性质

2-1 虚拟股权不是完整意义上的公司股权,而是一种附条件、有限制的股权激励待遇,即以激励对象在公司任职为条件。任职期间如果公司上市,则虚拟股权可以参加分红;如果公司未上市,则虚拟股权不参加分红。虚拟股权激励并不必然产生激励对象取得公司法意义上的股东资格以及完全股东权益的法律效力,激励对象诉请确认其为公司股东并享有股东分红权没有依据。

在(2017)粤03民终793号案中,二审法院认为争议焦点在于吴某某是否具有大行公司股东资格。首先,大行公司、吴某某于2010年9月28日签订《补充协议》,约定大行公司为激励吴某某尽力尽责工作,而让吴某某共同享受公司发展成果,在原劳动合同的基础上,达成协议如下:大行公司聘请吴某某出任研发中心总监,原劳动合同期限延长至2013年9月30日;大行公司给予吴某某的具体激励机制,从2010年10月1日开始执行,包括大行公司每年度为吴某某设定KPI(Key Performance Indicator,即关键绩效指标,分低、中、高三个目标等级),虚拟股权分配在KPI(低、中、高)基础上,以第三方在大行公司申报上市时的评估报告总值为准,具体分配金额为:达成低目标KPI,公司分配金额为9万元,个人可购买金额为6万元;达成中目标KPI,公司分配金额为12万元,个人可购买金额为8万元;达成高目标KPI,公司分配金额为15万元,个人可购买金额为10万元,以上虚拟股权分配金额当年分配40%,满2年30%,满3年30%,此分配期间与公司是否已经上市无关,在上市前,虚拟股权不参加分红,如公司在3年内(自此协议签订之日起计算)未上市,则此虚拟股权自动转化为普通股,以当时最新的第三方评估报告总值为基准,按此比例享受分红;如果劳动关系终止,则《补充协议》也随之终止。

上述约定表明,大行公司给予吴某某的虚拟股权不是完整意义上的公司股权,而是一种附条件、有限制的股权激励待遇,即以吴某某在大行公司任职为条件。如果吴某某在大行公司任职期间大行公司上市,则虚拟股权可以参加分红;如果大行公司未上市,则虚拟股权不参加分红。虽然《补充协议》约定如果大行公司3年内(自此协议签订之日起计算)未上市,则虚拟股权自动转化为普通股,但上述约定中对于虚拟股权如何转为普通股未予明确,且《补充协议》明确约定吴某某离职后《补充协议》即终止。鉴于此,案涉《补充协议》约定的虚拟股权激励待遇并不必然产生吴某某取得公司法意义上的股东资格以及完全股东权益的法律效力,大行公司至今未上市,吴某某与大行公司的劳动关系亦已于2013年9月30日终止,故吴某某诉请确认其为大行公司股东并享有股东分红权,不符合《补充协议》约定,亦无法律依据。

2-2 虚拟股未经过工商登记且未计入公司股东名册的,激励对象不具有公司法意义上的股东资格。

在(2019)苏06民终4101号案中,一审法院认为,双方就"虚拟股权"签订协议,由李某某购买"虚拟股权",爱心公司给予分红回报,系当事人的真实意思表示。该协议实质为公司向员工筹措资金,同时给予员工激励分红作为回报的一种公司自治方式。仅就公司内部融资回报内容的约定而言,并未违反法律法规的规定,应属有效。但该股权不经过工商登记,也不计入公司股东名册,非《公司法》规定的股权设立方式,李某某当然也不具有公司法意义上的股东资格。

3.股权激励中可以约定代持股权分为生效的股权和未生效的股权。股权生效以激励对象支付相应的出资款并办理工商变更登记为要件,激励者享有对应股权的全部权益,享有股东资格;未生效股权则由他人继续代持。

在(2021)京01民终9847号案中,二审法院认为,《协议书》1.3条约定代持股份的收益等所有权归彭某某所有,1.6条约定彭某某中途退出公司运营的剩余未生效的股份归宋某某继续代持,可以与彭某某作为股权的实际拥有者的情况相互印证,证明无论股权生效与否,彭某某均为20万元出资款对应股权的实际拥有者,享有对应股权的全部权益。《协议书》作为股权激励性质的合同,1.6条将案涉股权分为生效股权和未生效股权,未生效的股权由宋某某代持,亦可证明生效的股权是将宋某某代持变更登记为由彭某某持有。

4.对于公司与股东之间的内部法律关系及权利义务的认定,应以公司章程、股权管理办法等内部约定为准,并非以股权登记为准,没有支付股权转让对价亦无证据证明该部分股权系公司给予员工的股权激励,则该股权即便登记在员工名下,员工实际上也不享有股东资格。

在(2013)苏商申字第0587号案中,再审法院认为,股权登记具有对抗性效力及公示效力,但在股权转让纠纷仅涉及公司内部关系时,应以公司内部当事人的约定为准。换言之,如果公司的外部工商登记的记载与内部章程或股东之间的约定存在不一致的情形时,对于公司与股东之间的内部法律关系及相应权利义务的认定,应以章程、股权管理办法等内部约定为准。杨某某在2009年受让闻某某的股权时,系依照公司的章程及股权管理办法的规定执行,杨某某未支付股权转让对价,亦无证据证明该部分股权系公司给予杨某某的股权激励,在公司股东会尚未对该部分出让股权作出处置意见的情形下,该部分股权仅登记于杨某某名下,并未归杨某某所有。杨某某主张依照工商登记资料的记载,其尚持有1377050元的股权,因与事实不符,不予采纳。

5.激励股权获得的方式,可以是股权转让,也可以是增资扩股。前者一般是附限制条件股权,以在公司或关联公司服务满一定期限为条件,后者没有附条件。

在(2021)湘01民终5913号案中,二审法院认为,关于聂某某主张其系通过单纯的增资扩股取得帅佳公司的案涉股权,取得案涉股权没有附带条件。帅佳公司、尔康公司、曹某某均主张聂某某系通过股权激励的方式取得帅佳公司的案涉股权,取得案涉股权后须在相关公司工作满36个月,否则相关权利人有权收回股权。经审查,第一,尔康公司的《招股说明书》载明,帅佳公司是为了持有尔康公司股权而设立的持股目的公司,其持有尔康公司17.01%的股权。故帅佳公司与尔康公司系关联公司。第二,帅佳公司《股东会决议》和尔康公司《关于公司实行股权激励方案的通知》均载明,帅佳公司、尔康公司将通过增资或股权转让的方式对尔康公司及公司分公司、子公司的特定员工进行股权激励,激励股权为帅佳公司的股权,激励对象获得帅佳公司的股权后间接获授尔康公司的股权,激励对象在自愿认购股权的同时须签署《承诺函》及《股权转让协议》,激励对象在获得帅佳公司的股权(须过户)后未在尔康公司及其关联方工作满36个月的,由帅佳公司或其指定股东无条件回购股权。从上述内容来看,用于激励的股权附带有条件,即激励对象在获得激励股权(须过户)后未在尔康公司及其关联方工作满36个月的,帅佳公司或其指定股东可以无条件回购激励股权。

6.激励对象需要举证证明股权究竟来源于何处,不然无法主张相关权益。

在(2020)渝01民终4068号案中,二审法院认为,陈某某主张西部书刊市场公司对其实施股权激励,其经继受方式取得股权,但并未充分举证证明其主张享有权利的股权究竟来源于何处。虽然周某某、叶某某在发送给尚享公司的回复中称登记在尚享公司名下股权有25%系代管理团队持有,西部书刊市场公司股权结构为尚享公司持股20.5%、李某持股19.5%、叶某某持股10%、苏某某持股17%、周某某持股8%、陈某某持股9%、李某2持股9%、张某某持股7%,但尚享公司对此未予认可,李某2亦未充分举证证明尚享公司代管理团队持股25%的事实。据此,二审法院认定陈某某未取得西部书刊市场公司股东资格。

7.注意公司股权激励方案对股东身份的取得有无明确约定,以及是否存在可以选择的方案。如果选择了只分红而不享有股东资格的方案,则不能提起基于股东身份的有关诉讼。

在(2014)沪一中民四(商)终字第1506号案中,二审法院认为,公司盈余分配请求权是具有公司股东资格和地位的股东依法享有请求公司按照自己的持股比例分配红利的权利。肖某某在原审中是以相互广告公司的股东身份提起本案诉讼的,但公司股权激励方案对于肖某某如何具备股东身份有明确约定,肖某某对于2011年及2012年度内获得的股权红利有两种选择:第一种即以该股权红利认购股权后成为公司股东,第二种是不认购股权而直接领取红利。在二审庭审中,肖某某已明确其选择的是第二种方式,由此说明肖某某自始就不具备相互广告公司的股东身份,而本案并非公司法意义上的公司盈余分配纠纷,肖某某以其作为相互广告公司的股东主张公司盈余分配,法院不予支持。

三、劳动关系因素

1.职工既是劳动者又是企业出资人,劳动关系解除后属于非正常持有公司股权的人员,不再具备股东身份。

在(2021)川01民终7272号案中,一审法院认为争议焦点在于钟某是否仍然是空分公司股东。因空分公司为股份合作制企业,国家经济体制改革委员会《关于发展城市股份合作制企业的指导意见》(已失效)规定,不吸收本企业以外的个人入股,职工离开企业时其股份不能带走,必须在企业内部转让,其他职工有优先受偿权。结合空分公司《员工配股的实施办法》以及《公司章程》确定的最高权力机构股东代表大会通过的《关于股权管理的暂行规定》等对股权管理的相关规定,法院认定钟某在2005年1月1日与四川川空换热器有限公司协商一致解除劳动关系后即不再具有空分公司股东身份。

2. 未行权的股票期权被取消往往与雇佣关系的解除同步进行。

在(2015)沪二中民一(民)终字第1294号案中,一审法院认为,讼争股票期权被没收是由于威士伯公司解除了与戴某之间的雇佣关系,戴某主张威士伯上海公司没收了戴某的股票期权,不能成立。国家外汇管理局对于境内个人参与境外上市公司股权激励计划相关问题作出规定,明确参与境外上市公司股权激励计划的个人,应通过境内公司委托的代理机构办理外汇登记、汇兑等事项,并应由一家境外机构办理个人行权、资金划转等事项。威士伯上海公司并非讼争股权期权的所有人、授予人,无权直接取消已参与境外上市公司股权激励计划的个人名下股票期权。从股权托管服务部致戴某的函件可以看出,戴某名下未行权的股票期权被取消与威士伯公司解除和戴某之间的雇佣关系是同步的,即讼争股票期权被取消与威士伯公司解除与戴某的雇佣关系有关。

3. 激励者基于辞职向公司提出退还入股本金,意味着其将失去股东资格。

在(2018)渝民申1161号案中,再审法院认为,席某某作为上海斯宇公司成立发起人之一,在公司章程上签字确认,应当对公司章程约定具有充分认知和理解。席某某于2015年11月9日向上海沪工集团公司提出辞职并要求上海沪工集团公司退还其入股上海斯宇公司股本金,证明席某某知晓其辞职即意味着失去上海斯宇公司股东资格。席某某于2015年12月14日正式办理离职手续,其应当依照公司章程的规定,将其持有的上海斯宇公司股份转让给舒某某。

4. 激励对象股权仍保留在公司股东名下且激励对象已从公司离职的,股权原则上应由公司回购或转让给其他股东,激励对象要求确认股东资格缺乏依据。

在(2017)京01民终9370号案中,一审法院认为,《股权激励计划草案》规定股权激励对象应在2012年5月14日之日起2年内以预定的价格和条件受让公司股权,并约定了股权的授予程序和行权条件程序:公司须与激励对象签订《股权期权转让协议书》,激励对象未签署《股权期权转让协议书》或已签署《股权期权转让协议书》但未按照付款期限支付受让标的股权款的,视为该激励对象放弃参与本次授予。张某某与尚学公司虽未按照规定的条件与程序签署《股权期权转让协议书》,但张某某未放弃股权激励且已支付股权转让款,未签署的原因应归属于尚学公司,况且张某2作为尚学公司的法定代表人在2015年7月13日与张某某的谈话中曾确认授予张某某的6万股股权不变,故应认定股权的授予条件已经具备,尚学公司主张张某某的起诉已超过诉讼时效缺乏依据,不予采信。鉴于双方均确认授予激励对象的股权仍应保留在公司现有股东名下,且张某某已经从尚学公司离职,依

《股权激励计划草案》规定,离职股东的股权原则上应由公司回购或转让给其他股东。故张某某要求确认其系尚学公司股东缺乏依据。

四、出资因素

1. 认定股东资格以股东的出资为主要依据,并需结合股权证及其他法律文件。工商登记资料对公司内部关系而言,不能作为认定股东资格的唯一依据。

在(2016)湘0211民初478号案中,一审法院认为,在股东资格认定中,取得股东资格必须符合形式要件和实质要件。工商登记属于形式要件,实质要件是必须有向公司出资。工商登记资料在特殊情形下(如存在隐名股东),不能真实地反映公司的股权状况。本案被告唐人神控股公司实施的股权激励制度中,股东刘某与公司签订代持协议,由刘某代持大生行所转让股份,再由刘某将相应股份转让给各股权激励对象。刘某转让给原告周某某的部分股份实际系刘某代持,刘某并不享有该部分股份的所有权,该股份转让是为了配合公司实施《股权激励方案》、办理工商注册登记手续,原告周某某亦未支付任何对价。从此可看出,本案中存在工商注册登记资料已无法真实反映被告唐人神控股公司股权分布及各股东实际持有的股权数额的情况,且工商注册登记资料系股东资格认定的形式要件,而非实质性要件,故工商注册登记资料对内不足以作为认定股东资格的依据。

2. 激励协议书明确约定激励对象与出资义务无关,而应当由他人出资,确认系由他人向激励对象赠送股权。激励对象虽已成为公司股东,但是以接受赠与的方式继受取得公司股权,并非以直接出资的方式取得公司股权,其对股权不负有出资义务。破产清算阶段向激励对象追究出资责任,没有法律依据。

在(2019)苏05民终2246号案中,一审法院认为,《激励协议书》中明确约定朱某某与出资义务无关,而应当由公司实际控制人吴某某出资,且确认系由公司实际控制人吴某某向员工赠送股权。因此,朱某某虽已成为公司股东,但上述股东均是以接受赠与的方式继受取得公司股权,而并非以直接增资的方式取得公司股权。在吴某某、仁成公司均作出明确意思表示,确认将由吴某某履行出资义务的情况下,应当理解为朱某某有理由相信吴某某将履行出资义务,而无法推定朱某某明知吴某某不会履行出资义务。虽然仁成公司现已被法院裁定受理破产清算申请,但向朱某某追究出资责任,于法无据,不予支持。

第三节 实务指南

一、新《公司法》对股权激励的影响：激励对象

股权激励中的激励对象,一般都是公司的董事、监事、高级管理人员、核心技术人员。新《公司法》施行后对股权激励对象的影响,主要体现在三个方面：

(一)核查激励对象是否符合新《公司法》规定的任职条件

新《公司法》第178条规定："有下列情形之一的,不得担任公司的董事、监事、高级管理人员：(一)无民事行为能力或者限制民事行为能力；(二)因贪污、贿赂、侵占财产、挪用财产或者破坏社会主义市场经济秩序,被判处刑罚,或者因犯罪被剥夺政治权利,执行期满未逾五年,被宣告缓刑的,自缓刑考验期满之日起未逾二年；(三)担任破产清算的公司、企业的董事或者厂长、经理,对该公司、企业的破产负有个人责任的,自该公司、企业破产清算完结之日起未逾三年；(四)担任因违法被吊销营业执照、责令关闭的公司、企业的法定代表人,并负有个人责任的,自该公司、企业被吊销营业执照、责令关闭之日起未逾二年；(五)个人因所负数额较大债务到期未清偿被人民法院列为失信被执行人。违反前款规定选举、委派董事、监事或者聘任高级管理人员的,该选举、委派或者聘任无效。董事、监事、高级管理人员在任职期间出现本条第一款所列情形的,公司应当解除其职务。"

该规定有关董监高消极任职条件,据此对照核查激励对象是否存在上述法定情形。如果存在,应解除其职务,办理股权转让手续或注销其股份。

(二)核查激励对象是否属于关联关系中的关联方

新《公司法》第182条规定："董事、监事、高级管理人员,直接或者间接与本公司订立合同或者进行交易,应当就与订立合同或者进行交易有关的事项向董事会或者股东会报告,并按照公司章程的规定经董事会或者股东会决议通过。董事、监事、高级管理人员的近亲属,董事、监事、高级管理人员或者其近亲属直接或者间接控制的企业以及与董事、监事、高级管理人员有其他关联关系的关联人,与公司订立合同或者进行交易,适用前款规定。"

新《公司法》第265条第1款第4项规定,关联关系是指公司控股股东、实际控制人、董事、监事、高级管理人员与其直接或者间接控制的企业之间的关系以及可能导致公司利益转移的其他关系。但是,国家控股的企业之间不仅因为同受国家控股而具有关联关系。

据上述规定可知,新《公司法》扩大了关联关系中的关联方的范围,下列人员都属于关联方:公司控股股东、实际控制人、董事、监事、高级管理人员;控股股东、实际控制人、董事、监事、高级管理人员的近亲属;控股股东、实际控制人、董事、监事、高级管理人员或其近亲属直接或者间接控制的企业;与控股股东、实际控制人、董事、监事、高级管理人员有其他关联关系的关联人;可能导致公司利益转移的其他关系之关联人等。

激励对象如果属于关联关系中的关联方,在涉及关联交易事项时,需要依据新《公司法》第182条规定,将关联方身份信息、持股比例、持股目的、关联交易事项详细内容、潜在影响等关键信息向董事会或者股东会报告,并按照公司章程的规定经董事会或者股东会决议通过。

(三)核查激励对象是否存在新《公司法》禁止的行为或者附加条件的行为

除了核查激励对象是否存在上述关联交易行为之外,还需要核查是否存在违反以下忠实和勤勉义务之行为:

第一,损害公司利益行为。新《公司法》第181条规定:"董事、监事、高级管理人员不得有下列行为:(一)侵占公司财产、挪用公司资金;(二)将公司资金以其个人名义或者以其他个人名义开立账户存储;(三)利用职权贿赂或者收受其他非法收入;(四)接受他人与公司交易的佣金归为己有;(五)擅自披露公司秘密;(六)违反对公司忠实义务的其他行为。"

第二,谋取公司商业机会的行为。新《公司法》第183条规定:"董事、监事、高级管理人员,不得利用职务便利为自己或者他人谋取属于公司的商业机会。但是,有下列情形之一的除外:(一)向董事会或者股东会报告,并按照公司章程的规定经董事会或者股东会决议通过;(二)根据法律、行政法规或者公司章程的规定,公司不能利用该商业机会。"

第三,竞业禁止行为。新《公司法》第184条规定:"董事、监事、高级管理人员未向董事会或者股东会报告,并按照公司章程的规定经董事会或者股东会决议通过,不得自营或者为他人经营与其任职公司同类的业务。"

在激励者与激励对象签订的《股权激励协议》中,可以约定激励对象违反新《公司法》上述规定应承担的责任,包括支付违约金、自动退股、解除劳动合同、返还基于股权激励获得的收益等。

股权激励协议中除了特别约定上述情形之外,还可根据新《公司法》第180条"董事、监事、高级管理人员对公司负有忠实义务,应当采取措施避免自身利益与公司利益冲突,不得利用职权牟取不正当利益。董事、监事、高级管理人员对公司负有勤勉义务,执行职务应当为公司的最大利益尽到管理者通常应有的合理注意"之概括性规定,对违反忠实与勤勉的其他情形作出列举,并设计相应责任承担方式。

二、一家生产型的拟上市企业是如何做股权激励的

2022年9月30日,厦门东昂科技股份有限公司(以下简称"东昂科技")在深交所递交了上市招股书。东昂科技主要从事专业移动照明工具的研发、生产和销售,主要以ODM经营模式为多家国际知名工具类企业生产定制化产品。

根据招股书显示,东昂科技2019年、2020年、2021年营收分别约为2.39亿元、1.78亿元、2.63亿元;净利润分别约为6817.84万元、4550.65万元、6062万元;扣非后净利润分别约为6654万元、3958.86万元、5328万元。

这样一家照明企业,又是如何实施股权激励的?让我们从其招股书中一探究竟。①

(一)历次股权激励的实施情况

1. 2018年12月进行第一次股权激励

2018年10月,东昂科技召开股东会审议通过了《厦门东昂光电科技有限公司股权激励计划》,同意公司根据股权激励计划,以厦门东昂投资合伙企业(有限合伙,以下简称"东昂投资")作为载体,由实际控制人庄某某与被激励员工签署《激励股权转让协议书》,对员工进行激励。

2018年12月,庄某某与汪某某等17人签订《激励股权转让协议书》及相关补充规定。将庄某某持有的东昂投资166.81万元财产份额转让给前述人员,转让价格1.00元/财产份额,具体情况见表1-1。

---

① 参见 http://reportdocs.static.szse.cn/UpFiles/rasinfodisc1/202209/RAS_202209_0001837E06E6893FDE944400E72DB63F.pdf,最后访问日期:2024年12月26日。

表 1-1 第一次股权激励情况

序号	转让方	受让方	对应东昂投资财产份额	转让价款	对应东昂投资出资比例	对应东昂有限股权比例
1	庄某某	郑某某	30.33	30.33	4.00%	0.60%
2		白某某	15.16	15.16	2.00%	0.30%
3		刘某	15.16	15.16	2.00%	0.30%
4		张某某	15.16	15.16	2.00%	0.30%
5		汪某某	15.16	15.16	2.00%	0.30%
6		陈某某	10.11	10.11	1.33%	0.20%
7		陈某(注)	10.11	10.11	1.33%	0.20%
8		翁某某	7.58	7.58	1.00%	0.15%
9		庄某	7.58	7.58	1.00%	0.15%
10		杨某某	5.05	5.05	0.67%	0.10%
11		林某某	5.05	5.05	0.67%	0.10%
12		叶某某	5.05	5.05	0.67%	0.10%
13		张某一	5.05	5.05	0.67%	0.10%
14		张某	5.05	5.05	0.67%	0.10%
15		余某某	5.05	5.05	0.67%	0.10%
16		魏某某	5.05	5.05	0.67%	0.10%
17		胡某某	5.05	5.05	0.67%	0.10%
合计			166.81	166.81	22.00%	3.30%

注:2018年7月,东昂投资成立时陈某出资5.05万元,对应东昂投资财产份额的0.67%,该部分出资与员工股权激励为一揽子考虑的事项,东昂有限对陈某股权激励授予的东昂投资财产份额合计为2%。

此次股权激励对象所取得授予股权对应的财产份额锁定期为自取得之日(办理工商变更登记之日)起至东昂投资持有的东昂科技股权在境内、境外证券交易市场(不包含"新三板")上市后18个月。

2020年5月至10月,陈某某、张某、郑某某、刘某以及张某某因个人原因离职,陆续退出东昂投资持股平台,其持有东昂投资财产份额转让给庄某某。

2. 2020年8月进行第二次股权激励

2020年8月,东昂科技召开第一届董事会第六次会议,审议通过了《关于对孙某进行股权激励的议案》,并于同月召开第二次临时股东大会审议通过了该议案,同意公司根据相关股权激励计划,以东昂投资作为载体,由实际控制人庄某某与孙某签署激励股权转让协议书,对其进行股权激励,转让价格为1.00元/财产份额。公司第二次股权激励具体情况见表1-2。

表1-2 第二次股权激励情况

单位:万元

序号	转让方	受让方	对应东昂投资财产份额	转让价款	对应东昂投资出资比例	对应东昂有限股权比例
1	庄某某	孙某	15.16	15.16	2.00%	0.30%

此次股权激励对象所取得授予股权对应的财产份额锁定期为自取得之日(办理工商变更登记之日)起至东昂投资持有的东昂科技股权在境内、境外证券交易市场(不包含"新三板")上市后18个月。

3.2020年12月进行第三次股权激励

(1)2020年11月,东昂科技召开第一届董事会第七次会议,审议通过了《关于2020年度员工持股计划的议案》,同月召开2020年第三次临时股东大会议通过了该议案,同意公司根据相关股权激励计划,以东昂投资作为载体,由实际控制人庄某某与被激励员工分别签署合伙企业出资份额转让协议,转让价格4.23元/财产份额对员工进行激励。

(2)2020年12月,庄某某与叶某某等15人签订《合伙企业出资份额转让协议书》,并后续签署相关补充规定。根据前述协议,庄某某将其持有的东昂投资126.37万元财产份额转让给前述人员,公司第三次股权激励具体情况见表1-3。

表1-3 第三次股权激励情况

单位:万元

序号	转让方	受让方	对应东昂投资财产份额	转让价款	对应东昂投资出资比例	对应东昂科技股权比例
1	庄某某	胡某某	15.16	64.08	2.00%	0.30%
2		李某	15.16	64.08	2.00%	0.30%
3		叶某某	10.11	42.72	1.33%	0.20%
4		张某一	10.11	42.72	1.33%	0.20%
5		汪某某	10.11	42.72	1.33%	0.20%

（续表）

序号	转让方	受让方	对应东昂投资财产份额	转让价款	对应东昂投资出资比例	对应东昂科技股权比例
6	庄某某	李一	10.11	42.72	1.33%	0.20%
7		李某一	10.11	42.72	1.33%	0.20%
8		练某某	8.59	36.31	1.13%	0.17%
9		翁某某	7.58	32.04	1.00%	0.15%
10		周某某	7.58	32.04	1.00%	0.15%
11		魏某某	5.05	21.36	0.67%	0.10%
12		孙某	5.05	21.36	0.67%	0.10%
13		刘某	5.05	21.36	0.67%	0.10%
14		田某某	5.05	21.36	0.67%	0.10%
15		余某某	1.52	6.41	0.20%	0.03%
合计			126.37	534.00	16.67%	2.50%

此次股权激励对象所取得授予股权对应的财产份额分三批解锁，包括公司层面业绩考核和个人层面考核，具体内容如下。

①公司层面业绩考核：第一个归属期以2020年收入为基数，公司2021年营业收入增长率不低于35%则可以解锁20%；第二个归属期以2020年收入为基数，公司2022年营业收入增长率不低于70%则可以解锁30%；第三个归属期以2020年收入为基数，公司2023年营业收入增长率不低于105%则可以解锁50%。

②个人层面考核：要求个人绩效考核达到合格及以上且须满足12个月以上的任职期限。

2021年，魏某某和白某某因个人原因离职；2022年，胡某某和李某因个人原因离职，上述人员退出持股平台，其持有东昂投资财产份额转让给庄某某。

（二）股权激励对公司经营情况的影响

东昂投资实施的股权激励举措极大激发了公司管理人员、核心人员及骨干的积极性，促进了公司利益和员工利益的统一。其不仅有利于团结人才，提升员工在公司经营和治理过程中的参与度，还对公司经营效率的提升和长期可持续发展有正面促进作用。

（三）股权激励对财务状况的影响

东昂科技于2018年12月和2020年8月的两次股权激励计划采取设定股份锁

定期的方式,2020年12月的第三次股权激励计划采取分3年解除限制的方式,因此应分期确认股份支付。

同时考虑到持股平台的个别员工于2021年、2022年1—6月离职,据此公司2021年确认的股份支付金额为213.08万元,2022年1—6月确认的股份支付金额为86.97万元。

综上,2019年度至2022年上半年,东昂科技因实施员工股权激励确认的股份支付具体情况见表1-4。

表1-4 股权激励确认的股份支付情况

单位:万元

股权激励计划	2022年1—6月	2021年度	2020年度	2019年度
2018年12月第一次股权激励	26.84	13.74	10.55	130.38
2020年8月第二次股权激励	10.52	21.03	7.01	—
2020年12月第三次股权激励	49.61	178.31	52.07	—
合计	86.97	213.08	69.63	130.38

例如,2019年第一次股权激励时,公司员工获取股权成本共计171.87万元,彼时发行人经过评估的全部股权权益价值为30300.00万元,换算后该激励股权对应公允价值1030.20万元,同时结合锁定期约定,授予股份的公允价值与初始成本的差额将在79个月内进行分摊,据此,本次股权激励在2019年确认的股份支付金额为130.38万元,其中,销售费用11.50万元、管理费用55.60万元、研发费用51.77万元、制造费用11.50万元。

小结:公司施行的是限制性股权的股权激励方式。2020年度至2022上半年度,东昂科技管理费用分别为938.60万元、1268.27万元、591.55万元,股份支付占比分别为1.37%、6.55%、7.03%;研发费用分别为781.10万元、1194.51万元、567.33万元,股份支付占比分别为2.59%、3.87%、5.74%。可以看出东昂科技因实施股权激励而对管理人员、研发人员确认的股份支付费用比重逐年上升,侧面表现出东昂科技对股权激励的重视。

三、示范条款的制定:激励对象确定的依据和范围

(一)激励对象确定的法律依据

例:

本激励计划激励对象根据《公司法》《证券法》《上市公司股权激励管理办法》

等有关法律、行政法规、规范性文件和《公司章程》的相关规定,并结合公司实际情况而确定。

本激励计划的激励对象不存在《上市公司股权激励管理办法》第8条规定的不得成为激励对象的下列情形:(1)最近12个月内被证券交易所认定为不适当人选;(2)最近12个月内被中国证监会及其派出机构认定为不适当人选;(3)最近12个月内因重大违法违规行为被中国证监会及其派出机构行政处罚或者采取市场禁入措施;(4)具有《公司法》规定的不得担任公司董事、高级管理人员情形的;(5)法律法规规定不得参与上市公司股权激励的;(6)中国证监会认定的其他情形。

若在本激励计划实施过程中,激励对象出现以上任何情形的,公司有终止其参与本激励计划的权利,注销其已获授但尚未行权的股票期权。

(二)激励对象确定的职务依据

例:

本激励计划激励对象为在公司(含全资及控股子公司)任职的董事(不包括独立董事)、高级管理人员和核心技术业务骨干(不包括监事)以及对公司经营业绩和未来发展有直接影响的其他员工。

对符合本激励计划激励对象要求的人员,由董事会薪酬与考核委员会拟定名单,并经公司监事会核实确定。

(三)激励对象的范围

例:

本激励计划首次激励对象合计×人,占截至×年×月×日公司员工总数×人的×%,包括:(1)公司董事(不包括独立董事);(2)公司高级管理人员;(3)公司核心技术业务骨干(不包括监事);(4)对公司经营业绩和未来发展有直接影响的其他员工。

以上激励对象不包括独立董事、监事和单独或合计持有公司5%以上股份的股东或实际控制人及其配偶、父母、子女。

(此处,需要对本次激励对象是否包括公司实际控制人以及实际控制人的职位等情况进行简要说明。对于本次激励对象是否包括外籍员工也需要说明。)

前述人员属于公司核心管理层,对公司战略方针制定、经营决策、重大事项管理、人才引进等方面具有重要影响,将其作为激励对象符合公司的实际情况和发展需要,符合相关法律法规的规定,具有必要性和合理性。

核心技术业务骨干属于引领业务变革、实现商业模式创新、构建可持续竞争能力的关键性角色,具有较大影响力和不可替代性,将其作为激励对象符合公司的实际情况和发展需要,符合相关法律法规的规定,具有必要性和合理性。

以上激励对象中,董事应经股东会审议批准确定,高级管理人员应经董事会确定,而核心技术业务骨干的认定,应当由公司董事会提名,并向全体员工公示和征求意见,由监事会发表明确意见后,经股东会审议批准。符合本计划激励对象范围的人员,须经公司监事会核实确定。

预留激励对象由本激励计划经股东会审议通过后6个月内确定,经董事会提出、监事会发表明确意见后,公司在指定网站按要求及时、准确披露当次激励对象的相关信息。超过6个月未明确激励对象的,预留权益失效。预留激励对象的确定标准参照公司首次授予激励对象的标准。

所有激励对象必须在本激励计划的考核期内与公司或控股子公司、分公司签署劳动合同或聘用合同,并在公司或控股子公司、分公司领取薪酬。

(四)激励对象的核实

例:

本激励计划经董事会审议通过后,公司将通过公司网站或者其他途径在公司内部公示激励对象姓名和职务,公示期不得少于10天。

公司监事会将对激励对象名单进行审核,充分听取公示意见。公司将在股东会审议本激励计划前5日披露监事会对激励对象名单审核及公示情况的说明,经公司董事会调整的激励对象名单亦应经公司监事会核实。

四、示范条款的制定:股票期权的来源、数量及分配

(一)标的股票来源及种类

例:

本激励计划涉及的标的股票为公司向激励对象定向发行的本公司A股普通股股票。

(二)标的股票的数量

例:

本激励计划向激励对象拟授予的股票期权数量合计×万份,占本激励计划公告日公司股本总额×万股的×%。其中:首次授予×万份,占本激励计划授予总量的×%,占本激励计划公告时公司股本总额的×%;预留×万份,占本激励计划授予总量的×%,占本激励计划公告时公司股本总额的×%。

在满足行权条件的情况下,激励对象获授的每份期权拥有在有效期内以行权

价格购买 1 股公司股票的权利。

截至本激励计划公告之日，公司×年度股票期权激励计划尚在实施，本激励计划实施后，公司所有在有效期内的股权激励计划所涉及的标的股票总数累计未超过公司股本总额的×%。本激励计划中任何一名激励对象通过全部有效期内的股权激励计划获授的公司股票数量累计未超过公司股本总额的 1.00%。

在本激励计划公告当日至激励对象完成股票期权行权期间，若公司发生资本公积转增股本、派发股票红利、股份拆细或缩股、配股等事宜，所涉及的股票期权数量及标的股票总数将作相应的调整。

股权激励为一次性授予，没有预留权益的，则可表述如下：

本激励计划拟授予激励对象的股票期权为×万份，占本激励计划公告日公司总股本×万股的×%。本激励计划为一次性授予，无预留权益。

截至本激励计划公告日，公司有效期内的股权激励计划所涉及的标的股票总数累计未超过公司股本总额的×%。本激励计划中任何一名激励对象通过全部有效期内的股权激励计划获授的公司股票数量累计未超过公司股本总额的 1%。

（三）激励对象名单及股票期权分配情况

一般采取列表方式公布激励对象名单和股权分配情况。

例：

本激励计划授予的股票期权在激励对象间的分配情况见表 1-5。

表 1-5 股票期权分配情况

序号	姓名	职务	获授的股票期权数量（万份）	占激励计划拟授出权益总量的比例	占激励计划公告日股本总额的比例
1	王某	董事长总经理	2.00	1.00%	0.03%
2	李某	董事、副总经理	2.00	1.00%	0.03%
3	张某	财务总监	2.00	1.00%	0.03%
4	……				
	其他激励对象（人数×个）				
	首次授予合计				
	合计				

→参考:股份支付准则应用:授予限制性股票

例:

甲公司于 2023 年 7 月向公司高级管理人员、技术骨干等激励对象授予 500 万股限制性股票,授予价格为 5 元/股,锁定期为 3 年。激励对象如果自授予日起为公司服务满 3 年,且公司年度净利润增长率不低于 10%,可申请一次性解锁限制性股票。

情形一,第一类限制性股票。激励对象在授予日按照授予价格出资购买限制性股票。待满足可行权条件后,可解锁限制性股票;若未满足可行权条件,甲公司按照授予价格 5 元/股回购限制性股票。

情形二,第二类限制性股票。激励对象在授予日无需出资购买限制性股票。待满足可行权条件后,激励对象可以选择按授予价格 5 元/股购买公司增发的限制性股票,也可以选择不缴纳认股款从而放弃取得相应股票。

财政部意见:

对于第一类限制性股票,甲公司为获取激励对象的服务而以其自身股票为对价进行结算,属于以权益结算的股份支付交易。甲公司应当在授予日确定授予股份的公允价值。在等待期内的每个资产负债表日,甲公司应当以对可行权的股权数量的最佳估计为基础,按照授予日授予股份的公允价值,将当期取得的服务计入相关成本或费用和资本公积。授予日授予股份的公允价值应当以其当日的市场价格为基础,同时考虑授予股份所依据的条款和条件(不包括市场条件之外的可行权条件)进行调整,但不应考虑在等待期内转让的限制,因为该限制是可行权条件中的非市场条件规定的。对于因回购产生义务而确认的负债,应当按照《企业会计准则第 22 号——金融工具确认和计量》相关规定进行会计处理。

第二类限制性股票的实质是公司赋予员工在满足可行权条件后以约定价格(授予价格)购买公司股票的权利。员工可获取行权日股票价格高于授予价格的上行收益,但不承担股价下行风险,这与第一类限制性股票存在差异。其本质上为一项股票期权,属于以权益结算的股份支付交易。在等待期内的每个资产负债表日,甲公司应当以对可行权的股票期权数量的最佳估计为基础,按照授予日股票期权的公允价值,计算当期须确认的股份支付费用,计入相关成本或费用和资本公积。采用期权定价模型确定授予日股票期权的公允价值的,该公允价值包括期权的内在价值和时间价值,通常高于同等条件下第一类限制性股票对应股份的公允价值。[1]

---

[1] 参见 https://kjs.mof.gov.cn/zt/kjzzss/srzzzq/gfzfyyal/202105/t20210518_3704082.htm,最后访问时间:2024 年 3 月 31 日。

第二章　股权激励与股权转让

第一节　请求权基础规范

一、新《公司法》规定

第 84 条　有限责任公司的股东之间可以相互转让其全部或者部分股权。

股东向股东以外的人转让股权的，应当将股权转让的数量、价格、支付方式和期限等事项书面通知其他股东，其他股东在同等条件下有优先购买权。股东自接到书面通知之日起三十日内未答复的，视为放弃优先购买权。两个以上股东行使优先购买权的，协商确定各自的购买比例；协商不成的，按照转让时各自的出资比例行使优先购买权。

公司章程对股权转让另有规定的，从其规定。[①]

第 85 条　人民法院依照法律规定的强制执行程序转让股东的股权时，应当通知公司及全体股东，其他股东在同等条件下有优先购买权。其他股东自人民法院通知之日起满二十日不行使优先购买权的，视为放弃优先购买权。[②]

第 227 条　有限责任公司增加注册资本时，股东在同等条件下有权优先按照实缴的出资比例认缴出资。但是，全体股东约定不按照出资比例优先认缴出资的除外。

股份有限公司为增加注册资本发行新股时，股东不享有优先认购权，公司章程另有规定或者股东会决议决定股东享有优先认购权的除外。[③]

第 228 条　有限责任公司增加注册资本时，股东认缴新增资本的出资，依照本法设立有限责任公司缴纳出资的有关规定执行。

[①]　这是指有限责任公司中，股东对外转让股权时其他股东的优先购买权。

[②]　这是指强制执行股权中其他股东的优先购买权。

[③]　这是指有限责任公司增资情形中股东的优先购买权；股份有限公司增资中股东原则不享有优先购买权，除非公司章程或股东决议确定股东享有该权利。

股份有限公司为增加注册资本发行新股时,股东认购新股,依照本法设立股份有限公司缴纳股款的有关规定执行。

二、其他法律规定

(一)公司法层面

《公司法司法解释(四)》

第16条 有限责任公司的自然人股东因继承发生变化时,其他股东主张依据公司法第七十一条第三款规定行使优先购买权的,人民法院不予支持,但公司章程另有规定或者全体股东另有约定的除外。

第17条 有限责任公司的股东向股东以外的人转让股权,应就其股权转让事项以书面或者其他能够确认收悉的合理方式通知其他股东征求同意。其他股东半数以上不同意转让,不同意的股东不购买的,人民法院应当认定视为同意转让。

经股东同意转让的股权,其他股东主张转让股东应当向其以书面或者其他能够确认收悉的合理方式通知转让股权的同等条件的,人民法院应当予以支持。

经股东同意转让的股权,在同等条件下,转让股东以外的其他股东主张优先购买的,人民法院应当予以支持,但转让股东依据本规定第二十条放弃转让的除外。

第18条 人民法院在判断是否符合公司法第七十一条第三款及本规定所称的"同等条件"时,应当考虑转让股权的数量、价格、支付方式及期限等因素。

第19条 有限责任公司的股东主张优先购买转让股权的,应当在收到通知后,在公司章程规定的行使期间内提出购买请求。公司章程没有规定行使期间或者规定不明确的,以通知确定的期间为准,通知确定的期间短于三十日或者未明确行使期间的,行使期间为三十日。

第20条 有限责任公司的转让股东,在其他股东主张优先购买后又不同意转让股权的,对其他股东优先购买的主张,人民法院不予支持,但公司章程另有规定或者全体股东另有约定的除外。其他股东主张转让股东赔偿其损失合理的,人民法院应当予以支持。

第21条 有限责任公司的股东向股东以外的人转让股权,未就其股权转让事项征求其他股东意见,或者以欺诈、恶意串通等手段,损害其他股东优先购买权,其他股东主张按照同等条件购买该转让股权的,人民法院应当予以支持,但其他股东自知道或者应当知道行使优先购买权的同等条件之日起三十日内没有主张,或者自股权变更登记之日起超过一年的除外。

前款规定的其他股东仅提出确认股权转让合同及股权变动效力等请求,未同时主张按照同等条件购买转让股权的,人民法院不予支持,但其他股东非因自身原因导致无法行使优先购买权,请求损害赔偿的除外。

股东以外的股权受让人,因股东行使优先购买权而不能实现合同目的的,可以依法请求转让股东承担相应民事责任。

第 22 条 通过拍卖向股东以外的人转让有限责任公司股权的,适用公司法第七十一条第二款、第三款或者第七十二条规定的"书面通知""通知""同等条件"时,根据相关法律、司法解释确定。

在依法设立的产权交易场所转让有限责任公司国有股权的,适用公司法第七十一条第二款、第三款或者第七十二条规定的"书面通知""通知""同等条件"时,可以参照产权交易场所的交易规则。①

(二)证券法层面

《关于试点创新企业实施员工持股计划和期权激励的指引》(已失效)

一、关于上市前实施的员工持股计划

(二)员工持股计划符合以下要求之一的,在计算公司股东人数时,按一名股东计算;不符合下列要求的,在计算公司股东人数时,穿透计算持股计划的权益持有人数:

1. 员工持股计划遵循"闭环原则"。员工持股计划不在公司首次公开发行股票时转让股份,并承诺自上市之日起至少 36 个月的锁定期。试点企业上市前及上市后的锁定期内,员工所持相关权益拟转让退出的,只能向员工持股计划内员工或其他符合条件的员工转让。锁定期后,员工所持相关权益拟转让退出的,按照员工持股计划章程或有关协议的约定处理。

二、关于上市前制定、上市后实施的期权激励计划

试点企业存在上市前制定、上市后实施的期权激励计划的,应体现增强公司凝聚力、维护公司长期稳定发展的导向。原则上符合下列要求:

(六)激励对象在试点企业上市后行权认购的股票,应承诺自行权日起三年内不减持,同时承诺上述期限届满后比照董事、监事及高级管理人员的相关减持规定执行。

---

① 股权激励案例中,鲜见直接以公司法司法解释作为裁判依据的。

第二节　裁判精要

一、优先购买权

1.股权转让合同效力与股权权属变动应相区分，除非有证据证明双方恶意串通损害其他股东优先购买权的，否则股权转让合同有效，其他股东不能以优先购买权受到损害为由主张股权转让合同无效。

在(2020)粤01民终24121号案中，二审法院认为，案涉《股权转让及委托持股协议书》是否存在法定无效的情形为本案争议焦点。首先，股东优先购买权的行使目的在于通过保障其他股东优先获得拟转让股份而维护公司内部信赖关系。因此，法律所要否定的是股东以外的股权受让人在同等条件下优先于公司其他股东取得公司股份的行为，而不是否定转让股东与股东以外的股权受让人之间订立的股权转让合同的效力。事实上，合同的效力亦可以与权利变动的结果相区分。在股权转让协议本身不存在其他影响合同效力的事由，且转让股东和股东以外的股权受让人亦不存在恶意串通以损害其他股东优先购买权的情况下，股东向公司以外的受让方转让股份的协议效力应当得到肯定。

其次，从案涉《股权转让及委托持股协议书》约定内容来看，聚烽公司并非以真正意义上的0元对价获得郑某持有的挚联投资公司4%股权，而是需要达成《股权转让及委托持股协议书》约定的业绩目标。郑某愿意有条件转让案涉股权的目的，在于通过股权激励的方式利用聚烽公司在互联网模式和市值管理方面的优势和先进经验达到共赢的结果。挚联报关公司经营收益的增加亦能间接惠及挚联投资公司所有股东。陈某某称郑某、聚烽公司恶意串通损害其优先购买权，但是《股权转让及委托持股协议书》中关于保密条款的约定并非特别针对挚联投资公司其他股东。因此，《股权转让及委托持股协议书》并不具有因恶意串通损害其他股东优先购买权而应当认定为无效的法定事由。

2.激励对象并非公司的股东，受让公司的股权须经其他股东过半数同意，且其他股东在同等条件下享有优先购买权。公司未履行上述程序的，激励对象不能依据股权激励协议取得股权。

在(2022)京01民终5584号案中，二审法院认为，案涉《股权激励协议书》约定马某某满足一定工作年限后可受让时代公司所持有的部分云视公司股权。由于马某某并非云视公司股东,因此时代公司向其转让股权,应当经过云视公司其他股东过半数同意,时代公司应就该股权转让事项书面通知其他股东并征求其同意。但是,现有证据无法证明时代公司履行了上述程序,云视公司的其他多数股东均明确表示对案涉《股权激励协议书》不知情,亦不同意马某某受让上述股权。因此,马某某主张其基于案涉《股权激励协议书》的相关约定,取得时代公司持有的云视公司股权、成为云视公司的股东,缺乏事实与法律依据。①

二、股权转让价格

1. 如果股权激励协议与股权转让协议中均出现了对股权价格的约定,且确认股权转让协议的 1 元转让价格并非当事人真实意思表示(该协议只是作为工商变更登记的备案文件),此时应结合公司经营状况良好的实际情况,以对股权价格约定比较高的股权激励协议作为确定股权交易价格的标准。

在(2017)粤民申 4383 号案中,再审法院认为,再审申请人自 2012 年 2 月 16 日起担任公司营销副总经理,2012 年 9 月 20 日与公司签订《股权及激励股权协议》,约定再审申请人有权以 25 万元的价格购买公司 5% 的实际股权及以 1 元的价格购买公司 5% 的激励股权。2013 年 6 月 25 日,曾某某与再审申请人签订《股东转让出资合同书》,再审申请人从曾某某处受让公司 10% 的股份,并经变更工商登记成为公司股东。但再审申请人并未与公司解除《股权与激励股权协议》,也不存在《股东转让出资合同书》取代《股权与激励股权协议》的情形。

公司、曾某某称《股东转让出资合同书》是为办理股权变更工商登记提供便利,并非其真实意思表示,要求再审申请人按照《股权及激励股权协议》约定支付对价 50 万元。再审申请人称《股东转让出资合同书》合法有效且已经支付股权转让金 5 万元,不应再向公司、曾某某支付股权转让金。结合《营销副总经理聘用协议》及《股权与激励股权协议》,可知再审申请人获得公司股权与其担任营销副总经理职务及工作业绩密切相关。双方在 2012 年 9 月签订的《股权与激励股权协议》所约定的股权价格为每股 5 万元,2012 年 9 月至 2013 年 6 月期间公司均正常经营。本案中,没有证据显示 2012 年 9 月至 2013 年 6 月期间,公司存在资产或经营状况恶化等可能导致股权价格巨幅降低的情形。公司与再审申请人签订的《营销副总经理聘用协议》中约定,公司每季度支付实际回款总金额的 1% 给再审申请人作为季

---

① 新《公司法》取消了"同意"环节,只需书面通知并在股东自接到书面通知之日起 30 日内等待答复,即可视为股权转让人没有侵害其他股东优先购买权。

度提成,再审申请人在与公司的劳动争议案件中要求公司支付达到59万余元提成的情况,也可反映出再审申请人知悉公司经营状况良好的事实。在公司经营状况良好的情况下,再审申请人以显著低于《股权与激励股权协议》中所确认的股权价格购买曾某某所持股权,不符合常理;法院认为公司、曾某某签订《股东转让出资合同书》是为办理股权变更工商登记提供便利,并非其真实意思表示,再审申请人获得股权的依据是《股权及激励股权协议》的主张较为可信。再审申请人已实际取得公司10%的股权且办理了变更登记,其称《股权及激励股权协议》未实际履行的理由不能成立,再审申请人应依照《股权及激励股权协议》所确定的价格向股权出让人曾某某支付股权出让金200001元。

2. 有限责任公司对员工进行股权激励,与一般投资者的股权交易规则存在差异,对股权转让对价的认定可坚持意思自治原则,不宜按照交易时净资产价格估值、资本市场估值等方法来推定,可以约定以离职时所间接持有的目标公司股权"注册资本"来折算股权转让对价。

在(2021)川01民终9803号案中,一审法院认为,姜某回购詹某委托姜某持有的1.9%米其科技中心的合伙企业份额,并间接持有格斗公司的激励股权,应当按何价款回购的问题是本案争议焦点。本案双方争议的最终标的为有限责任公司股权,该标的不属于商品,而是具有产生利润潜力的有限责任公司资本的份额,其未上市交易,没有相应的商品市场对其公平价格进行准确估算。不同的投资者对其交易估价具有较大的差异。并且案涉的股权属于员工激励股权,与公司内部员工激励制度存在密切的联系,与一般投资者的股权交易规则存在一定差异。故对本案股权转让对价的认定,必须严格坚持意思自治原则,以双方真实存在的一致意思表示事实作为认定依据,不宜按照交易时净资产价格估值、资本市场估值等方法来进行确定或推定。

詹某与格斗公司依法签订协议协商解除劳动合同关系,符合《股权激励协议书》"终止劳动合同"项下"(iii)被目标公司或其子公司按照法律及规章制度规定解除劳动关系"的文意所指情形,因此触发相应权利义务,即詹某"应在收到目标公司出具同意其辞职的书面文件或出具终止劳动合同的相关通知之日(以较早者为准)起10个工作日之内,以该持股成员所间接持有目标公司股权的注册资本折算价格为其股权转让价格,将其持有的持股公司股权转让给实际控制人或其指定的受让人"。根据条文约定的文意,姜某回购股权以及詹某出让股权是双方互负的权利义务,双方均应当按约定履行。关于股权回购价款,上述合同约定已经明确,按詹某离职时所间接持有的目标公司(即格斗公司)股权的"注册资本"折算股权转让对价。即1556283元×(369000元÷1556283元)×1.

9%=7011元。该价款与詹某于2018年2月6日转入姜某账户激励股权转让对价7011元相印证,予以支持。超出部分,不予支持。

二审法院认为,詹某以格斗公司违法解除劳动关系为由主张不应当适用《股权激励协议书》第4条第1款的约定确定回购价款,姜某应当按照市场价值支付其回购价款。首先,《股权激励协议书》第4条"特殊调整或退出机制"中就终止劳动合同的情形并无格斗公司违法解除劳动关系的情形,亦未约定在此种情况下回购价款的计算方式。其次,詹某系基于股权激励机制委托姜某代持米其科技中心的出资份额,詹某并非米其科技中心、格斗公司的实际出资人,其主张按照市场价值确定回购价款,亦无事实依据。最后,针对詹某与格斗公司的劳动关系解除,双方签订了《合同解除协议书》,约定了双方解除劳动关系的时间、补偿金金额,并未载明格斗公司违法解除与詹某的劳动关系的内容,亦无生效裁判认定格斗公司违法解除与詹某的劳动关系。一审法院依照双方签订的《合同解除协议书》,认定双方属于"被目标公司或其子公司按照法律及规章制度规定解除劳动关系"的情形,并适用该情形下的回购价款计算方式,并无不当。

3. 激励对象已离职且未实际投入金额,公司有权无偿收回其持有的公司股权,收回股权可以指定本公司其他股东持有而非公司直接收购股权的方式,该方式并不会导致公司注册资本降低继而损害第三人利益。

在(2014)沪一中民四(商)终字第251号案中,二审法院认为,双方签订于2010年3月23日的《股权转让协议》应视为孚创公司对于杨某某的股权激励。股权激励是公司以一定方式授予公司经营者、雇员股权,使其能以股东身份参与决策、分享利润、承担风险,从而勤勉尽责地为公司服务的一种激励制度。2010年3月1日杨某某与案外人陆某的《股权转让协议》并非独立于2010年3月23日的《股权转让协议》。虽然在形式上陆某将5%孚创公司股权转让给杨某某,但5%股权转让对价是由孚创公司直接支付给陆某,且结合孚创公司与杨某某2010年3月23日的《股权转让协议》中约定的内容,陆某将5%孚创公司股权转让给杨某某、孚创公司向陆某支付转让对价系孚创公司为有效执行该股权激励计划的具体步骤,杨某某、孚创公司间的法律关系并不能简单地认作民事借贷法律关系。

一审法院所依据的《公司法》(2013年修正)第142条系对股份有限公司收购本公司股份的限制规定,并非对有限责任公司的限制。本案中,孚创公司系有限责任公司,并不适用该法律规定。另外,2010年3月23日的《股权转让协议》第2条约定如杨某某在5年内离职,即在2015年3月23日前,孚创公司将以杨某某实际投入金额的价格回购孚创公司持有的5%股权。实际投入金额是指杨某某通过每月还款的总累计数。现杨某某已离职且未实际投入金额,故按照2010年3月23日的《股权转让协议》约定,孚创公司有权无偿收回杨某某5%公司股权。且孚创公司主张杨某某通过配合孚创公司办理该股权转让给孚创公司指定第三方的相关工商登记手续无偿归还公司股权,孚创公司采用指定第三人与杨某某进行股权转让的方式,而非直接收购股权的方式,并不会导致公司注册资本降低继而损害第三人利益,法院对孚创公司的上诉主张予以支持。

4.激励对象虽享有股权但未支付对价的,其股权来源于其他股东的赠与。即激励对象后来同意将股权转让给其他股东,且未约定股权转让价格的,该行为视为无偿转让股权行为。

在(2018)苏民申3124号案中,再审法院认为,常州欧密格公司与窦某某签订顾问聘任协议书,聘请其为公司顾问。同时还约定,以完成兼并重组常州欧密格电子科技有限公司(以下简称"电子公司")后的股权9%,作为聘请窦某某为公司顾问的股权激励(赠与)。此后,戚某某、王某某及电子公司根据公司股东会决议,向窦某某转让了9%的股份,窦某某未支付270万元对价。在常州欧密格公司吸收电子公司后窦某某名义出资额为378万元,但仍未支付对价或向公司履行出资义务。综上可知,窦某某持有的股权性质属于股权激励(赠与)。审计报告显示,2012年到2014年江苏欧密格公司的利润连年下滑。2014年4月19日,常州欧密格公司股东会决议在窦某某股权被认定的前提下实行股权激励,并赞成本次公司内部股权激励的资源来源于窦某某持有的公司总股本9%的股权,其他股东不再稀释股权或出资。5月9日的股东会决议确认窦某某将全部股权转让给盛某。窦某某作为时任股东亦签字认可上述决议。因此"稀释"的含义应理解为将窦某某持有的股权返还给公司从而作为公司内部股权激励的标的物,转让给盛某是其中一个环节且未约定具体价格。

为实现上述稀释股权的目的,2014年5月9日窦某某与盛某先后签订股权转让协议、意向协议书及补充条款。其中,股权转让协议用于办理工商变更登记,另两份协议均未约定股权转让的具体价格以及款项支付方式、期限。盛某持有的补充条款中股权价格一栏为空白;而窦某某陈述其持有的补充条款中"378"系自己填写,故不能证明双方就股权转让对价确定为378万元达成一致,且窦某某起初取得该部分股权也未支付任何对价,结合前述分析的盛某代公司受让股权事实,原审对窦某某关于支付378万元股权转让对价的诉请不予支持并无不当。窦某某在2016年3月第一次起诉前近两年亦未向盛某主张转让款,亦可印证其真实意思并非有偿转让股权。

5. 未能证明存在股权转让关系的情况下，应结合股权激励计划协议、分红权协议、退伙协议等证据，认定股权转让实为股权激励，其无需支付股权转让款和利息。

在（2020）粤03民终28045号案中，二审法院认为，韩某是否应向刘某某支付股权转让款及利息是本案的争议焦点。刘某某主张与韩某之间存在股权转让合同关系，但其提交的《股权转让协议书》并非原件，且韩某否认上述协议书中韩某的签名为其本人所签，并申请对该签名真伪进行鉴定。经法院委托鉴定，司法鉴定意见书认定该协议书上韩某的签名并非韩某本人所签。在刘某某未能进一步举证证明其与韩某之间存在股权转让关系的情况下，法院结合韩某所提交的《股权激励计划协议》《分红权协议》《退伙协议》等证据，认定案涉股权的转让实质为韩某与案外人靳某、刘某某、蒋某某之间的股权激励及分红，确认刘某某与韩某之间不存在股权转让关系，驳回刘某某关于韩某支付股权转让款202万元及利息的诉讼请求。

6. 在没有明确股权转让价格的情况下，应以审计报告的公司年度净资产值为基础将一定量股权数量与总股权数量对比折算成对应价值金额从而作为股权转让价格。

在（2019）京0105民初18152号案中，一审法院认为，万得公司持有的208905股股份应当以财产份额所对应的2015年年末净资产值为对价折算转让给陆某，并应当配合办理股份转让的工商变更手续。根据万得公司2015年度《审计报告》，万得公司2015年经审计的净资产金额为人民币3493956454.76元。王某主张立信会计师事务所出具的报告不具有客观性，并认为《审计报告》系万得公司自行编制，且认为以净资产账面价值为基准计算股份转让价格没有公允反映万得公司股份的真实价值，应当以第三方机构审计评估后的2015年年末净资产的实际价值为基准计算，并申请对万得公司2015年年末净资产数额进行重新评估、鉴定。法院对其意见不予采信，对其申请不予准许，理由如下。

一是案涉《股权管理办法》中规定的转让对价计算标准为"经审计上一年末净资产值"，并没有指出该净资产值是指账面价值还是实际价值，也没有指示存在该种区分。而根据相关会计准则，净资产值等于归属于母公司的所有者权益，一般情况下审计报告中的所有者权益往往体现为一个数值，并不会专门对账面价值和实际价值作出区分，并且王某、万得公司和陆某均认可2015年度《审计报告》中关于归属于母公司的所有者权益是指上一年末净资产值的说法，因此在没有专门约定的情形下，《股权管理办法》中所指的经审计上一年末净资产值应当认为就是2015年度《审计报告》中所确定的归属于母公司所有者权益。

二是万得公司2015年度《审计报告》是经审计机构依法依规审计的结果，应属合法有效。审计意见认为,万得公司财务报表在所有重大方面按照企业会计准则的规定编制,公允反映了万得公司 2015 年 12 月 31 日的合并及公司财务状况和 2015 年度的合并及公司经营成果和现金流量。王某的主张完全否认了会计师事务所在审计过程中独立审计的作用和功能,有曲解报告之嫌。

三是王某并非以合理对价获得万得公司的股权激励,其要求按照评估后的实际价值退出有失公允。根据《股权转让协议》,王某当时以人民币 3000 元的价格获得了万得公司 0.1% 的股权,该人民币 3000 元的价格就是万得公司 0.1% 股权对应的注册资本,该价格显然低于转让标的真实价值。王某仅以注册资本对应价格取得标的股权后,却要求以股权的实际评估价值作为出让股权依据,有失公允。

四是万得公司 2015 年度《审计报告》是依照万得公司经营管理的惯例作出,具有客观性。万得公司每年均会聘请会计师事务所出具年度审计报告,2015 年度《审计报告》系于 2016 年 4 月 20 日作出,与万得公司历年出具上一年度审计报告的时间基本符合,且该《审计报告》的出具时间早于王某离职,并非专门为王某离职后的股份价格评估而作出。此外,王某提交的《关于竞得万得公司股权的公告》中显示的万得公司 2016 年净资产账面价值与万得公司 2015 年度《审计报告》中经审计的 2015 年年末净资产金额相比具有一致性,符合公司净资产值平稳变化的情形。因此,应按《审计报告》作出的万得公司 2015 年年末经审计的净资产值折算王某持有万得公司 208905 股股份的转让价格。

第三节 实务指南

一、新《公司法》对股权激励的影响:股权转让

(一)对有限责任公司而言

1.关于出资责任

新《公司法》第 88 条规定:"股东转让已认缴出资但未届出资期限的股权的,由受让人承担缴纳该出资的义务;受让人未按期足额缴纳出资的,转让人对受让人未按期缴纳的出资承担补充责任。未按照公司章程规定的出资日期缴纳出资或者作为出资的非货币财产的实际价额显著低于所认缴的出资额的股东转让股权的,转让人与受让人在出资不足的范围内承担连带责任;受让人不知道且不应当知道存在上述情形的,由转让人承担责任。"根据此条规定,激励对象受让了公司预留的股

权激励池中的股权后(对公司直接持股情况下),需要区分情形来讨论。

第一,如果转让该股权的股东因未届出资期限而尚未出资的,则激励对象原则上需要承担出资责任,激励对象不出资的,股权转让方承担补足出资责任。该条款并未赋予股权转让方对激励对象的追偿权,实务中如果股权转让协议中并未约定股权转让人享有追偿权的,一般判决股权转让人不得向受让人追偿补足出资的部分款项,反之股权转让方享有追偿权。因此,在股权转让协议中要注意对激励对象行使追偿权的约定,设计保护股权转让方利益的条款。

第二,如果股权转让人未按照公司章程规定的出资日期缴纳出资或者作为出资的非货币财产的实际价额显著低于所认缴的出资额的股东转让股权,转让人与受让人在出资不足的范围内承担连带责任。此时,要重点规定对作为股权受让人的激励对象之保护条款,可作如下设计。

其一,在股权转让协议中确认激励对象对受让的激励股权已履行了审查公司章程等必要义务,约定以后即便出现"未按照公司章程规定的出资日期缴纳出资""非货币财产的实际价额显著低于所认缴的出资额"之情形的,责任由股权转让人承担,准用满足上述规定中的"受让人不知道且不应当知道存在上述情形"之规定,达到免责效果。

其二,约定违约责任,即股权转让人不履行出资义务或不补足非货币财产出资实际价额与所认缴的出资额之价值差额的,应向股权受让人即激励对象承担违约责任。可以同时约定,在激励对象被判决承担出资义务的情况下,激励对象享有向股权转让人的追偿权。

2.关于优先购买权

新《公司法》第84条规定:"有限责任公司的股东之间可以相互转让其全部或者部分股权。股东向股东以外的人转让股权的,应当将股权转让的数量、价格、支付方式和期限等事项书面通知其他股东,其他股东在同等条件下有优先购买权。股东自接到书面通知之日起三十日内未答复的,视为放弃优先购买权。两个以上股东行使优先购买权的,协商确定各自的购买比例;协商不成的,按照转让时各自的出资比例行使优先购买权。公司章程对股权转让另有规定的,从其规定。"

激励对象获得激励股权,是公司基于留住人才,提高人才工作积极性,实现公司长远发展需要作出的决策产生的结果,是公司意志的体现,其预留给激励对象的股权在表面上是股权转让,激励对象也需要支付对价,但此时股权转让更像是国有企业股权的"有偿划拨",根据激励对象的业绩、工作年限、技术特长、岗位重要性等要素分配激励股权比例,此时其他股东不享有优先购买权。

但激励对象因离职、死亡等原因触发退股条件，公司将其股权回购并转让给公司以外的人时，其他股东享有上述规定的优先购买权。

（二）对股份有限公司而言

1. 关于出资责任

新《公司法》第157条规定："股份有限公司的股东持有的股份可以向其他股东转让，也可以向股东以外的人转让；公司章程对股份转让有限制的，其转让按照公司章程的规定进行。"

股份有限公司股东出资是否存在认缴？还是说必须是实缴？新《公司法》第98条第1款规定，发起人应当在公司成立前按照其认购的股份全额缴纳股款。第101条规定，向社会公开募集股份的股款缴足后，应当经依法设立的验资机构验资并出具证明。可见，股份有限公司的出资缴纳方式原则上都是实缴，无论公司采取发起设立还是募集设立方式设立，其在股份有限公司登记设立完成前必须实缴完毕。

但根据第99条规定，发起人不按照其认购的股份缴纳股款，或者作为出资的非货币财产的实际价额显著低于所认购的股份的，其他发起人与该发起人在出资不足的范围内承担连带责任。根据本条款表述，在一开始就设立股份有限公司的情况下，发起人对出资还是存在认缴方式。在涉及"股改"，也就是有限责任公司转股份有限公司的情形下则必须要求实缴，即净资产折股。

在假设股份有限公司存在认缴出资的情况下，可以参照新《公司法》第88条规定，区分出资未届出资期限而转让股权、未按照公司章程规定的出资日期缴纳出资、作为出资的非货币财产的实际价额显著低于所认缴的出资额的股东转让股权的这几种情形来讨论，股权转让人与作为股权受让人的激励对象同样要在股权转让协议中约定违约责任、追偿权等内容。

2. 发起人转让股份没有时间限制对股权激励的利弊

新《公司法》第160条第1款规定："公司公开发行股份前已发行的股份，自公司股票在证券交易所上市交易之日起一年内不得转让。法律、行政法规或者国务院证券监督管理机构对上市公司的股东、实际控制人转让其所持有的本公司股份另有规定的，从其规定。"

该条意味着拟上市公司"股改"后，发起人可自由转让其原本持有的股权，没有时间上的限制，股东不必在"股改"前将股权转让至持股平台，可以将原有股份作为激励股权来源，先由原股东持有，再在选择激励对象、完善激励方案方面作了充足准备并完成"股改"后进行股权转让。

二、再战 IPO（Initial Public Offering，即首次公司募股，以下简称"IPO"）的食品企业股权激励方案评析

2022年7月5日，想念食品股份有限公司（以下简称"想念食品"）预披露IPO招股书，其拟在上海证券交易所（以下简称"上交所"）主板挂牌上市。事实上，这并非想念食品第一次冲击IPO。早在2020年9月29日，它在深交所创业板的上市申请就被受理，但半年后却主动撤回了相关上市申请。

此次，想念食品卷土重来，转战上交所主板，重启IPO闯关之路，笔者在此探究想念食品的持股平台是如何搭建、股权激励是如何实施的。①

（一）想念食品股权结构

2008年8月30日，熊某某、熊某2、孙某某召开首次股东会会议并通过决议，同意共同出资设立河南想念食品有限公司，随后历经2次股权转让、9次增资，最终想念食品的股东确定为29名。

其中深圳想念君联投资管理有限公司（以下简称"深圳君联"）、南阳想念同创实业有限公司（以下简称"南阳同创"）、南阳市想念众聚实业有限公司（以下简称"南阳众聚"）为想念食品的员工持股平台，无实际经营业务。

（二）想念食品持股平台基本情况

1. 深圳君联

深圳君联于2015年9月11日设立，孙某某担任法定代表人。深圳君联注册资本共1498.5万元，实收资本1498.5万元，其中大股东为孙某某，其认缴出资598.5万元，出资比例占39.94%。其余29名股东持股比例从0.30%至5.11%不等。（相关信息见表2-1）

表2-1　持股平台登记信息之一

公司名称	深圳想念君联投资管理有限公司
成立时间	2015年9月11日
注册资本	1498.5万元
实收资本	1498.5万元

---

① 参见 http://static.sse.com.cn/stock/disclosure/announcement/c/202303/001518_20230301_4ATZ.pdf，最后访问日期：2024年12月26日。

(续表)

公司名称	深圳想念君联投资管理有限公司
法定代表人	孙某某
注册地址	深圳市前海深港合作区前湾一路1号A栋201室(入驻深圳市前海商务秘书有限公司)
主营业务	员工持股平台,无实际经营业务

2. 南阳同创

南阳同创设立于2015年11月16日,法定代表人为熊某某。南阳同创注册资本为468万元,实收资本468万元。其中大股东为熊某某,认缴出资228.6万元,出资比例占48.85%。其余23名股东持股比例从1.92%至4.81%不等。(相关信息见表2-2)

表2-2 持股平台登记信息之二

公司名称	南阳想念同创实业有限公司
成立时间	2015年11月16日
注册资本	468万元
实收资本	468万元
法定代表人	熊某某
注册地址	镇平县产业集聚区北环西路6号
主营业务	员工持股平台,无实际经营业务

3. 南阳众聚

南阳众聚于2018年7月27日设立,孙某某为法定代表人。南阳众聚共有29名股东,其中孙某某认缴出资822.6万元,出资比例为57.13%,其余股东出资比例在1.25%至2.50%不等,股东任职下至各部门职员,上至部门经理、部长。(相关信息见表2-3)

表2-3 持股平台登记信息之三

公司名称	南阳市想念众聚实业有限公司
成立时间	2018年7月27日
注册资本	1440万元

(续表)

公司名称	南阳市想念众聚实业有限公司
实收资本	1440万元
法定代表人	孙某某
注册地址	河南省南阳市卧龙区车站南路绿都如意湾11号楼二单元1304
主营业务	员工持股平台,无实际经营业务

(三)员工持股平台解析

通过想念食品的员工持股平台基本情况可以得知,想念食品的持股平台均为有限责任公司形式。想念食品的实际控制人孙某某、熊某某分别担任持股平台的法定代表人,但是二人在持股平台中的持股比例均未超过67%。如果未签订一致行动人协议(招股书未见披露),则二人对持股平台的控制权偏弱。

绝大多数上市公司和非上市公司实施股权激励均设立有限合伙企业作为持股平台,其好处有三。

第一,由公司实控人担任唯一的GP/执行事务合伙人,能够全面地控制该合伙企业,使得激励对象仅享有财产份额的所有权和分红权,而无权参与合伙企业经营管理。

第二,当上市主体或主体公司有分红时,只要激励对象缴纳个人所得税,合伙企业层面无需缴纳企业所得税;在满足特定条件的情况下,甚至能够申请和争取税收优惠,递延纳税。

第三,激励对象的进入和退出更加自由和便利,简化决策流程。

想念食品采用了非常规的有限责任公司作为持股平台,在上市解禁后转让上市主体股权进行套现时,还会面临有限责任公司的双重税收(公司层面25%企业所得税+个人层面20%个人所得税,综合赋税40%)。因此,根据披露的情况来看(除非存在尚未披露的其他理由),该股权激励方案尚待优化。

(四)股权激励费用占比

2019年度至2021年度,公司管理费用分别为3280.17万元、4578.38万元和5188.34万元,占营业收入的比例分别为2.43%、2.35%和2.33%,想念食品的职工薪酬就占据了管理费用近一半的比例。相比之下,股权激励费用仅在1.32%—2.06%徘徊,比重显得微不足道。(相关信息见表2-4)

但据招股书披露,若想念食品后续欲实施股权激励,公司董事、高管人员均承诺在自身职责和权限范围内,促使拟公布的股权激励的行权条件与想念食品填补回报措施的执行情况挂钩。

表 2-4　公司管理费用的构成及变动情况　　　　　单位:万元

项目	2021 年度		2020 年度		2019 年度	
	金额	比例	金额	比例	金额	比例
职工薪酬	2689.51	51.84%	1679.44	36.68%	1622.38	49.46%
摊销与折旧费	1087.56	20.96%	1137.29	24.84%	592.81	18.07%
行政管理费	439.04	8.46%	600.32	13.11%	455.58	13.89%
差旅费	194.17	3.74%	91.91	2.01%	130.62	3.98%
业务招待费	356.34	6.87%	298.05	6.51%	96.42	2.94%
中介机构费用	138.70	2.67%	482.97	10.55%	203.17	6.19%

三、示范条款的制定:时间安排

（一）激励计划的有效期

例:

本激励计划有效期为自股票期权首次授予日起至激励对象获授的股票期权全部行权或注销之日止,最长不超过×个月。

（二）激励计划的授予日

例:

股票期权的授予日在本激励计划提交公司股东会审议通过后由董事会确定,授予日必须为交易日;公司在股东会审议通过后 60 日内,将按相关规定召开董事会授予激励对象激励股权,并完成登记、公告等相关程序。

公司未能在 60 日内完成上述工作的,应当及时披露未完成的原因,并宣告终止实施激励计划,未授予的权益作废失效,且自公告之日起 3 个月内不得再次审议股权激励计划。根据《上市公司股权激励管理办法》规定,公司不得授予权益的期间不计算在 60 日内。

（三）激励计划的等待期

例:

本激励计划授予的股票期权等待期为授予之日至股票期权可行权日之间的时间段。本激励计划首次/预留授予股票期权的等待期分别为自首次/预留授予之日起12个月、24个月。

预留部分股票期权由本激励计划经股东会审议通过后6个月内授予。

（下述为另一表述方式。）

本激励计划授予的股票期权等待期为自股票期权授予之日至股票期权可行权日之间的时间段。本激励计划授予的股票期权分三次行权，对应的等待期分别为12个月、24个月、36个月。

等待期内，激励对象获授的权益不得转让、用于担保或偿还债务。

（四）激励计划的可行权日

例：

在本激励计划经股东会审议通过后，激励对象自授予之日起满12个月后可以开始行权。可行权日必须为交易日，但不得在下列期间内行权：

(1) 公司年度报告、中期报告公告前30日内及季度报告公告前10日内；因特殊原因推迟年度报告、中期报告公告日期的，自原预约公告日前30日起算，直至公告日止；

(2) 公司业绩预告、业绩快报公告前10日内；

(3) 自可能对公司股票交易价格及其衍生品种交易价格、投资者投资决策产生较大影响的重大事件发生之日或者进入决策程序之日，至依法披露之日内；

(4) 中国证监会及证券交易所规定的其他期间。

上述所指"重大事件"为公司依法应当披露的交易或其他重大事项。

在可行权期内，若达到本激励计划规定的行权条件，激励对象可根据下述行权安排行权，如表2-5所示。

表2-5 行权期限与行权比例的对应关系图之一

行权安排	行权期间	行权比例
第一个行权期	自相应部分股票期权授予之日起12个月后的首个交易日起至相应部分股票期权授予之日起24个月内的最后一个交易日当日止	50%
第二个行权期	自相应部分股票期权授予之日起24个月后的首个交易日起至相应部分股票期权授予之日起36个月内的最后一个交易日当日止	50%

如果安排三个行权期，行权比例可分布成4:3:3，行权期间也相应变化，如表2-6所示。

表 2-6 行权期限与行权比例的对应关系图之二

行权安排	行权期间	行权比例
第一个行权期	自相应部分股票期权授予之日起12个月后的首个交易日起至相应部分股票期权授予之日起24个月内的最后一个交易日当日止	40%
第二个行权期	自相应部分股票期权授予之日起24个月后的首个交易日起至相应部分股票期权授予之日起36个月内的最后一个交易日当日止	30%
第三个行权期	自相应部分股票期权授予之日起36个月后的首个交易日起至相应部分股票期权授予之日起48个月内的最后一个交易日当日止	30%

上述约定期间届满后,未满足行权条件的激励对象已获授但尚未行权的股票期权不得行权,不得递延至下期行权,应由公司按本激励计划规定注销激励对象相应的股票期权。在股票期权各行权期结束后,激励对象未行权的当期股票期权应当终止行权,该部分股票期权由公司注销。

(五)禁售期

例:

禁售期是指激励对象行权后限制售出所获股票的时间段。激励对象通过本激励计划所获授公司股票的禁售期,依法规定如下:

(1)激励对象为公司董事和高级管理人员的,其在任职期间每年转让的股份不得超过其所持有本公司股份总数的25%;在离职后半年内,不得转让其所持有的本公司股份。

(2)激励对象为公司董事和高级管理人员的,将其持有的本公司股票在买入后6个月内卖出或者在卖出后6个月内又买入,由此所得收益归本公司所有,本公司董事会将收回其所得收益。

(3)在本激励计划的有效期内,如果《公司法》《证券法》等相关法律、行政法规、规范性文件、证券交易所相关减持股份实施细则等交易所规则和公司章程中关于公司董事和高级管理人员持有股份转让的规定发生了变化,则该部分激励对象应当在转让其所持有的公司股票时遵从前述发生变化的相关规定。

第三章　股权激励与股权回购

第一节　请求权基础规范

一、新《公司法》规定

第 89 条　有下列情形之一的,对股东会该项决议投反对票的股东可以请求公司按照合理的价格收购其股权:(一)公司连续五年不向股东分配利润,而公司该五年连续盈利,并且符合本法规定的分配利润条件;(二)公司合并、分立、转让主要财产;(三)公司章程规定的营业期限届满或者章程规定的其他解散事由出现,股东会通过决议修改章程使公司存续。

自股东会决议作出之日起六十日内,股东与公司不能达成股权收购协议的,股东可以自股东会决议作出之日起九十日内向人民法院提起诉讼。

公司的控股股东滥用股东权利,严重损害公司或者其他股东利益的,其他股东有权请求公司按照合理的价格收购其股权。

公司因本条第一款、第三款规定的情形收购的本公司股权,应当在六个月内依法转让或者注销。①

第 161 条　有下列情形之一的,对股东会该项决议投反对票的股东可以请求公司按照合理的价格收购其股份,公开发行股份的公司除外:(一)公司连续五年不向股东分配利润,而公司该五年连续盈利,并且符合本法规定的分配利润条件;(二)公司转让主要财产;(三)公司章程规定的营业期限届满或者章程规定的其他解散事由出现,股东会通过决议修改章程使公司存续。

自股东会决议作出之日起六十日内,股东与公司不能达成股份收购协议的,股东可以自股东会决议作出之日起九十日内向人民法院提起诉讼。

公司因本条第一款规定的情形收购的本公司股份,应当在六个月内依法转让

---

①　这是有限责任公司的异议股东股权回购请求权,也称公司被动回购股权。

或者注销。①

第162条 公司不得收购本公司股份。但是，有下列情形之一的除外：(一)减少公司注册资本；(二)与持有本公司股份的其他公司合并；(三)将股份用于员工持股计划或者股权激励；(四)股东因对股东会作出的公司合并、分立决议持异议，要求公司收购其股份；(五)将股份用于转换公司发行的可转换为股票的公司债券；(六)上市公司为维护公司价值及股东权益所必需。

公司因前款第一项、第二项规定的情形收购本公司股份的，应当经股东会决议；公司因前款第三项、第五项、第六项规定的情形收购本公司股份的，可以按照公司章程或者股东会的授权，经三分之二以上董事出席的董事会会议决议。

公司依照本条第一款规定收购本公司股份后，属于第一项情形的，应当自收购之日起十日内注销；属于第二项、第四项情形的，应当在六个月内转让或者注销；属于第三项、第五项、第六项情形的，公司合计持有的本公司股份数不得超过本公司已发行股份总数的百分之十，并应当在三年内转让或者注销。

上市公司收购本公司股份的，应当依照《中华人民共和国证券法》的规定履行信息披露义务。上市公司因本条第一款第三项、第五项、第六项规定的情形收购本公司股份的，应当通过公开的集中交易方式进行。

公司不得接受本公司的股份作为质权的标的。②

第224条 公司减少注册资本，应当编制资产负债表及财产清单。

公司应当自股东会作出减少注册资本决议之日起十日内通知债权人，并于三十日内在报纸上或者国家企业信用信息公示系统公告。债权人自接到通知之日起三十日内，未接到通知的自公告之日起四十五日内，有权要求公司清偿债务或者提供相应的担保。

公司减少注册资本，应当按照股东出资或者持有股份的比例相应减少出资额或者股份，法律另有规定、有限责任公司全体股东另有约定或者股份有限公司章程另有规定的除外。

第226条 违反本法规定减少注册资本的，股东应当退还其收到的资金，减免股东出资的应当恢复原状；给公司造成损失的，股东及负有责任的董事、监事、高级

---

① 这是股份有限公司的异议股东股份回购请求权，也称公司被动回购股份。

② 这是股份有限公司可主动回购股份的例外情形。此节例外所说的股权股份回购，与后面章节所说的因违约产生的回收股权返还出资款有区别，后者通常是基于股权激励协议的约定，在激励对象与激励者之间产生的纯粹的债权债务关系，而前者则是法定情形下的股权回购行为。

管理人员应当承担赔偿责任。①

二、其他法律规定

（一）公司法层面

《公司法司法解释（五）》

第 5 条 人民法院审理涉及有限责任公司股东重大分歧案件时,应当注重调解。当事人协商一致以下列方式解决分歧,且不违反法律、行政法规的强制性规定的,人民法院应予支持:(一)公司回购部分股东股份;(二)其他股东受让部分股东股份;(三)他人受让部分股东股份;(四)公司减资;(五)公司分立;(六)其他能够解决分歧,恢复公司正常经营,避免公司解散的方式。②

（二）证券法层面

1.《上市公司股权激励管理办法》

第 26 条 出现本办法第十八条、第二十五条规定情形,或者其他终止实施股权激励计划的情形或激励对象未达到解除限售条件的,上市公司应当回购尚未解除限售的限制性股票,并按照《公司法》的规定进行处理。

对出现本办法第十八条第一款情形负有个人责任的,或出现本办法第十八条第二款情形的,回购价格不得高于授予价格;出现其他情形的,回购价格不得高于授予价格加上银行同期存款利息之和。

第 27 条 上市公司应当在本办法第二十六条规定的情形出现后及时召开董事会审议回购股份方案,并依法将回购股份方案提交股东大会批准。回购股份方案包括但不限于以下内容:(一)回购股份的原因;(二)回购股份的价格及定价依据;(三)拟回购股份的种类、数量及占股权激励计划所涉及的标的股票的比例、占总股本的比例;(四)拟用于回购的资金总额及资金来源;(五)回购后公司股本结构的变动情况及对公司业绩的影响。

律师事务所应当就回购股份方案是否符合法律、行政法规、本办法的规定和股权激励计划的安排出具专业意见。

第 63 条 上市公司董事会按照本办法第二十七条规定审议限制性股票回购方

---

① 公司实施股权回购之后,要么将股权转让给其他人以维持注册资本的稳定,要么将股权注销,但注销股权属于减少注册资本,涉及履行减资程序问题。

② 该条文意味着激励者与激励对象在不违反法律、行政法规的强制性规定的前提下,可以自行约定股权回购事宜,该约定合法有效。

案的,应当及时公告回购股份方案及律师事务所意见。回购股份方案经股东大会批准后,上市公司应当及时公告股东大会决议。

2.《首次公开发行股票注册管理办法》

第44条 发行人存在申报前制定、上市后实施的期权激励计划的,应当符合中国证监会和交易所的规定,并充分披露有关信息。

3.《公开发行证券的公司信息披露内容与格式准则第57号——招股说明书》

第41条 发行人应披露董事、监事、高级管理人员及其他核心人员的薪酬组成、确定依据、所履行程序及报告期内薪酬总额占发行人各期利润总额的比例,最近一年从发行人及其关联企业获得收入情况,以及其他待遇和退休金计划等。

发行人应简要披露本次公开发行申报前已经制定或实施的股权激励或期权激励及相关安排,披露其对公司经营状况、财务状况、控制权变化等方面的影响,以及上市后行权安排。

4.《证券期货法律适用意见第17号》

五、关于《首次公开发行股票注册管理办法》第四十四条规定的"期权激励计划"的理解与适用

《首次公开发行股票注册管理办法》第四十四条规定"发行人存在申报前制定、上市后实施的期权激励计划的,应当符合中国证监会和交易所的规定,并充分披露有关信息"。现提出如下适用意见:

(一)首发申报前制定、上市后实施的期权激励计划

……

(二)首发申报前实施员工持股计划①

……

5.《监管规则适用指引——会计类第3号》

3-9 对于职工提前离职按约定方式回售股份的会计处理职工薪酬,指的是企业为获得职工提供的服务或终止劳动合同关系而给予的各种形式的报酬或补偿。股份支付是指企业为获取职工和其他方提供服务而授予权益工具或者承担以权益工具为基础确认的负债的交易。股权激励计划是否属于股份支付,关键在于判断企业为获取职工提供服务所付出的交易对价,是否与自身权益工具价值密切相关。

监管实践发现,部分公司对于向职工授予股份,并约定职工在服务期内离职需按照约定方式回售股份的会计处理,存在理解上的偏差和分歧。现就该事项的意

---

① 该条文内容较多,只作指引性摘录,具体内容省略。

见如下：

实务中存在一些股权激励计划，职工需通过提供一段期间的服务以获取低价认购的股份，如果职工在服务期内离职，股权激励计划将要求职工将股份回售给公司。职工尽管因离职未取得相应股份，但将股份回售仍可取得一定的收益，例如回售价格为认股价格加固定回报率或者每股净资产等。

上述股权激励计划中，如果职工因回售股份取得的收益与企业自身权益工具价值相关，则属于股份支付，企业应当按照股份支付准则有关规定，确认相关费用；如果职工回售取得的收益与企业自身权益工具价值没有密切关系，则不属于股份支付，企业应当按照职工薪酬准则有关规定，在职工为取得该收益提供服务的期间内分期确认职工薪酬费用。

6.《中央企业控股上市公司实施股权激励工作指引》

第 56 条 股权激励管理办法对上市公司回购限制性股票的具体情形及回购后股票的处理作出规定，应当符合《中华人民共和国公司法》规定，回购价格根据回购原因分类管理。

（一）股权激励对象因调动、免职、退休、死亡、丧失民事行为能力等客观原因而导致的回购，按授予价格由上市公司进行回购（可以按照约定考虑银行同期存款利息）。

（二）上市公司未满足设定的权益生效（解锁）业绩目标，股权激励对象绩效考核评价未达标、辞职、个人原因被解除劳动关系，激励对象出现本指引第五十三条、第五十四条规定情形等其他原因而导致的回购，以及公司终止实施股权激励计划的，回购价格不得高于授予价格与股票市价的较低者。

（三）上市公司董事会应当公告回购股份方案，方案应当包括：回购股份的原因，回购价格及定价依据，回购股份的种类、数量及占股权激励计划所涉及标的股票的比例，拟用于回购的资金总额及来源，回购后公司股本结构的变动情况及对公司业绩的影响。

7.《上市公司股份回购规则》

第 2 条 本规则所称上市公司回购股份，是指上市公司因下列情形之一收购本公司股份的行为：（一）减少公司注册资本；（二）将股份用于员工持股计划或者股权激励；（三）将股份用于转换上市公司发行的可转换为股票的公司债券；（四）为维护公司价值及股东权益所必需。

前款第（四）项所指情形，应当符合以下条件之一：（一）公司股票收盘价格低于最近一期每股净资产;(二)连续二十个交易日内公司股票收盘价格跌幅累计达到百分之二十;(三)公司股票收盘价格低于最近一年股票最高收盘价格的百分之五十;(四)中国证监会规定的其他条件。

第13条　上市公司实施回购方案前,应当在证券登记结算机构开立由证券交易所监控的回购专用账户;该账户仅可用于存放已回购的股份。

上市公司回购的股份自过户至上市公司回购专用账户之日起即失去其权利,不享有股东大会表决权、利润分配、公积金转增股本、认购新股和可转换公司债券等权利,不得质押和出借。

上市公司在计算相关指标时,应当从总股本中扣减已回购的股份数量。

第17条　上市公司因本规则第二条第一款第(一)项规定情形回购股份的,应当在自回购之日起十日内注销;因第(二)项、第(三)项、第(四)项规定情形回购股份的,公司合计持有的本公司股份数不得超过本公司已发行股份总额的百分之十,并应当在三年内按照依法披露的用途进行转让,未按照披露用途转让的,应当在三年期限届满前注销。

上市公司因本规则第二条第一款第(四)项规定情形回购股份的,可以按照证券交易所规定的条件和程序,在履行预披露义务后,通过集中竞价交易方式出售。

第23条　回购股份方案至少应当包括以下内容:(一)回购股份的目的、方式、价格区间;(二)拟回购股份的种类、用途、数量及占公司总股本的比例;(三)拟用于回购的资金总额及资金来源;(四)回购股份的实施期限;(五)预计回购后公司股权结构的变动情况;(六)管理层对本次回购股份对公司经营、财务及未来发展影响的分析;(七)上市公司董事、监事、高级管理人员在董事会作出回购股份决议前六个月是否存在买卖上市公司股票的行为,是否存在单独或者与他人联合进行内幕交易及市场操纵的说明;(八)证券交易所规定的其他事项。

以要约方式回购股份的,还应当披露股东预受要约的方式和程序、股东撤回预受要约的方式和程序,以及股东委托办理要约回购中相关股份预受、撤回、结算、过户登记等事宜的证券公司名称及其通讯方式。

8.《关于试点创新企业实施员工持股计划和期权激励的指引》(已失效)

一、关于上市前实施的员工持股计划

(一)试点企业首发上市前实施员工持股计划的应当体现增强公司凝聚力、维护公司长期稳定发展的导向,建立健全激励约束长效机制,有利于兼顾员工与公司长远利益,为公司持续发展夯实基础。原则上符合下列要求:

......

参与持股计划的员工因离职、退休、死亡等原因离开公司的,其间接所持股份权益应当按照员工持股计划的章程或相关协议约定的方式处置。

(三)合伙企业法层面

《合伙企业法》

第48条 合伙人有下列情形之一的,当然退伙:(一)作为合伙人的自然人死亡或者被依法宣告死亡;(二)个人丧失偿债能力;(三)作为合伙人的法人或者其他组织依法被吊销营业执照、责令关闭、撤销,或者被宣告破产;(四)法律规定或者合伙协议约定合伙人必须具有相关资格而丧失该资格;(五)合伙人在合伙企业中的全部财产份额被人民法院强制执行。

合伙人被依法认定为无民事行为能力人或者限制民事行为能力人的,经其他合伙人一致同意,可以依法转为有限合伙人,普通合伙企业依法转为有限合伙企业。其他合伙人未能一致同意的,该无民事行为能力或者限制民事行为能力的合伙人退伙。

退伙事由实际发生之日为退伙生效日。

第49条 合伙人有下列情形之一的,经其他合伙人一致同意,可以决议将其除名:(一)未履行出资义务;(二)因故意或者重大过失给合伙企业造成损失;(三)执行合伙事务时有不正当行为;(四)发生合伙协议约定的事由。

对合伙人的除名决议应当书面通知被除名人。被除名人接到除名通知之日,除名生效,被除名人退伙。

被除名人对除名决议有异议的,可以自接到除名通知之日起三十日内,向人民法院起诉。

第50条 合伙人死亡或者被依法宣告死亡的,对该合伙人在合伙企业中的财产份额享有合法继承权的继承人,按照合伙协议的约定或者经全体合伙人一致同意,从继承开始之日起,取得该合伙企业的合伙人资格。

有下列情形之一的,合伙企业应当向合伙人的继承人退还被继承合伙人的财产份额:(一)继承人不愿意成为合伙人;(二)法律规定或者合伙协议约定合伙人必须具有相关资格,而该继承人未取得该资格;(三)合伙协议约定不能成为合伙人的其他情形。

合伙人的继承人为无民事行为能力人或者限制民事行为能力人的,经全体合伙人一致同意,可以依法成为有限合伙人,普通合伙企业依法转为有限合伙企业。

全体合伙人未能一致同意的,合伙企业应当将被继承合伙人的财产份额退还该继承人。

第51条 合伙人退伙,其他合伙人应当与该退伙人按照退伙时的合伙企业财产状况进行结算,退还退伙人的财产份额。退伙人对给合伙企业造成的损失负有赔偿责任的,相应扣减其应当赔偿的数额。

退伙时有未了结的合伙企业事务的,待该事务了结后进行结算。

第52条 退伙人在合伙企业中财产份额的退还办法,由合伙协议约定或者由全体合伙人决定,可以退还货币,也可以退还实物。①

第二节 裁判精要

一、回购条件触发的认定

(一)回购条件触发

1.股权激励协议约定"上市"作为触发股权回购的条件,"上市"含义只能按照《公司法》作限缩解释,即指股份有限公司股票在证券交易所上市交易(登陆地点为主板、创业板),不包括公司在"新三板""新四板"挂牌的情形。签约时公司财务状况无法达到主板上市的程度,也证明了"上市"并不包含在"新三板""新四板"挂牌情形。

在(2020)川01民终17785号案中,一审法院认为,案涉《投资协议》约定,本次投资方投资资金到达目标公司指定账户之日届满3年时,目标公司未上市或未被并购,投资方有权要求原股东回购投资方届时持有的目标公司全部或部分股份,对方必须履行其回购义务。现双方就该条约定中"上市"的具体含义理解发生分歧,法院认为,公司法所称上市公司,是指其股票在证券交易所上市交易的股份有限公司。袁某某、冯某、李某虽辩称约定中的"上市"应作包括主板、创业板、"新三板""新四板"等在内的广义理解。但首先,袁某某、冯某、李某所作该广义理解并不符合公司法关于上市公司的定义;其次,"新三板""新四板"融资的通常表述均为"挂

---

① 股权激励可以在有限公司层面进行,也可以在有限合伙企业层面进行。两者在股权转让和财产份额转让方面有明显区别,合伙协议中经常约定激励对象在离职等情形下会被除名即退伙,并按约定转让财产份额,这类条款合法有效。

牌"而非"上市",锐丽元公司向技转公司出具的《申请挂牌说明》使用的也是"挂牌"的表述;最后,若在"新四板"挂牌亦属约定的"上市",则挂牌程序即锐丽元公司正常履行协议的内容,无需单独向投资方就拟挂牌平台的性质、宗旨、服务项目等进行说明并希望得到支持。

因此,约定中的"上市"仍应按照公司法关于上市公司的规定作限定解释。同时,袁某某、冯某、李某虽辩称根据签约时锐丽元公司的财务状况,根本不可能3年内完成主板上市,成信公司作为投资者,对该情况进行详尽的尽职调查且明知的前提下,仍作出该条约定,则对"上市"的理解不应限定于主板上市,但法院认为,袁某某、冯某、李某作为锐丽元公司的原股东,相较于成信公司,对锐丽元公司的经营状况和发展前景有更为深入全面的了解和掌握,故即便签约3年后股权回购条款有极大概率被触发,也属于袁某某、冯某、李某在对该风险有全面理解和合理预期的情况下所作的商业选择,更何况阻止触发股权回购条款的事项除了"上市"还包括"被并购"。综上,袁某某、冯某、李某的辩称意见并不成立,锐丽元公司未在约定期限内完成上市或被并购,《投资协议》约定的股份回购条件已经成就,成信公司有权主张袁某某、冯某、李某按照约定的回购价格回购其在锐丽元公司的全部股份。

2. 员工持股计划约定"未能在一定时间点前完成在'新三板'挂牌,公司回购激励对象的股权并支付利息",该约定合法有效。这不属于投资方与目标公司对赌的情形,理由如下:首先,激励对象是公司员工,而非投资者;其次,在员工与公司解除劳动关系、丧失劳动能力、没达到业绩指标等情况下,公司均有权回购员工股权,该权利具有员工持股计划性质;最后,公司设立持股平台来实施员工持股计划,激励对象的付款出资及签订协议的行为均是为了履行员工持股计划,当股权回购条件被触发时,公司应当履行股权回购义务。

在(2017)京0108民初48594号案中,一审法院认为,《股权认购协议书》约定汉唐智业公司如未于2016年12月31日前完成在"新三板"挂牌,应在60个工作日内回购焦某某所持股本并支付利息。汉唐智业公司主张该条款属于与目标公司对赌的情形,因此无效。与目标公司对赌指的是投资方与目标公司签订协议约定,当目标公司在约定期限内未能实现双方预设的目标时,由目标公司按照事先约定的方式回购投资方的股权或承担现金补偿义务。结合本案,员工持股计划是指公司根据员工意愿,通过合法方式使员工获得本公司股权并长期持有,从而按约定分配给员工股权收益的制度安排。本案中,从《股权认购协议书》签订背景来看,汉唐智业公司拟上市"新三板",出于对员工长期服务公司的回报和今后共同发展的考虑,同意员工认购公司股权。从签约主体上看,一方系公司,一方系符合一定入职期限的员工。从股东资格限制来看,在员工与公司解除劳动关系、丧失劳动能力、没达到业绩指标等情况下,汉唐智业公司均有权回购员工股权,故汉唐智业公司上述安排属于员工持股计划的一部分。汉唐智业公司回购员工持股计划中的员工所持股份,不违反法律的强制性规定。

参照《关于试点创新企业实施员工持股计划和期权激励的指引》(已失效)中关于上市前实施的员工持股计划的相关规定,公司实施员工持股计划,可以通过公司制企业、合伙制企业、资产管理计划等持股平台间接持股,并建立健全持股在平台内部的流转、退出机制以及股权管理机制。参与持股计划的员工因离职、退休、死亡等原因离开公司的,其间接所持股份权益应当按照员工持股计划的章程或相关协议约定方式处置。

本案中,汉唐智业公司为了"新三板"上市,实施前述员工持股计划。由于受到公司登记人数的限制,汉唐智业公司设立了世纪合伙企业作为持股平台。世纪合伙企业的设立、合伙人的登记及入资都是基于汉唐智业公司的安排。世纪合伙企业设立的目的就是实施前述员工持股计划。焦某某是为了加入员工持股计划,才和汉唐智业公司签订的《股权认购协议书》,汉唐智业公司的上述安排及焦某某按照汉唐智业公司的安排进行的付款行为及签订合伙协议的行为均是为了履行双方最初的《股权认购协议书》。据此,无论焦某某对此后签订合伙协议是否明知,其加入世纪合伙企业的目的是间接持有汉唐智业公司股份,其间接持股的行为未违反法律、行政法规及相关政策规定。

现并无证据证明汉唐智业公司员工持股计划章程或相关协议有关于员工离开公司后其间接所持股份权益处置方式的约定,因《股权认购协议书》约定如汉唐智业公司在2016年12月31日前未完成上市挂牌,汉唐智业公司应退还股本并按同期贷款利率返还缴款期间的利息,故焦某某要求汉唐智业公司退还股权认购款及缴款期间的利息,有事实及法律依据,予以支持。

3. 为了保持劳动关系与股权激励关系的一致性,激励者往往是用人单位的全资股东或者关联企业,激励者也常在股权激励协议中确认激励对象为自己的员工,这是激励对象取得股权的前提。激励对象在用人单位工作视为履行股权激励协议,若没有提供一定年限的工作服务,应按约定将股权回转给激励者。

在(2018)京01民终3823号案中,二审法院认为,王某从深圳前海公司离职后是否应当按照《智芯原动公司增资协议》的约定向崔某转让其持有的智芯原动公司的所有股权是本案的争议焦点。王某上诉的主要理由在于《智芯原动公司增资协议》中乙方为智芯原动公司,而王某是从深圳前海公司离职,故协议中约定的"从乙方离职"的条件未成就。就此法院认为:

第一,《智芯原动公司增资协议》中的约定,丁方承诺在乙方工作年限不低于5年(2014年1月开始计算工作年限),在此5年中如丁方主动离职则同意以1元价格向甲方转让其持有的全部乙方股份。根据该约定不难看出,作为对公司员工的股权激励机制,智芯原动公司要求获得股权的员工必须从2014年1月开始在公司工作满5年,方能最终获得案涉股权。

第二,《智芯原动公司增资协议》中明确约定了王某是丁方,其为智芯原动公司的高管或核心员工,在此基础上各方同意王某成为公司的股东。换言之,王某只有具备智芯原动公司的员工身份,方能获得案涉股权,即《智芯原动公司增资协议》的约定内容实际已经确认了王某是智芯原动公司的员工。而这里的员工不应局限于智芯原动公司本身,智芯原动公司的关联企业亦可包含在内。否则,如王某上诉意见所述,如果其从未成为智芯原动公司的员工,那王某最初获得案涉股权的前提条件已然不能成就。

第三,王某在深圳前海公司就职,智芯原动公司系深圳前海公司的唯一股东,王某在深圳前海公司的工作,实际亦属于履行《智芯原动公司增资协议》中约定的义务,即在智芯原动公司工作。王某从深圳前海公司离职,无法完成《智芯原动公司增资协议》所要求的员工持股须工作满5年的要求,应按照合同约定转让股权。

4. 集团公司制定的商业行为准则适用于激励对象,激励对象违反该规则导致劳动关系解除的,将触发股权激励协议中约定的股权回购机制。

在(2016)浙民终504号案中,再审法院认为,阿里集团公司撤销或回购付某股票期权的依据为本案的争议焦点。付某上诉称其系淘宝软件公司的员工,不必遵守《阿里巴巴集团商业行为准则》;且2009年12月公布的《阿里巴巴集团商业行为准则》对付某此前的行为不应具有溯及力,不应以违反商业行为规则撤销或回购其拥有的期权股票。法院认为,首先,付某应当遵守《阿里巴巴集团商业行为准则》。阿里集团公司于2009年12月24日发布该商业行为准则,付某于2009年12月底通过点击邮件的方式进行阅读,完成学习认证,应认定付某对此商业行为准则的内容和要求已经知晓。该商业行为准则概述中载明阿里巴巴集团致力于遵循最高标准的商业行为规范,要求阿里集团公司及其子公司的每位董事、高管人员和雇员在遵守国家各项法律法规的同时,一并遵守最高标准的商业道德准则。付某虽非阿里集团公司的员工,但属于阿里集团公司旗下淘宝软件公司的员工,《阿里巴巴集团商业行为准则》亦适用于付某。其次,付某变相补贴客户和向客户无息借款的行为分别发生在2010年12月和2011年1月初,是在阿里集团公司发布商业行为准则以及2009年12月付某点击阅读并学习认证该商业行为准则之后。最后,付某前述违反忠诚、谨慎和廉洁义务的行为,落入《阿里巴巴集团商业行为准则》的规制范围内。但《阿里巴巴集团商业行为准则》并没有关于撤销员工期权或回购股份的惩戒规定。2011年5月24日,淘宝软件公司向付某发送的解雇通知中载明解雇付某从而解除双方劳动合同关系的依据是《阿里巴巴集团商业行为准则》。因此,《阿里巴巴集团商业行为准则》构成淘宝软件公司解除与付某劳动合同关系的依据。但法院注意到,阿里集团公司撤销或回购付某的期权股票,并非依据《阿里巴巴集团商业行为准则》的规定,而是依据付某与阿里集团公司签订的作为期权合同重要组成部分的2005年、2007年股权期权激励计划的规定。这两份股权期权激励计划均对"特定事由"和"因特定事由终止"期权计划作出了明确规定。付某前述违反《阿里巴巴集团商业行为准则》的行为,同时也构成2005年、2007年股权期权激励计划中关于"特定事由"的情形。故阿里集团公司撤销和按付某原始行权价回购其三份期权授予通知书项下未行权期权和已行权股票,系行使合同权利。付某关于其不必遵守《阿里巴巴集团商业行为准则》以及该商业行为准则不应适用其此前行为的上诉理由,不能成立。

5. 激励对象离职,触发了股权激励协议中的股权回购机制,公司应实施股权回购并支付回购款及其利息,激励对象收到款项后应配合公司办理股权变更手续。

在(2021)京01民终10678号案中,二审法院认为,《股权激励协议》约定:"乙方出现下列情形之一,即丧失股东资格:1.因辞职、辞退、解雇、退休、离职等乙方与公司解除劳动关系的……乙方出现上述情形之一的,应依照协议规定转让股权。"还约定,股份转让价格为公司上一年度末东方公司聘请的审计机构所认定的净资产价格。如果届时公司的净资产价格低于入股价格,则法定代表人或其指定的其他人员同意按照乙方受让股权的价格加同期8%年利率所计算的利息作为股份转让价格,向工商部门办理变更登记手续。现李某已从东方公司离职,其所持股份权益应当按照前述协议约定的方式处置。综上,李某有权依据《股权激励协议》中关于股权回购的约定,要求东方公司、泰圣公司支付股权回购款,回购其所持泰圣公司的股份。现李某要求泰圣公司、东方公司支付10万元并按照年利率8%支付利息,有事实及法律依据,予以支持。李某收到上述款项后,应配合泰圣公司办理工商变更登记手续,将股权变更至泰圣公司指定的主体名下。

(二)回购条件没有具备

1.股权激励计划将"离职"作为触发股权回购机制条件的,要注意区分约定"离职"是因劳动合同到期而离职,还是因个人原因提前离职,否则属于约定不明,股权回购条件尚未具备。

在(2021)粤03民终7467号案中,二审法院认为,顺络公司上诉主张杨某某违反职业道德的行为符合《2016年限制性股票激励计划》的相关约定,故其有权回购并注销案涉限制性股票。该计划约定,激励对象因触犯法律、违反职业道德、泄露公司机密、失职或渎职等行为严重损害公司利益或声誉而被公司解聘的,自离职之日起所有未解锁的限制性股票即被公司回购注销。该约定表明只有激励对象存在上述情况并符合被公司解聘的条件时,才发生回购、注销股票的结果。而双方在二审调查时均确认杨某某离职的原因是劳动合同到期,双方未再续约,而非顺络公司解聘杨某某,该情况并不符合前述合同约定的条件。顺络公司提交的他案民事判决虽然认定杨某某违反竞业禁止协议,但顺络公司未提交证据证明此种情况符合股票激励计划约定的回购条件。

2.股权激励计划将"行政拘留或刑事拘留、存在利用职务之便损害公司利益、被合法辞退或开除"作为触发股权回购机制条件的,如果激励对象因刑事案件被拘留,不应仅对"刑事拘留"作抽象、形式的理解,而应结合该刑事案件审理结果判断是否具备触发股权回购的条件。

在(2019)浙01民初2620号案中,一审法院认为,朱某某被刑事拘留是因中艺公司及其子公司乐居公司认为朱某某涉嫌职务侵占而向公安机关报案,因存在与朱某某履职行为是否侵害公司利益密切相关的特殊性而与其他刑事案件不同。股权激励计划中的股权回购涉及双方当事人的重大权利义务,对触发情形进行判断时,应使该条款能充分平等保护双方合法权益。关于"刑事拘留"情形是否构成的审查,本案涉嫌的职务侵占犯罪不宜仅以"刑事拘留"的形式条件来判断,而应结合该刑事案件审理结果来判断朱某某是否具备该情形。是否存在"利用职务之便损害公司利益"情形的核心事实也属于该刑事案件的审理范围。是否"被合法辞退或开除"的劳动争议仲裁案件亦因该刑事案件而中止审理。以上审查认定朱某某是否具备触发股权回购机制条件的核心争议事实,均需要以朱某某涉嫌职务侵占刑事案件的审理结果为前提,目前本案尚不具备处理条件。

3. 当事人拒不提供相关材料致使案件争议的事实无法通过鉴定结论予以认定的，其应承担举证不能的后果，此时可认定股份回购条件已具备。

在(2016)京04民初117号案中，一审法院认为，《股份回购协议》约定丁某某等八个被告承诺2012年、2013年、2014年每年的年销售收入、净利润复合增长均不低于15%，应收账款周转率和存货周转率均高于同业上市公司平均水平。对于德尔惠股份公司是否达到承诺的业绩，法院已委托会计师事务所对德尔惠股份公司2012年、2013年、2014年的经营业绩进行审计，但丁某某等八个被告及德尔惠股份公司在审计过程中拒绝向会计师事务所提供相关信息资料，导致会计审计工作无法开展。丁某某等八个被告对需要鉴定的事项负有举证责任，因其拒不提供相关材料致使案件争议的事实无法通过鉴定结论予以认定，应由丁某某等八个被告承担举证不能的后果，故认定股份回购的情形已具备。

4. "新三板"挂牌不属于《公司法》规定的"上市"情形，"上市"应解释为在沪深证券交易所公开上市，故此时股权激励协议约定的股权回购条件尚未具备。

在(2019)粤民申10130号案中，再审法院认为，《股权激励规定》约定，股东因任何原因离职，其所受让的激励股份及其产生的收益，公司按照每股净资产金额的50%购回，并将该笔金额在其离职之日起1个月至2年内全部支付；公司出现上市或被整体收购的情况除外。2016年5月11日，丰江公司的股份在全国中小企业股份转让系统(即"新三板")挂牌，从而纳入非上市公众公司监管。

首先，全国股转公司于2019年3月29日作出的《关于广州丰江电池新技术股份有限公司举报情况的答复》(以下简称《答复》)内容即使属实，也不能证明案涉《股权激励规定》已经终止，该《答复》也未涉及上述股份回购条款的效力，张某某也未能提交其他证据证明《股权激励规定》在丰江公司于"新三板"挂牌前已依法终止或解除。

其次，根据《股权激励规定》关于股份回购条款约定，案涉《股权激励规定》是否履行完毕不影响丰江公司根据该回购条款向离职员工行使股份回购权。

再次，根据《公司法》(2018年修正)、《证券法》《国务院关于全国中小企业股份转让系统有关问题的决定》等法律、行政法规的规定以及《全国中小企业股份转让系统业务规则(试行)》等有关"新三板"业务的具体规定，公司在"新三板"挂牌与在沪深证券交易所"上市"完全不同，两类业务在准入条件、投资者适当性、挂牌程序、信息披露要求、公司治理要求、交易模式等方面存在明显差异，且该差异应当为普通市场主体所了解。双方当事人就丰江公司于"新三板"挂牌是否属于《股权激励规定》约定的"上市"情形存在的争议,应解释为在沪深证券交易所公开上市的情形。一、二审法院以"新三板"挂牌与上市不同为由,认定案涉《股权激励规定》的终止条件尚未满足,事实认定正确。

5. 激励对象未能证实公司完成减资程序的,其诉请公司支付股权回购款及股权回购款占用期间的利息没有依据。

在(2021)粤09民终249号案中,一审法院认为,投资方请求目标公司回购股权的,经审查目标公司未完成减资程序的,人民法院应当驳回其诉讼请求。在被告高瓷公司定向增发股票时,原告认购了该公司股票260000份,但被告高瓷公司未完成减资程序,故原告诉请被告高瓷公司支付股权回购款及股权回购款占用期间的利息,没有事实依据和法律依据。

6. "激励对象与本协议订立时存在劳动关系的所在单位之间解除或终止劳动关系"的情形既包含激励对象主动与公司解除劳动关系,也包含被动解除劳动关系之情形(比如公司违法解除劳动关系)。如果不包括后一种情形,允许公司据此要求回购激励对象持有的股权有违诚实信用原则。

在(2020)闽02民终4932号案中,二审法院认为,《协议书》约定自办理股权变更工商登记之日起6年内,乙方离职或乙方与订立协议时存在劳动关系的所在单位之间解除或终止劳动关系的,顶尖公司有权行使回购权。本案中,双方对因顶尖公司违法解除劳动合同导致其与卢某某的劳动关系于2016年12月7日解除的事实均无异议,本案焦点在于该情形是否符合《协议书》约定的股权回购条件。顶尖公司主张根据前述约定,只要劳动关系解除,卢某某所持股份应由顶尖公司回购;卢某某则主张,顶尖公司违法解除劳动关系,不属于《协议书》约定的回购情形。从合同词句看,"乙方与本协议订立时存在劳动关系的所在单位之间解除或终止劳动关系",确实存在卢某某主动与顶尖公司解除或终止劳动关系与卢某某被动解除与顶尖公司劳动关系情形两种理解。但是,从合同的其他条款看,《协议书》规定的导致公司回购情形的行为启动主体仅限于卢某某,且均要求卢某某存在主动违反国家法律、单位规章或协议约定的不当行为。同时,顶尖公司在起诉状载明签署《协议书》的目的为"激励员工",而《协议书》约定的所有情形的回购价格均为按原价回购,可见约定股权回购实际上是公司对员工行为的一种约束。再结合《协议书》在6年内对卢某某持有股权限制出售的约定,应认定《协议书》的相关约定对卢某某在6年内选择离开公司的自由形成约束,顶尖公司要求回购卢某某持有的公司股权既不符合合同约定,也有违诚实信用原则。

二、回购股权义务的确定

（一）回购条款的效力

【条款有效】

1. 判定回购条款效力应以合同法律关系是否存在法律规定的影响合同效力的事由为依据，如无影响合同效力的事由或属于法律规定的例外情形的，均应认定有效。

在（2021）京01民终10678号案中，一审法院认为，案涉协议中约定的股权回购条款是否合法有效是本案的争议焦点。《股份激励协议》约定，员工与公司解除劳动关系的，其应依照协议规定将股份转让；如届时公司的净资产价格低于员工入股价格，则各方同意按照员工认购股份的价格加同期8%年利率作为股份转让价格。泰圣公司、东方公司主张其不能回购李某持有的泰圣公司股权，也不能按照年利率8%的标准支付回购款。对此，法院认为，《公司法》（2018年修正）关于公司不得收购本公司股份及其例外情形的规定，属于对公司收购本公司股份行为的限制，判定回购条款的效力应当以合同是否存在法律规定的影响合同效力的事由为依据，回购条款的效力并不必然受《公司法》（2018年修正）关于公司收购本公司股份限制规定的影响，如无影响合同效力的事由或属于法律规定的例外情形，均应认定有效。

首先，从《股权激励协议》签订背景上看，东方公司拟在证券交易所上市，出于对员工长期服务公司的回报和今后共同发展的考虑，鼓励并同意员工认购公司股权；其次，从签约主体上看，一方系东方公司，一方系符合一定入职期限的员工，一方是员工持股的平台；最后，从股东资格限制上看，在员工与公司解除劳动关系、丧失劳动能力、没达到业绩指标等情况下，泰圣公司、东方公司均有权回购员工股权。结合前述几点，《股权激励协议》中关于股权回购条款的约定符合法律规定的员工持股计划性质，属于公司不得回购本公司股份的法定例外情形，故泰圣公司、东方公司回购员工持股计划中的员工所持股份的相应条款，不违反法律强制性规定，合法有效。二审法院判决驳回上诉，维持原判。

2.《公司法》所规定的异议股东回购请求权具有法定的行使条件，异议股东有权要求公司回购其股权，其对应的是公司是否应当履行回购异议股东股权的法定义务。基于公司章程的约定及当事人的合意而回购激励对象的股权，对应的是公司回购股权的权利，二者性质不同。

在(2014)陕民二申字第00215号案中,再审法院认为,首先,大华公司章程规定,公司股权不向公司以外的任何团体和个人出售、转让。公司改制1年后,经董事会批准后可以公司内部赠与、转让和继承。持股人死亡或退休,经董事会批准后股权方可继承、转让或由企业收购,持股人若辞职、调离或被辞退、解除劳动合同的,人走股留,所持股份由企业收购。有限公司章程系公司设立时全体股东一致同意并对公司及全体股东产生约束力的规则性文件,宋某某在公司章程上签名的行为,应视为其对前述规定的认可和同意,该章程对大华公司及宋某某均产生约束力。

其次,基于有限责任公司封闭性和人合性的特点,由公司章程对公司股东转让股权作出某些限制性规定,系公司自治的体现。在本案中,大华公司进行企业改制时,宋某某之所以成为大华公司的股东,是因为宋某某与大华公司具有劳动合同关系。如果宋某某与大华公司没有建立劳动关系,宋某某则没有成为大华公司股东的可能性。同理,大华公司章程将是否与公司具有劳动合同关系作为取得股东身份的依据,继而作出"人走股留"的规定,符合有限责任公司封闭性和人合性的特点,亦系公司自治原则的体现,不违反《公司法》(2013年修正)的禁止性规定。

最后,大华公司章程第十四条关于股权转让的规定,属于对股东转让股权的限制性规定而非禁止性规定,宋某某依法转让股权的行为没有被公司章程禁止,大华公司章程不存在侵害宋某某股权转让权利的情形。

综上,本案一、二审法院均认定大华公司章程不违反《公司法》(2013年修正)的禁止性规定,应为有效的结论正确,宋某某的再审申请理由不能成立。

《公司法》(2013年修正)所规定的异议股东回购请求权具有法定的行使条件,即只有在公司连续5年不向股东分配利润,而公司该5年连续盈利,并且符合本法规定的分配利润条件的;公司合并、分立、转让主要财产的;公司章程规定的营业期限届满或者章程规定的其他解散事由出现,股东会会议通过决议修改章程使公司存续三种情形下,异议股东有权要求公司回购其股权,对应的是公司是否应当履行回购异议股东股权的法定义务。而本案属于大华公司是否有权基于公司章程的约定及与宋某某的合意而回购宋某某股权的情形,对应的是大华公司是否具有回购宋某某股权的权利,二者性质不同,上述相关规定不能适用于本案。在本案中,宋某某于2006年6月3日向大华公司提出解除劳动合同申请并于同日手书《退股申请》,提出"本人要求全额退股,年终盈利与亏损与我无关",该《退股申请》应视为其真实意思表示。大华公司于2006年8月28日退还其全额股金款2万元,并于2007年1月8日召开股东大会审议通过了宋某某等三位股东的退股申请,大华公司基于宋某某的退股申请,依照公司章程的规定回购宋某某的股权,程序并无不当。

3.有限责任公司可以与股东约定《公司法》规定之外的其他回购情形,《公司法》并未禁止有限责任公司与股东达成股权回购约定,该约定有效。

在(2015)民申字第2819号案中,再审法院认为,申请人于2004年1月成为鸿源公司股东时签署了《公司改制征求意见书》,该《公司改制征求意见书》约定,入股职工因调离本公司、被辞退、除名、自由离职、退休、死亡或公司与其解除劳动关系的,其股份在计算价格后由公司回购。有限责任公司可以与股东约定《公司法》(2013年修正)规定之外的其他回购情形,《公司法》(2013年修正)并未禁止有限责任公司与股东达成股权回购的约定。本案的意见书由申请人签字,属于真实的意思表示,内容未违背法律的强制性规定,应属有效。故鸿源公司依据公司与申请人约定的《公司改制征求意见书》进行回购,并无不当。

4.有限责任公司在履行法定程序后回购本公司股份的,不会损害公司股东及债权人利益,也不会构成对公司资本维持原则的违反,该股权回购约定有效。

在(2019)苏民再62号案中,一审法院认为,案涉股权回购约定因违反《公司法》(2018年修正)的禁止性规定和公司资本维持原则、法人独立财产原则而无效。在公司有效存续期间,股东基于其投资从公司获得财产的途径只能是依法从公司分配利润或者通过减资程序退出公司,而公司回购股东股权必须基于法定情形并经法定程序。首先,《公司法》(2018年修正)对于四种法定情形外公司不得收购本公司股份作出了明确规定,案涉《补充协议》关于约定情形下公司应以现金形式并按约定计算方法回购股权的约定不符合上述法定情形、违反了法律禁止性规定;其次,该约定实际上使华工公司作为股东在不具备回购股权的法定情形以及不需要经过法定程序的情况下,直接由公司支付对价而抛出股权,从而使股东在脱离公司经营业绩、不承担公司经营风险的情形下获得约定收益,损害了公司、公司其他股东和公司债权人的利益,与《公司法》(2018年修正)中的资本维持原则、法人独立财产原则相悖,该股权回购约定当属无效。二审法院持相同观点。

再审法院认为,案涉对赌协议效力应认定为有效。案涉对赌协议签订时扬锻集团公司系有限责任公司,且该公司全体股东均在对赌协议中签字并承诺确保对赌协议内容的履行。该协议约定扬锻集团公司及其原全体股东应在华工公司书面提出回购要求之日起30日内完成回购股权等有关事项,包括完成股东大会决议、签署股权转让合同以及其他相关法律文件、支付有关股权收购的全部款项、完成工商变更登记;扬锻集团公司的违约行为导致华工公司发生任何损失,扬锻集团公司及其全体股东应承担连带责任。上述约定表明,扬锻集团公司及全部股东对股权回购应当履行的法律程序及法律后果是清楚的,即扬锻集团公司及全部股东在约定的股权回购条款激活后,该公司应当履行法定程序办理工商变更登记,该公司全体股东负有履行过程中的协助义务及履行结果上的保证责任。

《公司法》(2018年修正)并不禁止有限责任公司回购本公司股份,有限责任公司回购本公司股份不当然违反我国《公司法》(2018年修正)的强制性规定。有限责任公司在履行法定程序后回购本公司股份,不会损害公司股东及债权人利益,不会构成对公司资本维持原则的违反。在有限责任公司作为对赌协议约定的股份回购主体的情形下,投资者作为对赌协议相对方所负担的义务不仅限于投入资金成本,还包括完善公司治理结构以及以公司上市为目标进行资本运作等。投资人在进入目标公司后,亦应依《公司法》(2018年修正)的规定,按照合同约定或者持股比例对目标公司经营亏损等问题承担相应责任。案涉对赌协议中关于股份回购的条款内容,是当事人特别设立的保护投资人利益的条款,属于缔约过程中当事人对投资合作商业风险的安排,系各方当事人的真实意思表示。

股份回购条款中股份回购价款计算方式为:股份回购价款=华工公司投资额+(华工公司投资额×8%×投资到公司实际月份数/12)-扬锻集团公司累计对华工公司进行的分红。该约定虽为相对固定收益,但约定的年回报率为8%,与同期企业融资成本相比并不明显过高,不存在脱离目标公司正常经营下所应负担的经营成本及所能获得的经营业绩的企业正常经营规律的情况。华工公司、扬锻集团公司及扬锻集团公司全体股东关于华工公司上述投资收益的约定,不违反国家法律、行政法规的禁止性规定,不存在法定的合同无效的情形,亦不属于格式合同或者格式条款,更不存在显失公平的问题。扬锻公司及潘某某等关于案涉对赌协议无效的辩解意见,不予采信。

5. 激励对象依据协议书约定要求公司履行收购其股权的义务,而非基于《公司法》的规定要求公司履行股权回购的法定义务,该请求于理有据。

在(2016)京03民终3758号案中,二审法院认为,湖南天鸿公司主张只有出现法定情形,公司才负有回购股权的义务,且回购的主体为公司而非股东,现生某某主张湖南天鸿公司回购其股权缺乏法律依据,合同中约定的股权回购条款亦属于无效条款。对此,法院认为,生某某系依据《合资合作框架协议书》规定要求湖南天鸿公司履行收购其股权的义务,而非基于《公司法》(2013年修正)的规定要求与湖南天鸿公司存在关联关系、但与生某某并不存在合同关系的北京天舟公司履行股权回购的法定义务,生某某与湖南天鸿公司关于收购股权的约定不违反法律、行政法规的强制性规定,应属合法有效。

【条款无效】

1. 激励对象可请求公司退还其全部出资的约定,本质上是主张公司回购其持有股份,如果公司未依照《公司法》履行相应的减资程序,该约定属无效的约定。

在(2018)粤03民终19232号案中,一审法院认为,原告基于对被告制定的《股权激励实施方案》内容的信赖,在获授股权的限额内选择认购被告的相应股份,并按被告制定的持股方式向被告指定的验资账户出资,且被告完成了相应的登记手续,因此原、被告之间存在股权激励合同关系。但该方案中包含了"退出机制的特别说明",即未能按计划(1年内)在"新三板"挂牌,激励对象可以自行选择继续持有公司股份或者退出,公司退还其全部出资。其赋予了激励对象"继续持有或退出"的选择权,具有保底条款的性质,实质违反了投资领域的风险共担原则。"公司退还其全部出资"的内容相当于被告为部分股东的出资提供担保,该担保会损害公司其他股东的利益,亦直接违反了公司资本维持原则,同时使激励对象由公司股东直接转变为债权人,亦存在损害其他债权人利益的可能。该决议须经股东大会决议通过。原告的诉讼请求必然涉及被告公司减资或股权变动等事宜,原告主张案涉法律关系不受《公司法》(2018年修正)的约束,于法无据,不予采纳。

二审法院认为,上诉人在起诉状中以《股权激励实施方案》为基础,主张因巨龙科教公司未在持股手续完成后1年内实现"新三板"挂牌,有权要求退回全部认购款,其实质是主张巨龙科教公司负有合同约定的退还认购款责任。《股权激励实施方案》约定,若激励对象完成持股手续并足额缴纳出资后,公司未能按计划在"新三板"挂牌,激励对象可以自行选择继续持有公司的股份或者退出,公司退还其全部出资。该约定本质上是公司向股东回购股份。上诉人主张其并非巨龙科教公司的股东,但《股权激励实施方案》约定,可由全体激励对象作为出资人设立一家有限合伙企业——深圳泰瑞丰股权投资合伙企业(有限合伙)——作为巨龙科教的股东之一(持股平台),激励对象通过持股平台间接持有公司股权。故上诉人系通过某合伙企业(有限合伙)持有巨龙科教公司的股份。上诉人请求公司退还其全部出资,本质上是主张由巨龙科教公司回购其通过某合伙企业(有限合伙)持有的股份,故该款属股份回购的约定,至本案起诉时,巨龙科教公司的股东和管理层并未依照《公司法》履行相应的减资程序,故该约定应属无效的约定。

2. 涉及"新三板"挂牌公司的股权回购,除了审查回购协议是否符合当事人的意思自治原则和有无法定无效事由之外,还应当从监管规则、市场秩序和投资者保护等因素进行考量。"新三板"公司的股权回购协议属于特殊条款,如果没有经过公司的董事会与股东会审议,也没有披露过回购股份条款信息的,该回购协议因损害非特定投资者合法权益、损害市场秩序与交易安全、违背公序良俗而无效,因此公司不负有履行股份回购的义务。

在(2021)粤09民终249号案中,二审法院认为,对赌协议是否有效为本案的争议焦点。首先,可以认定签订上述协议是刘某某与邹某某的真实意思表示。同时,在司法实践中,对于投资方与目标公司的实际控制人订立的对赌协议,如果没有其他法定的无效事由,一般应认定为有效并支持实际履行。但本案的特殊之处在于,作为目标公司的高瓷公司是在全国中小企业股份转让系统即"新三板"挂牌交易的公司。该"新三板"是经国务院批准并依据《证券法》设立的全国性证券交易场所,其股票交易面向的是不特定对象。而且,"新三板"受我国证监会监管,建立了相应的市场规则和监管体系。故判断案涉对赌协议是否有效,除了审查是否符合当事人的意思自治原则和有无法定无效事由之外,还应当从市场监管规则、市场秩序和投资者保护等因素进行考量。

其次,全国中小企业股份转让系统于2016年8月8日施行的《挂牌公司股票发行常见问题解答(三)——募集资金管理、认购协议中特殊条款、特殊类型挂牌公司融资》[以下简称"解答(三)"]中载明:"二、挂牌公司股票发行认购协议中签订的业绩承诺及补偿、股份回购、反稀释等特殊条款(以下简称"特殊条款")应当符合哪些监管要求?答:挂牌公司股票发行认购协议中存在特殊条款的,应当满足以下监管要求:(一)认购协议应当经过挂牌公司董事会与股东大会审议通过。(二)认购协议不存在以下情形:1.挂牌公司作为特殊条款的义务承担主体。2.限制挂牌公司未来股票发行融资的价格。……(三)挂牌公司应当在股票发行情况报告书中完整披露认购协议中的特殊条款;挂牌公司的主办券商和律师应当分别在'主办券商关于股票发行合法合规性意见''股票发行法律意见书'中就特殊条款的合法合规性发表明确意见。"本案涉及的股权回购协议,属于上述解答(三)中的特殊条款。但案涉股权回购协议并没有提交高瓷公司的董事会与股东大会进行审议,更未在股票发行情况报告书中披露过任何有关回购股份条款的信息;而且也没有如实向主办券商和律师告知该回购协议,以致国融证券股份有限公司和律师事务所分别在"主办券商关于股票发行合法合规性意见""股票发行法律意见书"中作出了"本次发行不存在股份回购等特殊条款"的意见。同时,在高瓷公司该次的股票发行认购中,其没有遵守如实披露信息的法定义务,也违反了以上解答(三)对于股票发行存在特殊条款时的监管要求。由此产生的后果是,高瓷公司的股权真实清晰性无法确保,投资者股权交易遭遇不确定影响,进一步损害了非特定投资者合法权益、市场秩序与交易安全,不利于金融安全及稳定,违背了公共秩序。尽管解答(三)属于行业规定性质,但因其经法律授权并成为证券行业监管基本要求,且"新三板"是全国性的交易场所,社会影响力大,应当加强监管和交易安全保护力度,以保障广大非特定投资人利益;故违反此解答(三)的合同也因违背公序良俗而应被认定为无效。

(二)回购条款须明确

1.股权激励协议中约定公司回购股份、退还激励对象出资款可能是公司的权利,而非公司承诺必须履行的义务。

在(2021)京01民终5524号案中,一审法院认为,欧某某离职是否导致世纪明德公司负有返还其出资款义务为本案的争议焦点。欧某某与世纪明德公司形成合同关系,双方具体权利义务依据《内部骨干增持股权原则》《内部股权持有原则》《内部股权持有原则之声明》《2017期权股权若干事项》等股权激励相关文件确定。因上述文件中多次提到了"九条红线",其中红线之一为"不得离职",并规定"以上红线一旦出现任何一条,个人所持的所有新老股权即刻取消(按入资原始本金),且未发放的期权奖金即刻取消"。现欧某某已经离职,其依据上述条款主张世纪明德公司对其负有返还出资款义务,而世纪明德公司主张取消对激励对象的股权激励系世纪明德公司的权利,而非义务。

首先,从该条款使用的词句来看,"九条红线"规定的情形均属于无法为公司继续服务甚至损害公司利益的情形,该条约定了世纪明德公司取消员工股权收益权的权利,未明确约定世纪明德公司负有必须取消员工股权收益权、退还出资的义务。

其次,从约定该条款的目的来看,"个人所持新老股权即刻取消,退还入资原始本金"是对员工违反"九条红线"的一种惩罚措施,约定该条款的目的是对取得股份收益权的员工的离职等行为作出限制,而非保障员工投资本金的退还。

再次,从股权激励文件中对双方权利义务的其他约定来看,世纪明德公司确定激励对象可购买的股份上限后,激励对象自行决定实际的购买数量。股权激励文件中多次提到风险自担,要求激励对象理性分析出资风险,自行承担股价波动结果,并无世纪明德公司保证投资本金退还的内容。员工通过股权激励计划所取得的股权,与其他投资人的股权一样,对此公司并无保证员工股权价值的义务。

最后,欧某某通过股权激励取得的是世纪明德公司股份的收益权,在世纪明德公司未要求取消欧某某股份收益权的情况下,欧某某离职与否并不影响其行使该收益权。且现世纪明德公司已经通过设立宁波思研、宁波华研持股平台,将激励对象的股份收益权转为持股平台的合伙份额,合伙份额的退还属于退伙,应当依据合伙企业相关法律及合伙协议的约定处理。综上,上述条款约定的是世纪明德公司享有回购激励对象股份的权利,而非要求世纪明德公司必须履行回购激励对象股份、退还激励对象出资款的义务。欧某某依据上述约定要求世纪明德公司退还其出资款,缺乏法律依据,不予支持。

2. 股权回购条款必须明确无误,至少需要载明在触发股权回购机制时,激励者必须履行回购的义务,尽量避免表达模糊不清,这样才能最大程度上保障激励对象的合法权益。在出现语句争议的情况下,一般通过文义解释、体系解释、目的解释等方法来进行解释。

在(2016)京03民终3758号案中,二审法院认为,《合资合作框架协议书》约定,公司成立后,丙方及公司经营团队完成董事会确定的前3年经营指标的,则由甲方对丙方及经营团队予以股份奖励(总额不超过100万股);前3年每年根据经营指标完成情况按比例奖励当年额度(3年平均数),当年份额兑现一次,分3年实施完毕,原则上奖励股份数量与持股比例相当;丙方及持有公司股份的经营团队成员须与公司签订3年以上的劳动合同;如3年内离职的,奖励股份无偿转让给甲方,原始出资按原价转让;合同期满后离职的,奖励股份和原始出资均按1元/股由甲方全部回购。生某某认为其中"如3年内离职的,奖励股份无偿转让给甲方,原始出资按原价转让",即为对湖南天鸿公司有义务按照原始出资金额收购生某某股权的明确约定;湖南天鸿公司认为上述约定并未明确说明受让主体,因此湖南天鸿公司不负有收购义务。

双方对合同条款的理解存在争议。第一,如使用文义解释,"奖励股份无偿转让给甲方"与"原始出资按原价转让"系并列的分句,属于并列分句中省略宾语的情况,应视为与其他分句宾语相同,法院据此认定"原始出资按原价转让"系指转让给"甲方"并无不当。第二,如使用体系解释,结合合同全部内容,涉及股权激励及股权收购的主体均为合同甲方。第三,如使用目的解释,《合资合作框架协议书》第八条的合同目的系规定对以生某某为代表的经理人团队采取的股权激励措施,以及根据职业经理人团队的不同经营业绩由公司大股东对奖励股权进行收购的方案。综上所述,湖南天鸿公司受让了天舟股份公司在《合资合作框架协议书》项下的权利义务,应当按照《合资合作框架协议书》的约定,以生某某原始出资额 50 万元的价格履行股权收购义务,向生某某支付股权转让款 50 万元。

3. 激励对象已从公司离职的,其丧失从公司处获得员工奖励的现实基础,合伙目的已无法实现,合伙企业应回购激励对象的财产份额。

在(2022)粤 01 民终 8490 号案中,一审法院认为,尹某某能否主张如品合伙企业回购其财产份额为本案的争议焦点。第一,《股权认购协议书》约定,3 年服务期满,尹某某可继续持有股权,或要求如品合伙企业回购其股权。如品合伙企业为合伙企业,该约定所称"股权"实为合伙份额。而要求如品合伙企业回购财产份额的实质是要求退伙,故该约定实际是对退伙条件的约定。尹某某在佳都公司的工作年限已满 3 年,故依上述约定,尹某某可以选择退伙。第二,退伙理应分割合伙财产。但根据《股权认购协议书》记载的内容,如品合伙企业是佳都公司为激励员工而专门成立的一个员工持股平台,除持有佳都公司股权外,无其他经营业务和投资。据此,尹某某主张如品合伙企业无资金、无经营、无投资。对此,如品合伙企业未能提交相反证据予以反驳,故一审法院对尹某某的主张予以采信。鉴于如品合伙企业未实际经营,如品合伙企业也未举证证明合伙企业建立了相关的会计账册等财务资料,故无法根据合伙企业的实际盈亏分割合伙财产,也无法进行审计及清算。对此,如品合伙企业应承担举证不能的法律后果。第三,根据《股权认购协议书》可知,尹某某与如品合伙企业签订该协议并认购合伙份额的目的是获得佳都公司给予的员工年度奖励。但尹某某现已从佳都公司离职,其已丧失从佳都公司处获得员工奖励的现实基础,故合伙目的已无法实现。综上,对于尹某某主张如品合伙企业回购其财产份额的请求,法院予以支持。

4. 股权激励协议尽管没有公司盖章,但协议约定由公司承担回购股权义务且公司对有关资金的义务的约定是知情并同意的,公司应按协议约定回购股权。

在(2019)京 0113 民初 10792 号案中,一审法院认为,金百万公司有无回购股权的义务为本案的争议焦点。首先,从《股权激励协议》的形式上看,金百万公司并非合同的一方主体,但《股权激励协议》中又约定了金百万公司负有股权回购的义务。对此,法院认为,涉诉《股权激励协议》签署之时邓某时任金百万公司的法定代表人,且这一事实在协议中亦有明确记载。邓某在《股权激励协议》中加盖人名章,既是以金百万公司控股股东的身份又是以金百万公司法定代表人的身份签署协议,其签章行为的法律后果能够约束到金百万公司,即金百万公司对《股权激励协议》中与己方义务有关的约定是知情并同意的。

其次,从资金流向及投资款组成上看,李某150000元的投资款是由2009年李某出借给金百万公司的借款转化而来,且上述资金均一致流向金百万公司。金百万公司亦认可收到了上述投资款,说明金百万公司系上述资金的实际使用方、受益方。且从《股权激励协议》约定的股权回购一节内容上看,各方约定行权期满后,经本人提出行权申请,由金百万公司或法定代表人按照每股1元的价格进行回购。该协议从一开始就免除了晟瑞公司的回购义务。

最后,《股权激励协议》约定李某投资后仅享有收益权,不享有所有权和表决权。该协议签署后,李某并未行使过股东权利,未作为股东参与金百万公司或晟瑞公司的经营管理,也未登记为晟瑞公司的股东。结合李某庭审陈述及提交的证据,可以认定李某的投资目的不是取得金百万公司或晟瑞公司的股权,而仅是取得固定收益,其不享有参与金百万公司或晟瑞公司经营管理的权利。其投资行为应认定为一种债权投资,其要求金百万公司回购股权,并非无偿退出,亦不存在抽逃出资等导致协议无效的问题。故应当认定《股权激励协议》属合法有效,各方均应按照协议的约定全面履行自己的义务。现李某选择向金百万公司行权,要求金百万公司按照协议约定履行回购义务,符合协议约定。

三、股权回购价格的确定

1. 高级管理人员所持股权不同于一般股东的股权,股权回购价格不能机械地以市场价格确定,而应严格依照高级管理人员持股制度实施办法来确定。员工持股办法中最好明确规定股份价格的计算标准问题,比如按经审计净资产值计算抑或按净资产评估值计算,又如设定价值的具体年度为激励者离职的前一年度。

在(2015)鄂武汉中民商再终字第00018号案中,再审法院认为,鑫益公司回购马某所持科益公司股份的价格为本案的争议焦点。马某作为科益公司的高级管理人员,任职期间持有科益公司股份,合法有效。在其卸任后,依据《高级管理人员持股制度实施办法》的规定,由鑫益公司回购马某所持科益公司的股份,符合公司的规定,各方当事人亦无异议。鑫益公司再审请求按马某离职前1年经审计的每股净资产值3.79元回购股份,然而马某自离职后多年来一直要求科益公司、鑫益公司回购其所持科益公司股份,该事实已在原判中得到确认。马某所持科益公司的股份没有按高级管理人员持股制度实施办法进行回购的原因在于公司,故鑫益公司主张仍按马某离职上年度即 2010 年度科益公司经审计的净资产值回购股份的再审请求理由不能成立,不予支持。因此,回购价格应按照马某举证的《中国医药保健品股份有限公司换股吸收合并、发生股份购买资产并配套融资暨关联交易报告书》公告的科益公司 2011 年度的净资产值计算。马某对原判确定的回购价格标准表示认可,即按《中国医药保健品股份有限公司换股吸收合并、发生股份购买资产并配套融资暨关联交易报告书》公告的科益公司 2011 年度以资产基础法取得的资产评估值 22602.71 万元作为计算股权回购价格的标准,而鑫益公司认为原判确定的标准不符合高级管理人员持股制度实施办法第 19 条的规定,混淆了每股净资产值和每股净资产评估值。

对此,法院认为,高级管理人员所持股权不同于一般股东的股权,股权回购价格不能以市场价格确定,而应严格依照高级管理人员持股制度实施办法来确定。该办法中明确规定"若科益未上市,转让价格按公司最近年度经审计净资产值计算",那么股权的回购价格就应严格按照条文规定的"经审计净资产值"计算。"经审计净资产值"是指经过审计后的全部资产减去全部负债的余额,即所有者权益。如果按马某主张的按每股净资产评估值计算回购价格,那么"净资产评估值"应当在《高级管理人员持股制度实施办法》的条文中予以明示,而其中并没有转让价格应按照净资产评估值计算的特别规定。根据再审另查明的事实,科益公司 2011 年度净资产为 12869.05 万元,折合每股权益为 3.7 元。马某持有 347502 股,则其应得回购款为 1285757.4 元。因在原一审中马某所持有的股份按 2010 年公司净资产计算,折合每股价格为 3.79 元,以此为标准判决后公司未提出上诉,可视为其对该价格已予以认可,故马某持股的每股价格可按 3.79 元计算,其应得回购款为 1317032.58 元。

2.股权激励计划中应当明确约定,回购价格中是否包括已经分配的股权分红,否则属于约定不明。激励对象在完成工作任务,且业绩获得公司决策机构肯定后,已依公司决议获得了股权对应的分红,利益已分配完毕的,公司要求激励对象返还收益不应得到支持。

在(2018)粤 01 民终 20182 号案中,二审法院认为,案涉《股权激励管理规定》约定股东离职的,公司可回购其受让的激励股份及其产生的收益。对于该条款中所述的"收益"是否包括回购前已分配的股份分红,该管理规定并未作进一步的约定,属约定不明确。结合股权激励的目的,且受让股东在完成工作任务,其业绩在获得公司决策机构肯定后,已依公司决议获得了股权对应的分红,利益已分配完毕,对丰江公司现要求激励股权股东返还收益的请求不予支持。

3. 激励者每年依据业绩情况支付给激励对象一定的股金,作为公司上市后购买股份的资金。该资金与劳动所得有所区别,其不是单凭劳动就可以获得的,而是以业绩的完成作为条件。当公司不符合上市条件而触发了回购机制的,这种回购是特殊的,其指向的是应支付而尚未支付给激励对象的累积下来的股金所代表的股权。

在(2017)沪0107民初4539号案中,一审法院认为,劳动合同明确了原告任职期间的工资报酬及年度绩效奖金发放标准,即工资为每月税后100000元,年度绩效奖金依据原告的个人业绩和任务考核结果确定,基数(当年度考核100%达标时)为年薪的25%,超额完成年度目标时年度绩效奖金的上限为年薪的50%。劳动合同另载明了劳动合同期内,被告给予原告股权激励,每年配比一定金额作为原告今后入股上海德力西集团有限公司的资金。对上述两条合同的条款内容进行分析,可以明确作为一项股权激励政策,被告允诺每年配比给原告作为今后入股上海德力西集团有限公司的资金,与双方约定的原告每月固定工资及年度绩效奖金,显然并非同一性质的收入。

从原、被告所订立的劳动合同中关于股权激励操作办法的约定上看,其符合股权激励的特征。原告在职期间,被告已向其支付2011年7月至2013年期间的年度绩效奖金120000元、180000元和80000元,原告对此无异议。从上述年度绩效奖金的支付比例(原告当年度考核100%达标时绩效奖金为300000元)推算,原告2011年7月至同年12月期间的绩效考核等级应为D级,2012年绩效考核等级应为C级,2013年的绩效考核等级应为E级,而被告公司制定的《德力西集团有限公司绩效考核制度》中明确绩效考核等级为F级的才属"不合格:未能完成各项指标和目标任务"的情形,故由此可见2011年7月至2013年期间原告的业绩考核指标实际均已基本完成。因此,其要求被告履行股权激励的承诺,于法不悖,应予支持。

至于配比的入股金金额,根据劳动合同约定,入股金系由两部分组成,一部分为每年固定税后550000元,另一部分按原告每年实际年度绩效奖金的50%计算。因此,原告2013年度可获得的入股金应为590000元,2012年度可获得的入股金为640000元,但因其系于2011年7月方才入职,故根据公平原则,认定原告可获得配比的入股金为335000元(固定部分入股金按照550000元的50%计算)。根据原告在职期间业绩情况,被告总计应配比给原告作为今后入股上海德力西集团有限公司的资金,应依双方所签劳动合同的约定,在合同期内留存于被告处,合同期满时若上海德力西集团有限公司尚未上市且双方决定不再续签的,被告可以决定以现金回购被告实际入股金总额(含每年6%的资金增值,从第二年始计)或者同意原告实际入股。现原、被告双方劳动合同于2016年7月15日到期终止,双方并未续签,故原告要求被告以现金回购实际应配比给其的入股金并支付每年6%的增值部分,于法不悖。

4.法律未禁止有限责任公司实施员工持股计划或股权激励,亦未明确禁止其收购用于员工持股计划或股权激励的股份,公司通知中载明如入资股东因个人原因主动提出退股,公司将以当时入资价格收回全部股份,该通知对公司具有约束力。因此,在激励对象要求退股的情况下,公司应按通知确定的入资价格回收股权。

在(2021)京01民终284号案中,一审法院认为,大城公司是否应支付张某股份回购款及利息为本案的争议焦点。员工可以通过合伙制企业等持股平台以间接持股的方式参加公司实施的员工持股计划;参与持股计划的员工基于离职、退休等原因离开公司的,其间接所持股份权益应当按照员工持股计划的章程或相关协议约定的方式处置。大城公司实施前述员工持股计划,并设立了源慧合伙企业作为持股平台。张某向源慧合伙企业支付投资款及源慧合伙企业成为大城公司股东均基于大城公司的安排,故张某在大城公司发布通知后按照通知将入资款转入源慧合伙企业账户,属于通过间接持股方式参加员工持股计划的行为。

因大城公司通知载明,如入资股东因个人原因主动提出退股,公司将以当时入资价格收回全部股份。如前所述,该通知构成双方的合同内容,张某要求退股,其间接所持股份权益应当按照前述合同约定的方式处置。故张某要求大城公司按照该条款支付其股权收购款87万元,有事实及法律依据,法院予以支持。大城公司以源慧合伙企业并未在2017年7月大城公司增资时成为该公司股东,而是在2018年才被登记为股东为由,主张张某支付的款项与大城公司无关。但该通知载明该次增资扩股之后,源慧合伙企业变更为大城公司股东,具体变更的时间是基于大城公司自身的商业安排,并不影响张某依据该通知所付款项的性质。大城公司以此为由不同意支付股份回购款,法院不予支持。大城公司未及时支付张某股份回购款,给其造成资金占用损失,张某要求大城公司按照年利率4.75%的标准支付利息,有事实及法律依据,法院予以支持。

二审法院认为,大城公司实施员工持股计划,设立了源慧合伙企业作为持股平台,并指定入资缴款账户为源慧合伙企业账户。张某向源慧合伙企业支付投资款及源慧合伙企业成为大城公司股东系大城公司安排,因此,张某按照大城公司所发通知将入资款打入源慧合伙企业账户,实为通过间接持股方式参加员工持股计划。法律未禁止有限责任公司实施员工持股计划或股权激励,亦未明确禁止其收购用于员工持股计划或股权激励的股份。本案中,大城公司通知载明,如入资股东因个人原因主动提出退股,公司将以当时入资价格收回全部股份。现张某要求退股,其间接所持股份权益应当按照大城公司与张某达成的相关合同内容予以处理。张某要求大城公司按照通知中的相应条款支付其股权收购款有事实及法律依据。

第三节 实务指南

一、新《公司法》对股权激励的影响:股权回购、定向减资

(一)基于法定情形,从激励对象角度出发的股权回购

激励对象可以异议股东身份请求公司回购其股权,依据见下。

1. 对有限责任公司而言

新《公司法》第 89 条规定:"有下列情形之一的,对股东会该项决议投反对票的股东可以请求公司按照合理的价格收购其股权:(一)公司连续五年不向股东分配利润,而公司该五年连续盈利,并且符合本法规定的分配利润条件;(二)公司合并、分立、转让主要财产;(三)公司章程规定的营业期限届满或者章程规定的其他解散事由出现,股东会通过决议修改章程使公司存续。自股东会决议作出之日起六十日内,股东与公司不能达成股权收购协议的,股东可以自股东会决议作出之日起九十日内向人民法院提起诉讼。公司的控股股东滥用股东权利,严重损害公司或者其他股东利益的,其他股东有权请求公司按照合理的价格收购其股权。公司因本条第一款、第三款规定的情形收购的本公司股权,应当在六个月内依法转让或者注销。"

根据此规定,激励对象可以异议股东身份请求公司回购其股权。在控股股东滥用股东权利严重损害公司或其他股东利益的情况下,也可以请求公司回购其股权,其不一定要基于法定情形下的异议股东身份。请求有限公司回购股权的法定情形、决议程序、救济途径在股权激励场景中同样适用。

2. 对非公开发行的股份有限公司而言

新《公司法》第 161 条规定:"有下列情形之一的,对股东会该项决议投反对票的股东可以请求公司按照合理的价格收购其股份,公开发行股份的公司除外:(一)公司连续五年不向股东分配利润,而公司该五年连续盈利,并且符合本法规定的分

配利润条件;(二)公司转让主要财产;(三)公司章程规定的营业期限届满或者章程规定的其他解散事由出现,股东会通过决议修改章程使公司存续。自股东会决议作出之日起六十日内,股东与公司不能达成股份收购协议的,股东可以自股东会决议作出之日起九十日内向人民法院提起诉讼。公司因本条第一款规定的情形收购的本公司股份,应当在六个月内依法转让或者注销。"

根据此规定,激励对象可以异议股东身份请求公司回购其股权,但在有限责任公司的控股股东滥用股东权利严重损害公司或其他股东利益的情况下,并无相关规定支持其可请求公司回购其股权。请求股份公司回购股权的法定情形、决议程序、救济途径在股权激励场景中亦同样适用。

(二)基于法定情形,从激励者角度出发的股权回购

新《公司法》没有关于有限责任公司主动回购股权的规定,因此可以视为对此没有限制。故公司既可以在公司章程中约定,也可以与激励对象在股权激励协议中约定;新《公司法》只对股份有限公司主动行使对激励对象的股权回购权作出如下规定。

新《公司法》第162条规定:"公司不得收购本公司股份。但是,有下列情形之一的除外:(一)减少公司注册资本;(二)与持有本公司股份的其他公司合并;(三)将股份用于员工持股计划或者股权激励;(四)股东因对股东会作出的公司合并、分立决议持异议,要求公司收购其股份;(五)将股份用于转换公司发行的可转换为股票的公司债券;(六)上市公司为维护公司价值及股东权益所必需。公司因前款第一项、第二项规定的情形收购本公司股份的,应当经股东会决议;公司因前款第三项、第五项、第六项规定的情形收购本公司股份的,可以按照公司章程或者股东会的授权,经三分之二以上董事出席的董事会会议决议。公司依照本条第一款规定收购本公司股份后,属于第一项情形的,应当自收购之日起十日内注销;属于第二项、第四项情形的,应当在六个月内转让或者注销;属于第三项、第五项、第六项情形的,公司合计持有的本公司股份数不得超过本公司已发行股份总数的百分之十,并应当在三年内转让或者注销。上市公司收购本公司股份的,应当依照《中华人民共和国证券法》的规定履行信息披露义务。上市公司因本条第一款第三项、第五项、第六项规定的情形收购本公司股份的,应当通过公开的集中交易方式进行。公司不得接受本公司的股份作为质权的标的。"

根据此规定,公司主动回购股权的法定情形、决议程序、信息披露义务、注销转让义务等强制性规定在股权激励场景中同样适用。

(三)基于股权激励协议约定情形的股权回购

1. 约定回购的情形

股权激励方案或股权激励协议中都会约定股权回购的情形,比如激励对象离职或存在重大过错行为(比如新《公司法》规定的自我交易、关联交易、谋取公司商业利益、竞业禁止和其他禁止性行为)的。

2. 约定回购的主体

可以在股权激励协议中约定由公司、公司创始人、其他股东或与公司存在关联关系的关联公司、持股平台对股权进行回购。

(四)股权回购中的定向减资

激励对象股权的回购,存在如下几种处理方式。

第一,将股权转让给公司以外的第三人。对有限责任公司而言,此时要注意根据新《公司法》第85条规定,保护公司其他股东的优先购买权。

第二,将股权转让给公司其他股东。

第三,公司将股权注销。

第四,股权既不注销又不转让的,则进行减资处理。新《公司法》第224条第3款规定:"公司减少注册资本,应当按照股东出资或者持有股份的比例相应减少出资额或者股份,法律另有规定、有限责任公司全体股东另有约定或者股份有限公司章程另有规定的除外。"公司对特定激励对象的激励股权回购后进行的减资,属于定向减资。根据上述规定,新《公司法》原则上不允许定向减资,此时要修改公司章程允许定向减资或全体股东作出决议同意定向减资。

值得注意的是,回购股权与定向减资两个动作是存在先后顺序的,先履行减资程序(目的是确保债权人利益),接着才是支付价款进行股权回购,这与《九民会议纪要》第5条第2款规定的对赌协议中股权回购产生的定向减资程序是一致的。该条规定,投资方请求目标公司回购股权的,人民法院应当依据《公司法》关于"股东不得抽逃出资"及股份回购的强制性规定进行审查。经审查,目标公司未完成减资程序的,人民法院应当驳回其诉讼请求。

关于回购股权价款的支付问题。在激励对象直接持股方式下,公司向激励对象支付相应回购价款;在激励对象通过持股平台间接持股的情形下,先由公司向持股平台支付回购价款,接着将激励对象在持股平台持有的激励股权定向减资,最后由持股平台向激励对象支付价款。

另外,公司在如下情形中也产生减资问题。

1. 催缴失权

新《公司法》第 51 条规定:"有限责任公司成立后,董事会应当对股东的出资情况进行核查,发现股东未按期足额缴纳公司章程规定的出资的,应当由公司向该股东发出书面催缴书,催缴出资。未及时履行前款规定的义务,给公司造成损失的,负有责任的董事应当承担赔偿责任。"

新《公司法》第 52 条规定:"股东未按照公司章程规定的出资日期缴纳出资,公司依照前条第一款规定发出书面催缴书催缴出资的,可以载明缴纳出资的宽限期;宽限期自公司发出催缴书之日起,不得少于六十日。宽限期届满,股东仍未履行出资义务的,公司经董事会决议可以向该股东发出失权通知,通知应当以书面形式发出。自通知发出之日起,该股东丧失其未缴纳出资的股权。依照前款规定丧失的股权应当依法转让,或者相应减少注册资本并注销该股权;六个月内未转让或者注销的,由公司其他股东按照其出资比例足额缴纳相应出资。股东对失权有异议的,应当自接到失权通知之日起三十日内,向人民法院提起诉讼。"

也就是说,激励对象经催缴仍不履行出资义务的,会引发失权后果,此时就产生了因股权失权的减资问题。

2. 股东除名

《公司法司法解释(三)》第 17 条规定:"有限责任公司的股东未履行出资义务或者抽逃全部出资,经公司催告缴纳或者返还,其在合理期间内仍未缴纳或者返还出资,公司以股东会决议解除该股东的股东资格,该股东请求确认该解除行为无效的,人民法院不予支持。在前款规定的情形下,人民法院在判决时应当释明,公司应当及时办理法定减资程序或者由其他股东或者第三人缴纳相应的出资。在办理法定减资程序或者其他股东或者第三人缴纳相应的出资之前,公司债权人依照本规定第十三条或者第十四条请求相关当事人承担相应责任的,人民法院应予支持。"

也就是说,激励对象经公司催告后在合理期限内仍不出资,激励对象的股东资格会被除名(如果是通过合伙企业持股平台间接持股的,则产生退伙的效果)。

二、科创板芯片企业的股权激励详解①

(一)持股平台概览

"英集芯"共有 15 名自然人股东,3 家员工持股平台,17 家为其他机构股东,1

---

① 参见 https://www.sse.com.cn/disclosure/listedinfo/announcement/c/new/2022-03-29/688209_20220329_2_qOBd5qUn.pdf,最后访问日期:2024 年 12 月 26 日。

家分公司,3家全资子公司,1家控股公司,无参股公司。

三家员工持股平台分别为"珠海英集""珠海英芯""成都英集芯企管",均为有限合伙企业。基本情况见表3-1。

表3-1 各大持股平台基本情况

平台名称	注册资本(单位:元)	控制方出资比例	激励对象类别	激励人数	是否有外部投资人	内部价格	是否有套现(单位:元)
"珠海英集"(第一批)	10万	黄某某,0.01%(不包括在同级平台的间接持股)	创始团队	16+6	有		约1500万+8160万
"珠海英芯"(第二批)	240万	黄某某,0.02%	2017年7月核心员工,财务总监	17+12	无	2元/合伙份额	约4176万
"成都英集芯企管"(第三批)	33万	黄某某,4.29%	2019年4月核心员工,技术总监	47	无	8.5元/合伙份额	无

(二)持股平台设计思路和实施步骤

1. 设计思路

(1)实控人均亲自在持股平台担任普通合伙人/执行事务合伙人,并以非常低的份额占比控制整个平台。

控制了平台,也就控制了对主体公司的表决权。除了表决权,重要的还有董事会席位的提名权。"珠海英集"就提名了5名董事中的4名(其中两名为独立董事),因此牢牢控制了公司。

(2)对于激励对象而言,主要目的不是表决,而是上市过程中的套现以及上市后的股权价值。因此以合伙企业作为持股平台,让员工担任有限合伙人并承担有限责任,非常符合员工的利益。

同时,合伙企业转让套现的收益,激励对象只需缴纳个人所得税,相比有限公司直接减少了20%的税负。

(3)科技公司的员工持股平台,往往分多批次、多平台设立,且选择有税收优惠的地方注册。所以主体公司在深圳,持股平台两个在珠海和宁波,一个在成都(当然也要兼顾激励对象的主要生活地域)。

2. 实施步骤

因为"珠海英集"作为持股份额最大且有融资的平台,笔者主要以它为例分析实施步骤。

第一步,按照创始人内部确定好的份额比例,设立合伙企业并认缴出资,然后受让主体公司股权,搭建持股关系。

第二步,再把除实际控制人外的全部激励对象统一打包,装入"宁波皓昂"这一新的子持股平台,转让时价格为0,实现将激励对象整体上移,从而使得该持股平台的出资人简化为只有两名出资人。(见表3-2)

表3-2 持股平台情形之一

序号	合伙人名称/姓名	合伙人性质	出资额(万元)	出资比例(%)
1	黄某某	普通合伙人	0.001	0.01
2	宁波皓昂	有限合伙人	9.999	99.99
	合计		10.000	100.00

之所以如此设计,理由如下:

(1)让"珠海英集"更加可控。

(2)两层架构的隔离,使得激励员工发生的任何纠纷都不会影响主体公司。

(3)使未来"珠海英集"转让股份更加高效,无需每位激励对象签字,只需要实际控制人自己以及"宁波皓昂"签字即可。

第三步,将持股平台对主体公司的部分股权按照估值价格转让给该外部投资人,提前融资套现。(见表3-3)

表3-3 持股平台情形之二

序号	合伙人名称/姓名	合伙人性质	出资额(万元)	出资比例(%)
1	黄某某	普通合伙人	0.001	0.01
2	宁波皓昂	有限合伙人	9.230	92.30
3	天津威芯	有限合伙人	0.769	7.69
	合计		10.000	100.00

值得注意的是,本次转让安排出于控制权考虑,亦综合了谈判的结果。

(1)如将投资人安排为对主体公司的直接持股,则必然削弱实际控制人对公司的控制权;而将投资人继续装入平台,则可以有效解决控制权减弱的问题。

（2）相比于直接持股，投资人间接持股的流动性会降低，因此必须在价格上给予一定的优惠，从 75000 万元的估值调低为 70000 万元。

（3）但是会出现一个新的问题，投资人的加入使得平台不再是纯粹的员工持股平台，在股份支付、股东人数计算方面需要进行专门处理。

（三）不同持股平台的差异分析

我们再分析几点"珠海英芯"较之"珠海英集"的差异。

第一，"珠海英芯"对主体公司的持股份额，并非基于转让，而是直接从"天使投资"人手中收回的，比例为 12%。

第二，"珠海英芯"在设立后还新增了一批激励对象，象征性地按照 2 元价格出让给 12 名员工，份额来源为实际控制人的部分释放。这也说明在当时就有预留。同时，公司财务总监也在此时加入激励计划。

第三，在上述 12 名员工新增为激励对象时，又进行"不登记先代持"的特殊安排，理由是"届时上述受让方在发行人的未来任职仍存在一定的不确定性"（据招股说明书记载）。

（四）激励对象特殊诉求带来的"麻烦"

最后，再讨论因激励对象"其心各异"而导致的"小插曲"：一部分激励对象"不参与减持"，一部分激励对象则实施"超卖"。

因"珠海英集"和"珠海英芯"在上市融资过程中均进行了不同程度的套现，即将持有的主体公司的份额转让给投资人并取得转让收益。

1. 份额调整的问题

正常情况下，持股平台"珠海英集"收取出让款之后的分配逻辑是，分配给持股平台的股东"宁波皓昂"，再由子持股平台分配给激励对象。但是"因部分激励对象看好公司发展且自身持股比例较低，因此在本次股权转让中未参与出售其间接持有的英集芯有限股权，亦未分取相关收益"。

为解决此问题，只能对其财产份额的比例进行调整："珠海英芯"在转让部分主体公司股权给新的投资人时，也出现了"宁波才烁合伙人的资金需求各异，本次转让涉及宁波才烁层面合伙人的非等比例减持，宁波才烁的出资比例相应调整"的情况。

2. "超卖"的问题也必须解决

在持股平台转让主体公司股权份额给新投资人的过程中，个别激励对象拟减持资金超过其通过"宁波才烁"或"珠海英芯"间接持有的主体公司股份，因而形成"超卖"。

为解决此问题,"超卖"部分只能由其从"宁波才烁"层面的其他激励对象手中"借出",并以其在"宁波皓昂"中间接持有的发行人股份进行"归还"。因此,股权调整方案既包括"珠海英芯"层面的调整,也包括"珠海英集"层面的调整。

由此,可以总结一个教训:在存在多个持股平台时,同一激励对象应避免在各个平台均持股,应当尽量在同一个平台持股。

三、如何撰写关于回购和注销股份的法律意见书

笔者建议以"致函"方式撰写这份法律意见书。

例:

(一)题目

×律师事务所关于×股份有限公司回购和注销部分限制性股票事项的法律意见书

(二)首部致函部分

致:×股份有限公司

×律师事务所受×股份有限公司(以下简称"公司")委托,作为公司×年股票期权与限制性股票激励计划(以下简称"本激励计划")的专项法律顾问,根据《公司法》《证券法》《上市公司股权激励管理办法》等法律法规、规范性文件以及公司章程规定,就公司回购和注销部分限制性股票事项,出具本法律意见书。

(本段对公司与律师事务所就出具特定事项法律意见的委托关系、出具法律意见的依据进行描述。接下来是受托律师的声明内容,包含几个部分。)

第一个部分:律师积极履职的声明和保证。描述依据律师行业管理办法对受托事项进行充分核查验证,保证法律意见书所认定的事实真实、准确、完整,所发表的结论性意见合法、准确,不存在虚假记载、误导性陈述或者重大遗漏,并对公司行为承担相应法律责任。

第二个部分:公司履行协助义务的保证。即公司作为委托人,描述其已保证向受托律师如实提供了材料,无任何重大遗漏及误导性陈述,律师是基于该前提出具的法律意见。公司对某些事实无法提供直接证据支持的,则需要对律师依据谁出具的何种类型证据来发表意见进行说明。

第三个部分:律师同意将法律意见书予以公告并承担责任的保证。同时声明禁止法律意见书用于其他用途。

（三）正文部分

（关于本激励计划实施的批准与授权合规情况。）

按时间先后，对公司拟定股权激励计划（草案）、股权激励计划实施考核办法及相关议案的机构、召开会议时间、主题内容、表决情况（是否存在回避表决）、内幕信息知情人及激励对象买卖公司股票情况的自查情况、公司独立董事发表独立意见情况并向所有股东征集委托投票权情况、董事会决议通过激励计划情况、股东会决议批准激励计划情况、公司对首次授予激励对象的姓名和职务进行公示情况、授予权益登记完成公告情况、履行信息披露义务情况、公司监事会确认公示程序合法合规意见情况等进行描述。

律师在此基础上，作出股权激励计划合法有效、股权激励计划实施合法合规的结论。这个结论是往后作出其他结论的大前提，即先有股权激励计划的合法有效性，才存在股权激励计划实施中回购和注销部分限制性股票事项的合法有效性。

（关于回购和注销部分限制性股票议案的批准和授权合规情况。）

首先，同样按时间顺序对本次激励计划实施过程中拟注销和回购部分限制性股票议案在公司内部履行审批、表决、发表意见等程序进行描述，要点同上。

其次，着重对本次回购和注销部分的限制性股票具体情况进行描述，比如回购和注销的原因、依据、数量、价格、金额、资金来源以及是否存在明显损害公司及全体股东利益的情形等相关情况进行准确的阐述，该部分会占据相当大的篇幅。

（四）结论意见

律师在此基础上，认定关于实施回购和注销部分限制性股票的计划已经取得现阶段必要的批准和授权，该事项符合法律法规和公司章程规定，履行了审议审批和信息披露义务，按法定程序办理了公司减资手续，最终得出本次实施回购和注销部分股票期权计划合法有效的结论。

第四章 股权激励与股权代持

第一节 请求权基础规范

一、新《公司法》规定

第 34 条　公司登记事项发生变更的,应当依法办理变更登记。

公司登记事项未经登记或者未经变更登记,不得对抗善意相对人。

第 87 条　依照本法转让股权后,公司应当及时注销原股东的出资证明书,向新股东签发出资证明书,并相应修改公司章程和股东名册中有关股东及其出资额的记载。对公司章程的该项修改不需再由股东会表决。

第 140 条　上市公司应当依法披露股东、实际控制人的信息,相关信息应当真实、准确、完整。

禁止违反法律、行政法规的规定代持上市公司股票。

二、其他法律规定

（一）公司法层面

《公司法司法解释(三)》

第 21 条　当事人向人民法院起诉请求确认其股东资格的,应当以公司为被告,与案件争议股权有利害关系的人作为第三人参加诉讼。

第 22 条　当事人之间对股权归属发生争议,一方请求人民法院确认其享有股权的,应当证明以下事实之一:(一)已经依法向公司出资或者认缴出资,且不违反法律法规强制性规定;(二)已经受让或者以其他形式继受公司股权,且不违反法律法规强制性规定。

第 24 条　有限责任公司的实际出资人与名义出资人订立合同,约定由实际出资人出资并享有投资权益,以名义出资人为名义股东,实际出资人与名义股东对该合同效力发生争议的,如无法律规定的无效情形,人民法院应当认定该合同有效。

前款规定的实际出资人与名义股东因投资权益的归属发生争议,实际出资人以其实际履行了出资义务为由向名义股东主张权利的,人民法院应予支持。名义股东以公司股东名册记载、公司登记机关登记为由否认实际出资人权利的,人民法院不予支持。

实际出资人未经公司其他股东半数以上同意,请求公司变更股东、签发出资证明书、记载于股东名册、记载于公司章程并办理公司登记机关登记的,人民法院不予支持。

第 25 条 名义股东将登记于其名下的股权转让、质押或者以其他方式处分,实际出资人以其对于股权享有实际权利为由,请求认定处分股权行为无效的,人民法院可以参照民法典第三百一十一条的规定处理。

名义股东处分股权造成实际出资人损失,实际出资人请求名义股东承担赔偿责任的,人民法院应予支持。

第 26 条 公司债权人以登记于公司登记机关的股东未履行出资义务为由,请求其对公司债务不能清偿的部分在未出资本息范围内承担补充赔偿责任,股东以其仅为名义股东而非实际出资人为由进行抗辩的,人民法院不予支持。

名义股东根据前款规定承担赔偿责任后,向实际出资人追偿的,人民法院应予支持。

第 27 条 股权转让后尚未向公司登记机关办理变更登记,原股东将仍登记于其名下的股权转让、质押或者以其他方式处分,受让股东以其对于股权享有实际权利为由,请求认定处分股权行为无效的,人民法院可以参照民法典第三百一十一条的规定处理。

原股东处分股权造成受让股东损失,受让股东请求原股东承担赔偿责任、对于未及时办理变更登记有过错的董事、高级管理人员或者实际控制人承担相应责任的,人民法院应予支持;受让股东对于未及时办理变更登记也有过错的,可以适当减轻上述董事、高级管理人员或者实际控制人的责任。

→参考:司法政策文件《九民会议纪要》

二、关于公司纠纷案件的审理

(三)关于股权转让

8.**【有限责任公司的股权变动】**当事人之间转让有限责任公司股权,受让人以其姓名或者名称已记载于股东名册为由主张其已经取得股权的,人民法院依法予以支持,但法律、行政法规规定应当办理批准手续生效的股权转让除外。未向公司登记机关办理股权变更登记的,不得对抗善意相对人。

(二)民法典层面

第 311 条 无处分权人将不动产或者动产转让给受让人的,所有权人有权追回;除法律另有规定外,符合下列情形的,受让人取得该不动产或者动产的所有权:(一)受让人受让该不动产或者动产时是善意;(二)以合理的价格转让;(三)转让的不动产或者动产依照法律规定应当登记的已经登记,不需要登记的已经交付给受让人。

受让人依据前款规定取得不动产或者动产的所有权的,原所有权人有权向无处分权人请求损害赔偿。

当事人善意取得其他物权的,参照适用前两款规定。

(三)证券法层面

1.《中央企业控股上市公司实施股权激励工作指引》

第 17 条 激励对象不得以"代持股份"或者"名义持股"等不规范方式参加上市公司股权激励计划。

2.《关于上市公司实施员工持股计划试点的指导意见》

四、员工持股计划的监管

(十九)法律禁止特定行业公司员工持有、买卖股票的,不得以员工持股计划的名义持有、买卖股票。

第二节 裁判精要

一、股权代持关系是否成立

(一)代持关系成立

1.公司基于激励对象作出的贡献而给予激励股权,该关系不能视为单务、无偿的赠与合同关系,如果股权尚未过户到激励对象名下,可以认定为代持股关系。

在(2019)豫民终 1400 号案中,再审法院认为,首先,袁某某上诉主张,《代持协议》内容符合单务性、无偿性等赠与合同特征,其法律性质应为赠与合同。对此,法院认为,根据《代持协议》内容,袁某某将其持有的山水公司 500 万股份给张某,是因为在2016年9月份,企业急需2000万元,张某帮助借到,企业和袁某某没有付任何费用,所以袁某某无任何条件给予张某股份奖励,并约定2019年12月1日前全部奖励到张某个人名下,而并非无偿赠与张某。虽然《代持协议》所涉股权在袁某某起诉之时尚未过户至张某名下,但办理过户登记主要目的是赋予对抗效力。仅就《代持协议》本身而言约定内容清楚明确,根据协议内容可以认定袁某某已将相应股份奖励给张某且暂由袁某某代替张某持有,《代持协议》的形式和内容均符合股份代持的特征。袁某某认为案涉股份代持行为依法应属无效,但我国现行法律法规未规定非上市公众公司股份代持行为即为无效。且退一步讲,即使代持行为效力存有争议,也不必然导致《代持协议》无效,故《代持协议》对双方具有法律约束力。

2. 股东通过持股平台间接持有的股权来源于公司其他股东的让渡,其本质是代其他股东持有激励股权。从股东未获得股权收益角度看,其中也存在股权代持关系。

在(2020)赣01民终872号案中,二审法院认为,巢某某通过向南昌兴铁合伙出资所间接持有的兴铁光华公司5%的股权是否系代持性质为本案的争议焦点。首先,从股权来源上看,根据兴铁光华公司2016年第三次股东大会通过的关于调整员工持股比例的议案,在三个法人股东(深圳前海公司、兴铁资本公司、广东金控公司)持股平台持有兴铁光华公司15%的股权的基础上向员工持股平台再让渡合计5%股权,并共同指定巢某某作为持股对象代表,代为持有该5%的股份(作为对本次股东会确定的持股对象的股份及预留给公司核心员工或符合持股资格的未来持股对象的股份)。之后,巢某某与其他三个激励股东代表徐某某、石某某、章某某每人向持股平台出资50万元,合计200万元,再由持股平台向兴铁光华公司出资。由此可见,巢某某间接持有兴铁光华公司5%的激励股权来源于三个法人股东的让渡,显然是代三个法人股东持有上述5%的激励股权。其次,兴铁资本公司2018年8月21日发给深圳前海公司、广东金控公司《关于兴铁光华股权重组下一步工作的建议函》及深圳前海公司在对兴铁资本公司的建议函的回函中,亦未否认巢某某等激励股权对象代表持有的激励股权的代持性质。最后,现各方当事人均未提交证据证明巢某某等作为激励股权的持有人获得了相应的兴铁光华公司的股权收益,故无法认定巢某某通过持股平台间接持有兴铁光华公司的股权。因此,巢某某通过向南昌兴铁合伙出资所间接持有的兴铁光华公司5%的股权系代持性质。

3.以赠与为由对股权代持关系进行抗辩的,当事人需要提供证据证明,否则依据股权代持协议认定双方存在代持关系。

在(2021)京03民终15706号案中,一审法院认为,综合现有书证、证人证言及当事人陈述意见可知,廖某持有的40万股系基于其与张某某、伟某某公司签订的《激励股权授予协议》之约定获取,其以0对价受让形式获取张某某授予的激励股份,并于离职后在张某某的指示下将10万股变更至丁某某名下,变更股份的方式亦采用丁某某0对价受让形式。丁某某在将其持有的10万股中的8.5万股以0对价转让并变更至张某某之配偶张某名下后,与张某某签订了诉争的1.5万股的《股权代持协议》。丁某某认可《股权代持协议》中丁某某签名的真实性,但辩称该协议系在受胁迫的情形下签署,同时辩称其以0对价受让廖某持有的10万股实质系张某某对丁某某的赠与。但丁某某未提交充分证据证明其主张的受胁迫事实以及股份赠与事实。在丁某某未提交充分证据否定《股权代持协议》效力的情况下,应当认定张某某与丁某某关于涉诉1.5万股代持关系成立。

二审法院认为,对于丁某某称伟某某公司对外发布的公示年报应为真实有效且伟某某公司应遵守《非上市公众公司监督管理办法》(2019年修正)、《全国中小企业股份转让系统股票挂牌条件适用基本标准指引》(2020年修改)、《全国中小企业股份转让系统业务规则(试行)》的规定。法院认为,公司法并未禁止股东通过隐名的方式认购公司股份,伟某某公司年报中的"不存在其他关联关系"亦无法涵盖"不存在代持关系",且上述文件仅要求公司在披露信息时应如实陈述,股转系统挂牌公司应股权明晰、权属分明,并未对股权代持作出禁止性规定,故丁某某仅依据上述规定主张其与张某某之间不存在股权代持关系,缺乏相应依据。

(二)代持关系不成立

1.股权激励协议中记载股权由激励对象持有的表述,只是表明了股权内部持有状况,并不能因此而否认公司对股权享有的所有权。因公司上市前还不能确定股东公司的占股数量,故在上市前不存在股权代持关系。

在(2019)京03民终6888号案中,二审法院认为,《持有股权协议》及《股权确认书》中"该股权由何某持有"的表述,只表明了归国合源公司所有的股权在弘高中太公司内部的持有状况,并不能因此而否认被代持股权的国合源公司对股权享有的所有权。至于弘高中太公司上诉所称的上市公司不得代持股权的意见,因涉诉的股权确认书出具的时间为2015年11月,该确认书出具时间晚于弘高创意公司重组上市时间,故在公司上市前还不能确定国合源公司的占股数量,在上市前不存在股权代持;且股权确认书中明确涉诉股份的来源是"参考股权激励的方式",系弘高中太公司给国合源公司的股权奖励,再结合上述双方签署的股权协议内容,可知国合源公司的最终目的是持有弘高设计公司的股权,从而通过弘高设计公司公开发行股票并上市,建立退出通道,实现己方的合理利益。

2. 从是否签署股权激励股权代持合同、是否存在代持股的一致意思表示角度判断股权代持关系是否成立。

在(2019)京01民终3233号案中,二审法院认为,于某某与赵某是否存在行易道公司2%股权代持合同关系,于某某是否有权显名成为行易道公司的股东为本案的争议焦点。对于代持合同关系的认定,应明确代持人、股权比例、对应的出资额等基本条款。首先,赵某与于某某未签署股权代持合同,对于上述基本条款未作约定;其次,根据双方往来电子邮件,赵某在2015年5月18日的邮件中表示股权由天津的合伙企业代持,其本人不可以代持,在2015年11月25日的邮件中称股权由姜某代持,表明双方关于代持主体问题未能予以明确;最后,在2016年1月20日赵某与于某某的电子邮件中,赵某以附件的形式向于某某发送了《代持股权协议书》,明确代持是基于期权激励计划,并约定了于某某作为股权实际持有人应履行的义务。于某某不同意上述协议,并另行拟定《股份代持协议书》,表明双方未就代持性质及代持双方具体权利义务达成一致意见。

3. 当事人主张存在代持关系的,应进行举证。持有股权与股权代持没有直接关系。

在(2018)京0105民初72406号案中,一审法院认为,在高某与贺某某之间不存在书面的代持协议。股权代持协议是显名股东和隐名股东约定隐名股东以显名股东的名义出资成为公司的股东,并由隐名股东承担投资收益和风险的协议。因为股权代持涉及投资权益与投资名义的分离,应书面详细约定双方的权利义务,否则双方当事人的意图无从判断,实际出资人出资行为的义务无法明确,其出资行为更有可能呈现债权债务的外观。诉讼中,双方对是否存在代持关系未能达成一致意见,现高某主张与贺某某之间存在代持关系,应对此进行举证。高某提供的证据仅能证明其持有北格公司的股权,并不能证明其股权由贺某某代持。在高某与贺某某的微信聊天中,高某只是询问公司的经营情况,并未提出其与贺某某存在代持关系。综上,高某与贺某某之间不存在股权代持关系。

二、名义股东擅自转让股权

1. 审查股权激励协议表述时需注意协议是否赋予名义股东转让代持股权的权

利。股权一旦发生转让,代持基础关系将不复存在,从而对实际出资人造成损害。

在(2019)京03民终5822号案中,二审法院认为,《股权激励和股权转让协议》未明确赋予蒲某转让代持之股权的权利,且股权一旦发生转让,代持之基础法律关系将不复存在,蒲某和耿某某也未就此情形后续安排作出明确约定。因此,不宜将前述约定扩大解释为蒲某享有转让代持股权的权利;蒲某、诺誓集团公司另主张诺誓商业公司股权转让给智合中心的行为,属于通过高管股权激励方式完成代持股权解除的方式。耿某某对代持股权解除的路径应通过智合中心完成的说法不予认可,且耿某某与蒲某之间关于诺誓商业公司股权代持解除的有关事宜也与本案无关,各方当事人如就解除代持股权存在争议可协商或另诉解决。

蒲某、诺誓集团公司还主张无法确认蒲某转让给诺誓集团公司的诺誓商业公司47.053%股权是否包含了耿某某持有的诺誓商业公司0.17188%股权。对此,法院认为,案涉《股权转让协议》在同一个协议中分别安排了蒲某与诺誓集团公司、智德创新公司、智合中心三个受让人之间的三笔股权转让约定。当事人可以依法行使其诉讼权利,当耿某某以原告身份仅主张蒲某与诺誓集团公司之间存在恶意串通、损害第三人利益的行为,并据此要求确认双方之间部分转让无效时,法院可以审查蒲某与诺誓集团公司之间转让内容的合法性并作出相应判断。蒲某、诺誓集团公司主张双方之间的转让约定不构成恶意串通,然蒲某和诺誓集团公司的转让约定必然对耿某某合法权益实现产生影响。蒲某作为诺誓集团公司的控制人,此时举证责任转移至蒲某、诺誓集团公司一方,当蒲某、诺誓集团公司不能举证证明双方不存在恶意串通情形时,应承担举证不能的不利后果。一审法院根据案涉仲裁裁决对耿某某享有诺誓商业公司股权比例的确认、蒲某转让其代耿某某持有诺誓商业公司的股权情况以及蒲某与诺誓集团公司之间的特殊关系,综合认定案涉《股权转让协议》中蒲某向诺誓集团公司转让的诺誓商业公司0.17188%股权的内容无效,于法有据。

2. 名义股东擅自将代持股权转让给其他股东的,该股权转让合同无效。因为股权转让的双方均明知该股权是代持关系,股权转让不存在善意,视为恶意串通损害实际出资人利益。

在(2016)沪0104民初22930号案中,一审法院认为,《员工股权激励协议》约定赵某将其持有的停时公司60%股权中的2%转让给郭某某,因此,停时公司股东为赵某、陈某、郭某某,出资额分别为174万元、120万元、6万元,出资比例分别为58%、40%、2%;郭某某的2%股权由赵某代持。之后,赵某、陈某于2015年11月16

日签订诉争的《股权转让协议》，约定赵某将其持有的停时公司60%股权转让给陈某。虽然登记在赵某名下的停时公司股权持有比例为60%，但赵某实际持有比例为58%，另2%是代郭某某持有，且此持股情况为陈某明知。在此情形下，赵某、陈某签订《股权转让协议》，将赵某代郭某某持有的股权与其持有的58%股权一并转让给陈某，损害了郭某某利益。赵某与陈某签订的《股权转让协议》中涉及赵某代郭某某持有的2%停时公司股权转让给陈某的内容无效。

三、代持协议的履行和解除

1. 股权激励关系中，法律没有禁止股权代持。如果有限公司的实际出资人需要显名，其需要遵守股权对外转让应经过其他股东过半数同意的强制性规定。

在(2021)京03民终15706号案中，一审法院认为，张某某要求丁某某将其代持的1.5万股变更登记至张某某或张某某指定的人名下，实质是要求隐名股东显名化。从公司和公司其他股东角度讲，成为公司的股东实质上是股权转让。《公司法》(2018年修正)规定，有限责任公司股权对外转让应经过其他股东过半数同意。本案伟某某公司已从有限责任公司变更为股份有限公司，股份转让无需由其他公司股东过半数同意，可自由转让，从此意义上讲，张某某要求变更股份登记的要求，符合法律规定。

2. 代持人擅自转让股权且损害实际出资人的权益的，转让行为无效。即使解除代持的条件未成就，但代持人已将股权全部转让，实际出资人客观上已无法获得股权的，解除代持条件是否成就不影响对股权转让效力的认定。

在(2017)京0105民初54545号案中，一审法院认为，依据《股权激励和股权转让协议》，耿某某享有诉争股权，并由蒲某代持。蒲某未经耿某某同意，与诺誓集团公司、智德创新公司、智合中心签订《科技公司股权转让协议》，转让其名下全部诺誓商业公司股权，其中包括代耿某某持有的股权，损害了耿某某的利益。蒲某和诺誓集团公司辩称《股权激励和股权转让协议》约定，如果股权没有兑现，蒲某可以不经耿某某同意，随意处分股权，该主张是对协议的曲解，该约定中的"没有兑现的股权"是指依据协议中的股权计算方式及耿某某在诺誓商业公司的工作年限，在耿某某从诺誓商业公司离职时耿某某不应得到的股权，而非指耿某某应得的诺誓商业公司0.17188%的股权。

蒲某和诺誓集团公司还辩称耿某某对于诉争股权只享有财产权益，并不享有股东的人身权益。首先，根据《股权激励和股权转让协议》约定，蒲某仅在代持诉争股权时代耿某某行使股东表决权，在解除代持、股权变更后耿某某即应享有全部权益;其次,即使耿某某只享有诉争股权的财产权益,蒲某未经耿某某同意向他人转让该股权的行为仍然损害耿某某的合法权益。虽然《股权激励和股权转让协议》约定的解除代持的条件尚未成就,但蒲某转让其持有的全部诺誓商业公司股权的行为,造成即使解除代持条件成就耿某某也无法得到被代持的股权的结果,故解除代持条件是否成就并不影响对蒲某转让诉争股权效力的认定。

通过《科技公司股权转让协议》,蒲某将其名下的诺誓商业公司53.71%股权全部转让给诺誓集团公司、智德创新公司、智合中心,诺誓集团公司是蒲某控制的公司,智德创新公司、智合中心与蒲某也存在关联,且每个受让人受让的股权都多于耿某某应得的股权,无法明确地分析出蒲某向谁转让的股权中包括耿某某应得的股权。现耿某某主张蒲某向诺誓集团公司转让耿某某应得股权的行为无效,而诺誓集团公司对该股权转让行为会损害耿某某的利益是明知的,故耿某某请求法院确认蒲某向诺誓集团公司转让诺誓商业公司0.17188%股权的行为无效的诉讼请求,并无不当。

3.通过系列合同的签订及履行行为可确认协议书中期权激励条款已实际履行完毕。

在(2014)厦民终字第1776号案中,二审法院认为,《海外人才引进协议书》中的期权激励条款是否得到履行为本案的争议焦点。《海外人才引进协议书》中第五章的期权激励条款仅对庄某某的购买资格及股份的购买数额进行约定,但该条款并未明确约定持股方式必须为直接持有厦门亿联的原始股,双方对持股方式的约定不明确并产生了争议。法律规定,对于未约定事项或约定不明确事项,合同双方可以协议补充;不能达成补充协议的,按照合同有关条款或者交易习惯确定。厦门亿联公司主要管理人员、技术人员与核心人员共同出资设立亿网联公司的行为以及厦门亿网联的股份管理办法都体现了亿网联公司设立的目的即是持有厦门亿联的股份,从而以间接持股的方式实现对上述人员的股权激励。从庄某某签署的《委托投资协议书》《〈委托投资协议〉解除协议》的内容来看,庄某某对委托卢某某代为出资亿网联公司、代持亿网联公司股权以及股权折算后相当于厦门亿联公司200万股的事实都是清楚并一再确认的,庄某某也与卢荣富协商达成了解除委托持股关系的协议,并商定了股权回购价为400万元。

据此,应当认定庄某某、厦门亿联双方通过上述一系列合同及履行行为对《海外人才引进协议书》中未明确的持股方式达成了补充协议并已实际履行完毕。庄某某确认持有亿网联公司股份,但主张《海外人才引进协议书》中所指股份必须为厦门亿联的原始股,其持有亿网联公司股份,间接持股厦门亿联的事实与实现期权激励条款无关的主张与事实不符,不予采信。法院最终确认厦门亿联已经履行了其于2010年5月18日与庄某某签订的《海外人才引进协议书》中的期权激励条款。

4.股权代持协议可以约定,在股权变现期未届满时实际出资人离职的,未变现或过户的协议股份即被取消,实际出资人在变现期届满后离职的,名义股东仍应向实际出资人变现或转让其在职时变现或过户条件已成就的股票,公司负有协助办理过户手续的义务。

在(2015)深中法商终字第2849号案中,二审法院认为,徐某某代持的合同项下股权或权益是否应全部或部分交付给刘某某为本案的争议焦点。公司的上市日期为2007年8月7日,徐某某作为实际控制人所持有的公司股票锁定期为3年,即2010年8月7日。刘某某上诉称,至其离职的2014年5月22日,本案合同项下股票或权益按照双方合同约定,均已经符合交付条件。法院认为,根据《委托持股协议书》约定,委托协议授予的股份自授予之日起36个月后,徐某某可按第一年40%、第二年30%、第三年30%的比例分期变现或过户给刘某某,该条中的"第一年""第二年""第三年"应指每满12个月为1个自然年度。双方合同签订日为2008年9月23日,即该日应为徐某某授予刘某某相关股份的日期。因此,2008年9月23日的36个月后的第一年指2012年9月22日前,徐某某应将协议授予刘某某股权的40%变现或过户给刘某某,第二年、第三年指徐某某应分别于2013年9月22日、2014年9月22日前将上述股权的30%变现或过户给刘某某。

同时,双方《委托持股协议书》约定,"甲方因辞职而离职的,自离职之日起所有未变现或过户的协议股份即被取消",也即在变现期未届满时刘某某离职的,未变现或过户的协议股份即被取消,刘某某在变现期届满后离职的,徐某某仍应向刘某某变现或转让刘某某在职时变现或过户条件已成就的股票。刘某某于2014年5月22日离职,即刘某某离职前,协议第5.2条约定的"第一年"及"第二年"已届满,刘某某有权取得前两年应变现或过户的股票。一审认定除了双方已经履行的2012年度40%股份之外,刘某某可要求徐某某于2013年9月22日前向刘某某过户协议授予刘某某的股票的30%(46800股),认定事实及适用法律正确。刘某某上诉请求确认第三年应变现或过户的剩余30%的股票(46800股)归其所有并要求徐某某配合办理变更手续,不予支持。

5.为了给公司未来实施股权激励预留股份,全体股东可商定共同释出部分比例的股权,由共同推举的股东代持。这种预留股份的制度,对名义股东而言实质是种无偿委托关系,依民法原理名义股东可以随时解除合同。但鉴于代持关系处于公司法领域,解除该委托关系需遵从一定的内部程序,比如以股东会特别事项表决方式通过即可产生解除代持关系后果。解除代持关系后,代持的股份比例在股东之间重新依照章程或出资比例分配。

在(2022)川01民终1503号案中,二审法院认为,三零嘉微公司内部"预留股权"的制度安排,可以视为该公司全体股东认可的一种制度安排,即将全体股东共同共有的一部分三零嘉微公司股权单独析出并由特定人员代持,用于该公司特定的激励、奖励等事项。三零嘉微公司股权多年来经多次增资扩股、转让、合并,股东发生多次变化,相应的共同共有的权利伴随股东身份转移而转移。该"预留股权"制度可视为三零嘉微公司全体股东与叶某之间持续存在的无偿委托合同关系,叶某是受全体股东委托代持的受托人。早在2015年,三零嘉微公司就以股东会决议的方式要求叶某将该部分代持"预留股权"转移到案外人名下,但该决议未获得执行。《民法典》第933条规定:"委托人或者受托人可以随时解除委托合同。因解除合同造成对方损失的,除不可归责于该当事人的事由外,无偿委托合同的解除方应当赔偿因解除时间不当造成的直接损失,有偿委托合同的解除方应当赔偿对方的直接损失和合同履行后可以获得的利益。"卫士通公司目前作为持有三零嘉微公司98.49429%股权的股东,由于作为证据的在案章程没有对该事项的股东会表决通过条件作出相反规定,一审法院认定其有权决定三零嘉微公司终止"预留股权"的制度安排,即任意解除该委托合同。现卫士通公司以起诉方式表达该意思,三零嘉微公司予以同意,应予尊重和支持。

合同解除后,尚未履行的,终止履行;已经履行的,根据履行情况和合同性质,当事人可以请求恢复原状或者采取其他补救措施,并有权请求赔偿损失。本案股权委托代持关系终止后,卫士通公司有权请求恢复权利状态到委托代持关系未设立之状态。参照《民法典》第303条规定:"共有人约定不得分割共有的不动产或者动产,以维持共有关系的,应当按照约定,但是共有人有重大理由需要分割的,可以请求分割;没有约定或者约定不明确的,按份共有人可以随时请求分割,共同共有人在共有的基础丧失或者有重大理由需要分割时可以请求分割。因分割造成其他共有人损害的,应当给予赔偿。"因该"预留股权"制度存在弊端,与公司法人财产制、资本维持原则可能存在潜在冲突,容易导致三零嘉微公司股权权属不明和诉讼争议,卫士通公司要求终止该"预留股权"所产生的共同共有状态,有合理理由,其有权提出股权分割请求,且不违反资本维持原则。

因此,该委托代持关系解除后,卫士通公司有权对属于全体股东共同共有的该"预留股权"进行分割。根据三零嘉微公司的现行股权结构,除去该"预留股权"部分,卫士通公司持股金额为13156.67万元、叶某87.24万元、谢长斌2.97万元,卫士通公司有权在99.319%〔13156.67万元÷(13156.67万元+87.24万元+2.97万元)〕范围内请求分割,确认享有股权并返还,即对认缴金额110.16万元(占新三零嘉微公司股权0.824%)部分确权并返还。叶某、三零嘉微公司应当配合办理以上相应部分股权的变更登记手续。股权变更登记的税费负担,按相关法律、法规等规定办理。

第三节 实务指南

一、新《公司法》对股权激励的影响:授权资本制

新《公司法》第152条规定:"公司章程或者股东会可以授权董事会在三年内决定发行不超过已发行股份百分之五十的股份。但以非货币财产作价出资的应当经股东会决议。董事会依照前款规定决定发行股份导致公司注册资本、已发行股份数发生变化的,对公司章程该项记载事项的修改不需再由股东会表决。"

公司资本制度可分为法定资本制与授权资本制。前者是指公司股本或实收资本在设立时一次性发行或全部认缴完毕,再由股东一次性或分期实缴,出资形式可以为货币形式,也可以为非货币财产形式;后者是指股份有限公司的公司章程或者股东会可以授权董事会在一定年限内发行一定比例的股份。

根据上述规定及分析,可知授权资本制在提高资本使用效率和提高商业决策速度、推进融资方面具有很高的灵活性与便捷性。授权资本制对股权激励的影响在于,打破了通常情况下激励对象通过股权转让方式甚至股权代持的方式获得激励股权的常规方法,取而代之的是更高效便捷的方式,即基于授权资本中的增资扩股而获得激励股权,此时程序变得更为简易,发股数量的确定也更为灵活。

实务中,计划实施股权激励的股份有限公司应提前通过公司章程或股东会决议授权董事会可在未来发行股份,并规划预留出适当的股权激励比例。同时注意,经授权的董事会增资扩股属于特别决议事项,依据新《公司法》第153条,公司章程或者股东会授权董事会决定发行新股的,董事会决议应当经全体董事2/3以上通过,且限于货币出资形式。注意3年内增资规模不得超过已发行股份的50%。

二、餐饮企业 IPO 上市的股权架构及股权激励解析

前有乡村基,后有杨国福,2022 年似乎是餐饮企业上市大年,国内递交招股书的餐饮企业已超过了十家,头部连锁餐饮的激烈竞争从未减弱。

5 月 19 日,安徽老乡鸡餐饮股份有限公司(以下简称"老乡鸡")正式递交招股书,计划在上交所主板上市,由国元证券担任保荐机构。

与同样定位为中式快餐,市场有较高重合度且都准备冲击 IPO 的乡村基、老娘舅相比,居于"2021 中国中式快餐十大品牌"榜首且估值最高的老乡鸡似乎已经在"中式快餐第一股"之争上抢夺先机,让我们从招股书内容中看其能否最先摘下"中式快餐第一股"桂冠。[①]

(一)老乡鸡股权变动历史沿革

1. 有限公司时期股权变动

2003 年 7 月 16 日,束某某、张某共同签署《合肥肥西老母鸡餐饮有限责任公司章程》,公司注册资本为 50 万元,并以货币出资的形式全部实缴完毕。

2005 年 6 月至 2012 年 6 月,历经 7 年,老乡鸡经过三次增资及四次股权转让,并于 2012 年 6 月 19 日取得合肥市工商行政管理局换发的《企业法人营业执照》,公司名称亦由合肥肥西老母鸡餐饮有限责任公司变更为安徽老乡鸡餐饮有限公司。

此次变更后,老乡鸡的股权结构仍然比较单一,具体见表 4-1。

表 4-1 主要股东的基本信息

序号	股东姓名	出资额(万元)	持股比例(%)
1	束某 1	490	96.08
2	张琼(系束某 1 母亲)	20	3.92
合 计		510	100

2. 股份公司时期股权变动

2021 年 7 月,安徽老乡鸡餐饮有限公司整体变更设立为股份公司,公司名称变更为安徽老乡鸡餐饮股份有限公司。

2021 年 12 月,老乡鸡以股份公司的身份第一次增资及资本公积转增股本,将

---

① 参见 http://static.sse.com.cn/stock/disclosure/announcement/c/202302/001492_20230228_MRL5.pdf,最后访问日期:2024 年 12 月 26 日。

注册资本由 3660 万元增至 3688.26 万元,新增的注册资本由深圳市麦星灏佳创业投资合伙企业(有限合伙,以下简称"麦星投资")、广发乾和投资有限公司(以下简称"广发乾和")认购,该两投资方均通过裕和(天津)股权投资基金合伙企业(有限合伙)间接持有老乡鸡股权,这一 Pre-IPO 轮(指在企业首次公开募股之前进行的最后一轮融资)的估值约为 180 亿元人民币。获得本轮共计 1.39 亿元的投资后,老乡鸡貌似已经做好上市的准备。具体认购情况见表 4-2。

表 4-2 投资人认购股权情况之二

序号	股东姓名	持股数(万股)	出资金额(万元)
1	麦星投资	18.1	8900
2	广发乾和	10.17	5000
	合计	28.26	13900

本次增资、资本公积金转增股本完成后,老乡鸡的股权结构见表 4-3。

表 4-3 投资人认购股权情况之三

序号	股东姓名/名称	持股数(万股)	持股比例(万股)
1	合肥羽壹	1904.01	51.62
2	束某1	915	24.81
3	青岛束董	366	9.92
4	束某	183	4.96
5	裕和投资	182.2	4.94
6	天津同创	73.2	1.98
7	天津同义	36.6	0.99
8	麦星投资	18.1	0.49
9	广发乾和	10.17	0.28
	合计	3688.26	100

(二)老乡鸡股权结构概览

老乡鸡作为一家典型的"家族式企业",董事长束某某为束某1的父亲,曾任职监事的张某为束某1的母亲,束某1又与束某为兄妹关系,与董某为夫妻关系,其家族五人作为公司的实际控制人,直接和间接实际控制公司股权的比例高达91.32%。

1. 创始人去哪了？

（1）从公司股权结构看，束某某、张某并不持有拟上市主体的任何股权。

（2）从任职上看，束某某担任老乡鸡董事长及法定代表人，以及部分子公司的法定代表人，年薪139.66万元。张某也早已卸任公司监事一职。

（3）从社会职位上看，束某某担任合肥市工商联执委、合肥市禽业协会会长、肥西县工商联副主席、副会长。

2. 在股权安排上，已作出了公司主要传承给束某1的安排

众所周知，老乡鸡创始人是束某某，但从持股角度，束某某与张某已彻底让位。

（1）公司目前最大股东为合肥羽壹，持有拟上市主体51.62%的股权，企业类型为有限公司。该公司绝对大股东为青岛远益，持股比例为80.78%，而青岛远益的执行事务合伙人为束某1。

因此，可以说束某1对合肥羽壹的51.62%股权拥有绝对控制权。同时，束某1以执行事务合伙人的身份，通过青岛羽壹间接持有老乡鸡9.92%的股份。

（2）公司第二大股东为束某1，其作为自然人直接持股24.81%。与前述的间接持股相加，共计86.35%，远超2/3，以此达到实际控制老乡鸡的目的。

3. 主要通过有限合伙企业作为家族成员持股平台

除了束某1、束某作为核心家族成员直接持股外，青岛远益、青岛羽壹也由束某1、董某、束某100%完全控制。且从工商登记上看，所有的财产份额也由束某1、董某、束某三人享有，没有其他任何家族成员的持股。

4. 家族成员持股均做了两层持股架构的风险隔离

青岛羽壹、青岛远益这两个持股平台并不直接持有上市主体的股权，而是又通过青岛束董、合肥羽壹这两个企业再一次间接持有上市主体股权，如此双层隔离可进一步加厚防火墙。

5. 使用了有限合伙及有限公司的混合持股架构

据招股书披露，合肥羽壹、青岛束董均系老乡鸡实际控制人的家族持股平台，两平台分别是有限公司和有限合伙企业。

（三）股权激励方案设计

1. 股权激励的目的

为了调动公司及下属子公司中高层管理层人员的积极性，吸引和留住人才，提升核心竞争力，老乡鸡实施了股权激励计划。通过股权激励计划不但能有效调动管理者和重要骨干的积极性，吸引和保留优秀管理人才、核心技术人员和业务骨

干,保证公司的长期稳健发展,还能进一步完善公司治理结构,健全公司激励约束机制,实现股东、公司和个人利益的一致,为股东带来更高效更持续的回报。

2. 持股对象

主要考虑了激励对象所担任职务、对公司的贡献、任职年限、能够承担的股东责任等各方面的因素而确定股权分配数额。

3. 股份来源及确定依据

2020年12月,老乡鸡实施股权激励计划,对公司骨干员工实施激励。具体的设计思路如下。

(1)设立了天津同创、天津同义两个合伙企业作为持股平台,前者对上市主体持股1.98%,后者对上市主体持股0.99%;控制权方面,两个持股平台的执行事务合伙人均为束某某(系上市主体董事、总经理、薪酬与考核委员会委员),将代表员工持股平台于公司股东会上行使表决权,"依其个人的判断和决定进行投票"。

(2)在前述两个平台之上,再设立青岛同丰、青岛同禄、青岛同富、青岛同义四个合伙企业,进而将激励对象装入该四个平台,间接认购天津同创、天津同义持有的公司109.8万元股本。这种典型的双层持股架构既能更好地隔离风险,又能增加激励的人数容量。

(3)估值方面,参考资产评估有限公司出具的《评估报告》,最终确定以40.46亿元的评估价值,对持股平台中公司员工持有的份额和新增注册资本的价格与评估价格之间的差额确认股份支付,按照5年服务期进行分期确认。

4. 权益实现方式

(1)利润分红。在每一个完整财务年度结束后,天津同创、天津同义作为股东将按照公司股东大会确定的利润分配方案享受利润分红。天津同创、天津同义取得利润分红后,向其份额持有人进行分配。员工持股平台取得分红后再根据激励对象实缴出资比例进行利润分配。

(2)股份本身的增值部分。

小结:通过总结老乡鸡的历次股权变动情况,可以得出两点体会:

第一,老乡鸡从设立初期至今,束某某及其家族成员始终保持对老乡鸡的绝对控制。

第二,以有限合伙企业作持股平台的模式,既能保障创始股东控制权并减少税负,又能够科学合理地安排投资人与激励对象的分布位置。双层持股架构设计更是深得持股平台架构搭建的精髓。

三、如何撰写关于激励计划调整及授予的法律意见书

这份法律意见书以"致函"方式撰写。

（一）题目

×律师事务所关于×股份有限公司×年股票期权激励计划调整及授予的法律意见书

（二）首部致函部分

致：×股份有限公司

×律师事务所受×股份有限公司（以下简称"公司"）委托，作为公司×年股票期权激励计划（以下简称"本激励计划"）的专项法律顾问，根据《公司法》《证券法》《上市公司股权激励管理办法》等法律法规、规范性文件以及公司章程规定，就公司股票期权激励计划调整及授予事项（以下简称"本次调整及授予"），出具本法律意见书。

（本段系公司与律师事务所就出具特定事项法律意见的委托关系、出具法律意见的依据进行的描述。接下来是受托律师的声明内容，包含几个部分。）

第一个部分：律师积极履职的声明和保证。描述依据律师行业管理办法对受托事项进行充分核查验证，保证法律意见书所认定的事实真实、准确、完整，所发表的结论性意见合法、准确，不存在虚假记载、误导性陈述或者重大遗漏，并对公司行为承担相应法律责任。

第二个部分：公司履行协助义务的保证。即基于公司作为委托人，描述其已保证向受托律师如实提供了材料，无任何重大遗漏及误导性陈述，律师是基于该前提出具的法律意见。公司对某些事实无法提供直接证据支持的，则需要对律师说明依据谁出具的何种类型证据来发表意见。

第三个部分：律师同意将法律意见书予以公告并承担责任的保证。同时声明禁止法律意见书用于其他用途。

（三）正文部分

1. 关于公司股权激励计划的批准与授权合规情况

按时间先后，对公司制定和实施股权激励计划、股权激励计划考核办法及相关议案的机构、召开会议时间、主题内容、表决情况（是否存在回避表决）、内幕信息知情人及激励对象买卖公司股票的自查情况、公司独立董事发表独立意见并向所有股东征集委托投票权情况、董事会决议通过激励计划情况、股东会决议批准激励计

划情况、公司对授予激励对象的姓名和职务进行公示情况、授予权益登记完成公告情况、履行信息披露义务情况、公司监事会确认公示程序合法合规意见情况等进行描述,上述描述主要着眼于程序上的合法性。

在此基础上,律师得出公司股权激励计划合法有效的结论。这个结论是往后关于本次调整和授予事项合法有效结论的大前提,因为没有整个股权激励计划的有效性,就谈不上股权激励计划实施过程中变更调整协议行为的合法有效性。

2. 关于本次调整和授予议案的批准和授权合规情况

首先,同样按时间顺序,对本次激励计划实施过程中的拟调整激励计划和授予权益议案在公司内部履行审批、表决、发表意见等程序进行描述,要点同上。

其次,着重对本次调整涉及的授予权益具体情况进行描述,比如激励对象主体资格是否合法、授予条件、行权日、行权价格、行权数量额度、公司是否存在不得实施激励计划的情形、是否存在明显损害公司及全体股东利益的情形等相关情况进行准确的阐述,这部分内容占据相当大的篇幅。

(四)结论意见

律师在此基础上,认定本次调整和授予已经取得现阶段必要的批准和授权,该事项符合法律法规和公司章程规定,得出本次授予条件已满足、本次授予尚需依法履行信息披露义务及办理股票授予登记等事项之结论。

四、点评监事会核查意见的公告样板

(一)题目

×股份有限公司监事会关于×年股票期权激励计划有关事项的核查意见

(二)保证陈述、发表意见的依据

本公司及监事会全体成员保证公告内容的真实、准确和完整,没有虚假记载、误导性陈述或者重大遗漏。根据《公司法》《证券法》《上市公司股权激励管理办法》等有关法律法规、规范性文件以及公司章程的有关规定,公司监事会对公司第×届董事会第×次会议中的相关事项进行了认真核查,并发表如下审核意见:

经审核,根据《上市公司股权激励管理办法》、公司《×年股票期权激励计划》等规定,公司有×名原激励对象因个人原因离职,已不具备激励对象资格;×名激励对象×年度个人绩效考核结果为"C"(不及格),第三个行权期可行权比例为60%,未能行权部分由公司予以注销。

上述人员已获授但尚未行权的合计×万份股票期权由公司收回注销。本次拟注销部分股票期权数量及激励对象名单见表 4-4。

表 4-4 注销的股票期权基本信息

序号	姓名	职务	拟注销股票期权数（万份）	拟注销股票期权原因
1	张某	副总经理	9.8000	绩效考核结果不及格
2	李某	其他核心人员	0.8960	绩效考核结果不及格
3	陈某	其他核心人员	1.0528	绩效考核结果不及格
4	雷某	其他核心人员	1.0528	绩效考核结果不及格
……				

（本段以列表方式描述被注销股票期权的激励对象姓名、合计人数、合计权数、注销原因。）

监事会同意董事会根据公司《×年股票期权激励计划》相关规定，将上述人员已获授但尚未行权的期权注销。本次部分期权注销完成后，公司×年股票期权激励计划的激励对象总数由×人调整为×人，激励对象已获授但尚未行权的股票期权数量由×万份调整为×万份（实际股票期权数量以中国证券登记结算有限责任公司登记为准）。本次注销部分股票期权的程序符合相关规定，合法有效。

（本段表述注销股票期权后，公司激励对象的总人数、期权数量总额发生变动，并得出本次注销部分股票期权合法有效的结论。）

监事签名：×××、×××、×××

×股份有限公司监事会

×年×月×日

第五章 股权激励与财产分割

第一节 请求权基础规范

一、新《公司法》规定

第 84 条 有限责任公司的股东之间可以相互转让其全部或者部分股权。

股东向股东以外的人转让股权的,应当将股权转让的数量、价格、支付方式和期限等事项书面通知其他股东,其他股东在同等条件下有优先购买权。股东自接到书面通知之日起三十日内未答复的,视为放弃优先购买权。两个以上股东行使优先购买权的,协商确定各自的购买比例;协商不成的,按照转让时各自的出资比例行使优先购买权。

公司章程对股权转让另有规定的,从其规定。

第 157 条 股份有限公司的股东持有的股份可以向其他股东转让,也可以向股东以外的人转让;公司章程对股份转让有限制的,其转让按照公司章程的规定进行。

二、其他法律规定

（一）公司法层面

《民法典婚姻家庭编司法解释（一）》

第 72 条 夫妻双方分割共同财产中的股票、债券、投资基金份额等有价证券以及未上市股份有限公司股份时,协商不成或者按市价分配有困难的,人民法院可以根据数量按比例分配。

第 74 条 人民法院审理离婚案件,涉及分割夫妻共同财产中以一方名义在合伙企业中的出资,另一方不是该企业合伙人的,当夫妻双方协商一致,将其合伙企业中的财产份额全部或者部分转让给对方时,按以下情形分别处理:（一）其他合伙人一致同意的,该配偶依法取得合伙人地位;(二)其他合伙人不同意转让,在同等条件下行使优先购买权的,可以对转让所得的财产进行分割;(三)其他合伙人不同意转让,也不行使优先购买权,但同意该合伙人退伙或者削减部分财产份额的,可以对结算后的财产进行分割;(四)其他合伙人既不同意转让,也不行使优先购买权,又不同意该合伙人退伙或者削减部分财产份额的,视为全体合伙人同意转让,该配偶依法取得合伙人地位。

(二)合伙企业法层面

《合伙企业法》

第48条 合伙人有下列情形之一的,当然退伙:(一)作为合伙人的自然人死亡或者依法被宣告死亡;(二)个人丧失偿债能力;(三)作为合伙人的法人或者其他组织依法被吊销营业执照、责令关闭、撤销,或者被宣告破产;(四)法律规定或者合伙协议约定合伙人必须具有相关资格而丧失该资格;(五)合伙人在合伙企业中的全部财产份额被人民法院强制执行。

合伙人被依法认定为无民事行为能力人或者限制民事行为能力人的,经其他合伙人一致同意,可以依法转为有限合伙人,普通合伙企业依法转为有限合伙企业。其他合伙人未能一致同意的,该无民事行为能力或者限制民事行为能力的合伙人退伙。

退伙事由实际发生之日为退伙生效日。

第49条 合伙人有下列情形之一的,经其他合伙人一致同意,可以决议将其除名:(一)未履行出资义务;(二)因故意或者重大过失给合伙企业造成损失;(三)执行合伙事务时有不正当行为;(四)发生合伙协议约定的事由。

对合伙人的除名决议应当书面通知被除名人。被除名人接到除名通知之日,除名生效,被除名人退伙。

被除名人对除名决议有异议的,可以自接到除名通知之日起三十日内,向人民法院起诉。

第50条 合伙人死亡或者被依法宣告死亡的,对该合伙人在合伙企业中的财产份额享有合法继承权的继承人,按照合伙协议的约定或者经全体合伙人一致同意,从继承开始之日起,取得该合伙企业的合伙人资格。

有下列情形之一的,合伙企业应当向合伙人的继承人退还被继承合伙人的财产份额:(一)继承人不愿意成为合伙人;(二)法律规定或者合伙协议约定合伙人必须具有相关资格,而该继承人未取得该资格;(三)合伙协议约定不能成为合伙人的其他情形。

合伙人的继承人为无民事行为能力人或者限制民事行为能力人的,经全体合伙人一致同意,可以依法成为有限合伙人,普通合伙企业依法转为有限合伙企业。全体合伙人未能一致同意的,合伙企业应当将被继承合伙人的财产份额退还该继承人。

第 51 条 合伙人退伙,其他合伙人应当与该退伙人按照退伙时的合伙企业财产状况进行结算,退还退伙人的财产份额。退伙人对给合伙企业造成的损失负有赔偿责任的,相应扣减其应当赔偿的数额。

退伙时有未了结的合伙企业事务的,待该事务了结后进行结算。

第 52 条 退伙人在合伙企业中财产份额的退还办法,由合伙协议约定或者由全体合伙人决定,可以退还货币,也可以退还实物。

第二节 裁判精要

一、激励股权权属问题

1. 结婚登记前归属取得的股票应认定为个人财产。

在(2015)杭西民初字第 2460 号案中,一审法院认为,阿里巴巴集团在股票归属并由员工缴纳相关税款后,员工即取得阿里巴巴集团股票,因此,此笔财产是否认定为夫妻共同财产的起算点应为归属取得日期,故被告在双方结婚登记前归属取得的阿里巴巴集团公司的股票应认定为被告的个人财产,原告要求分割被告持有的该股票的诉讼请求,不予支持。原告要求分割被告在蚂蚁金融服务集团的股票期权,因蚂蚁金融服务集团至今尚未上市,不具备分割条件,对该部分事实不作认定。

2. 公司内部设计发行的股票在归属并由员工缴纳相关税款后,员工即取得股票所有权。

在(2015)浙杭民终字第 392 号案中,二审法院认为,阿里巴巴集团 RSU(全称 Restricted Share Unit,即"限制性股份单位")在归属并由员工缴纳相关税款后,员工即取得阿里巴巴集团股票。根据当事人的一致确认,以截止至第二次开庭时 RSU 已归属后取得的阿里巴巴集团股票为本案的处理对象。婚后至第二次开庭时,张某甲共归属取得阿里巴巴集团股票 2450 股,应为夫妻共同财产。张某甲主张 2450

股均为个人财产以及 2011 年 3 月婚前授予、婚后归属的股票为个人婚前财产的意见,法院不予采信。但考虑到上述股票取得与张某甲的年度工作表现等密切相关,张某甲贡献大的实际情况,确定 2011 年 3 月婚前授予、婚后已归属的股票 600 股,张某甲可得 367 股,王某可得 233 股,其他婚后授予、婚后归属的,应对半享有。

诉讼期间,张某甲于 2014 年 9 月通过 IPO 出售项目出售 1000 股,出售款可作分割。基于以上考虑,原审法院确定张某甲分得 233926 元,王某分得 178642 元。王某目前持有的 1450 股,因仍处禁售期,解禁会对股票价格产生重大影响,经法院释明后双方也未提供折价分割应扣除相应税金的具体计算方法,为公平合理保障双方当事人权益,目前不宜进行简单分割,双方待符合转让条件后可另行分割处理。二审法院判决驳回上诉,维持原判。

3. 婚姻期间获得股票为夫妻共同财产,可以分割。

在(2015)虹民一(民)初字第 3893 号案中,一审法院认为,原告获得的公司股票期权奖励,系婚姻关系存续期间取得,综合股票期权奖励的来源、取得的条件,酌情予以分割。

4. 婚姻关系期间取得的期权具有财产价值,如单位未收回且每年给予分红,属于夫妻共同财产,应予分割。

在(2014)吉中民一终字第 10 号案中,一审法院认为,吉林龙鼎电气股份有限公司给予被告的 10 万股期权奖励虽为企业奖励职工本人的,但依据该公司出具的证明材料(屈某某在公司入股 10 万元),此 10 万股期权奖励具有 10 万元的财产价值,故应作为夫妻共同财产予以分割;同时考虑此种期权的特殊性,故应归被告所有为宜,但被告应给付原告 5 万元人民币。

二审法院认为,上诉人主张吉林龙鼎电气股份有限公司给予上诉人的 10 万股期权只是奖励,工作业绩达不到要求,单位将收回该股票期权,10 万股期权不具有 10 万元的财产价值,故不应作为夫妻共同财产分割。对此,法院认为,10 万股期权虽然为企业奖励职工本人的,但依据该公司证明材料(屈某某在公司入股 10 万元),此 10 万股期权奖励具有 10 万元的财产价值,而且上诉人提供证据可以证明,上诉人虽然业绩未达到要求,但单位并未收回而且每年予以分红,上诉人的主张不能成立。

5. 期权已作废,不能视为夫妻共同财产予以分割;对股权代持关系有争议,意味着股权权属有争议,不能将股权作为夫妻共同财产分割。

在(2013)海民初字第 24704 号案中,一审法院认为,就软通动力公司向姚某授予期权的情况,殷某主张分割姚某名下40000股期权,但该期权均已作废,不予分割。姚某在软通动力公司有17个存托凭证,按照2014年1月15日闭市价,每个存托凭证是5.2美元,经计算17个存托凭证价值88.4美元,该款项应作为夫妻共同财产予以分割。殷某称他们委托赵某某代持捷成世纪公司股份,目前股票市值是1277640元,要求作为夫妻共同财产予以分割,姚某不认可委托赵某某代持捷成世纪公司股份的情况。鉴于双方对是否委托赵某某代持捷成世纪公司股份存有争议,且涉及案外第三人利益,现殷某要求将上述股份作为夫妻共同财产予以分割,无法律依据,不予支持。

6.股票期权及其带来的收益可以作为离婚时夫妻共同财产分割的标的。

在(2012)浦民一(民)初字第17439号案中,一审法院认为,原、被告诉争的股票期权是某公司授予员工在一定时期内按约定的价格购买本公司股票的权利,是一种有财产性权益的债权,虽然在未行权或注销回购时其价值难以确定,但价值的高低或暂时的不确定性不能否定其财产性权益的属性,因此股票期权及其带来的收益可以作为离婚时夫妻共同财产分割的标的。

二、激励股权如何分割

1.根据协议约定可以确定股票价值由三部分组成:股票期权价值、被告从期权授予日到可行权日继续在某公司工作的忠诚价值、行权价格成本。这些不同名目的财产权益,均可能属于夫妻共同财产,可以考虑分割或主张赔偿。

在(2012)浦民一(民)初字第17439号案中,一审法院认为,首先,股票期权在未行权、被授予人未获得股票的情况下难以确定其价值,股票期权的价值又不等同于股票价值,其只是组成股票价值的一部分。根据两份期权授予计划及被告某公司高级管理人员的身份,可确定诉争股票期权如按约定的可行权日行权,产生的股票价值应由三部分组成:股票期权价值、被告从期权授予日到可行权日继续在某公司工作的忠诚价值(以下简称"忠诚工作价值")、行权价格成本。其中,行权价格成本是固定的,某公司授予员工股票期权的目的是"吸引、激励、挽留和奖励当选的董事、员工",因此,在扣除行权价格成本后的股票价值中,股票期权价值、忠诚工作价值应有同等的贡献度。

其次,在离婚判决已明确认定第一、二批股票期权的情况下,被告未经原告同意,将取得的股票期权以"个人原因"申请全部撤销,是故意损害原告利益的行为,对此,被告有过错,故无论某公司作出何种"依规处理",被告均应赔偿原告的损失。

最后,2012年2月14日某公司终止上市,其全部股票期权已转化为取得统一价值标准的现金的权利,该现金标准对应的是扣除行权成本后的股票收购价值。由于诉争股票期权中可行权部分未曾行权,全部股票期权约定的行权终止日在回购日后,被告放弃股票期权的行为又在回购日前,故作为受损害方,原告有权利选择以2012年2月14日的现金标准计算可得的股票期权价值、忠诚工作价值,并主张赔偿权。

综上,第一、二批股票期权的价值可分别酌定为37938美元、30750美元,总计68688美元,此款可参照分割夫妻共同财产的原则,析出原告应得部分后由被告赔偿原告。与股票期权批次对应的第一批忠诚工作价值可酌定为37938美元,第二批忠诚工作价值可酌定为30750美元,由于一部分股票期权取得日到可行权日的时间跨越了原、被告离婚日,故第一、二批忠诚工作价值中包含有原、被告可得的夫妻共同财产及被告离婚后可得的个人财产。

关于忠诚工作价值中夫妻共同财产部分的认定。某公司的股票期权行权条件表明,某公司希望被告在行权等待期(股票期权授予日到可行权日)内为公司作出有价值的贡献,但并不将贡献的大小作为行权的条件,而仅要求在行权等待期内继续为公司工作。故忠诚工作价值中夫妻共同财产的析出应以授权日至婚姻关系存续日在授权日至可行权日中所占的时间比例为依据。第一批忠诚工作价值37938美元中属原、被告夫妻共同财产部分可酌定为35159美元,第二批忠诚工作价值30750美元中属原、被告夫妻共同财产部分可酌定为24848美元。

2.区分股权来源的方式,决定着如何承担责任。无偿取得股权,并未支付任何对价,则构成赠与,并非公司法意义上的转让;因赠与侵害了夫妻共同财产权,赠与无效,应返还基于无效行为而获得的财产收益。

在(2016)粤民再310号案中,一审法院认为,本案系赠与合同纠纷。关于邓某某主张赠与无效的龙南吉泰田公司15%的股权,首先,根据田某、赖某某的转账过程可知田某实际上并没有支付该股权转让款的对价,其所谓的出资是不真实的,因此该股权所有权的变动应认定为郭某某对田某的赠与,且田某辩称其以2013年6月份至11月份的工资、提成等向龙南吉泰田公司支付了股权转让款的相关辩解理由均不能成立。其次,郭某某向田某赠与的股权虽登记在郭某某名下,但实际上是邓某某与郭某某夫妻共同所有的财产,郭某某的该赠与行为属无权处分,郭某某将价值高达数十万元的夫妻共有财产赠与给他人,损害了其配偶的利益,该赠与应属无效。

另，案涉股权系邓某某与郭某某共同共有，而非按份共有。此外，因田某并非以合理的价格受让案涉股权，故亦不能依据善意取得的规定取得案涉股份的所有权。案涉股权已被转让给其他善意第三人，田某应将取得的股权转让款 410181 元扣除自己支付的 100 元后，将 410081 元返还给邓某某和郭某某。因该款系夫妻共同财产，邓某某起诉要求田某将该款返还给自己，而郭某某在诉讼中亦表示同意，故田某将该款直接返还给邓某某。

二审法院认为，关于田某获得案涉股权的效力认定问题上，郭某某和邓某某在深圳吉泰田公司任职多年，并担任副总经理一职，实际参与了该公司的经营活动，并获得了深圳吉泰田公司 10% 的股权，足以表明《补充协议书》约定的田某"因为业务能力、管理能力比较出众""作为管理人员引进"等内容具备客观事实基础。田某据此主张其获得龙南吉泰田公司的股份体现的是该公司的员工激励机制，符合情理。根据已生效的另案民事判决书，田某在与郭某某签署该《补充协议书》之后不到 1 个月时间内，郭某某、邓某某即与田某签署股东会决议，一致同意田某仅以 5 万元的对价取得深圳吉泰田公司 10% 的股权，并同时办理了相应的股权变更手续。

从邓某某对田某参与深圳吉泰田公司的经营并获取股东身份不持异议的态度，足以推断其并不认为田某获得深圳吉泰田公司股东身份会使其合法权益受到侵害，因此邓某某认为郭某某向田某转让该股份的行为损害了其作为配偶的合法权益理据不足。至于郭某某根据其出具的《承诺书》、微信聊天记录等主张其与田某之间存在不正当的男女关系，证明效力存在瑕疵，法院不予认可，即使双方确实存在不正当男女关系，但也难以判断双方私人关系与田某获得公司股份之间存在必然的因果联系。二审法院判决撤销一审判决，驳回邓某某的诉讼请求。

再审法院认为，一审判决认定案涉股权是郭某某赠与田某的，于法有据；二审判决认定田某取得案涉股权是基于公司激励机制，是以田某工作业绩为对价的转让，属于认定事实有误，应予纠正。田某并没有为持有的案涉股权支付任何对价，不构成公司法意义上的股权转让，而是因郭某某的赠与行为而取得，田某应返还基于无效行为而获得的财产收益。再审法院判决撤销二审判决，维持一审判决。

第三节 实务指南

一、离职股权激励退出条款怎么设计——兼论闭环原则

2022 年 3 月 15 日，寒武纪公布了 CTO 梁某离职的消息，公司市值出现较大跌

幅。公告表明,梁某与公司存在分歧,在2022年2月10日通知公司解除劳动合同。公司已于近日为其办理离职手续,离职后,梁某将不再担任公司任何职务。梁某的离职,牵扯到一个重要问题,就是其作为激励对象,在离职后的退出问题。

根据公告,梁某的激励股权作如下处理:

第一,强制回购已获授已归属的股权。根据梁某于公司上市前签署的股权激励相关《持股计划》等文件约定,梁某持有的股票应按照实缴成本加算年利率5.00%利息的回购价格进行转让。

梁某的出资额为5.26415万元,加上年化5%的利息,一共7.5万元左右。而这5.26415万元对应的股票价值,为7.6亿元左右。

也就是说,根据股权激励的退出条款,公司以7.5万元的价格回购了价值7.6亿元的激励股份。

第二,依约作废已获授未归属的股票。根据2020年限制性股票激励计划,梁某共被授予10万股限制性股票,梁某离职后已获授尚未归属的限制性股票8万股,不得归属且作废失效。

第三,唯一可带走的是已授予已归属的股票。根据第二点,梁某已归属的股票为2万股,这部分限制性股票的授予价格是65元/股,而梁某离职时寒武纪的股票价格竟也恰巧是65元/股,因此,没有损失,也没有任何收益。

至少从账面上看,梁某的离职,让他损失惨重。(也有文章说,考虑到套现和减持规定的限制,梁某将来实际的损失没有这么高。)

所以,至少从退出条款的角度而言,股权激励方案的退出约束机制是有效的。

下面来对寒武纪的股权激励进行简单分析。

(一)激励次数

上市前,2017年到2019年间公司共进行了5次股权激励,共计授予了10.87%的股权,而行权价格均为1元/股的原始价格,由此产生的股份支付费用高达13亿元,这也是寒武纪上市前持续亏损的主要原因。

反观梁某,其在上市前共获得了3.2%的股权。

上市之后,寒武纪在2020年11月和2021年7月分别实施了两次限制性股权激励计划:

2020年度向496名员工授予了共计550万股限制性股票,占公司全部员工的58%;

2021年度向649名员工授予了共计800万股限制性股票,占公司全部员工的

51.18%。

两次授予价格均参考公司发行价,价格为65元/股。梁某在2020年度的激励计划中再次获得10万股的限制性股票,占当时总股本的0.02%。

(二)持股架构

激励对象并未直接持有公司股份,而是通过两家合伙企业进行间接持股。

1. 艾溪合伙

艾溪合伙持股主体包括截至持股计划生效之日与寒武纪或其下属公司存在劳动合同关系或劳务合同关系的人员。

2. 艾加溪合伙

艾加溪合伙持股主体包括截至持股计划生效之日与寒武纪或其下属公司存在劳动合同关系的员工。

(三)"闭环原则"的专业处理

根据寒武纪的招股书,公司两个持股平台一个不符合"闭环原则",一个则符合"闭环原则"。

1. 艾溪合伙未遵循"闭环原则",但不影响上市

因艾溪合伙未在基金业协会办理备案手续,但除实际控制人陈某某外其穿透计算持股计划的权益持有人为38人,发行人现有全部股东不超过200名,故符合《公司法》及中国证监会、上交所的规定。

2. 艾加溪合伙符合"闭环原则"

公司上市前及上市后的锁定期内,员工所持相关权益拟转让退出的,只能向艾加溪合伙内员工或其他符合条件的员工转让。因此,艾加溪合伙遵循"闭环原则",在计算公司股东人数时按1名股东计算。艾加溪合伙未在基金业协会办理备案手续,其穿透计算的权益持有人为203人。

3. 员工持股计划的"闭环原则"详解

(1)什么是"闭环原则"?

它的依据是《关于试点创新企业实施员工持股计划和期权激励的指引》(已失效)中的内容,具体为"员工持股计划符合以下要求之一的,在计算公司股东人数时,按一名股东计算;不符合下列要求的,在计算公司股东人数时,穿透计算持股计划的权益持有人数:1.员工持股计划遵循'闭环原则'。员工持股计划不在公司首次公开发行股票时转让股份,并承诺自上市之日起至少36个月的锁定期。试点企业上市前及上市后的锁定期内,员工所持相关权益拟转让退出的,只能向员工持股

计划内员工或其他符合条件的员工转让。锁定期后,员工所持相关权益拟转让退出的,按照员工持股计划章程或有关协议的约定处理。2. 员工持股计划未按照'闭环原则'运行的,员工持股计划应由公司员工组成,依法设立、规范运行,且已经在基金业协会依法依规备案"。

(2)符合"闭环原则"的条件

第一,员工持股计划原则上应当全部由公司员工构成;

第二,员工持股计划不在公司首次公开发行股票时转让股份;

第三,承诺自上市之日起至少 36 个月的锁定期;

第四,发行人上市前及上市后的锁定期内,员工所持相关权益拟转让退出的,只能向持股计划内员工或其他符合条件的员工转让。锁定期后,员工所持相关权益拟转让退出的,按照员工持股计划章程或有关协议的约定处理。

(3)是否符合"闭环原则"对拟上市公司的影响

员工持股计划遵循"闭环原则"的,在计算公司股东人数时,按一名股东计算,这也是对《非上市公众公司监管指引第 4 号——股东人数超过 200 人的未上市股份有限公司申请行政许可有关问题的审核指引》(已失效)的补充和调整。

否则根据上述规定,必须清理持股平台,将间接持股转为直接持股。

(4)员工持股计划遵循"闭环原则"的"副作用"

员工间接持股将锁定 36 个月,股权激励的效果受限且被弱化。

(5)特别说明

不遵循"闭环原则"的员工持股计划,也可以按一名股东计算,但必须做到员工持股计划由公司员工组成,依法设立、规范运行,且已经在基金业协会依法依规备案。闭环原则,不仅可用于科创板,而且可以用于所有证监会纳入试点的创新企业。

二、董事会终止实施激励计划的公告样板之点评

(一)题目

×股份有限公司第×期股票期权激励计划终止实施的公告

(二)陈述保证、责任承担

本公司及董事会全体成员保证公告内容的真实、准确和完整,没有虚假记载、误导性陈述或者重大遗漏,并对其内容的真实性、准确性和完整性承担个别及连带法律责任。

1. 审议及表决情况

×股份有限公司(以下简称"公司")于×年×月×日召开了第×届董事会第×次会议和第×届监事会第×次会议,审议通过了《关于终止实施第×期股票期权激励计划并注销股票期权的议案》,经公司审慎研究,拟终止实施第一期股票期权激励计划(以下简称"本次激励计划"),并注销本次激励计划已授予但尚未行权的全部股票期权,本事项尚需提交股东会审议。

(制定、实施、终止实施股票期权激励计划,均属董事会权限范围。)

2. 股权激励计划实施情况概述

这里将以大篇幅对董事会、股东会审议通过公司股权激励计划过程进行描述,会议时间、主题内容、授予股票期权数量、行权价格等须记载清晰。激励计划在实施过程中有变更调整的,同样需要对董事会、股东会召开会议的时间、主题内容、授予股票期权数量、行权价格、期权数量变化等清晰记载。独立董事关于股票期权激励计划相关事项发表独立意见、监事会发表核查意见情况也需要详细记载。

3. 股权激励计划终止实施原因

公司推出本次激励计划的目的是把股东、管理层与公司发展紧密挂钩,客观反映管理层对公司发展的贡献;形成有效激励机制,激励管理层和业务骨干为公司的长期发展而努力;有效吸引人才,留住人才,培养一支团结、高效、尽职尽责的管理队伍,为企业的持续发展提供动力;将公司发展与股东的长远利益结合在一起,形成利益共同体,有利于实现股东利益最大化,为企业的稳定发展奠定基础。

鉴于本计划实施以来,国内外宏观经济形势、资本市场环境和行业经营环境发生了变化,公司股价出现大幅波动,目前公司股票价格与股票期权的行权价格接近并出现倒挂,且预计达成第一期股票期权激励计划中公司业绩考核指标的难度较大,若继续实施本次激励计划,则难以达到预期的激励目的和效果,不利于调动公司核心员工的工作积极性,对此,经审慎研究后,公司拟终止第一期股票期权激励计划并办理相关注销手续。同时,与本次激励计划配套的公司《第×期股票期权激励计划(草案)/(修订稿)》等相关文件一并终止。

(关于股票期权激励计划终止实施原因的阐述。)

4. 已授予权益的注销安排

公司终止本次股票期权激励计划后,涉及的×名激励对象已获授但尚未行权的股票期权合计×份(含本计划终止前离职激励对象已获授但尚未行权的应注销股票期权)将由公司注销。

(关于股票期权激励计划终止实施后,应注销股票期权涉及的激励对象人数、合计股票期权数量的说明。)

5.对公司财务状况的影响

根据企业财务制度的相关规定,对于与离职激励对象相关的已计提的股份支付费用予以转回;对于业绩考核不达标部分的已计提股份支付费用予以转回;本次终止激励计划应在剩余等待期内将确认的股份支付费用加速计提。本次终止股票期权激励计划最终股份支付费用对公司净利润的影响以会计师事务所出具的审计报告为准。本次终止股权激励计划不会对公司的财务、债务履行能力和持续经营能力产生重大影响,不存在损害公司及全体股东利益的情形,不会对公司日常经营产生重大不利影响。

(关于激励计划终止实施后,没有对公司生产经营产生重大影响的解释。)

6.备查文件

(1)《×股份有限公司第×届董事会第×次会议决议》;

(2)《×股份有限公司第×届监事会第×次会议决议》。

×股份有限公司董事会

×年×月×日

三、示范条款的制定:激励主体异动时的处理

(一)公司发生异动的处理

在股权激励计划实施过程中,激励者(公司)与激励对象都可能因法定情形或约定情形发生,导致激励计划出现变更、解除或终止,本质属于合同履行过程中的调整问题。

例:

(1)公司出现下列情形之一的,本计划终止实施,尚未授予的权益终止授予,已授予但尚未行权的股票期权终止行权,由公司注销。

①最近一个会计年度财务会计报告被注册会计师出具否定意见或者无法表示意见的审计报告;②最近一个会计年度财务报告内部控制被注册会计师出具否定意见或者无法表示意见的审计报告;③上市后最近36个月内出现过未按法律法规、公司章程、公开承诺进行利润分配的情形;④法律法规规定不得实行股权激励的情形;⑤中国证监会认定的其他需要终止激励计划的情形。

(2)公司出现下列情形之一时,本计划不作变更,按本计划的规定继续执行。①公司控制权发生变更;②公司出现合并、分立等情形。

(3)公司因本计划信息披露文件有虚假记载、误导性陈述或者重大遗漏,不符合权益授予条件或行权安排的,激励对象已获授但尚未行权的股票期权由公司统一注销。

激励对象获授股票期权已行权的,所有激励对象应当返还已获授权益。对上述事宜不负有责任的激励对象因返还权益而遭受损失的,可按照本计划相关安排,向公司或负有责任的对象进行追偿。董事会应当按照前款规定和本计划相关安排收回激励对象所得收益。

(二)激励对象个人情况发生变化的处理

例:

(1)激励对象发生职务变更,但仍在公司内,或在公司下属控股子公司内任职的(包括升职或平级调动),其获授的股票期权完全按照职务变更前本激励计划规定的程序进行。

(2)激励对象出现降级或免职导致激励对象不属于可激励对象范围的,则其已获授并已行权的部分不作处理,已获授但尚未行权的股票期权由公司注销。

(3)激励对象因不能胜任岗位工作、主动申请调离岗位、触犯法律、违反执业道德、泄露公司机密、失职或渎职等行为损害公司利益或声誉而导致的职务变更,或前列原因导致公司解除与激励对象劳动关系的,自情况发生之日,激励对象已获授但尚未行权的股票期权不得行权,由公司按本激励计划的规定注销。

离职前须缴纳完毕股票期权已行权部分所涉及的个人所得税。

(4)若激励对象成为监事、独立董事或其他不能持有公司股票的人员,激励对象已获授但尚未行权的股票期权不得行权,并由公司注销。

(5)激励对象合同到期且不再续约或合同到期前主动辞职的,其已行权权益不作处理,已获准行权但尚未行权的权益可保留相应的行使权利,其未获准行权的权益不得再行使,由公司进行注销。

若公司提出继续聘用而激励对象拒绝的,或激励对象退休后不在公司继续工作的,其已行权的股票期权不作处理,已获授但尚行权的股票期权不得行权,由公司注销。

激励对象若因公司裁员等原因被动离职且不存在绩效考核不合格、过失、违法违纪等情况的,自变化发生之日,其已行权权益不作处理,已获准行权但尚未行使的权益可保留相应的行使权利,其未获准行权的权益不得再行使,由公司进行注销。

离职前须缴纳完毕股票期权已行权部分所涉及的个人所得税。

（6）激励对象因达到国家和公司规定的退休年龄退休而离职的，自激励对象退休之日起，其已行权权益不作处理，已获准行权但尚未行使的权益可保留相应的行使权利，其未获准行权的权益不得再行使，由公司进行注销。

离职前须缴纳完毕股票期权已行权部分所涉及的个人所得税。

（7）激励对象退休返聘的，其已获授的权益完全按照退休前本计划规定的程序进行。

（8）激励对象因丧失劳动能力而离职，应分以下两种情况处理。

①激励对象因执行职务丧失劳动能力而离职时，其获授的股票期权将完全按照丧失劳动能力前本激励计划规定的程序进行，其个人绩效考核条件不再纳入行权条件，其他行权条件仍然有效。激励对象离职前需要向公司支付完毕已行权部分所涉及的个人所得税，并应在其后每次办理行权时先行支付当期将行权的股票期权所涉及的个人所得税。

②激励对象非因执行职务丧失劳动能力而离职时，其已行权的股票期权不作处理，已获授但尚未行权的股票期权不得行权，由公司注销。激励对象离职前需要向公司支付完毕已行权部分所涉及的个人所得税。

（9）激励对象身故的，应分以下两种情况处理。

①激励对象若因执行职务身故的，其获授的股票期权将由其指定的财产继承人或法定继承人代为持有，已获授但尚未行权的股票期权按照身故前本激励计划规定的程序进行，且其个人绩效考核条件不再纳入行权条件。继承人在继承前须向公司支付完毕已行权部分所涉及的个人所得税，并应在其后每次办理行权时先行支付当期将行权的股票期权所涉及的个人所得税。

②激励对象若因其他原因身故的，其已行权的股票期权不作处理，已获授但尚未行权的股票期权不得行权，由公司注销。继承人在继承前须缴纳完毕股票期权已行权的个人所得税。

（10）激励对象在公司控股子公司任职的，若公司失去对该子公司控制权，且激励对象仍留在该公司任职的，自该情况发生之日，其已行权权益不作处理，已获准行权但尚未使的权益可保留相应的行使权利，其未获准行权的权益不得再行使，由公司进行注销。

（11）激励对象如因出现以下情形之一导致不再符合激励对象资格的，激励对象已获授但尚未行使的权益应终止行使，由公司进行注销：①最近12个月内被证券交易所认定为不适当人选;②最近12个月内被中国证监会及其派出机构认定为不适当人选;③最近12个月因重大违法违规行为被中国证监会及其派出机构行政处罚或者采取市场禁入措施的;④具有《公司法》规定的不得担任公司董事、高级管理人员情形的;⑤法律法规规定不得参与上市公司股权激励的;⑥中国证监会认定的其他情形。

(12)其他未说明的情况由董事会认定,并确定其处理方式。

关于争议解决方式,当然也可以约定仲裁管辖条款,但这存在股权激励纠纷可能属于劳动争议,从而被法院认定仲裁条款无效,最终只能由法院来处理的风险。

例:

公司与激励对象发生争议,按照本激励计划和《股票期权激励协议书》的规定,通过协商沟通或通过公司董事会薪酬与考核委员会调解解决,协商不成,应提交公司住所地有管辖权的人民法院诉讼解决。

第六章 股权激励与公司决议

第一节 请求权基础规范

一、新《公司法》规定

第 25 条 公司股东会、董事会的决议内容违反法律、行政法规的无效。

第 26 条 公司股东会、董事会的会议召集程序、表决方式违反法律、行政法规或者公司章程,或者决议内容违反公司章程的,股东自决议作出之日起六十日内,可以请求人民法院撤销。但是,股东会、董事会的会议召集程序或者表决方式仅有轻微瑕疵,对决议未产生实质影响的除外。

未被通知参加股东会会议的股东自知道或者应当知道股东会决议作出之日起六十日内,可以请求人民法院撤销;自决议作出之日起一年内没有行使撤销权的,撤销权消灭。

第 27 条 有下列情形之一的,公司股东会、董事会的决议不成立:(一)未召开股东会、董事会会议作出决议;(二)股东会、董事会会议未对决议事项进行表决;(三)出席会议的人数或者所持表决权数未达到本法或者公司章程规定的人数或者所持表决权数;(四)同意决议事项的人数或者所持表决权数未达到本法或者公司章程规定的人数或者所持表决权数。

第 28 条 公司股东会、董事会决议被人民法院宣告无效、撤销或者确认不成立的,公司应当向公司登记机关申请撤销根据该决议已办理的登记。

股东会、董事会决议被人民法院宣告无效、撤销或者确认不成立的,公司根据该决议与善意相对人形成的民事法律关系不受影响。

二、其他法律规定

《公司法司法解释(四)》

第 1 条 公司股东、董事、监事等请求确认股东会或者股东大会、董事会决议无效或者不成立的,人民法院应当依法予以受理。

第2条 依据民法典第八十五条、公司法第二十二条第二款请求撤销股东会或者股东大会、董事会决议的原告,应当在起诉时具有公司股东资格。

第3条 原告请求确认股东会或者股东大会、董事会决议不成立、无效或者撤销决议的案件,应当列公司为被告。对决议涉及的其他利害关系人,可以依法列为第三人。

一审法庭辩论终结前,其他有原告资格的人以相同的诉讼请求申请参加前款规定诉讼的,可以列为共同原告。

第4条 股东请求撤销股东会或者股东大会、董事会决议,符合民法典第八十五条、公司法第二十二条第二款规定的,人民法院应当予以支持,但会议召集程序或者表决方式仅有轻微瑕疵,且对决议未产生实质影响的,人民法院不予支持。

第5条 股东会或者股东大会、董事会决议存在下列情形之一,当事人主张决议不成立的,人民法院应当予以支持:(一)公司未召开会议的,但依据公司法第三十七条第二款或者公司章程规定可以不召开股东会或者股东大会而直接作出决定,并由全体股东在决定文件上签名、盖章的除外;(二)会议未对决议事项进行表决的;(三)出席会议的人数或者股东所持表决权不符合公司法或者公司章程规定的;(四)会议的表决结果未达到公司法或者公司章程规定的通过比例的;(五)导致决议不成立的其他情形。

第6条 股东会或者股东大会、董事会决议被人民法院判决确认无效或者撤销的,公司依据该决议与善意相对人形成的民事法律关系不受影响。

第二节 裁判精要

一、公司内部程序履行

1.上市公司股权激励计划必须经过董事会、股东会的审议,并按照中国证监会要求履行信息披露义务,进行公示;要在涉及股权激励的合作协议上体现公司意志,除了必须有公司盖章,还须提供公司决议证据,除了符合法律规定的程序,还必须符合公司章程的约定,否则该合作协议仅是股东个人意志的体现。

在(2020)最高法民申2824号案中,再审法院认为,案涉《合作协议》首部载明甲方为赛为公司并盖有公司印章,尾部甲方签章处有周某等4人的签字,但无赛为公司印章,在外观上与合同签订的通常形式不符。各方对于合同主体的理解产生分歧和争议,该问题须综合案件情况予以认定。根据证券监管部门有关上市公司股权激励管理的规定,股权激励计划必须经过董事会、股东大会的审议,并按照中国证监会的相关要求履行信息披露义务,进行公示,以维护广大投资者的权益。上市公司以法律、行政法规允许的其他方式实行股权激励的,参照该规定执行。

另外,根据公司章程,股权激励计划、法律、行政法规或本章程规定,以及股东大会普通决议认定会对公司产生重大影响的、需要以特别决议通过的其他事项,由股东大会以特别决议通过。股权激励计划、对中小投资者权益有重大影响的相关事项作为股东大会审议的重大事项,公司必须安排网络投票。案涉《合作协议》约定周某3若完成相应的业务贡献则获得股票回报,该内容具有股权激励的特征。赛为公司作为上市公司,如果其为《合作协议》义务主体,将来需要通过以公司资产回购股权等方式履行义务,不但涉及签署《合作协议》的4个股东,而且对广大投资者的利益均会产生影响。

本案中,当事人并未提供证据证明该争议事项经过了赛为公司股东大会决议以及公开披露。而周某3在签订《合作协议》时已在赛为公司任职,案涉协议签署方均为赛为公司内部人员,应当知悉该事项未经公司决议,故不能仅因合同首部盖有赛为公司印章即认为已经形成公司的意思表示。周某等4人在《合作协议》尾部甲方签章处签字,结合录音证据等,原审判决对《合作协议》主体的认定,并无不当。

2. 以增资扩股方式授予激励对象股权,意味着公司注册资本的增加,而增加注册资本应先由公司董事会制定方案,交由股东会作出特别决议,由董事会予以执行。公司授予员工股份认购权证时对于增发股份的数量、价格、期间等权利义务内容约定明确,双方应按照约定履行各自的义务。

在(2014)深中法商终字第2521号案中,二审法院认为,股东大会决议增加公司注册资本必然导致公司章程中的股份总数、注册资本发生变更,故股东大会决议增加公司注册资本,即表明股东大会同意修改公司章程中的股份总数、注册资本。旅游公司董事会于2008年制订《旅游公司定向增发(股份认购权)方案》,该方案对定向增发股份的授予对象、授予条件、股份数量、价格、行权期限及实施定向增发的条件等作出具体规定,旅游公司股东大会于同日作出的《2008年第三次临时股东大会决议》审议通过了该方案,之后旅游公司董事会执行该方案,制订了2008年度股份认购权具体实施方案,决定将2008年度的股份认购权授予包括皇某某在内的38名在岗中高层管理人员及6名有突出贡献的员工。

在 2009 年、2010 年,袁某某、李某某等共 40 名被授予股份认购权的中高层管理人员和有突出贡献的员工向旅游公司临时验资账户缴纳股款后,旅游公司股东大会两次作出决议,同意增加注册资本,变更股东的出资额和出资比例并修改公司章程相关条款,这两次决议仅是对 2008 年第三次临时股东大会决议部分事项的具体执行,这两次决议实际上并非必须由股东大会作出。旅游公司经 2008 年第三次临时股东大会特别决议才向包括皇某某在内的 44 名中高层管理人员和有突出贡献员工授予股份认购权,旅游公司提出的其向皇某某授予股份认购权属于无权处分行为、还须由旅游公司股东另行作出向皇某某增发新股的决议的上诉理由不成立,原审判决认为旅游公司向皇某某增发 25 万股股份还需要再次召开股东大会作出决议,亦是不当,应予纠正。

3. 相关人员利用董事会的控制力和影响力形成了涉及股权激励的董事会决议,但因行权条件没有具备,未能证明股东因利润分配获得不当利益,不能要求相关人员承担责任。

在(2020)川 07 民终 2151 号案中,二审法院认为,肖某某、何某某、邹某某、陈某是否应当对孙某某的行为承担连带责任的问题为本案争议焦点。首先,无证据证实肖某某、何某某、邹某某、陈某因孙某某分配滚存利润获取了不当利益。肖某某、何某某、邹某某、陈某是公司的股东兼董事,股东大会决议第二个议案《关于对公司管理团队及核心骨干员工设立股权激励计划的议案》中提及对公司管理层及核心骨干员工以每股 3 元(即低于 2016 年底公司每股净资产 5.21 元)的价格进行股权激励,且确定了行权条件,该行权条件是每股收益增长超过 50%。由于该条件尚未满足,公司的管理层及核心骨干员工尚未实现行权条件。故现有证据不能证实肖某某、何某某、邹某某、陈某因孙某某分配滚存利润获取了不当利益。其次,孙某某及其家族利用其在台沃公司及其董事会的控制力和影响力,最终形成了案涉的董事会决议,但并无证据证实肖某某、何某某、邹某某、陈某实施了同样的行为。故法院对博源公司要求肖某某、何某某、邹某某、陈某对孙某某的行为承担连带责任的请求不予支持。

二、公司决议效力之诉

1. 对涉及股权激励的股东会决议合法性审查,包括决议内容与决议程序两个方面。

在(2021)粤 01 民终 17247 号案中,二审法院认为,从案涉股东大会决议通过的

《关于审议公司增资扩股暨股权激励的议案》内容来看,该部分决议内容为增资扩股和股权激励,并不属于《世安公司关联交易管理制度》定义的关联交易的范围,因此对刘某裕以案涉股东大会决议所涉及的定向增发事项属于世安公司与定向增发股东之间的关联交易,关联股东应回避表决,其所代表的有表决权的股份数不计入有效表决总数的上诉理由,不予采纳。现案涉决议经占公司总股本80%的股东决议通过,符合世安公司章程关于作出特别决议应由出席股东大会的股东所持表决权的2/3以上通过的约定。

2. 股东会审议通过了股权激励计划,并授权董事会办理激励计划具体事宜,董事会对离职人员已获授权但尚未解锁的限制性股票进行回购注销作出决议,该决议内容不违反激励计划,亦未超过董事会的授权范围,不违反公司章程,董事会决议不应被撤销。

在(2016)京01民终4160号案中,二审法院认为,董事会决议中载明的决议内容即部分限制性股票回购注销是否违反公司章程,董事会作出该决议是否超越职权为本案争议焦点。荣之联公司股东大会审议通过了公司限制性股票激励计划,并授权董事会办理限制性股票激励计划具体事宜,董事会作为执行机关对于不符合激励条件的离职人员的已获授权但尚未解锁的限制性股票进行回购注销作出决议,该决议内容不违反公司限制性股票激励计划,亦未超过董事会的授权范围,故不违反公司章程的规定。依据荣之联公司章程规定,所收购的股份应当1年内转让给职工,该收购特指为了将股份奖励给公司职工而进行的收购,本案中吴某被收购的股份是因为吴某离职不符合激励条件而被公司回购的股份,与公司章程指向的内容并不相同,吴某请求撤销董事会决议缺乏依据。

3. 法律不禁止非上市股份公司以低于公司净资产的价格通过股权激励方式定向增资扩股,股东会该项决议有效。同时,股东会讨论议案中将利润分红议案嵌套在股权激励议案中进行讨论损害了股东的分红权,已实现对股东股权激励目的又通过在股权激励中允许股东参与滚存利润的分红,形成了双重激励,该行为超越股权激励的合理范围,股东会该项决议无效。

在(2020)川07民终2151号案中,二审法院认为,我国法律、法规及有关司法解释并不禁止非上市股份公司以低于公司净资产的价格通过股权激励方式对公司股东进行定向增资扩股或对公司高管进行股权激励及股权回购。且根据财政部和国家税务总局《关于完善股权激励和技术入股有关所得税政策的通知》"激励标的股票(权)包括通过增发、大股东直接让渡以及法律法规允许的其他合理方式授予激励对象的股票(权)"以及"本通知所称股票(权)期权是指公司给予激励对象在一定期限内以事先约定的价格购买本公司股票(权)的权利"的规定以及台沃公司章程约定,台沃公司以低于公司净资产的价格通过股权激励的方式向孙某某进行定向增资扩股,也符合有关政策及公司章程。故台沃公司以低于公司净资产的价格通过股权激励的方式向孙某某进行定向增资扩股以及以低于公司净资产的价格对公司高管进行股权激励、回购股权的行为合法,上诉人博源公司的该上诉理由不能成立,不予支持。

关于案涉股东大会决议第一项议案第二款是否无效的问题。案涉股东大会决议第一项议案第二款提及,增资前滚存的未分配利润由增资后新老股东按增资后持股比例共同享有。对此,法院认为,首先,在股东大会讨论议案中,将利润分红议案嵌套在股权激励议案中进行讨论存在不当。案涉股东大会决议第一项议案第二款的内容实际上是台沃公司对滚存利润的分配方案,该分配方案涉及持股股东的根本性权利即分红权。而股权激励是公司为激励、留住人才,以股权作为长期激励手段的方式。二者性质、目的均不同,因此不能在股权激励方案中一并讨论滚存利润分红的问题,且根据台沃公司章程的规定,公司的利润分配应当单独制作利润分配方案报股东大会审议。故案涉股东大会决议中将利润分红议案嵌套在股权激励议案中讨论不当。其次,无证据证实台沃公司的全体股东知晓股权激励方案中包含了利润分配方案。再次,双重激励行为已超越股权激励的合理范围。即使如台沃公司所言,对孙某某以定向增资扩股的方式进行股权激励,是为感谢孙某某多年来对台沃公司的奉献和付出,则以每股3元的价格即低于公司净资产的价格允许孙某某定向增资扩股就已经达到了对孙某某进行股权激励的目的。在已经实现对孙某某进行股权激励目的的情况下,又通过在股权激励方案中允许其参与滚存利润的分红,形成了事实上的双重激励,超越了股权激励的合理范围。最后,新增定向注册资本参与滚存利润分红损害了包括博源公司在内的中小股东的合法权益。综上,案涉股东大会决议第一项议案第二款无效。

4. 股权激励方案经公司股东会持有表决权 2/3 以上股东通过,合法有效,全体股东持有的期股受该方案的约束和限制。

在(2016)湘0211民初478号案中,一审法院认为,公司自治是公司法的基本原则,公司通过自己的意思机关形成决议,自主安排公司的经营管理。两被告虽系两个独立的法人,但被告唐人神控股公司系被告唐人神集团的控股股东,其成立目的在于激励被告唐人神集团公司的中高层管理人员并通过唐人神控股公司间接持有唐人神集团公司股份。基于上述关系，被告唐人神控股公司通过特别股东会决议采用《唐人神集团股份有限公司中高层管理人员股权激励方案》，对激励对象附条件地给予期股，并无不妥。被告唐人神控股公司设立期股，期股主要来源于大生行所持股份的转让及部分贷款股的转换，由股东以奖金和股份分红予以偿还，应属于公司意思自治的范畴，未违反法律的强制性规定；案涉《股权激励方案》经被告唐人神控股公司 2007 年特别股东会持有表决权 2/3 以上股东通过，根据该特别股东会决议，被告唐人神控股公司同意全体股东持有的期股受该方案的约束和限制。

在《股权激励方案》颁布实施后，原告周某某等股东对该《股权激励方案》的颁布和实施均已了解、知晓。2009 年株洲成业公司临时股东会决议确认股东所持股份受 2007 年特别股东会议通过的《股权激励方案》约束，并再次明确了原告周某某等人所持有公司股份由现金股和期股构成，经包括原告在内的全体股东签字确认，该次临时股东会会议召集及表决形式均符合法律规定，原告周某某也从未向公司提出任何异议或自决议作出之日起 60 日内向人民法院提起诉讼要求撤销《股权激励方案》及临时股东会决议。故上述《股权激励方案》合法、有效，应当作为本案确认股权的依据，原告周某某所持股份受该方案的约束。原告周某某未能在公司总经理正职以上职位连续任职满 8 年，其所持期股未满足获取之条件，按《股权激励方案》规定，原告周某某不享有该部分的所有权。

第三节　实务指南

一、餐饮企业赴港上市，股权激励如何实施？

被称为麻辣烫第一股的"杨国福麻辣烫"，依靠 5873 家连锁加盟餐厅和 11.6 亿元营收、2.2 亿元净利润（2021 年第三季度数据，来自其招股书①），成功赴港首次公开募股。这样一家麻辣烫巨无霸，股权激励是如何实施的？

（一）员工股权激励

1. 基本内容（见表 6-1）

---

① 参见 https://www.sgpjbg.com/baogao/67316.html，最后访问日期：2024 年 12 月 26 日。

表 6-1 员工激励股权基本信息

来源	比例	人数	对象	资金来源
新股	1.94%	48	董监高及核心员工	自筹及朱某某波女士借款

这里不得不说,此股权激励有一个很特殊却又不太有借鉴意义的方面,即该员工激励计划是在公司向联交所递交上市申请前的 1 个月才实施(2022 年 1 月)。

原因可能有二:其一,公司资金充裕,从未对外融资,是否做股权激励也没有来自投资方的要求。其二,公司本身就是该行业细分领域的龙头,加上具备一路成长过来的情感纽带,人员流失外溢的可能性低,实行股权激励的必要性不大。

2. 核心要点

(1) 持股平台选择

成立有限合伙企业"上海福果果"为持股平台,杨某某按照最低的 0.01% 持股比例作为唯一的普通合伙人、担任执行事务合伙人,其余 99.99% 全部为 48 名激励对象所有。这非常普遍也非常常规。选择有限合伙企业作为持股平台,在控制权、税收等方面具有诸多优势(比如,即便其中一名激励对象孙某在合伙企业中占比72.33%,也丝毫不影响杨某某的控制权)。

(2) 激励对象分解

①其中 8 名为公司执行董事、董秘、财务总监、监事以及子公司总经理;另外 40 名为普通员工,并未担任具体重要职位。

②明确规定了无权确认为激励对象的情形:

a. 截至授予日已终止雇佣合约的。

b. 违反法律法规、雇佣合约、保密协议、工作成果所有权协议、不竞争协议和其他与本公司签订的协议、合约或安排的;盗窃、受贿、索贿、泄露公司秘密、进行关联方交易或从事竞争业务的;于雇佣合同有效期或不竞争期间内有严重失职、贪污、挪用本公司利益、为与本公司或其关联人士存在竞争关系的任何企业工作等严重损害本公司利益或名誉的行为的。

c. 过去 5 年内由于严重违反法律及法规而被中国证监会或其分支机构或其他主管部门给予行政处罚或行政监管措施的雇员;或过去 5 年内被证券交易所或中国证监会或其分支机构认定为不适当人选的雇员;或过去 5 年内被定罪的雇员及违反本公司内部管理规律及政策的雇员。

(3)股份来源选择

200万股新发行股份。为此公司增资200万元,合伙企业本身的注册资本为1660万元。

(4)归属权和出售限制

与绩效相关,同时受到归属期的限制;在限制期内,不得出售、转让、质押或以其他方式抵押在有限合伙企业中的权益。

(5)归属期

共52个月,自2023年4月30日起每一个自然年度依次被授予10%、20%、30%、40%。

既然是否行权都是待定的,会违反"股权清晰"的上市要求吗?答案是不会,因为这是港股上市,在这方面要求并不严格,因为香港联交所发审机构认为这不涉及上市主体售出的购股权,无需受其上市规则第17章的条文限制。上市前全部行权完毕以确保"股权清晰"更多是A股上市的要求(科创板有极少例外)。

(二)加盟商股权激励

杨国福麻辣烫在股权激励方面另一个有重要借鉴意义的是其"第三方管理伙伴负责人激励计划",名称比较拗口,但实质是对加盟商的股权激励。

1. 基本信息(见表6-2)

表6-2 加盟商激励股权基本信息

来源	比例	人数	对象	形式
新股	1.09%	17	加盟商	个人

用于激励的总股数为1125000股,来自新增的1125000元注册资本。杨某某持股113股,占比0.01%;其余99.99%分给了"加盟商",即"经战略性挑选的业务合作伙伴,为我们委任以管理加盟餐厅的第三方管理伙伴",他们占比2.9%—18.7%不等。

(1)价格

净资产值经公平磋商后拟定。

(2)归属期

共52个月,自2022年1月1日起每一个自然年度(第一个限制期为16个月)依次被授予10%、20%、30%、40%。

(三)两项激励实施后的股权架构

前述两项股权激励计划实施后,"杨国福麻辣烫"公司主要股东持股情况见表6-3。

表 6-3　股权激励实施后的主要股东持股情况

姓名	股份数目	占比
杨某某	40000000	38.79%
朱某某	40000000	38.79%
杨某某	20000000	19.39%
上海福果果	2000000	1.94%
上海圣恩福	1125000	1.09%

随着正式上市的持续推进，其招股资料也会对相关资料作进一步完善，但总体安排如上是确定且清晰的。

二、点评独立董事征集委托投票权的公告样板

（一）题目

某股份有限公司独立董事关于股权激励公开征集委托投票权的公告

（二）陈述保证

本公司及董事会全体成员保证信息披露的内容真实、准确、完整，没有虚假记载、误导性陈述或重大遗漏。

（陈述公司董事会及全体成员已作保证，这是启动征集委托投票权的前提。）

特别声明：

(1)本次征集表决权为依法公开征集，征集人李某某符合《证券法》第 90 条、《上市公司股东大会规则》第 31 条、《公开征集上市公司股东权利管理暂行规定》第 3 条规定的征集条件；

(2)征集人对所有相关表决事项的表决意见:同意。

(3)截至本公告披露日，征集人未持有公司股份。

（征集人声明公开征集委托投票权的依据、自己对表决事项的态度、公告日是否持有公司股份。）

按照中国证券监督管理委员会(以下简称"证监会")《上市公司股权激励管理办法》(以下简称《管理办法》)的有关规定，×股份有限公司(以下简称"公司")独立董事李某某受其他独立董事的委托作为征集人，就公司拟于×年×月×日召开的×年第×次临时股东会审议的相关议案向公司全体股东征集投票权。中国证监会、×证券交易所及其他政府部门未对本报告书所述内容之真实性、准确性和完整性发表

任何意见,对本报告书的内容不负有任何责任,任何与之相反的声明均属虚假不实陈述。

(陈述启动委托征集投票权的法律依据。)

(三)征集人声明

本人李某某作为征集人,按照《管理办法》的有关规定和其他独立董事的委托,就本公司拟召开的×年第×次临时股东会的相关议案征集股东委托投票权而制作并签署本报告书。征集人保证本报告书不存在虚假记载、误导性陈述或重大遗漏,并对其真实性、准确性、完整性承担单独和连带的法律责任;保证不会利用本次征集投票权从事内幕交易、操纵市场等证券欺诈活动。

本次征集投票权行动以无偿方式公开进行,在中国证监会指定的创业板信息披露网站巨潮资讯网上公告。本次征集行动完全基于征集人作为上市公司独立董事职责,所发布信息未有虚假、误导性陈述,本征集报告书的履行不会违反相关法律法规、本公司章程或内部制度中的任何条款或与之产生冲突。

(征集人陈述保证条款。)

(四)公司基本情况及本次征集事项

(1)公司基本情况

(2)本次征集事项

由征集人针对×年第×次临时股东会中审议的以下议案向公司全体股东公开征集委托投票权:①《关于公司〈×年限制性股票激励计划(草案)〉及其摘要的议案》;②《关于公司〈×年限制性股票激励计划实施考核管理办法〉的议案》;③《关于提请股东会授权董事会办理×年限制性股票激励计划相关事宜的议案》。

(3)本委托投票权报告书签署日期为×年×月×日。

(描述公司基本情况、征集事项、征集人签署报告书的日期。)

(五)本次股东会基本情况

关于本次临时股东会召开的具体情况,详见公司在证监会指定信息披露网站巨潮资讯网公告的《关于召开×年第一次临时股东会的通知》。

(描述公司临时股东会的召开情况。)

(六)征集人基本情况

(1)本次征集投票权的征集人为公司现任独立董事李某某,其基本情况如下:

……

(2)征集人目前未因证券违法行为受到处罚,未因与经济纠纷有关的重大证券违法行为而受到处罚,未涉及与经济纠纷有关的重大民事诉讼或仲裁。

(3)征集人与其主要直系亲属未就本公司股权有关事项达成任何协议或安排;其作为本公司独立董事,与本公司董事、高级管理人员、主要股东及其关联人之间以及在本次征集事项上不存在任何利害关系。

(征集人自我介绍基本情况、是否与外界有纠纷、是否与征集事项存在利害关系。)

(七)征集人对征集事项的投票

征集人作为本公司的独立董事,出席了公司于×年×月×日召开的第五届董事会第六次会议,对《关于公司〈×年限制性股票激励计划(草案)〉及其摘要的议案》《关于公司〈×年限制性股票激励计划实施考核管理办法〉的议案》《关于提请股东会授权董事会办理×年限制性股票激励计划相关事宜的议案》投了赞成票。

征集人认为公司根据相关法律、法规的规定,遵循"公开、公平、公正"的原则制定了本次激励计划,本次激励计划有利于公司的持续健康发展,不会损害公司及全体股东的利益。

(征集人陈述自己对征集事项投了赞成票,认为股权激励计划不会损害公司和全体股东利益,阐明征集事项的动因。)

(八)征集方案

征集人依据我国现行法律法规、规范性文件以及公司章程规定制定了本次征集投票权方案,其具体内容如下:

(1)征集对象:截止×年×月×日交易结束后,在中国证券登记结算有限责任公司深圳分公司登记在册的公司全体股东。

(2)征集起止时间:×年×月×日—×年×月×日(9:30—11:30,14:00—17:00)。

(3)征集方式:采用公开方式在中国证监会指定的创业板信息披露网站巨潮资讯网上发布公告进行委托投票权征集行动。

(4)征集程序和步骤

第一步:

征集对象决定委托征集人投票的,其应按本报告书附件确定的格式和内容逐项填写独立董事公开征集投票权授权委托书(以下简称"授权委托书")。

第二步:

委托投票股东向征集人委托的公司证券部提交本人签署的授权委托书及其他

相关文件；本次征集委托投票权由公司董事会办公室签收授权委托书及其他相关文件为：

①委托投票股东为法人股东的，其应提交法人营业执照复印件、法定代表人身份证明原件、授权委托书原件、股票账户卡；法人股东按本条规定提交的所有文件应由法定代表人逐页签字并加盖股东单位公章；②委托投票股东为个人股东的，应提交本人身份证复印件、授权委托书原件、股票账户卡；③授权委托书为股东授权他人签署的，该授权委托书应当经公证机关公证，并将公证书连同授权委托书原件一并提交；由股东本人或股东单位法定代表人签署的授权委托书不需要公证。

第三步：

委托投票股东按上述第二步要求备妥相关文件后，应在征集时间内将授权委托书及相关文件采取专人送达、挂号信函或特快专递的方式，按本报告书指定地址送达；采取挂号信函或特快专递方式的，收到时间以公司董事会办公室收到时间为准，委托投票股东送达授权委托书及相关文件的指定地址和收件人如下：

……

请将提交的全部文件予以妥善密封，注明委托投票股东的联系电话和联系人，并在显著位置标明"独立董事公开征集投票权授权委托书"。

第四步：

由见证律师确认有效表决票：公司聘请的律师事务所见证律师将对法人股东和个人股东提交的前述文件进行形式审核。经审核确认有效的授权委托将由见证律师提交征集人。

（5）委托投票股东提交文件送达后，经审核，全部满足下述条件的授权委托将被确认为有效：①已按本报告书征集程序要求将授权委托书及相关文件送达指定地点；②在征集时间内提交授权委托书及相关文件；③股东已按本报告书附件规定格式填写并签署授权委托书，且授权内容明确，提交相关文件完整、有效；④提交授权委托书及相关文件与股东名册记载内容相符。

（6）股东将其对征集事项投票权重复授权委托征集人，但其授权内容不相同的，股东最后一次签署的授权委托书为有效，无法判断签署时间的，以最后收到的授权委托书为有效。

（7）股东将征集事项投票权授权委托给征集人后，股东可以亲自或委托代理人出席会议。

(8)经确认有效的授权委托出现下列情形的,征集人可以按照以下办法处理。

①股东将征集事项投票权授权委托给征集人后,在现场会议登记时间截止之前以书面方式明示撤销对征集人的授权委托的,则征集人将认定其对征集人的授权委托自动失效;

②股东将征集事项投票权授权委托给征集人以外的其他人登记并出席会议,且在现场会议登记时间截止之前以书面方式明示撤销对征集人的授权委托的,则征集人将认定其对征集人的授权委托自动失效;

③股东应在提交的授权委托书中明确其对征集事项的投票指示,并在同意、反对、弃权中选择一项,选择超过一项或未选择的,则征集人将认定其授权委托无效。

(阐述征集委托投票权具体操作流程。)

特此公告。

征集人:李某某
×年×月×日

附件:

××股份有限公司独立董事公开征集投票权授权委托书

本人/本公司作为委托人确认,在签署本授权委托书前已认真阅读了征集人为本次征集投票权制作并公告的《××有限公司独立董事关于股权激励公开征集委托投票权报告书》全文、《关于召开×年第一次临时股东会的通知公告》及其他相关文件,对本次征集投票权等相关情况已充分了解。

在现场会议报到登记之前,本人/本公司有权随时按独立董事关于股权激励征集投票权报告书确定的程序撤回本授权委托书项下对征集人的授权委托,或对本授权委托书内容进行修改。

本人/本公司作为授权委托人,兹授权委托××股份有限公司独立董事。

李某某作为本人/本公司的代理人出席××有限公司×年第一次临时股东会,并按本授权委托书指示对以下会议审议事项行使投票权。

本人/本公司对本次征集投票权事项的投票意见表6-4。

表 6-4 投票意见表

序号	议案内容	同意	反对	弃权
1	《关于公司〈×年限制性股票激励计划(草案)〉及其摘要的议案》			
2	《关于公司〈×年限制性股票激励计划实施考核管理办法〉的议案》			
3	《关于提请股东会授权董事会办理×年限制性股票激励计划相关事宜的议案》			

注:请根据授权委托人的本人意见,对上述审议事项选择同意、反对或弃权,并在相应表格内打钩,三者中只能选其一,选择超过一项或未选择的,则视为授权委托人对审议事项投弃权票。

授权委托书复印有效,单位委托须由单位法定代表人签字并加盖单位公章。

委托人姓名或名称(签章):

委托人身份证号码(营业执照号码):

委托人持股数量:

委托人股东账号:

委托人联系方式:

委托日期:

本项授权的有效期限:自签署日至公司×年第一次临时股东会结束。

三、示范条款的制定:股权激励计划的实施程序

(一)生效程序

股权激励计划要生效,首先要履行法定的公司内部程序,主要是涉及股东会、董事会、监事会这三个公司治理机构的职权划分,关联董事回避表决,信息披露,征集委托投票权,参与股东会 2/3 表决权通过,公示公告等问题。以下是关于股权激励生效程序的示范条款:

例:

(1)公司董事会独立董事专门会议(或者董事会薪酬与考核委员会)应当依法对本激励计划作出决议,并提交公司董事会审议。

(2)董事会审议本激励计划时,作为激励对象的董事或与其存在关联关系的董事应当回避表决。董事会应当在审议通过本计划并履行公示公告程序后,将本计划提交股东会审议;同时提请股东会授权,负责实施股票期权的授予、行权、注销工作。

(3) 监事会应当就本计划是否有利于公司持续发展，是否存在明显损害公司及全体股东利益的情形发表意见。

(4) 公司将聘请独立财务顾问，对本计划的可行性、是否有利于公司的持续发展、是否损害公司利益以及对股东利益的影响发表专业意见；公司聘请的律师事务所应对本激励计划是否有效出具法律意见书。

(5) 董事会审议通过本激励计划后的 2 个交易日内，公司公告董事会决议公告、本激励计划、监事会意见；公司应当在召开股东会前，在内部公示激励对象名单，公示期不少于 10 天。监事会应当对股权激励名单进行审核，充分听取公示意见。公司应当在股东会审议本激励计划前日披露监事会对激励名单审核及公示情况的说明。

(6) 公司股东会在对本激励计划进行投票表决时，独立董事应当就本次激励计划向所有股东征集委托投票权。股东会应当对《上市公司股权激励管理办法》第 9 条规定的股权激励计划内容进行表决，并经出席会议的股东所持表决权的 2/3 以上通过，单独统计并披露除公司董事、监事、高级管理人员、单独或合计持有公司 5% 以上股份的股东以外的其他股东的投票情况。公司股东会审议股权激励计划时，作为激励对象的股东或者与激励对象存在关联关系的股东应当回避表决。

(7) 公司对内幕信息知情人在本激励计划公告前 6 个月内买卖本公司股票及其衍生品种的情况进行自查，说明是否存在内幕交易行为。知悉内幕信息而买卖本公司股票的，不得成为激励对象，法律、行政法规及相关司法解释规定不属于内幕交易的情形除外。泄露内幕信息而导致内幕交易发生的，不得成为激励对象。

(8) 公司披露股东会决议公告以及内幕信息知情人买卖本公司股票情况的自查报告。

(9) 本计划经公司股东会审议通过后，公司在规定时间内向激励对象授予股票期权。经股东会授权后，董事会负责实施股票期权的授予、行权、注销工作。

(二) 股票期权的授予程序

例：

(1) 公司应当在披露审议股权激励计划的股东会决议公告后 5 个交易日内召开董事会，审议激励对象获授事宜，并在披露董事会决议公告的同时披露权益授予公告。

(2) 股东会审议通过本计划后，公司与激励对象签署《股票期权授予协议书》，约定双方的权利与义务。

(3)公司在向激励对象授出权益前,董事会应当就股权激励计划审议激励对象获授事宜并公告,预留部分股票期权的授予方案由董事会确定并审议批准。监事会应同时发表明确意见,独立财务顾问应当就激励对象获授权益的条件是否成就发表意见,律师事务所应当对激励对象获授权益的条件是否成就出具法律意见书。

(4)公司监事会应当对股票期权授予日及激励对象名单进行核实并发表意见。

(5)公司向激励对象授出权益与本计划的安排存在差异时,监事会、独立财务顾问、律师事务所应当就差异情形同时发表明确意见。

(6)本激励计划经股东会审议通过后,公司应当在60日内授予激励对象相关权益并完成公告、登记。公司董事会应当在授予的股票期权登记完成后及时披露相关实施情况的公告。若公司未能在60日内完成上述工作的,本计划终止实施,董事会应当及时披露未完成的原因且3个月内不得再次审议股权激励计划(根据《上市公司股权激励管理办法》第44条规定,上市公司不得授出权益的期间不计算在60日内)。

(7)公司授予权益后,应当向证券交易所提出申请,经证券交易所确认后,由证券登记结算机构办理登记结算事宜。

(三)行权程序

例:

(1)在行权日前,公司应确认激励对象是否满足行权条件,董事会应就本激励计划设定的行使股票期权的条件是否成就进行审议,监事会同时发表明确意见;律师事务所对激励对象行使股票期权的条件是否成就出具法律意见;独立财务顾问方应当对激励对象行权的条件是否成就出具独立财务顾问报告。公司办理行权登记,对于未满足条件的激励对象,由公司注销其持有的该次行权对应的股票期权。公司应当及时披露相关实施情况的公告。

对于满足行权条件的激励对象,公司可以根据实际情况,向激励对象提供统一或自主行权方式;对于未满足条件的激励对象,由公司注销其持有的该次行权对应的股票期权。公司应当及时披露相关实施情况的公告。

(2)激励对象可对已行权的公司股票进行转让,但公司董事和高级管理人员的转让应当符合有关法律、法规和规范性文件的规定。

(3)公司在对每个股票期权持有人的行权申请作出核实和认定后,向证券交易所提出申请,经证券交易所确认后,按申请数量向激励对象定向发行股票,由证券登记结算机构办理登记结算事宜。

公司可以根据实际情况,向激励对象提供统一或自主行权方式。

(4)激励对象行权后,涉及注册资本变更的,由公司向工商登记部门办理公司变更事项的登记手续。

(四)变更程序

例:

(1)公司在股东会审议通过本激励计划之前拟对本激励计划进行变更的,变更需经董事会审议通过。

(2)公司对已通过股东会审议的本激励计划进行变更的(股东会审议通过本激励计划之后),变更方案应提交股东会审议,且不得包括下列情形:①导致加速行权的情形;②降低行权价格的情形(因资本公积转增股份、派送股票红利、配股等原因导致低行权价格情形除外)。

(3)公司应及时披露变更原因、变更内容、变更前后方案的修订情况对比说明,公司监事会就变更后的方案是否有利于公司的持续发展,是否存在明显损害公司及全体股东利益的情形发表明确意见。

(4)律师事务所就变更后的方案是否符合《上市公司股权激励管理办法》及相关法律法规的规定,是否存在明显损害公司及全体股东利益的情形发表专业意见。

(五)终止程序

例:

(1)公司在股东会审议本激励计划前拟终止本激励计划的,须董事会审议通过并披露。

(2)公司在股东会审议通过激励计划之后终止实施本激励计划的,应提交董事会、股东会审议并披露。公司股东会或董事会审议通过终止实施本次股票期权激励计划决议的,自决议公告之日起3个月内,不得再次审议股权激励计划。

(3)公司应及时披露股东会决议公告或董事会决议公告,且应当在披露审议通过终止实施股权激励议案的董事会决议公告的同时,披露关于终止实施股权激励计划的公告。

(4)监事会、律师事务所应当就公司终止实施激励是否符合《上市公司股权激励管理办法》及相关法律法规的规定、是否存在明显损害公司及全体股东利益的情形发表专业意见。

(5)终止实施本激励计划的,公司应在履行相应审议程序后及时向登记结算公司申请办理已授予股票期权的注销手续。

（六）注销程序

例：

（1）当出现终止实施激励计划或者激励对象未达到股票期权行权条件或者在行权期内放弃行权的情况时，公司应及时召开董事会审议注销方案并在披露董事会决议公告的同时披露股票期权注销公告。

（2）公司按照本激励计划的规定实施注销时，按证券交易所关于注销的相关规定办理。如届时股权激励对象被授予股份数量因公司资本公积转增股本、派送红股、配股、缩股等事项发生调整，则前述注销数量进行相应调整。

（3）公司应当在审议股票期权注销方案的董事会决议公告披露后5个交易日内，向证券交易所提交申请及要求的其他文件。经证券交易所确认后，公司应当在取得确认文件后的5个交易日内向中国证券登记结算有限责任公司申请办理注销手续，并在完成股票期权注销后的2个交易日内披露股票期权注销完成公告。

第二部分

股权激励中的合同法

第七章 股权激励合同的订立

第一节 请求权基础规范

一、《民法典》规定

第 465 条 依法成立的合同,受法律保护。

依法成立的合同,仅对当事人具有法律约束力,但是法律另有规定的除外。

第 469 条 当事人订立合同,可以采用书面形式、口头形式或者其他形式。

书面形式是合同书、信件、电报、电传、传真等可以有形地表现所载内容的形式。

以电子数据交换、电子邮件等方式能够有形地表现所载内容,并可以随时调取查用的数据电文,视为书面形式。

第 471 条 当事人订立合同,可以采取要约、承诺方式或者其他方式。

第 472 条 要约是希望与他人订立合同的意思表示,该意思表示应当符合下列条件:(一)内容具体确定;(二)表明经受要约人承诺,要约人即受该意思表示约束。

第 473 条 要约邀请是希望他人向自己发出要约的表示。拍卖公告、招标公告、招股说明书、债券募集办法、基金招募说明书、商业广告和宣传、寄送的价目表等为要约邀请。

商业广告和宣传的内容符合要约条件的,构成要约。

第 479 条 承诺是受要约人同意要约的意思表示。

第 480 条 承诺应当以通知的方式作出;但是,根据交易习惯或者要约表明可以通过行为作出承诺的除外。

第 483 条 承诺生效时合同成立,但是法律另有规定或者当事人另有约定的除外。

第 484 条 以通知方式作出的承诺,生效的时间适用本法第一百三十七条的规定。

承诺不需要通知的,根据交易习惯或者要约的要求作出承诺的行为时生效。

二、其他法律规定

（一）上市公司

【股权激励计划制定】

1.《上市公司股权激励管理办法》

第9条 上市公司依照本办法制定股权激励计划的,应当在股权激励计划中载明下列事项:(一)股权激励的目的;(二)激励对象的确定依据和范围;(三)拟授出的权益数量,拟授出权益涉及的标的股票种类、来源、数量及占上市公司股本总额的百分比;分次授出的,每次拟授出的权益数量、涉及的标的股票数量及占股权激励计划涉及的标的股票总额的百分比、占上市公司股本总额的百分比;设置预留权益的,拟预留权益的数量、涉及标的股票数量及占股权激励计划的标的股票总额的百分比;(四)激励对象为董事、高级管理人员的,其各自可获授的权益数量、占股权激励计划拟授出权益总量的百分比;其他激励对象(各自或者按适当分类)的姓名、职务、可获授的权益数量及占股权激励计划拟授出权益总量的百分比;(五)股权激励计划的有效期,限制性股票的授予日、限售期和解除限售安排,股票期权的授权日、可行权日、行权有效期和行权安排;(六)限制性股票的授予价格或者授予价格的确定方法,股票期权的行权价格或者行权价格的确定方法;(七)激励对象获授权益、行使权益的条件;(八)上市公司授出权益、激励对象行使权益的程序;(九)调整权益数量、标的股票数量、授予价格或者行权价格的方法和程序;(十)股权激励会计处理方法、限制性股票或股票期权公允价值的确定方法、涉及估值模型重要参数取值合理性、实施股权激励应当计提费用及对上市公司经营业绩的影响;(十一)股权激励计划的变更、终止;(十二)上市公司发生控制权变更、合并、分立以及激励对象发生职务变更、离职、死亡等事项时股权激励计划的执行;(十三)上市公司与激励对象之间相关纠纷或争端解决机制;(十四)上市公司与激励对象的其他权利义务。

第20条 上市公司应当与激励对象签订协议,确认股权激励计划的内容,并依照本办法约定双方的其他权利义务。

上市公司应当承诺,股权激励计划相关信息披露文件不存在虚假记载、误导性陈述或者重大遗漏。

所有激励对象应当承诺,上市公司因信息披露文件中有虚假记载、误导性陈述或者重大遗漏,导致不符合授予权益或行使权益安排的,激励对象应当自相关信息披露文件被确认存在虚假记载、误导性陈述或者重大遗漏后,将由股权激励计划所获得的全部利益返还公司。

第 50 条 上市公司在股东大会审议通过股权激励方案之前可对其进行变更。变更需经董事会审议通过。

上市公司对已通过股东大会审议的股权激励方案进行变更的,应当及时公告并提交股东大会审议,且不得包括下列情形:(一)导致加速行权或提前解除限售的情形;(二)降低行权价格或授予价格的情形。

……

2.《国有控股上市公司(境内)实施股权激励试行办法》

第 7 条 股权激励计划应包括股权激励方式、激励对象、激励条件、授予数量、授予价格及其确定的方式、行权时间限制或解锁期限等主要内容。

3.《国有控股上市公司(境外)实施股权激励试行办法》

第 6 条 股权激励计划应包括激励方式、激励对象、授予数量、行权价格及行权价格的确定方式、行权期限等内容。

4.《中央企业控股上市公司实施股权激励工作指引》

第 8 条 上市公司股权激励计划应当依据法律法规和股票交易上市地监管规定科学制定,对上市公司、激励对象具有约束力,股权激励计划应当包括下列事项:(一)股权激励的目的。(二)激励对象的确定依据和范围。(三)激励方式、标的股票种类和来源。(四)拟授出的权益数量,拟授出权益涉及标的股票数量及占上市公司股本总额的百分比;分期授出的,本计划拟授予期数、每期拟授出的权益数量、涉及标的股票数量及占股权激励计划涉及标的股票总额的百分比、占上市公司股本总额的百分比;设置预留权益的,拟预留权益的数量、涉及标的股票数量及占股权激励计划涉及标的股票总额的百分比。(五)激励对象为董事、高级管理人员的,其各自可获授的权益数量、权益授予价值占授予时薪酬总水平的比例;其他各类激励对象可获授的权益数量、占股权激励计划拟授出权益总量的百分比。(六)股票期权(股票增值权)的行权价格及其确定方法,限制性股票的授予价格及其确定方法。(七)股权激励计划的有效期,股票期权(股票增值权)的授予日、生效日(可行权日)、行权有效期和行权安排,限制性股票的授予日、限售期和解除限售安排。(八)激励对象获授权益、行使权益的条件,包括公司业绩考核条件及激励对象个人绩效考核条件,上市公司据此制定股权激励业绩考核办法。(九)上市公司授出权益、激励对象行使权益的程序,上市公司据此制定股权激励管理办法。(十)调整权益数量、标的股票数量、授予价格或者行权价格的方法和程序。(十一)股权激励会计处理方法、限制性股票或股票期权公允价值的确定方法、涉及估值模型重要参数取值合理性、实施股权激励应当计提费用及对上市公司经营业绩的影响。(十二)股权激励计划的变更、终止。(十三)上市公司发生控制权变更、合并、分立以及激励对象发生职务变更、离职、死亡等事项时股权激励计划的执行。(十四)上市公司与激励对象之间相关纠纷或争端解决机制。(十五)上市公司与激励对象其他的权利义务,以及其他需要说明的事项。

第9条 上市公司应当与激励对象签订权益授予协议,确认股权激励计划、股权激励管理办法、业绩考核办法等有关约定的内容,并依照有关法律法规和公司章程约定双方的其他权利义务。

上市公司应当承诺,股权激励计划相关信息披露文件不存在虚假记载、误导性陈述或者重大遗漏。

所有激励对象应当承诺,上市公司因信息披露文件中有虚假记载、误导性陈述或者重大遗漏,导致不符合授予权益或行使权益安排的,激励对象应当自相关信息披露文件被确认存在虚假记载、误导性陈述或者重大遗漏后,将由股权激励计划所获得的全部利益返还公司。

【股权激励对象】

1.《上市公司股权激励管理办法》

第8条 激励对象可以包括上市公司的董事、高级管理人员、核心技术人员或者核心业务人员,以及公司认为应当激励的对公司经营业绩和未来发展有直接影响的其他员工,但不应当包括独立董事和监事。外籍员工任职上市公司董事、高级管理人员、核心技术人员或者核心业务人员的,可以成为激励对象。

单独或合计持有上市公司5%以上股份的股东或实际控制人及其配偶、父母、子女,不得成为激励对象。下列人员也不得成为激励对象:(一)最近12个月内被证券交易所认定为不适当人选;(二)最近12个月内被中国证监会及其派出机构认定为不适当人选;(三)最近12个月内因重大违法违规行为被中国证监会及其派出机构行政处罚或者采取市场禁入措施;(四)具有《公司法》规定的不得担任公司董事、高级管理人员情形的;(五)法律法规规定不得参与上市公司股权激励的;(六)中国证监会认定的其他情形。

第45条 上市公司应当按照证券登记结算机构的业务规则,在证券登记结算机构开设证券账户,用于股权激励的实施。

激励对象为外籍员工的,可以向证券登记结算机构申请开立证券账户。

尚未行权的股票期权,以及不得转让的标的股票,应当予以锁定。

2.《国有控股上市公司(境内)实施股权激励试行办法》

第 11 条 股权激励对象原则上限于上市公司董事、高级管理人员以及对上市公司整体业绩和持续发展有直接影响的核心技术人员和管理骨干。

上市公司监事、独立董事以及由上市公司控股公司以外的人员担任的外部董事,暂不纳入股权激励计划。

证券监管部门规定的不得成为激励对象的人员,不得参与股权激励计划。

第 13 条 上市公司母公司(控股公司)的负责人在上市公司担任职务的,可参加股权激励计划,但只能参与一家上市公司的股权激励计划。

在股权授予日,任何持有上市公司 5%以上有表决权的股份的人员,未经股东大会批准,不得参加股权激励计划。

3.《国有控股上市公司(境外)实施股权激励试行办法》

第 7 条 股权激励对象原则上限于上市公司董事、高级管理人员(以下简称高管人员)以及对上市公司整体业绩和持续发展有直接影响的核心技术人才和管理骨干,股权激励的重点是上市公司的高管人员。

本办法所称上市公司董事包括执行董事、非执行董事。独立非执行董事不参与上市公司股权激励计划。

本办法所称上市公司高管人员是指对公司决策、经营、管理负有领导职责的人员,包括总经理、副总经理、公司财务负责人(包括其他履行上述职责的人员)、董事会秘书和公司章程规定的其他人员。

上市公司核心技术人才、管理骨干由公司董事会根据其对上市公司发展的重要性和贡献等情况确定。高新技术企业可结合行业特点和高科技人才构成情况界定核心技术人才的激励范围,但须就确定依据、授予范围及数量等情况作出说明。

在股权授予日,任何持有上市公司 5%以上有表决权的股份的人员,未经股东大会批准,不得参加股权激励计划。

第 8 条 上市公司母公司(控股公司)负责人在上市公司任职的,可参与股权激励计划,但只能参与一家上市公司的股权激励计划。

4.《中央企业控股上市公司实施股权激励工作指引》

第 14 条 股权激励对象应当聚焦核心骨干人才队伍,一般为上市公司董事、高级管理人员以及对上市公司经营业绩和持续发展有直接影响的管理、技术和业务骨干。

第 15 条　上市公司确定激励对象,应当根据企业高质量发展需要、行业竞争特点、关键岗位职责、绩效考核评价等因素综合考虑,并说明其与公司业务、业绩的关联程度,以及其作为激励对象的合理性。

第 16 条　上市公司国有控股股东或中央企业的管理人员在上市公司担任除监事以外职务的,可以参加上市公司股权激励计划,但只能参加一家任职上市公司的股权激励计划,应当根据所任职上市公司对控股股东公司的影响程度、在上市公司担任职务的关键程度决定优先参加其中一家所任职上市公司的股权激励计划。

中央和国资委党委管理的中央企业负责人不参加上市公司股权激励。市场化选聘的职业经理人可以参加任职企业的股权激励。

第 18 条　下列人员不得参加上市公司股权激励计划:(一)未在上市公司或其控股子公司任职、不属于上市公司或其控股子公司的人员。(二)上市公司独立董事、监事。(三)单独或合计持有上市公司5%以上股份的股东或者实际控制人及其配偶、父母、子女。(四)国有资产监督管理机构、证券监督管理机构规定的不得成为激励对象的人员。

5.《关于规范国有控股上市公司实施股权激励制度有关问题的通知》

四、进一步强化股权激励计划的管理,科学规范实施股权激励

(二)严格股权激励对象范围,规范股权激励对象离职、退休等行为的处理方法。

上市公司股权激励的重点应是对公司经营业绩和未来发展有直接影响的高级管理人员和核心技术骨干,不得随意扩大范围。未在上市公司任职、不属于上市公司的人员(包括控股股东公司的员工)不得参与上市公司股权激励计划。境内、境外上市公司监事不得成为股权激励的对象。

股权激励对象正常调动、退休、死亡、丧失民事行为能力时,授予的股权当年已达到可行使时间限制和业绩考核条件的,可行使的部分可在离职之日起的半年内行使,尚未达到可行使时间限制和业绩考核条件的不再行使。股权激励对象辞职、被解雇时,尚未行使的股权不再行使。

6.《科创板上市公司持续监管办法(试行)》

第 22 条　单独或合计持有科创公司5%以上股份的股东或实际控制人及其配偶、父母、子女,作为董事、高级管理人员、核心技术人员或者核心业务人员的,可以成为激励对象。

科创公司应当充分说明前款规定人员成为激励对象的必要性、合理性。

7.《上海证券交易所科创板股票上市规则》

10.4 激励对象可以包括上市公司的董事、高级管理人员、核心技术人员或者核心业务人员，以及公司认为应当激励的对公司经营业绩和未来发展有直接影响的其他员工，独立董事和监事除外。

单独或合计持有上市公司5%以上股份的股东、上市公司实际控制人及其配偶、父母、子女以及上市公司外籍员工，在上市公司担任董事、高级管理人员、核心技术人员或者核心业务人员的，可以成为激励对象。科创公司应当充分说明前述人员成为激励对象的必要性、合理性。

激励对象不得具有《上市公司股权激励管理办法》第八条第二款第一项至第六项规定的情形。

【股权激励额度】

1.《上市公司股权激励管理办法》

第14条 上市公司可以同时实行多期股权激励计划。同时实行多期股权激励计划的，各期激励计划设立的公司业绩指标应当保持可比性，后期激励计划的公司业绩指标低于前期激励计划的，上市公司应当充分说明其原因与合理性。

上市公司全部在有效期内的股权激励计划所涉及的标的股票总数累计不得超过公司股本总额的10%。非经股东大会特别决议批准，任何一名激励对象通过全部在有效期内的股权激励计划获授的本公司股票，累计不得超过公司股本总额的1%。

本条第二款所称股本总额是指股东大会批准最近一次股权激励计划时公司已发行的股本总额。

第15条 上市公司在推出股权激励计划时，可以设置预留权益，预留比例不得超过本次股权激励计划拟授予权益数量的20%。

上市公司应当在股权激励计划经股东大会审议通过后12个月内明确预留权益的授予对象；超过12个月未明确激励对象的，预留权益失效。

2.《中央企业控股上市公司实施股权激励工作指引》

第20条 在股权激励计划有效期内，上市公司授予的权益总量应当结合公司股本规模大小、激励对象范围和股权激励水平等因素合理确定。上市公司全部在有效期内的股权激励计划所涉及标的股票总数累计不得超过公司股本总额的10%（科创板上市公司累计不超过股本总额的20%）。不得因实施股权激励导致国有控股股东失去实际控制权。

第 21 条 上市公司首次实施股权激励计划授予的权益所涉及标的股票数量原则上应当控制在公司股本总额的 1% 以内。

中小市值上市公司及科技创新型上市公司可以适当上浮首次实施股权激励计划授予的权益数量占股本总额的比例,原则上应当控制在 3% 以内。

第 22 条 非经股东大会特别决议批准,任何一名激励对象通过全部在有效期内的股权激励计划获授权益(包括已行使和未行使的)所涉及标的股票数量,累计不得超过公司股本总额的 1%。

第 23 条 鼓励上市公司根据企业发展规划,采取分期授予方式实施股权激励,充分体现激励的长期效应。

每期授予权益数量应当与公司股本规模、激励对象人数,以及激励对象同期薪酬水平和权益授予价值等因素相匹配。有关权益授予价值确定等具体要求,按照本章第七节规定执行。

上市公司连续两个完整年度内累计授予的权益数量一般在公司股本总额的 3% 以内,公司重大战略转型等特殊需要的可以适当放宽至股本总额的 5% 以内。

第 24 条 上市公司需为拟市场化选聘人员设置预留权益的,预留权益数量不得超过该期股权激励计划拟授予权益数量的 20%,并在计划中就预留原因及预留权益管理规定予以说明。预留权益应当在股权激励计划经股东大会审议通过后 12 个月内明确授予对象,原则上不重复授予本期计划已获授的激励对象。超过 12 个月未明确授予对象的,预留权益失效。

3.《关于规范国有控股上市公司实施股权激励制度有关问题的通知》

四、进一步强化股权激励计划的管理,科学规范实施股权激励

(四)规范上市公司配股、送股、分红后股权激励授予数量的处理。

上市公司因发行新股、转增股本、合并、分立、回购等原因导致总股本发生变动或其他原因需要调整股权授予数量或行权价格的,应重新报国有资产监管机构备案后由股东大会或授权董事会决定。对于其他原因调整股票期权(或股票增值权)授予数量、行权价格或其他条款的,应由董事会审议后经股东大会批准;同时,上市公司应聘请律师就上述调整是否符合国家相关法律法规、公司章程以及股权激励计划规定出具专业意见。

4.《关于上市公司实施员工持股计划试点的指导意见》

(六)员工持股计划的持股期限和持股计划的规模

2. 上市公司全部有效的员工持股计划所持有的股票总数累计不得超过公司股

本总额的10%,单个员工所获股份权益对应的股票总数累计不得超过公司股本总额的1%。员工持股计划持有的股票总数不包括员工在公司首次公开发行股票上市前获得的股份、通过二级市场自行购买的股份及通过股权激励获得的股份。

5.《国有控股上市公司(境内)实施股权激励试行办法》

第14条 在股权激励计划有效期内授予的股权总量,应结合上市公司股本规模的大小和股权激励对象的范围、股权激励水平等因素,在0.1%—10%之间合理确定。但上市公司全部有效的股权激励计划所涉及的标的股票总数累计不得超过公司股本总额的10%。

上市公司首次实施股权激励计划授予的股权数量原则上应控制在上市公司股本总额的1%以内。

第15条 上市公司任何一名激励对象通过全部有效的股权激励计划获授的本公司股权,累计不得超过公司股本总额的1%,经股东大会特别决议批准的除外。

6.《国有控股上市公司(境外)实施股权激励试行办法》

第9条 在股权激励计划有效期内授予的股权总量,应结合上市公司股本规模和股权激励对象的范围、薪酬结构及中长期激励预期收益水平合理确定。

(一)在股权激励计划有效期内授予的股权总量累计不得超过公司股本总额的10%。(二)首次股权授予数量应控制在上市公司股本总额的1%以内。

第10条 在股权激励计划有效期内任何12个月期间授予任一人员的股权(包括已行使的和未行使的股权)超过上市公司发行总股本1%的,上市公司不再授予其股权。

7.《科创板上市公司持续监管办法(试行)》

第25条 科创公司全部在有效期内的股权激励计划所涉及的标的股票总数,累计不得超过公司总股本的20%。

8.《上海证券交易所科创板股票上市规则(2024年4月修订)》

10.8 上市公司可以同时实施多项股权激励计划。上市公司全部在有效期内的股权激励计划所涉及的标的股票总数,累计不得超过公司股本总额的20%。

(二)非上市公司

【股权激励计划制定】

1.《非上市公众公司监督管理办法》

第43条 本办法所称定向发行包括股份有限公司向特定对象发行股票导致股东累计超过二百人,以及公众公司向特定对象发行股票两种情形。

前款所称特定对象的范围包括下列机构或者自然人:(一)公司股东;(二)公司的董事、监事、高级管理人员、核心员工;(三)符合投资者适当性管理规定的自然人投资者、法人投资者及其他非法人组织。

股票未公开转让的公司确定发行对象时,符合第二款第(三)项规定的投资者合计不得超过三十五名。

核心员工的认定,应当由公司董事会提名,并向全体员工公示和征求意见,由监事会发表明确意见后,经股东大会审议批准。

投资者适当性管理规定由中国证监会另行制定。①

2.《非上市公众公司监管指引第6号——股权激励和员工持股计划的监管要求(试行)》

一、股权激励

(四)挂牌公司依照本指引制定股权激励计划的,应当在股权激励计划中载明下列事项:1.股权激励的目的;2.拟授出的权益数量,拟授出权益涉及的标的股票种类、来源、数量及占挂牌公司股本总额的百分比;3.激励对象的姓名、职务、可获授的权益数量及占股权激励计划拟授出权益总量的百分比;设置预留权益的,拟预留权益的数量、涉及标的股票数量及占股权激励计划的标的股票总额的百分比;4.股权激励计划的有效期,限制性股票的授予日、限售期和解除限售安排,股票期权的授权日、可行权日、行权有效期和行权安排;5.限制性股票的授予价格或者授予价格的确定方法,股票期权的行权价格或者行权价格的确定方法,以及定价合理性的说明;6.激励对象获授权益、行使权益的条件;7.挂牌公司授出权益、激励对象行使权益的程序;8.调整权益数量、标的股票数量、授予价格或者行权价格的方法和程序;9.绩效考核指标(如有),以及设定指标的科学性和合理性;10.股权激励会计处理方法、限制性股票或股票期权公允价值的确定方法、涉及估值模型重要参数取值合理性、实施股权激励应当计提费用及对挂牌公司经营业绩的影响;11.股权激励计划的变更、终止;12.挂牌公司发生控制权变更、合并、分立、终止挂牌以及激励对象发生职务变更、离职、死亡等事项时股权激励计划的执行;13.挂牌公司与激励对象之间相关纠纷或争端解决机制;14.挂牌公司与激励对象的其他权利义务。

本条所称的股本总额是指股东大会批准本次股权激励计划时已发行的股本总额。

(十)挂牌公司应当与激励对象签订协议,确认股权激励计划的内容,并依照本

---

① 即公司采用定增方式进行股权激励的,股权激励计划签约的激励对象人数不能超过35人。

指引约定双方的其他权利义务。

挂牌公司及其董事、监事、高级管理人员应当承诺,股权激励计划相关信息披露文件不存在虚假记载、误导性陈述或者重大遗漏。

所有激励对象应当承诺,公司因信息披露文件中有虚假记载、误导性陈述或者重大遗漏,导致不符合授予权益或者行使权益安排的,激励对象应当自相关信息披露文件被确认存在虚假记载、误导性陈述或者重大遗漏后,将由股权激励计划所获得的全部利益返还公司。

【股权激励对象】

1.《国有科技型企业股权和分红激励暂行办法》

第7条　激励对象为与本企业签订劳动合同的重要技术人员和经营管理人员,具体包括:(一)关键职务科技成果的主要完成人,重大开发项目的负责人,对主导产品或者核心技术、工艺流程做出重大创新或者改进的主要技术人员。(二)主持企业全面生产经营工作的高级管理人员,负责企业主要产品(服务)生产经营的中、高级经营管理人员。(三)通过省、部级及以上人才计划引进的重要技术人才和经营管理人才。

企业不得面向全体员工实施股权或者分红激励。

企业监事、独立董事不得参与企业股权或者分红激励。

2.《关于国有控股混合所有制企业开展员工持股试点的意见》

三、企业员工入股

(一)员工范围。参与持股人员应为在关键岗位工作并对公司经营业绩和持续发展有直接或较大影响的科研人员、经营管理人员和业务骨干,且与本公司签订了劳动合同。

党中央、国务院和地方党委、政府及其部门、机构任命的国有企业领导人员不得持股。外部董事、监事(含职工代表监事)不参与员工持股。如直系亲属多人在同一企业时,只能一人持股。

3.《非上市公众公司监管指引第6号——股权激励和员工持股计划的监管要求(试行)》

二、员工持股计划

(一)挂牌公司实施员工持股计划,应当建立健全激励约束长效机制,兼顾员工与公司长远利益,严格按照法律法规、规章及规范性文件要求履行决策程序,真实、准确、完整、及时地披露信息,不得以摊派、强行分配等方式强制员工参加持股计划。

员工持股计划的参与对象为已签订劳动合同的员工,包括管理层人员。参与持股计划的员工,与其他投资者权益平等,盈亏自负,风险自担。

【股权激励额度】

1.《国有科技型企业股权和分红激励暂行办法》

第10条 大型企业的股权激励总额不超过企业总股本的5%;中型企业的股权激励总额不超过企业总股本的10%;小、微型企业的股权激励总额不超过企业总股本的30%,且单个激励对象获得的激励股权不得超过企业总股本的3%。

企业不能因实施股权激励而改变国有控股地位。

第12条 企业实施股权奖励,除满足本办法第六条规定外,近3年税后利润累计形成的净资产增值额应当占近3年年初净资产总额的20%以上,实施激励当年年初未分配利润为正数。

近3年税后利润累计形成的净资产增值额,是指激励方案制定上年末账面净资产相对于近3年首年初账面净资产的增加值,不包括财政及企业股东以各种方式投资或补助形成的净资产和已经向股东分配的利润。

第13条 企业用于股权奖励的激励额不超过近3年税后利润累计形成的净资产增值额的15%。企业实施股权奖励,必须与股权出售相结合。

股权奖励的激励对象,仅限于在本企业连续工作3年以上的重要技术人员。单个获得股权奖励的激励对象,必须以不低于1∶1的比例购买企业股权,且获得的股权奖励按激励实施时的评估价值折算,累计不超过300万元。

2.《关于国有控股混合所有制企业开展员工持股试点的意见》

三、企业员工入股

(四)持股比例。员工持股比例应结合企业规模、行业特点、企业发展阶段等因素确定。员工持股总量原则上不高于公司总股本的30%,单一员工持股比例原则上不高于公司总股本的1%。企业可采取适当方式预留部分股权,用于新引进人才。国有控股上市公司员工持股比例按证券监管有关规定确定。

(五)股权结构。实施员工持股后,应保证国有股东控股地位,且其持股比例不得低于公司总股本的34%。

3.《非上市公众公司监管指引第6号——股权激励和员工持股计划的监管要求(试行)》

一、股权激励

(五)挂牌公司可以同时实施多期股权激励计划。同时实施多期股权激励计划的,挂牌公司应当充分说明各期激励计划设立的公司业绩指标的关联性。

挂牌公司全部在有效期内的股权激励计划所涉及的标的股票总数累计不得超过公司股本总额的30%。

第二节 裁判精要

一、要约、承诺

（一）要约与承诺的判定

【要约、要约邀请】

1. 与股权激励有关的文件并不都构成要约，可能仅为要约邀请，要约邀请不因对方的承诺而成立合同，以此主张公司授予股票期权之请求不会得到支持。

在(2019)沪02民终7834号案中，一审法院认为，王某针对要求奈纷公司授予期权的诉讼请求，提供《录用确认函》作为本诉的证据，主张其是在通过试用期之后被解约的，按照约定，其已经符合《录用确认函》中关于"8万股期权在试用期后授予"的条件，因此，其可以获得8万股期权。如何正确解读"8万股期权在试用期后授予"的内容，成为本案至关重要的问题。

该《录用确认函》载明"公司计划授予你期权……期权具体条款由公司统一的期权协议约定"。函中"计划授予"的计划，顾名思义，应该是打算、筹划，而不是决定和落实。这一打算如何得以实现，函中载明了"具体由公司的期权协议约定"，可见，授予期权须按"期权协议"的约定。奈纷公司在《录用确认函》中表明公司将授予王某期权，这是奈纷公司为了吸引人才而采取的方式，在双方尚未签署"期权协议"的前提下，该"计划授予"并不是奈纷公司对王某授予期权的承诺。王某以奈纷公司的"打算"，作为奈纷公司作出的承诺，要求奈纷公司授予期权，没有事实依据，一审法院对此不予支持。本案涉及授予期权，其最终目标是行权、是兑现，如若按照"期权协议"的内容，要求在每个兑换日参与行权的人员，必须是继续为公司提供劳动的人员，目的也是留住人才，对于行权之日不在岗的人员，自然不能获得期权的对价。王某所主张的这一期权，并无实质意义。

二审法院认为，本案须考察王某、奈纷公司是否已就授予期权达成合意。《录用确认函》载明"公司计划授予你期权……具体条款由公司统一的期权协议约定"。正如一审法院所分析的，奈纷公司对授予王某期权有初步意向，双方对于认购价、行权时间、行权比例、具体授予哪家公司股票期权、如何行权等实质性内容等都未予以明确。此后，王某、奈纷公司亦未就此进一步沟通、磋商抑或达成意向性的协议，故而《录用确认函》不构成要约条件，仅为要约邀请。法律规定，要约邀请不因对方的承诺而成立合同，王某以《录用确认函》为本案诉请基础进而主张奈纷公司向王某授予8万股期权之请求，不予支持。

2.股东会决议关于赠与股权的内容，属于合同要约，激励对象以签订劳动合同方式作出了接受赠与意思表示，股权激励合同关系成立。

在(2017)川民申4496号案中，再审法院认为，本案虽然以兴晟公司股东会决议的形式作出赠与谢某某5%股权的决定，但对于谢某某而言，股东会决议属于赠与合同的要约，作出赠与意思表示的是兴晟公司的股东周某某和万某某，赠与的主体是周某某和万某某，赠与的条件是谢某某承诺在兴晟公司入职服务5年。此后谢某某与兴晟公司签订了为期5年的聘用合同。因此，谢某某虽然未在股东会决议上签字，但通过签订聘用合同的行为作出了接受赠与的意思表示，双方之间的赠与合同成立。虽然聘用合同也作出了"兴晟公司根据谢某某的表现给予一定的经济及股权激励奖励"的约定，但该约定并未变更周某某、万某某与谢某某之间的赠与合同，谢某某也非依据聘用合同提出本案的诉讼请求。因此，本案应为赠与合同纠纷，并非股权转让纠纷。

3.公司的通知向特定受要约人发出，明确了股权激励的主要条款及包含有要求相对人及时作出承诺的意思表示，该通知属于要约性质。

在(2021)京01民终284号案中，张某主张公司通知的性质系要约，大城公司主张系要约邀请。一审法院认为，首先，该通知系针对公司内部员工，即大城公司希望缔结合同的特定受要约人发出。其次，该通知明确了股份增发对象、认购价格、入资方式、缴款时间及方式、收款账户、股份的约束条件和退出机制，内容具体确定，并且包含了合同的主要条款。最后，该通知中有"请相关人员按照上述要求，及时将认购资金转账支付。逾期没有出资到位，公司将有权收回未认购部分股权"的内容，包含有要求相对人及时作出承诺的意思表示。综上，该通知属于要约性质。

4.向符合资格条件的人员授予股份认购权证，明确要求在股份认购权证持有人按照约定的时期、价格行权时，旅游公司应予以接受，该授予股份认购权证行为属于要约，不属于要约邀请。

在(2014)深中法商终字第2521号案中，二审法院认为，《旅游公司定向增发（股份认购权）方案》规定，持有股份认购权的人员可以在规定的时期内以约定的价格购买本集团股份。认购权必须经过授予和行权两个阶段，才能转变为个人的集团股份。该方案表明,旅游公司一旦向符合资格条件的人员授予股份认购权证,即受股份认购权证的约束,在股份认购权证持有人按照约定的时期、价格行权时,旅游公司应予以接受。旅游公司向皇某某授予股份认购权证属于要约,皇某某予以接受则构成承诺。原审判决认为旅游公司与皇某某之间成立关于新增资本认购的合同关系,是恰当的。

【承诺作出的方式】

1.《承诺书》是股权激励合同的变通与延续,是履行股权激励义务的依据。

在(2016)粤民申2457号案中,再审法院认为,根据《股票激励计划》的内容,限制性股份是激励对象(高级管理人员及主要业务骨干)自愿认购、转让受公司内部一定限制的普通股,该激励计划有利于增强公司经营团队的稳定性及工作积极性,提高公司与股东的利益,不违反法律强制性规定,是合法有效的。公司在终止《股票激励计划》后,根据自愿原则,给予限制性股票持有人回售选择权,对于将所持限制性股份转化为无限制普通股的激励对象,采用由激励对象出具《承诺书》的方式继续对激励对象进行约束。据此,《承诺书》是《股票激励计划》的变通与延续,陈某自愿向公司出具《承诺书》合法有效。

2.公司以该通知向张某发出要约,张某按照要约指定的时间及方式向要约中指定的账户支付款项的行为构成承诺。

在(2021)京01民终284号案中,二审法院认为,公司通知系针对公司内部员工,显示出其希望和通知对象订立合同的意思表示。从通知内容看,其明确了股份增发对象、认购价格、入资方式、缴款时间及方式、收款账户、股份的约束条件和退出机制,内容具体确定,并且包含了合同双方权利义务的主要内容。该通知中载明"请相关人员按照上述要求,及时将认购资金转账支付。逾期没有出资到位,公司将有权收回未认购部分股权"的内容,体现出要求相对人作出承诺即受该意思表示约束的内容。大城公司主张该通知系要约邀请的上诉理由不能成立,不予采纳。大城公司以该通知向张某发出要约,张某按照要约指定的时间及方式向要约中指定的账户支付款项的行为构成承诺。根据要约要求,作出承诺的行为时承诺生效,承诺生效时合同成立。

3.单位以调整方案的形式向符合条件的员工发出要约,激励对象以填写员工入股意愿书并向资金专户支付款项的形式作出承诺,双方形成合同关系。

在(2021)京01民终1406号案中,一审法院认为,国核院、山东院同为国家核电的子公司。国核院、山东院依据国家核电的具体要求,共同出台《职工持股管理办法》,设立鼎京公司等作为员工持股平台。国核院以发布《职工持股管理办法》《部分员工持有山东院股权调整方案》的形式向符合条件的员工发出要约,谢某某以填写员工入股意愿书并向资金专户支付款项的形式作出承诺,双方形成合同关系。上述合同系双方真实意思表示,且不违反法律、行政法规的强制性规定,应属合法有效,对双方具有约束力。

4. 向公司汇款的出资购股行为视为对股权认购方案的承诺,股权激励合同关系成立。

在(2017)鲁0612民初1868号案中,一审法院认为,原告按照《股权认购方案》向方案指定的收款账户汇入出资购股款1520000元;被告制定的方案是针对明确的少数人发出的要约,而非针对不特定对象的要约邀请,在原告以出资购股行为作出承诺后,双方合同关系即告成立。从方案规定可知,原告作为出资人并非持股主体,方案规定的持股主体为"股权激励平台,平台法人为出资人代表",被告也称原告并非被告公司的股东,因此被告主张应适用公司法的规定,认定方案规定的回购行为无效不成立。被告应按诚实信用原则履行其承诺,在公司未能按期上市"新三板"的情况下,按方案约定的2.15元/股价格返还原告的出资款。

(二)没有签订书面合同

1. 激励对象与激励者之间也可以成立事实上的股权激励关系。

在(2022)豫1002民初5042号案中,一审法院认为,被告中航公司与参股员工胡某虽未签订《股权期权激励合同》,但原告胡某以委托航众公司代持股形式入股被告中航公司并已支付相应股金。其间,被告中航公司对原告入股情况进行统计并形成《关于中航建设集团成套装备股份有限公司首次入股情况的请示》,应认定被告中航公司对原告入股及股权激励内容知情且无异议。故在原告胡某已按照《股权激励方案》履行主要义务且被告中航公司接受的情况下,应认定原告胡某与被告中航公司之间已形成事实上的股权激励关系,被告中航公司应按《股权激励方案》的规定履行义务。

2. 可以通过电子数据方式确立股权激励关系。

在(2018)京01民终8059号案中,二审法院认为,道隆华尔公司在诉讼中主张2012年9月3日电子邮件附件中所载管理体系建设大纲系讨论稿,但未就该主张提交有效证据予以证明,不予采信。该管理体系建设大纲的内容与欧某某提交的2012年7月26日电子邮件的内容以及欧某某提交的2013年3月期间的电子邮件的内容能够相互印证,根据上述证据能够认定道隆华尔公司与欧某某之间存在期权激励机制的约定,且确认过欧某某所分配的期权数量。现欧某某根据约定,要求道隆华尔公司支付期权回购款175520元,应予支持。

3.口头方式可以成立股权激励法律关系。

在(2015)中二法民一初字第1195号案中,一审法院认为,原告主张其向被告支付款项153000元,被告构成不当得利。但从原告在起诉状中所列的事实和庭审中陈述的事实以及被告的相关陈述可知,原告向被告支付款项153000元系基于双方口头达成的股权激励协议或股权转让协议。即被告取得案涉的款项是有根据的,而且单纯就达成股权激励协议或股权转让协议本身而言,系合法的根据。至于该股权激励协议或股权转让协议的效力如何或者是否能够得到履行,若因无效或者不能得到履行而产生纠纷应如何处理,属于合同纠纷,应通过合同纠纷诉讼进行处理。

二、合同签订的主体:激励者的识别

(一)用人单位作为激励者

1.根据股权激励协议上的盖章和签名来判断激励者。

在(2018)浙01民终6941号案中,二审法院认为,在两份证书的签订过程中,虽然挖财网络公司、挖财互联网金融公司予以执行或协助,但均以挖财控股公司名义作出,且两份《股票期权证书》落款处写明的是挖财控股公司,加盖的系挖财控股公司印章,签名的李某某亦系挖财控股公司的董事,《股票期权证书》处理的也是挖财控股公司名下股票期权,故应当认为与缪某签订两份《股票期权证书》的合同相对方是挖财控股公司。挖财网络公司、挖财互联网金融公司不是两份《股票期权证书》的当事人,缪某向挖财网络公司、挖财互联网金融公司主张合同权利缺乏事实依据和法律依据,不予支持。

2.从股权激励性质、实际执行过程、面向对象、股权激励内容、设立持股平台间接持股等角度分析,应认定股权激励的实施主体为公司。

在(2021)京01民终5524号案中,一审法院认为,股权激励的实施主体是否系世纪明德公司为本案争议焦点。欧某某据以起诉的文件、通知内容均为针对世纪明德公司及其子公司内部员工的股权激励事宜,欧某某主张系世纪明德公司实施的股权激励,世纪明德公司主张股权激励并非公司行为,而系王某某等个人的行为。法院认为:第一,股权激励是公司为了激励和留住核心人才而推行的一种长期激励机制。股权激励主要是通过附条件地给予员工部分股东权益,使其具有主人翁精神,从而与公司形成利益共同体,促进公司与员工共同成长,从而帮助企业实现稳定发展的长期目的。即实施股权激励的目的是促使员工更好地为公司服务。第二,从实际执行来看,本案中股权激励的通知文件发布、各激励对象的股权限额确认、股权激励相关协议签署、股权收购款的收取,均由世纪明德公司各相关部门负责。第三,从面向的对象来看,本案股权激励针对的是世纪明德公司及其子公司为数众多的骨干员工。第四,从股权激励的内容来看,参加股权激励的员工完成世纪明德公司要求的业绩后,可取得支付款项购买一定比例股份收益权的资格,而购买股份须完成的业绩条件、每股金额及不同人员可购买的数额、通过哪个持股平台持股均由世纪明德公司决定。第五,世纪明德公司基于挂牌的需要,将新设立的合伙企业宁波思研、宁波华研作为员工持股平台,并将原有激励对象登记为持股平台上的合伙人,使激励对象可以通过新的持股平台间接持有世纪明德公司股份。综上,应认定为本案股权激励的实施主体为世纪明德公司。

3.从合同相对性来说,限制性股权系基于激励对象与公司之间的劳动关系,行权条件建立在劳动关系基础之上,签订劳动合同的公司就是激励者。

在(2020)京03民终13230号案中,一审法院认为,股权激励是由劳动合同相对方的母公司或者关联公司授予的,劳动者获得案外第三人授予的股权激励,虽然从合同相对性的原则来说,与劳动者建立劳动关系的非股票期权的授予方并不具有取消上述股票期权的权利,但案外第三人授予劳动者股权激励的前提条件是劳动者与其子公司或者关联公司建立劳动关系,并实现相应的绩效目标。股权激励的最终目的是实现劳动关系相对方的绩效目标,进而实现该案外第三人的绩效目标。且根据《员工手册》的规定,该手册适用于世纪卓越公司,且就具体员工而言,该手册中的"亚马逊中国"或"公司"是指与员工签订劳动合同或劳务协议或基于劳务派遣关系而实际为其提供劳动的公司。公司采用整体薪酬制度,其中包含基本工资、奖金、其他现金和以限制性股票的形式发放的股权激励。限制性股票在员工满足服务期限和其他相关条件时可转换为实际可支配的股票。《员工手册》规定说明世纪卓越公司认可并承诺向焦某某发放限制性股票形式薪酬的主体是世纪卓越公司自身,发放的是亚马逊公司而非世纪卓越公司的股票。即使世纪卓越公司认为授予焦某某限制性股权的是亚马逊公司,但限制性股权系基于焦某某与世纪卓越公司之间的劳动关系,限制性股权行权条件的成就建立在双方劳动关系基础之上。至于世纪卓越公司就上述股票发放与其母公司亚马逊公司之间是何关系,与焦某某无关,焦某某有权要求世纪卓越公司依约履行劳动合同义务以及承担合同违约责任。

4. 股权激励股份收益权来源于股东,并不代表股权激励系股东个人行为,也不代表股权激励计划权利义务由该股东个人承担,公司仍然是激励者。

在(2021)京 01 民终 5524 号案中,一审法院认为,虽世纪明德公司以用于股权激励的股份来源于王某某、王某 2 为由,主张案涉股权激励并非公司行为,但参照证监会发布的《非上市公众公司监管指引第 6 号——股权激励和员工持股计划的监管要求(试行)》中的规定,拟实施股权激励的挂牌公司,可以下列方式作为标的股票来源:(1)向激励对象发行股票;(2)回购本公司股票;(3)股东自愿赠与;(4)法律、行政法规允许的其他方式。本案中,世纪明德公司实施的股权激励计划是授予激励对象以一定的价格和数额购买股份收益权的权利,至于相应股份收益权的来源,则是基于世纪明德公司的安排。用于股权激励的股份收益权来源于股东,并不代表股权激励系股东的个人行为,也不代表股权激励计划的权利义务由该股东个人承担。

世纪明德公司以欧某某与王某某、厚德行知签订有《协议书》为由,主张股权激励系王某某个人行为。但根据数份股权激励文件,参加股权激励计划须按照世纪明德公司的安排签订协议书,上述《协议书》的附件亦为世纪明德公司发布的《内部增持股权原则》,可以认定欧某某签署上述协议是基于世纪明德公司的安排。世纪明德公司以激励对象的入资款的收款账户并非公司账户为由,主张案涉股权激励并非公司行为。如前所述,公司进行股权激励的股权来源众多,本案所涉的两次股权激励的激励对象并非以增资入股的方式取得股权,而是以较低价格从原股东处购得股份收益权。故入资款并非由世纪明德公司收取,该账户是否为公司名下账户并不影响股权激励计划实施主体的确认。

5. 股权激励属于公司给予员工的劳动报酬福利,股票原属公司法定代表人的,其给员工发放股票应视为职务行为,由此认定激励者是公司。

在(2018)粤 02 民申 9 号案中,再审法院认为,诉争股票是伦扬公司为了激励其公司高层员工,给予高层员工的股权激励,属于伦扬公司给予公司高层员工的劳动报酬、福利。即使该股票原属伦扬公司时任法定代表人王某某个人名下,其给员工发放股票也是基于其法定代表人的身份,应视为职务行为。郑某某也因其曾经是伦扬公司员工而获得诉争股票。

6. 激励对象可以是公司的子公司的中层管理人员。

在(2017)沪 0115 民初 26676 号案中,一审法院认为,原告在对其中层管理人员及核心技术(业务)人员进行股票期权激励所制定的办法中,对股票期权激励对象的确定及激励对象行权均规定了严格的程序。被告是原告下属公司的业务经理,而不是原告公司的工作人员,如果原告不是根据其激励办法将下属公司的中层管理人员列为激励对象的话,是不可能将被告列入激励对象名单并将被告作为激励对象予以公告、登记且让原告行权的。原告所述系因其工作人员疏忽,错误将股票登记给了被告的说法与事实不符,对其请求不予支持。

7. 用人单位在一般情况下也是激励者。

在(2018)京01民终9473号案中,一审法院认为,乐视云公司主张本案争议系由上市企业某一公司的股权引发,而其公司并无权分配某一公司的股权,故并非本案适格主体,对此,法院认为,乐视云公司提交的委托持股协议与乐视网股权兑现申请,能够证明陈某某主张长期激励款项的权利来源。乐视云公司作为与陈某某建立劳动关系的用人单位,以及与某一公司具备关联关系的企业,与陈某某协议约定长期股权激励款项,并明确约定支付义务的主体为乐视云公司,陈某某依据真实有效的协议约定向乐视云公司主张权利并无不当。鉴于双方约定于2017年2月至2018年1月期间按月平均支付长期激励款项共计1300530元,现履行期限已届满,故乐视云公司应按照协议约定向陈某某支付长期激励款项共计1300530元(税前)。

8. 通过持股平台间接持有激励者的股份,需要证据予以证明。反之,激励对象是与公司直接形成持股关系,与持股平台没有关系。

在(2017)闽0102民初7110号案中,一审法院认为,原告采取何种形式进行股权投资为本案争议焦点。虽然东南助力公司、御丛苑公司以及伊某某均陈述原告系通过持有东南翼企公司股份,再通过东南翼企公司间接持有东南助力公司股份,而非直接成为东南助力公司的股东,但在其所提交证据中,均没有关于原告与东南翼企公司、东南助力公司形成股权投资合意的明确记载。反之,张某某作为东南翼企公司的法定代表人及讼争股权投资事宜的经办人之一,明确了原告的投资目的系与东南助力公司发生股权转让关系。结合原告在交付投资款时的身份为东南助力公司的员工,以及原告提供的张某2与东南助力公司法定代表人伊某某的往来邮件、《关于退还员工认购股权款的函》、东南助力公司的《股东会决议》等证据,可以认定原告系与东南助力公司形成了股权转让的合意。因此,东南助力公司是本案适格被告。

9. 各公司之间尽管存在关联关系,但激励对象一般都是向与其签订激励协议的主体主张权利,无需考虑各公司的关联关系。

在(2018)京01民终9471号案中,二审法院认为,虽乐视云公司所提交的委托持股协议及乐视网公司股权兑现申请载明的长期激励款项的权利来源系乐视网公司,但工商登记信息显示,乐视网公司系乐视云公司的股东之一,贾某系乐视网公司的股东之一,故可以认定乐视云公司与乐视网公司之间具备关联关系。乐视云公司基于与蔡某的劳动关系,在《协议》中与蔡某明确约定了长期激励款项的支付主体为乐视云公司,故蔡某依据该真实、合法、有效的《协议》向乐视云公司主张权利并无不当。

10. **股权实际授予的主体与签署股权授予协议的主体可能存在不一致,权利人需要向实际授予股权的主体主张权利。**

在(2019)京0107民初2578号案中,一审法院认为,张某的股权期权由案外人即一家依据开曼群岛法律注册成立的公司授予,公司股票在美国纽约证券交易所上市。大生公司虽与该公司存在关联关系,但张某是与大生公司签署股权期权授予协议,张某直接要求大生公司兑现股权期权,这与承担股权兑现义务的主体不符,法院对张某要求大生公司兑现股权期权或者赔偿相关损失的诉求不予支持。

11. **股权激励方案中涉及股权或股利处置约定的,权利义务主体的双方与作为激励者的公司不存在法律关系(实质上就是自然人股东之间的股权处置约定),公司本身并不拥有股权,而是由各股东拥有。**

在(2014)沪一中民四(商)终字第1506号案中,二审法院认为,股权激励方案上没有相互广告公司的盖章确认,肖某某主张李某作为公司的大股东及实际控制人在股权激励方案中的签字即代表相互广告公司,该股权激励方案对相互广告公司有约束力。对此,法院认为,首先,股权激励方案中涉及的是相互广告公司的股权及股权红利,而股权及股权红利的拥有者和有权处分者是公司的股东而非公司,因此无法推断出股权激励方案是以公司名义形成的;其次,在股权激励方案中李某的身份是明确的,李某是作为相互广告公司创始人股东参与的,并非以公司名义参与;再次,股权激励方案的概述亦明确该方案经肖某某等参与激励人员与创始人股东李某签字确认,即可作为各自所签订的股权转让协议的补充文件,对股权转让协议存争议之处起解释作用。由此可见,此方案约束的是股东对股权或股权红利的处置行为,而不是公司的行为。当然,也不应否认股权激励方案签订各方当事人的真实意思表示,肖某某可依股权激励方案的约定向相关人员主张权利。

(二)关联公司作为激励者

1. 通常用人单位用于股权激励计划的是本公司的股票,但实践中也经常发生由用人单位的关联公司授予股票期权的情况。

在(2018)京0108民初33962号案中,一审法院认为,美团公司在本案中属适格被告,三快科技公司对于争议股票期权的实现亦负有相应义务。通常用人单位用于股权激励计划的是本公司的股票,但实践中也经常发生由用人单位的关联公司授予股票期权的情况,本案即属于此类情形。包某某的股票期权由美团公司授予,美团公司与包某某的用人单位三快科技公司之间存在层层控制的关系。美团公司授予包某某股票期权系基于其控制的公司的利益,实质上也是基于自身利益。美团公司因属于期权协议一方主体而应当成为本案被告。从本案案情来分析,三快科技公司负责股票期权的具体授予,并且依据劳动关系中的若干因素决定授予对象、授予条件及行权条件,并具体负责行权办理。更为关键的是,三快科技公司在录用包某某时,将股票期权作为薪酬待遇承诺的一部分。基于以上原因及二被告之间的控制关系,三快科技公司与美团公司共同负有履行员工股票期权协议的义务。

2. 激励者不一定是建立劳动合同关系的主体。

在(2016)粤01民终18528号案中,二审法院认为,花千树广州分公司系花千树公司的分公司,花千树公司为世纪佳缘公司的子公司。张某某系与花千树广州分公司建立劳动关系。而两份股票期权协议系由世纪佳缘公司与其签订,也即世纪佳缘公司为案涉股票期权的授予主体。虽然据张某某主张,取消授予案涉股票期权系因其与花千树广州分公司产生劳动争议纠纷。但从合同相对性来说,无论是花千树公司还是花千树广州分公司均非股票期权的授予方,其并不具有可以取消上述股票期权的权利。如果确实存在张某某不能行使上述股票期权的情形,张某某应与股票期权的授予方世纪佳缘公司依约定或通过法定途径解决,而非向本案的花千树公司或花千树广州分公司主张权利。

3. 股票期权是戴某因就职于公司而获得的职位待遇,但该待遇并非公司授予,而是案外人关联公司授予,股票期权就是关联公司的职员激励计划。

在(2015)沪二中民一(民)终字第1294号案中,一审法院认为,讼争股票期权是戴某就职于威士伯上海公司而获得的职位待遇,但该待遇并非威士伯上海公司授予,而是案外人威士伯公司授予。理由在于,戴某虽然主张讼争股票期权系威士伯上海公司基于劳动合同的约定而授予,但其提供的旨在证明本案讼争双方之间形成劳动合同关系的证据即2003年8月7日的通知函,系威士伯公司高级管理人员代表威士伯公司向戴某发出,之后两份变更函以及2011年4月21日终止雇佣关系的通知函,均系威士伯公司高级管理人员代表威士伯公司向戴某发出,均非代表威士伯上海公司发出。2003年8月7日的通知函第一句即开宗明义明确了这项事实,威士伯上海公司只是戴某担任职务以及工作的所在地。虽然戴某与威士伯上海公司形成事实劳动关系,但并不能因此否认戴某与案外人威士伯公司之间雇佣关系的存在,讼争股票期权就是威士伯公司的职员激励计划。

(三)自然人作为激励者

1.激励者可以是公司,也可以是公司的实际控制人,原则以所签订协议记载的主体为准。

在(2021)粤09民终249号案中,二审法院认为,刘某某订立"对赌协议"的相对方主体是谁为本案争议焦点。刘某某上诉主张与其订立股权回购协议的主体是邹某某个人而非高瓷公司。对此,法院认为,《股权回购协议》及《股权回购补充协议》上协议首部"甲方"一栏写明为邹某某;且协议中明确记载了"邹某某(甲方)是公司实际控制人""甲方承诺:甲方是高瓷公司实际控制人",公司成为其本身的控制人并不符合逻辑。事实上,邹某某正是高瓷公司的法定代表人和持股比例最高的股东。因此,从股权回购协议的内容上判断,应当认定与刘某某订立本案"对赌协议"的合同相对方是邹某某个人。

2.从股票来源、支付款项角度认定,股权激励协议可以是两个自然人签订,自然人可以成为激励者。

在(2019)陕01民终9813号案中,二审法院认为,案涉《股权激励方案》是戴某与邢某某个人签订,且该方案中载明,通过股权激励使公司股东和激励对象的利益紧密联系起来,激励戴某的股票来源于邢某某,且邢某某已实际给付戴某部分按该方案计算的款项。《股权激励方案》约定股票兑现方式为按对应日的股票均价在扣除20%税费及相关费用后,由邢某某向戴某支付相对应的折现股票数量的款项,且在之后的履行中邢某某实际给付戴某的亦是相应的款项,戴某从未取得过股票成为第三人股东,故应认定《股权激励方案》系邢某某向戴某发放奖金的方式。邢某某上诉称其与戴某签订《股权激励方案》是代表宝德公司,并非个人行为,与《股权激励方案》记载的内容及实际履行情况不符,不予支持。

3.如股票期权收益的资金来源于公司股东个人,承诺发放奖励的主体亦是股东个人,则公司不属于激励者,股东才是实质的激励者。

在(2014)海民初字第2751号案中,一审法院认为,《股票期权激励计划》中明确规定徐某某获授的股票期权行权后所取得的收益中不少于51%的部分将用于奖励公司其他员工。孙某所提交的《公司期权授予凭证》中虽加盖了双鹭药业公司的印章,但孙某、双鹭药业公司、徐某某均认可《公司期权授予凭证》中所记载的授予"孙某1000股期权"属于徐某某所承诺的奖励的组成部分。在此情况下可以确认,孙某所主张的股票期权收益的资金来源于徐某某个人,承诺向孙某发放奖励的主体亦是徐某某个人。徐某某关于"获授的股票期权行权后所取得的收益中不少于

51%的部分将用于奖励公司其他员工"的承诺是为了双鹭药业公司获得更好的发展。因此,对于奖励对象的确定以及奖励发放的细节问题,双鹭药业公司必然要参与提出意见,故对于双鹭药业公司提出的其在《公司期权授予凭证》中加盖印章的行为不代表承诺奖励是由公司支付的抗辩意见予以采纳。现孙某起诉要求双鹭药业公司按照每股41元的标准向其支付股票相关收益,但双鹭药业公司并非本案适格的被诉主体,依法予以驳回。

4.公司不是案涉股票期权激励合同的当事人,不负有股票期权的相关义务。自然人作为订立股票期权激励合同的当事人,则应当受到合同内容的约束。

在(2018)浙01民终7357号案中,二审法院认为,冯某某和TingTingGroup之间通过2010年《期权计划》《TingTingGroup授予期权通知》成立有关股票期权激励的合同关系,而观澜公司虽然是TingTingGroup的关联公司,且冯某某与观澜公司建立劳动合同关系和履行劳动合同情况与案涉股票期权的授予、行权等考核条件密切相关,但观澜公司并非《期权计划》的制定方、发布方和实施方,也非系争股票期权的授予方,因此观澜公司不是案涉股票期权激励合同的当事人,在本案中对冯某某不负有股票期权的相关义务。TingTingGroup和冯某某作为订立股票期权激励合同的当事人,则应当受到合同内容的约束。

三、合同是否成立生效

1.股权激励计划为公司单方出具的文件,没有激励对象签字确认,且双方并未就有关股权转让事宜达成一致意见,激励对象并未实际持有相应的股权,股权转让关系并不成立,公司收到的股权款应予返还,并赔偿相应损失。

在(2022)粤19民终5223号案中,二审法院认为,阿李公司应否返还朱某某已付款项及利息为本案争议焦点。阿李公司主张其实施了股权激励,朱某某通过李某某代持鸿毅合伙企业的财产份额间接持有阿李公司的激励股权权益,朱某某对此不予确认。对此,法院认为:第一,案涉股权激励实施确认书为阿李公司单方出具的文件,没有朱某某的签字确认,并非朱某某与阿李公司双方签名的合同,阿李公司亦未能举证证明双方就其单方出具股权激励实施确认书前就上述有关事项已达成合意。第二,阿李公司主张李某某代朱某某持有鸿毅合伙企业的财产份额,但李某某与朱某某之间并没有签订任何代持协议,在朱某某不确认阿李公司该主张的情况下,阿李公司也未能提交充分有效证据证明该项主张,应承担举证不能的不利后果。第三,朱某某是阿李公司的前员工,朱某某主张其按照阿李公司的要求和安排支付案涉款项,依据股权激励实施确认书、阿李公司发送的邮件,可以证明李某某受阿李公司的指示收款。第四,朱某某没有与鸿毅合伙企业签订任何持股协议或就股权事宜签订任何协议,阿李公司或鸿毅合伙企业也未就有关朱某某的股权进行工商登记。各方对于有关代持、工商登记、其他款项支付等事项均未进一步磋商以及签订任何协议予以确认。因此,朱某某与阿李公司或鸿毅合伙企业就股权转让事宜未达成一致意见,朱某某并未实际持有相应的股权。案涉股权激励实施确认书涉及的股权转让关系并不成立。

2. 股份期权激励不属于企业员工依据劳动法享有的劳动薪酬或福利,而是企业或者股东赋予特定人员的长效激励举措,双方应按照期权合同履行。

在(2016)浙民终504号案中,二审法院认为,案涉两份股份激励计划的合法性问题为本案争议焦点。付某上诉认为即使可以认定2005年、2007年股份激励计划的内容真实,但其中有关剥夺员工期权股票的内容违反法律规定,不具有合法性,应认定无效。对此,法院认为,2005年、2007年股份激励计划第1条载明计划的宗旨为:"本计划旨在为重要职位吸纳和保持可获得的最佳人选,为雇员、董事和顾问提供额外激励,并促进公司业务的成功发展。"股份期权激励计划的参加人是否愿意签订股份期权合同、期权到期是否愿意行权认购等取决于参加人自身的选择与真实意思表示,但一旦双方签订合同,则双方有关权利义务应按照双方签订的期权合同约定的内容予以确定与履行。案涉三份期权合同双方签约主体适格,意思表示真实;2005年、2007年股份激励计划并未违反我国法律法规的禁止性规定,也不存在免除公司责任、加重参加人责任或者排除参加人主要权利而应认定无效的情形。故该两份股份激励计划的合法性应予以确认。

3. 附条件的民事法律行为在符合所附条件时生效,不可依据未生效股权激励计划来主张确认拥有股权。

在(2016)闽0502民初2287号案中,一审法院认为,雾精灵公司向潘某某发布《关于首轮股权激励办法的通知》,该通知上载明的公司估值、总股本、股权分配,均与雾精灵公司当时在工商登记机关记载的情况不符,雾精灵公司也认为该通知仅是讨论稿和规划,故应认定雾精灵公司向潘某某发布《关于首轮股权激励办法的通知》是附条件的民事法律行为。附条件的民事法律行为在符合所附条件时生效,而雾精灵公司至今尚未符合其所发布的《关于首轮股权激励办法的通知》上所体现的条件,故《关于首轮股权激励办法的通知》未能生效,潘某某基于未生效的通知要求确认其拥有雾精灵公司6万股的股权权利,依法不予支持。

4. 合同附件是否生效,不影响主合同的生效。

在(2020)川01民终18300号案中,一审法院认为,《股权激励方案》对黄某某是否有约束力为本案争议焦点。黄某某主张其没有签署激励方案的全部七个附件,不受《股权激励方案》的约束。一审法院认为,《股权激励方案》是昆香公司为了公司更好地发展、调动员工积极性而制定的内部管理考核文件,激励对象必须与公司签订劳动合同,考核区间是2019年2月1日至2020年1月31日。黄某某与昆香公司签订了2019年度的劳动合同,参加了昆香公司2019年股权激励签约发布大会,签署了《股权激励分红协议书》《年度分红考核表》和《声明书》,文书中载明黄某某充分理解并知悉《股权激励方案》的内容,同意接受激励方案的所有内容和条款。七个附件的签署只是《股权激励方案》的管理性规定,并不是效力性规定,是否全部签署并不影响《股权激励方案》的生效。故黄某某作为员工,《股权激励方案》对其具有约束力。

5. 公司不返还签字盖章后的股权激励文件的行为,视为拒绝承诺或拒绝承诺生效的意思表示,股权激励合同没有成立。

在(2018)京0108民初11025号案中,一审法院认为,王某某的陈述及相关电子邮件表明,王某某在与主管人员"沟通过了股权激励的具体金额及相关事项"后签署了股权激励相关文件,但恒信公司并未将签字或盖章后的最终合同文本交给王某某,因而本案无从确认恒信公司(包括关联方恒兴企业)是否在股权激励文件上签字、盖章,更无从确认股权激励文件对各方权利义务关系的具体表述。在恒信公司与王某某之间系管理者与被管理者的特定情形下(通常在公司内部会存在此种情形),应将恒信公司不返还签字盖章后的股权激励文件的行为,视为拒绝承诺或拒绝承诺生效的意思表示,因此案涉股权激励合同没有成立。

第三节 实务指南

一、跨境电商上市公司的股权激励解析[①]

(一)持股平台的设置

安克创新系通过远景咨询、远见咨询、远帆咨询、远修咨询、远清咨询五家有限

[①] 参见 www.szse.cn/disclosure/listed/bulletinDetail/index.html?c0bc4811-301d-44d2-8672-72cbbdefa2d6,最后访问日期:2024年12月26日。

合伙企业向员工实施股权激励,实现员工对发行人及子公司的间接持股。

这五家持股平台有一个共性,即全部为有限合伙。选择有限合伙企业作为持股平台的几大好处如下:

其一,有限合伙人、普通合伙人之间的权利义务关系、利益分配、投资退出等方面的主要依据是合伙协议,而公司制持股平台受公司法限制较多。

其二,相比于公司型员工持股平台,以有限合伙作为间接员工持股平台,无须设立股东大会、董事会、监事会等完备复杂的公司治理结构,节省持股平台管理成本。

其三,企业员工作为有限合伙人,不享有执行合伙事务的权利,企业高管或其他投资管理公司作为普通合伙人能够以较少的出资决定持股平台的投资决策事项,可以有效地维护创始人对目标公司的控制权,并实现经营过程中的高效决策。

其四,有限合伙企业税负更少,有限合伙企业以"先分后缴"的方式,由合伙人直接纳税,避免了企业所得税和个人所得税的双重纳税(综合税率40%),根据一些地方政策,可以将合伙人股权转让所得税率降至20%。

(二)持股架构的搭建

安克创新的持股平台均通过增资方式实现发行人持股架构的搭建。

(1)发行人于2016年6月7日召开2016年第一次临时股东大会,决议将公司的注册资本由3000万元增加至3120.3991万元,新增注册资本由远清咨询及张某某认购。

其中,远清咨询以43.4760万元的价款认购新增注册资本43.4760万元,张某某以76.9231万元的价款认购新增注册资本76.9231万元。

发行人彼时的全体股东于2016年6月7日签署了相应的《湖南海翼电子商务股份有限公司章程》。长沙市工商行政管理局于2016年6月20日向发行人核发了新的《营业执照》,核准了本次变更。

张某某系公司董事、副总经理,因需对上市公司直接持股,故未放入持股平台。

(2)发行人于2016年6月21日召开2016年第二次临时股东大会,决议将公司的注册资本由3120.3991万元增加至3619.9096万元,新增注册资本由远景咨询、远见咨询、远帆咨询及远修咨询认购。

其中,远景咨询以609.6681万元的价款认购新增注册资本144.7964万元,其余464.8717万元计入发行人资本公积;

远见咨询以609.6681万元的价款认购新增注册资本144.7964万元,其余

464.8717万元计入发行人资本公积;

远帆咨询以609.6681万元的价款认购新增注册资本144.7964万元,其余464.8717万元计入发行人资本公积;

远修咨询以274.1945万元的价款认购新增注册资本65.1213万元,其余209.0732万元计入发行人资本公积。

发行人彼时的全体股东于2016年6月21日签署了相应的《湖南海翼电子商务股份有限公司章程》。长沙市工商行政管理局于2016年6月23日向发行人核发了新的《营业执照》,核准了本次变更。

(三)持股平台的控制

持股平台远修咨询、远清咨询、远景咨询、远帆咨询、远见咨询的执行事务合伙人均为高某,其为发行人的发起人(直接持有发行人2.7707%的股份,远修咨询持有发行人1.3297%的股份,远清咨询持有发行人0.9673%的股份,远景咨询持有发行人2.7011%的股份,远帆咨询持有发行人1.1286%的股份,远见咨询持有发行人1.9850%的股份)。

因持股平台的执行事务合伙人均为高某,其他激励对象作为有限合伙人不参与管理事务且无投票权,因此,仅凭《合伙企业法》而不需要专门的控制权协议,高某就能够直接控制持股平台所有投票权,非常直接高效。

各个持股平台的基本信息见表7-1。

表7-1 各大持股平台的基本信息

持股平台名称	成立时间	注册地址	注册资本	经营范围	执行事务合伙人及份额比例	合伙人人数	是否涉外
长沙远修企业管理咨询合伙企业(有限合伙)(远修咨询)	2015年11月9日	长沙	227.3110万元	企业管理咨询服务;企业管理服务;企业管理战略策划。	高某(0.00004%)	49	否
深圳市海翼远见管理咨询合伙企业(有限合伙)(远见咨询)	2016年4月14日	深圳	339.4464万元	网上经营信息咨询	高某(0.001%)	42	是

(续表)

持股平台名称	成立时间	注册地址	注册资本	经营范围	执行事务合伙人及份额比例	合伙人人数	是否涉外
深圳市海翼远帆管理咨询合伙企业（有限合伙）（远帆咨询）	2016年4月15日	深圳	192.9386万元	网上经营信息咨询	高某（0.001%）	35	否
深圳市海翼远景管理咨询合伙企业（有限合伙）（远景咨询）	2016年4月13日	深圳	461.7342万元	网上经营企业管理咨询、经济信息咨询	高某（7.4216%）	46	否
长沙远清企业管理咨询合伙企业（有限合伙）（远清咨询）	2016年3月11日	长沙	39.2760万元	企业管理咨询	高某（0.003%）	3	是

（四）控制子公司的股权激励

远景咨询、远见咨询、远帆咨询、远修咨询、远清咨询均作为主体公司安克创新的上层持股股东，激励对象作为持股平台的合伙人，从而实现对上市公司的间接持股。

有趣的是，在安克创新的体系内，还存在另外一个独立的持股平台，它是上市公司的控股子公司而非股东，具体信息见表7-2。

表7-2　具体持股平台登记信息

企业名称	深圳海翼远扬管理咨询合伙企业（有限合伙）
成立时间	2016年12月21日
执行事务合伙人	海翼科技
注册资本	30万元
实收资本	30万元
注册地和主要生产经营地	深圳市南山区西丽街道沙河西路3151号新兴产业园（健兴科技大厦）B701-705
主营业务及与发行人主营业务的关系	海翼智新的员工激励平台
设立原因和背景/业务分工及定位	作为海翼智新团队的员工激励平台而设立

1. 该持股平台的历史发展

设立之初,持股平台的股东为两人,注册资本为 2 万元,祝某某持股 50%、深圳海翼翱翔科技有限公司持股 50%。

2017 年 3 月 27 日进行首次变更,深圳海翼翱翔科技有限公司减持出让 46.667%财产份额给激励对象。注册资本增加为 30 万元,激励对象增加 31 名。

截至发行人招股说明书签署之日,海翼远扬的出资结构中,海翼科技作为普通合伙人占据 3.3333%出资份额,余下 37 名合伙人均为自然人。

2. 该持股平台的收益来源

该持股平台本身并无经营也无收益,但该平台对外有持股,持有发行人控股子公司深圳海翼智新科技有限公司 30%股权。

因此,对激励对象而言,股权激励的收益来自两个方面:深圳海翼智新科技有限公司的分红收益与深圳海翼智新科技有限公司的股权增值收益。

深圳海翼智新科技有限公司在 2014 年 1 月 17 日设立,设立之初的股东有阳某(持股百分比 73.9120%)、赵某某(持股百分比 13.0440%)、吴某某(持股百分比 13.0440%),注册资本为 100 万元。

在 2016 年 1 月 8 日,股权变更为安克创新直接 100%持有,2018 年 7 月 4 日,为实施股权激励建立股权池,发行人转让 30%给现在的持股平台。

同时根据发行人招股书显示,该公司以为安克创新科技股份有限公司提供仓储管理服务而设立,2016 年起,相关仓储管理职能转移至安克创新科技股份有限公司,现作为智能创新等产品的研发中心。

因此,可以推断,持股平台的大部分激励对象均为研发人员、核心技术人员。

有趣的是,安克创新、海翼智新(标的公司/控制子公司)、海翼远扬(持股平台)、海翼科技(持股平台 GP)形成一个完整的闭环,形成一个"进可攻、退可守"的势态。既可以由上市公司直接注资开展长期的深度研发业务,也能释放一部分股权对该平台的研发人员实施股权激励,同时保障安克创新对海翼智新的 100%绝对控制,一举多得。

二、示范条款的制定:声明、特别提示、释义

(一)声明

股权激励计划开始部分,声明、特别提示、释义对于理解激励计划的制定背景、缘由、术语含义等都有重要作用,是股权激励计划中的必备条款。

例：

本公司及其董事、监事、高级管理人员保证本激励计划相关信息披露文件不存在虚假记载、误导性陈述或者重大遗漏，并对其内容的真实性、准确性和完整性承担个别及连带责任。

本次所有激励对象承诺：公司因信息披露文件中有虚假记载、误导性陈述或者重大遗漏，导致不符合授予权益或者行使权益安排的，激励对象应当自相关信息披露文件被确认存在虚假记载、误导性陈述或者重大遗漏后，将因股票期权激励计划所获得的全部利益返还给公司。

（二）特别提示

本条款阐述问题较多，包括股权激励计划制定的法律依据、激励股权来源（股票期权、限制性股票或其他）、授予权益数量及占比情况、激励对象资格合规情况、履行公司内部程序情况等。

例：

（1）本激励计划由×股份有限公司（以下简称"公司"或"本公司"）依据《公司法》《证券法》《上市公司股权激励管理办法》和其他有关法律、行政法规、规范性文件以及公司章程等有关规定制定。

（2）本激励计划采取的激励方式为股票期权。股票来源为并行科技向激励对象定向发行的公司普通股。

（3）本激励计划向激励对象拟授予的股票期权数量合计×万份，占本激励计划公告日公司股本总额×万股的×%。其中首次授予×万份，占本激励计划授予总量的×%，占本激励计划公告时公司股本总额的×%；预留×万份，占本激励计划授予总量的×%，占本激励计划公告时公司股本总额的×%。（没有预留权益的，则概括说明。）

……

本次激励对象符合《上市公司股权激励管理办法》等法律法规规定，不存在不得成为激励对象的法定情形；公司也不存在法定的不得实行股权激励的情形，公司承诺不为任何激励对象依本激励计划获取有关股票期权提供贷款以及其他任何形式的财务资助，包括为其贷款提供担保。

（4）本激励计划经公司股东会审议通过后，公司将在60日内按相关规定召开董事会向激励对象授予权益，并完成登记、公告等相关程序。公司未能在60日内完成上述工作的，应当及时披露不能完成的原因，并宣告终止实施本激励计划。根据

《上市公司股权激励管理办法》及其他相关法律、行政法规、部门规章及规范性文件等规定不得授出权益的期间不计算在前述 60 日内。

(5)本激励计划的实施不会导致公司股权分布不具备上市条件。

(6)本激励计划对激励对象设置的公司层面业绩考核指标和目标不构成公司对投资者的业绩预测和实质承诺。

(三)释义

本条款是关于股权激励计划中简化术语所代表的具体含义,是简洁行文表达需要,很多商事合同中也经常运用到类似以表格形式来说明的表达方式。(见表7-3)

例:

表 7-3　股权激励计划术语含义

简称	具体含义
公司、本公司	×股份有限公司
股票期权激励计划	×股份有限公司×年股票期权激励计划
股票期权、期权	公司授予激励对象在未来一定期限内以预先确定的价格和条件购买公司一定数量股票的权利,又称权益。
激励对象	按照本激励计划规定,获得权益的公司(含全资及控股子公司)董事(不含独立董事)、高级管理人员和核心员工以及对公司经营业绩和未来发展有直接影响的其他员工。
授予日	公司向激励对象授予股票期权的日期,授予日必须为交易日。
……	

三、示范条款的制定:目的原则、管理机构

(一)目的原则

例:

为进一步建立、健全公司长效激励机制、共享机制、约束机制,增强公司核心经营管理团队与公司共同成长发展的价值理念和企业文化,为股东带来持久价值回报,吸引和留住优秀人才,充分调动公司董事、高级管理人员、员工的积极性,有效地将股东利益、公司利益、核心团队及员工个人利益结合在一起,使各方共同关注公司的长远可持续发展,在充分保障股东利益的前提下,公司按照收益与贡献对等原则,根据《公司法》《证券法》《上市公司股权激励管理办法》等有关法律、行政法

规和规范性文件以及公司章程的规定,立足当前发展阶段和实际,结合行业及公司长远发展战略,基于依法合规、自愿参与原则,制定本计划。

(二)管理机构

本条款关于股权激励计划实施中,公司内部治理机构的权限分配问题。

例:

(1)股东会作为公司的最高权力机构,负责审议批准本激励计划的实施、变更和终止;股东会可以在其权限范围内将与本激励计划相关的部分事宜授权董事会办理。

(2)董事会是本激励计划的执行管理机构,负责本激励计划的实施。董事会负责拟订、修订及审议本激励计划;董事会对本激励计划审议通过后,报公司股东会审批,并在股东会授权范围内办理本激励计划的相关事宜。

(3)监事会和独立董事是本激励计划的监督机构,监事会应就本激励计划是否有利于公司的持续发展、是否存在明显损害公司及全体股东利益的情况发表意见;监事会应对本激励计划激励对象名单进行审核,并对本激励计划的实施是否符合相关法律、行政法规、部门规章、规范性文件和证券交易所业务规定进行监督;独立董事应就本激励计划向所有股东征集委托投票权。

(4)公司在股东会审议通过本激励计划之前对其进行变更的,监事会应当就变更后的计划是否有利于公司的持续发展,是否存在明显损害公司及全体股东利益的情形发表独立意见。

(5)公司在向激励对象授出权益前,监事会应当就股权激励计划授予相关事项发表明确意见。若公司向激励对象授出权益与本计划安排存在差异,监事会应当就差异情形发表明确意见。

(6)激励对象在行使权益前,监事会应当就本激励计划设定的激励对象行使权益的条件是否成就发表明确意见。

第八章 股权激励合同的效力

第一节 请求权基础规范

一、《民法典》规定

（一）无效合同

第144条 无民事行为能力人实施的民事法律行为无效。

第146条 行为人与相对人以虚假的意思表示实施的民事法律行为无效。

以虚假的意思表示隐藏的民事法律行为的效力，依照有关法律规定处理。

第153条 违反法律、行政法规的强制性规定的民事法律行为无效。但是，该强制性规定不导致该民事法律行为无效的除外。

违背公序良俗的民事法律行为无效。

第154条 行为人与相对人恶意串通，损害他人合法权益的民事法律行为无效。

（二）可撤销合同

第147条 基于重大误解实施的民事法律行为，行为人有权请求人民法院或者仲裁机构予以撤销。

第148条 一方以欺诈手段，使对方在违背真实意思的情况下实施的民事法律行为，受欺诈方有权请求人民法院或者仲裁机构予以撤销。

第149条 第三人实施欺诈行为，使一方在违背真实意思的情况下实施的民事法律行为，对方知道或者应当知道该欺诈行为的，受欺诈方有权请求人民法院或者仲裁机构予以撤销。

第150条 一方或者第三人以胁迫手段，使对方在违背真实意思的情况下实施的民事法律行为，受胁迫方有权请求人民法院或者仲裁机构予以撤销。

第151条 一方利用对方处于危困状态、缺乏判断能力等情形，致使民事法律行为成立时显失公平的,受损害方有权请求人民法院或者仲裁机构予以撤销。

(三)成立但未生效合同

第 502 条 依法成立的合同,自成立时生效,但是法律另有规定或者当事人另有约定的除外。

依照法律、行政法规的规定,合同应当办理批准等手续的,依照其规定。未办理批准等手续影响合同生效的,不影响合同中履行报批等义务条款以及相关条款的效力。应当办理申请批准等手续的当事人未履行义务的,对方可以请求其承担违反该义务的责任。

依照法律、行政法规的规定,合同的变更、转让、解除等情形应当办理批准等手续的,适用前款规定。

(四)关于赠与

第 158 条 民事法律行为可以附条件,但是根据其性质不得附条件的除外。附生效条件的民事法律行为,自条件成就时生效。附解除条件的民事法律行为,自条件成就时失效。

第 657 条 赠与合同是赠与人将自己的财产无偿给予受赠人,受赠人表示接受赠与的合同。

第 658 条 赠与人在赠与财产的权利转移之前可以撤销赠与。

经过公证的赠与合同或者依法不得撤销的具有救灾、扶贫、助残等公益、道德义务性质的赠与合同,不适用前款规定。

第 659 条 赠与的财产依法需要办理登记或者其他手续的,应当办理有关手续。

第 660 条 经过公证的赠与合同或者依法不得撤销的具有救灾、扶贫、助残等公益、道德义务性质的赠与合同,赠与人不交付赠与财产的,受赠人可以请求交付。

依据前款规定应当交付的赠与财产因赠与人故意或者重大过失致使毁损、灭失的,赠与人应当承担赔偿责任。

第 661 条 赠与可以附义务。

赠与附义务的,受赠人应当按照约定履行义务。

第 662 条 赠与的财产有瑕疵的,赠与人不承担责任。附义务的赠与,赠与的财产有瑕疵的,赠与人在附义务的限度内承担与出卖人相同的责任。

赠与人故意不告知瑕疵或者保证无瑕疵,造成受赠人损失的,应当承担赔偿责任。

第663条 受赠人有下列情形之一的,赠与人可以撤销赠与:(一)严重侵害赠与人或者赠与人近亲属的合法权益;(二)对赠与人有扶养义务而不履行;(三)不履行赠与合同约定的义务。

赠与人的撤销权,自知道或者应当知道撤销事由之日起一年内行使。

二、其他法律规定

《民法典合同编通则司法解释》

第12条 合同依法成立后,负有报批义务的当事人不履行报批义务或者履行报批义务不符合合同的约定或者法律、行政法规的规定,对方请求其继续履行报批义务的,人民法院应予支持;对方主张解除合同并请求其承担违反报批义务的赔偿责任的,人民法院应予支持。

人民法院判决当事人一方履行报批义务后,其仍不履行,对方主张解除合同并参照违反合同的违约责任请求其承担赔偿责任的,人民法院应予支持。

合同获得批准前,当事人一方起诉请求对方履行合同约定的主要义务,经释明后拒绝变更诉讼请求的,人民法院应当判决驳回其诉讼请求,但是不影响其另行提起诉讼。

负有报批义务的当事人已经办理申请批准等手续或者已经履行生效判决确定的报批义务,批准机关决定不予批准,对方请求其承担赔偿责任的,人民法院不予支持。但是,因迟延履行报批义务等可归责于当事人的原因导致合同未获批准,对方请求赔偿因此受到的损失的,人民法院应当依据民法典第一百五十七条的规定处理。①

第13条 合同存在无效或者可撤销的情形,当事人以该合同已在有关行政管理部门办理备案、已经批准机关批准或者已依据该合同办理财产权利的变更登记、移转登记等为由主张合同有效的,人民法院不予支持。②

第24条 合同不成立、无效、被撤销或者确定不发生效力,当事人请求返还财产,经审查财产能够返还的,人民法院应当根据案件具体情况,单独或者合并适用返还占有的标的物、更正登记簿册记载等方式;经审查财产不能返还或者没有必要返还的,人民法院应当以认定合同不成立、无效、被撤销或者确定不发生效力之日该财产的市场价值或者以其他合理方式计算的价值为基准判决折价补偿。

---

① 批准生效合同的法律适用。
② 备案合同、已批准合同、已办理产权变更登记合同等的效力认定。

除前款规定的情形外,当事人还请求赔偿损失的,人民法院应当结合财产返还或者折价补偿的情况,综合考虑财产增值收益和贬值损失、交易成本的支出等事实,按照双方当事人的过错程度及原因力大小,根据诚信原则和公平原则,合理确定损失赔偿额。

合同不成立、无效、被撤销或者确定不发生效力,当事人的行为涉嫌违法且未经处理,可能导致一方或者双方通过违法行为获得不当利益的,人民法院应当向有关行政管理部门提出司法建议。当事人的行为涉嫌犯罪的,应当将案件线索移送刑事侦查机关;属于刑事自诉案件的,应当告知当事人可以向有管辖权的人民法院另行提起诉讼。①

第 25 条 合同不成立、无效、被撤销或者确定不发生效力,有权请求返还价款或者报酬的当事人一方请求对方支付资金占用费的,人民法院应当在当事人请求的范围内按照中国人民银行授权全国银行间同业拆借中心公布的一年期贷款市场报价利率(LPR)计算。但是,占用资金的当事人对于合同不成立、无效、被撤销或者确定不发生效力没有过错的,应当以中国人民银行公布的同期同类存款基准利率计算。

双方互负返还义务,当事人主张同时履行的,人民法院应予支持;占有标的物的一方对标的物存在使用或者依法可以使用的情形,对方请求将其应支付的资金占用费与应收取的标的物使用费相互抵销的,人民法院应予支持,但是法律另有规定的除外。②

→参考:司法政策文件《九民会议纪要》

37.【未经批准合同的效力】法律、行政法规规定某类合同应当办理批准手续生效的,如商业银行法、证券法、保险法等法律规定购买商业银行、证券公司、保险公司 5%以上股权须经相关主管部门批准,依据《合同法》第 44 条第 2 款的规定,批准是合同的法定生效条件,未经批准的合同因欠缺法律规定的特别生效条件而未生效。实践中的一个突出问题是,把未生效合同认定为无效合同,或者虽认定为未生效,却按无效合同处理。无效合同从本质上来说是欠缺合同的有效要件,或者具有合同无效的法定事由,自始不发生法律效力。而未生效合同已具备合同的有效要件,对双方具有一定的拘束力,任何一方不得擅自撤回、解除、变更,但因欠缺法律、行政法规规定或当事人约定的特别生效条件,在该生效条件成就前,不能产生请求

---

① 合同不成立、无效、被撤销或者确定不发生效力的法律后果。
② 折价返还及其利息计算。

对方履行合同主要权利义务的法律效力。

38.【报批义务及相关违约条款独立生效】须经行政机关批准生效的合同,对报批义务及未履行报批义务的违约责任等相关内容作出专门约定的,该约定独立生效。一方因另一方不履行报批义务,请求解除合同并请求其承担合同约定的相应违约责任的,人民法院依法予以支持。

39.【报批义务的释明】须经行政机关批准生效的合同,一方请求另一方履行合同主要权利义务的,人民法院应当向其释明,将诉讼请求变更为请求履行报批义务。一方变更诉讼请求的,人民法院依法予以支持;经释明后当事人拒绝变更的,应当驳回其诉讼请求,但不影响其另行提起诉讼。

40.【判决履行报批义务后的处理】人民法院判决一方履行报批义务后,该当事人拒绝履行,经人民法院强制执行仍未履行,对方请求其承担合同违约责任的,人民法院依法予以支持。一方依据判决履行报批义务,行政机关予以批准,合同发生完全的法律效力,其请求对方履行合同的,人民法院依法予以支持;行政机关没有批准,合同不具有法律上的可履行性,一方请求解除合同的,人民法院依法予以支持。

第二节 裁判精要

一、股权激励合同是否有效

1.激励计划及相关议案经股东会表决通过,合法有效。

在(2021)京0108民初40656号案中,一审法院认为,东方网力公司主张《首次授予协议书》第8条第1款的约定以及《回购注销限制性股票公告》中关于回购单价的内容无效。对此,法院认为,一方面,《激励计划》对于东方网力公司设立该激励计划的目的进行了说明,对于东方网力公司终止实施该激励计划,由东方网力公司回购注销激励对象已获授但尚未解除限售的限制性股票的情形作出了规定;《首次授予协议书》则明确约定东方网力公司按照《激励计划》的规定回购注销限制性股票的回购价格为授予价格,但根据《激励计划》,须对回购价格进行调整的,按照调整后价格回购,同时约定与《激励计划》相关规定并不存在冲突,也不存在违背东方网力公司设立《激励计划》初衷的情形。

另一方面,《回购注销限制性股票公告》的主要内容是东方网力公司《关于调整第三期及第三期(预留)限制性股票回购数量及价格的议案》及《关于回购注销部分限制性股票的议案》,这两项议案已经东方网力公司2020年第一次临时股东大会审议通过并作出股东大会决议。东方网力公司股东大会作为权力机构,审议通过了上述两项议案,体现了东方网力公司的真实意思表示。《回购注销限制性股票公告》对回购价格的调整方法进行了阐述,并约定了回购价格,该回购价格并不存在违反《激励计划》回购条款设计目的的情形,反映了东方网力公司的真实意思表示,合法有效。

2. 未签订股权激励计划,或虽有股权激励计划,但未对股权激励对象、实施时间、金额、持股比例等作出详细规定,未能证明股权激励计划已实施,也未能证明员工在实施对象范围之内,也没有证据证明计划经公司股东审议通过,则股权激励计划无效。

在(2020)粤03民终19054号案中,二审法院认为,首先,殷某某、嘉联公司未签订书面的股权激励计划的相关协议,而殷某某仅提交《员工长期激励项目历程回顾》,未对股权激励对象、实施时间、金额、持股比例等进行规定,未能证明嘉联公司的股权激励计划已实施,也未能证明殷某某在该计划的实施对象范围之内。且殷某某自称其与嘉联公司指定的公司签订了17万余元借款合同,现有证据不足以证明该17万余元是殷某某支付的股权转让款。其次,嘉联公司提交的2017年4月14日《嘉联支付有限公司股东决定书》显示,《嘉联支付事业聚点激励计划管理办法》及其项下的激励计划未经公司股东授权及审议通过,该管理办法及激励计划无效。

3. 激励对象与公司不存在劳动关系,则期股授予协议可能为借款协议。

在(2021)粤20民终4050号案中,二审法院认为,一般而言,期股是公司把股权赠予或配予经理阶层和优秀员工,向经营者提供激励的一种报酬制度,期股协议的一方主体应是企业的员工。本案中,徐某某与中安瑞宝公司均确认双方不存在劳动关系,双方于2015年6月10日签订的《期股授予协议书》中约定"乙方(徐某某)为甲方(中安瑞宝公司)签署劳动合同的正式员工,甲方按照有关规定对乙方参与股权激励计划进行了资格认定"没有事实依据,故双方签订的期股授予协议实为借款协议。双方在期股授予协议中约定期股持股平台为汉通企业,虽然徐某某与汉通企业也签订了与上述协议内容一致的《期股授予协议书》并将徐某某登记为汉通企业的合伙人、自然人股东兼实际控制人,但是徐某某与汉通企业建立的一系列关系是以与中安瑞宝公司签订的期股授予协议为基础的。故此,对中安瑞宝公司上诉认为应按合伙关系处理本案的主张,不予支持。

二、股权激励与股权赠与

（一）赠与关系成立：附义务的赠与

1. 股东会决议作出赠与股权的决定属于赠与合同的要约，作出赠与意思表示的主体实质是公司的股东，一般会设定服务期限作为赠与的条件，接受赠与的意思表示可以通过与公司签订的聘用合同来证实。

在(2017)川民申 4496 号案中，再审法院认为，本案虽然以兴晟公司股东会决议的形式作出赠与谢某某 5%股权的决定，但对于谢某某而言，股东会决议属于赠与合同的要约，作出赠与意思表示的是兴晟公司的股东周某某和万某某，赠与的主体是周某某和万某某，赠与的条件是谢某某承诺为兴晟公司入职服务 5 年。此后谢某某与兴晟公司签订了为期 5 年的聘用合同。因此，谢某某虽然未在股东会决议上签字，但通过签订聘用合同的行为作出了接受赠与的意思表示，双方的赠与合同成立。

2. 赠与可以附义务，赠与附义务的，受赠人应当按照约定履行义务，违反赠与合同义务时，应当依约定承担赔偿责任。

在(2009)民二终字第 43 号案中，二审法院认为，李某某的辞职是否符合《股权赠与协议》约定的赔偿条件为本案争议焦点。《股权赠与协议》和《股权受赠承诺书》均是柴某某与李某某双方的真实意思表示，内容未违反法律和行政法规的禁止性规定，应确认合法有效。雪莱特公司亦按赠与关系办理了公司股权的变更登记手续。柴某某赠与李某某雪莱特公司 0.7%股权的行为已履行。李某某并未否认受赠柴某某的雪莱特公司 0.7%股权的事实。柴某某与李某某通过签订《股权赠与协议》和《股权受赠承诺书》设立了赠与合同关系，约定了李某某受赠后要在雪莱特公司服务 5 年的义务。李某某对受赠该部分股权作了三点承诺：其一，如 5 年之内从雪莱特公司主动离职要向柴某某作出赔偿。其二，如受赠股份未上市流通，赔偿金额=受赠股份数×雪莱特公司最近一期经审计的每股净资产值；如受赠股份已上市流通，赔偿金额=受赠股份数×离职之日股票交易收盘价。其三，离职之日由雪莱特公司人力资源部确定。这三点承诺是对受赠人李某某违反赠与合同义务的赔偿责任约定。

3. 受赠公司股权的条件是激励对象长期为公司提供有价值的服务，赠与股权属于附义务的赠与，激励对象不履行义务的，丧失赠与合同的相关权利，公司可以拒绝赠与股权。

在(2019)京 03 民终 5622 号案中，一审法院认为，斐德瑞公司可以不向彭某履行赠股的义务。根据各方订约的目的和《股权转让合作协议》直接约定,彭某受赠东方舞台公司股权的条件是彭某作为"骨干"服务东方舞台公司,故斐德瑞公司约定的赠与股权属于附义务的赠与。彭某应当按照《股权转让合作协议》约定,全面履行合同义务并且不存在违反合同约定的获得股份赠与的限制性条件的情形。

首先,各方签订《股权转让合作协议》的目的是各方根据各自业务发展需要,先行完成股权转让再进行合作,促进东方舞台公司长期良好发展。彭某在履行协议过程中主张合同目的落空,并不依约及时完成东方舞台公司的股权变更登记,也未返还东方舞台公司的公章和财务账簿等财物,影响斐德瑞公司获得东方舞台公司股权并使东方舞台公司难以正常经营,彭某的行为,违背了双方订约之目的。

其次,《股权转让合作协议》明确赠与股份是为了"激励人才"而赠与公司"骨干"即彭某等人,要求彭某等人入职公司并努力工作使东方舞台公司有更好的发展。基于彭某等人的角度,自愿为东方舞台公司服务并成为东方舞台公司的骨干人才,在促进东方舞台公司发展的同时获得个人利益及东方舞台公司股东自愿赠与的股份;基于斐德瑞公司角度,斐德瑞公司投资东方舞台公司,并以赠与股权的报酬促使彭某等骨干继续留任,实现投资盈利之公司经营目的。但合同履行过程中,彭某等人未实际为东方舞台公司提供符合合同目的和要求的服务并成为东方舞台公司的"骨干",故彭某获得股权赠与的基础丧失。

再次,《股权转让合作协议》约定彭某等人在签订该协议后,应共同进行工商登记变更,持股比例按照协议约定履行;并约定双方签订不短于5年的劳动合同、5年内不得在其他公司兼职、5年内不得成为与东方舞台公司业务相同或有竞争关系公司的股东、实际控制人。另外还约定,如彭某未经斐德瑞公司和彭某等个人受赠股持有方其他人员书面同意,在5年内主动辞职或者离开、在其他公司兼职、成为与东方舞台公司业务相同或者有竞争关系公司的股东或实际控制人的,受赠人丧失受赠资格。彭某认可其系思特杰公司、中成建德公司、赛迪瑞程中心的股东,其中中成建德公司在《股权转让合作协议》签订后还进行了公司业务范围和股东变更登记,彭某未证明其继续作为上述公司股东已获得斐德瑞公司的书面同意,故该行为违反了合同约定的彭某获得股权赠与的相应条件。按照合同约定,彭某已丧失获得股权赠与的资格。

最后,案涉合同为股权转让合作协议,双方均应严格履约、诚实履约。但《股权转让合作协议》签订后,彭某拒绝办理公司变更登记手续,拒绝返还公司财物,以其行为以及明示表明不再继续履行《股权转让合作协议》,故作为股权受让方的斐德瑞公司拒绝向彭某赠股并无不当。

综上,《股权转让合作协议》签订后,彭某未严格履约,并主动提出合同不能继续履行,属于违约在先,其未完全履行合同义务和要求,丧失了受赠股权的合同权利,斐德瑞公司有权拒绝赠与股权。

(二)赠与关系不成立:并非无偿性、单务性

1.赠与合同属于单务无偿合同,是受赠人纯获利益的合同。激励对象为公司作出了贡献,公司赠与股权相关待遇,该待遇属股权激励,并非属于股权赠与。

在(2021)最高法民申6258号案中,再审法院认为,袁某某申请再审称,案涉《代持协议》实为赠与合同,袁某某个人向张某无偿赠与500万份股权,但并未实际交付,故袁某某可撤销赠与。对此,法院认为,赠与合同属于单务无偿合同,是受赠人纯获利益的合同。从案涉《代持协议》的表述可知,张某为山水公司融资借款2000万元,且山水公司和袁某某未支付利息等费用,即袁某某奖励给张某500万份股权的行为不完全符合无偿赠与的特征,故此法院对袁某某关于撤销对张某500万份山水公司股权的赠与的主张不予支持。

2.激励对象以优惠价格购买虚拟股票,可根据约定自行决定行权以获得股票的即期价值;同时被授予虚拟股票时应支付相应的购股款,且一定期限内不得行权,公司与激励对象各自均享有相应的权利并负有相应的义务,故股权激励协议不符合赠与合同无偿性和单务性的特点。

在(2016)京01民终字350号案中,魏某某主张,因《协议书》性质的为附条件赠与合同,且其支付的166250元并非待行权内容的组成部分,故方正公司应向其返还上述款项。对此,法院认为,首先,根据《协议书》及《激励方案》的约定,方正公司授予魏某某以优惠价格购买或认购用于股权激励计划的虚拟股票,魏某某可根据合同的约定自行决定行权以获得股票的即期价值;同时,魏某某被授予虚拟股票时应支付相应的购股款,且其在签订《协议书》之日起3年内不得行权,根据上述内容,方正公司与魏某某各自均享有相应的权利并负有相应的义务,故《协议书》和《激励方案》的性质并不符合赠与合同的法律特征;其次,方正公司采取授予魏某某虚拟股票的方式进行激励计划,魏某某并非据此实际持有相应的股票,而是根据上述股票的即期价值,在符合约定的条件时行权以获取相应收益,故上述股票是魏某某任职公司的股票,抑或是方正公司的股票,并非认定《协议书》和《激励方案》性质的依据;再次,根据《协议书》的约定,魏某某须当期支付购股资金后,方能获得方正公司授予的虚拟股票,而对于购股资金在何种条件下应予以返还或不予返还,则系

魏某某与方正集团对该资金如何处理进行的约定,由此并不足以否定魏某某基于上述对待给付而获取虚拟股票。法院认定魏某某支付的购股款与虚拟股票的增值部分共同构成虚拟股票价值并无不当,魏某某该主张缺乏事实和法律依据。

3. 赠与合同的最主要特征是无偿性和单务性。股权激励中的股权并非无偿赠与,而是需要激励对象对公司有贡献、有业绩、有付出,是附有条件的,激励对象一般都会据此获得股权或股权收益,赠与的目的是取得所附义务的履行,该赠与与所附的义务的履行之间具有法律上的关联,据此可以否定该合同的单务性,因此,股权激励中的股权转让并不属于赠与合同。

在(2018)粤03民终21747号案中,二审法院认为,案涉《股份赠与协议》是否属赠与合同及上诉人是否有权撤销该合同为本案争议焦点。《股份赠与协议》约定乙方赵某赠与甲方杨某4%股份,同时约定杨某的义务,即杨某在股东决议时应与赵某保持一致,并约定如甲方在公司取得阶段性成就以前离开团队,本协议撤销。阶段性成就定义为公司实现年度收入1000万元人民币或者实现年度盈利。故杨某在公司实现年度收入1000万元或者实现年度盈利前有义务留在团队。杨某需要留在团队并为团队努力工作,以实现阶段性目标,故该合同附以杨某的义务并不能说是微小的,也并不能说杨某和赵某均不以此作为取得股份的对价。杨某本身是公司的员工,其工作成果与赵某赠与公司股份在法律上存在关联性,因此可以说赵某赠与杨某股份是以杨某留在团队工作、实现阶段性目标为目的,杨某需要作出符合对价的给付,因此该合同并非单务的合同,故《股份赠与协议》不属赠与合同。

4. 关于股权激励的约定可能不是附条件的赠与合同,而是劳动合同中关于激励对象待遇的约定。

在(2018)闽07民终849号案中,二审法院认为,《关于董事长财务助理的协定》中关于股权激励的约定是不是附条件的赠与合同的问题为本案争议焦点。首先,《关于董事长财务助理的协定》的性质,从其内容看,是对朱某某在龙泰公司的工作项目及待遇作出的约定,符合劳动合同的特征,属劳动合同;其次,《关于董事长财务助理的协定》中关于股权激励的约定,是对朱某某享有的待遇作出的约定,据此可以判断其内容是对朱某某享有该待遇及参与股权激励的条件和股份限额、对价、权益的约定。因此,足以认定《关于董事长财务助理的协定》中关于股权激励的约定不是附条件的赠与合同,而是劳动合同中关于朱某某待遇的约定,本案纠纷的性质也因此应当是福利待遇纠纷,而非追索劳动报酬纠纷。

5.判断协议书性质系股权激励合同或赠与合同,可以从签约主体身份、缔约目的及协议书约定的权利义务内容等方面进行认定。

在(2016)闽02民终1929号案中,一审法院认为,案涉《协议书》性质系股权激励合同或赠与合同为本案争议焦点。有关《协议书》的性质应结合签约主体身份、缔约目的及协议书约定的权利义务内容等方面进行认定。

第一,本案《协议书》的签约主体。协议三方分别为三维丝公司、王某某及丘某某、罗某某、罗某2,其中丘某某、罗某某、罗某2系三维丝公司原创股东及实际控制人,王某某将受聘担任三维丝公司董事会秘书,负责公司股东大会及董事会具体日常事务等工作。

第二,本案《协议书》的签约目的。《协议书》鉴于条款及相关内容载明,三方签订该协议是基于三维丝公司拟在条件成熟时申请公开发行股票并上市的计划,丘某某、罗某某、罗某2承认王某某的价值,为激励王某某更好地为公司发展尽责尽力而承诺补偿赠送其持有的公司上市后的部分股份,且约定了若三维丝公司未能完成IPO或王某某未能勤勉尽职,则王某某不再享有补偿赠送的全部或部分股份的权利。从上述协议约定可见,缔约目的在于促进三维丝公司公开发行股票并上市,作为公司原创股东及实际控制人的丘某某等人,自愿按照协议约定给予王某某相应的股份激励和补偿。

第三,根据《协议书》约定,王某某应在2009年5月25日至2012年5月24日受聘担任三维丝公司董事会秘书并尽力履行职责,遵守公司规章制度,维护公司利益,不得出现因重大过失造成公司损失的情形。若满足上述条件,王某某有权向公司原创股东主张激励和补偿公司股份;公司原创股东承诺对拟补偿赠与的股份享有完全的独立权益,没有设置任何抵押亦不存在争议、诉讼,在享有因公司IPO上市所带来的自身股权价值大幅增值的利益的同时,应当向王某某补偿赠送相应股份,根据王某某的指示协助其享有相应的分红派股权利以及出售股份获得价款的权利,可见,王某某在协议中并非只享有权利不承担义务,丘某某、罗某某、罗某2也并非只承担义务不享有权利,三方权利和义务均是对等的。

第四,本案不符合赠与合同的特征。赠与合同是指赠与人将自己的财产无偿给予受赠人,受赠人表示接受赠与的合同。可见赠与合同是单务合同,赠与人只承担赠与义务而不享有向受赠人提出请求的权利,而受赠人只享有受赠权利而不承担相应的义务。本案协议虽然使用"赠与"一词,但结合协议约定的内容,协议各方均享有权利并承担相应的义务,故本案应为公司股东与高级管理人员之间的股权激励协议而非赠与合同。二审法院持相同观点。

6.若名为股权赠与协议,但更多体现的是激励者必须为公司提供长期服务,则该协议并非一般意义上的赠与合同,而是体现等价有偿性的股权激励合同。

在(2018)苏民终768号案中,二审法院认为,陈某自天目湖俱乐部成立以来一直担任总经理,负责天目湖俱乐部的日常经营管理,而签订《股权赠与协议》时李某某持有天目湖俱乐部40%股份,其股权收益与天目湖俱乐部职业经理人的经营管理成果密切相关。陈某系具有天目湖俱乐部所经营的高尔夫球场运营经验的职业经理人,李某某给予陈某一定的天目湖俱乐部股份能够将陈某的收益与其经营管理天目湖俱乐部的成果挂钩,激励陈某在天目湖俱乐部长期服务,提高其工作的积极性和能动性。因此,虽然案涉《股权赠与协议》名为赠与协议,但该协议并非一般意义上的赠与合同,而更多体现的是等价有偿的股权激励合同的性质。李某某将其5%的天目湖俱乐部股份给予陈某,实际上并非没有对价的"无偿赠与",而是案涉《股权赠与合同》所约定的"管理奖励",即李某某给予陈某5%的天目湖俱乐部股权的对价是陈某担任天目湖俱乐部的职业经理人并提供长期服务。

(三)赠与能否撤销

1.从股东名册是否变更、工商登记是否变更、是否侵害其他股东优先购买权、公司内部是否对员工持股存在特殊规定等角度,判断基于股权激励而赠与的股权是否已交付。如未交付,股权交付之前可以撤销赠与。

在(2019)京03民终15509号案中,二审法院认为,案涉股权的赠与是否可撤销为本案争议焦点。

第一,根据相关法律规定判断股权交付与否。首先,股东名册未变更。刘某没有举证证明股东名册登记变更情况,且双方均认可该赠与股权的转让没有进行工商登记。其次,刘某主张有股东不同意该股权转让。刘某主张其他公司股东不同意该股权转让,且该股权转让未经过公司内部决议程序。刘某未提交证据证明其在接受股权转让前审查过其他股东对于行使优先购买权的意思表示。因此,根据现行法律规定,刘某现并未依法取得相应股权。

第二,公司内部是否对员工持股存在特殊规定。刘某系佳美公司的员工,若公司内部有员工持股的特殊规定,可证明刘某有权作为员工获得股权激励。对此,刘某主张佳美公司内部不存在对于公司整体的股权激励政策及员工持股的规定,仅在与特定人员签订股权激励协议时进行特殊约定。刘某亦未提交证据证明佳美公司对员工持股存在特殊规定。

第三,刘某是否基于《协商》文件、《The Offer》《股权转让协议》而取得股权。《协商》文件约定了受赠人的义务,即刘某应任职满3年,在受赠人不履行赠与合同约定的该义务时,该赠与可撤销;《The Offer》相关条款也并不能直接看出股权交付确权的意思表示。同时,佳美公司对于此类员工激励股权的约定是,如果员工离职,即使是员工支付转让款而取得的股权也应当返还,那么赠与的股权就更应返还;《股权转让协议》约定公司取得转让后换发的营业执照即视为股权转让完成,因视为股权转让完成的条件并未成就,不应因此约定认定刘某已取得赠与的股权。因此,该股权交付前仍可撤销赠与。综上,案涉股权的赠与可撤销。

2. 股权转让协议未实际履行,可按股权激励对象尚未服务时间所对应股权数作为退还股权标准,对已履行服务时间所对应的股权数不能主张撤销赠与。

在(2009)民二终字第43号案中,再审法院认为,雪莱特公司决定于2007年8月28日与李某某正式解除劳动关系时,李某某依据《关于股份出让的有关规定》自2003年1月1日持股后在雪莱特公司服务了近4年零9个月,尚有4个月的服务时间未满,按每月获赠股份的数额折合可撤销赠与的4个月股份数为348259股。李某某约定服务时间5年计60个月,平均每月获赠股份为$5223886 \div 60 \approx 87064.77$(股),4个月对应的股份数额为$87064.77 \times 4 \approx 348259$(股),李某某应退还柴某某。柴某某上诉请求行使撤销权的观点成立,但由于李某某已经履行了赠与所附条件约定的大部分服务时间之义务,其请求撤销全部赠与的主张,不予支持,对李某某服务时间未满足部分对应的股权,准许其撤销赠与。

3. 激励对象须经股东会审议通过方能获授公司股份,不能当然地享有公司股份,股权激励的约定是附条件的赠与合同,不属于不可任意撤销的赠与合同,在转移股权之前可以任意撤销赠与。

在(2018)闽07民终849号案中,二审法院认为,龙泰公司是否应当向朱某某交付股份的问题为本案争议焦点。《关于董事长财务助理的协定》约定,朱某某参与股权激励是有条件的,并不当然地享有参与股权激励的权利,且双方并无特别约定朱某某参与股权激励不适用龙泰公司的相关规定,而根据龙泰公司股东大会审议通过的股权激励方案,即便朱某某享有参与股权激励的权利,属激励对象,尚须同时满足该方案规定的若干条件且股权激励计划经股东大会审议通过方能获授公司股份,不能当然地享有公司股份;本案朱某某并未提供证据证明其已满足该方案规定的条件并经股东大会审议通过获授公司股份;即便如朱某某主张,《关于董事长财务助理的协定》中关于股权激励的约定是附条件的赠与合同,该赠与合同亦不属不可任意撤销的赠与合同,龙泰公司在转移股权之前可以任意撤销赠与,朱某某能否实际取得龙泰公司股权并不具有确定性。因此,朱某某主张龙泰公司应当向其交付公司股份的理由不能成立。

4.协议约定当激励对象主动离职或被辞退、除名或因其他任何原因离开公司的,激励者可以撤销赠与,对赠与的股份或剩余的赠与股份可不再兑现。

在(2017)苏11民终4018号案中,一审法院认为,胡某某、谭某于2014年3月1日签订协议书,谭某将其持有的东方电热公司股份中的20万股无偿赠与胡某某,赠与条件是胡某某须忠实履行在瑞吉格泰公司的岗位职责,勤勉敬业,努力工作,并通过公司绩效考核,不以任何方式损害瑞吉格泰公司及其关联企业的权益,严格遵守瑞吉格泰公司的规章制度,不得出现严重违纪行为。从协议书来看,属于附道德义务的赠与合同,谭某不能任意撤销赠与。但协议书约定当胡某某主动离职或被辞退、除名或因其他任何原因离开瑞吉格泰公司的,谭某可以撤销赠与,对赠与的股份或剩余的赠与的股份可不再兑现。

5.现金和股权共同构成费用,股权激励是各方认可的付费方式,是现金付费的补充。特定条件下让渡"赠与"股权,实质上并不具有无偿给予性质,相应股权属于服务对价,无权撤销赠与。

在(2020)最高法民申6646号案中,再审法院认为,《技术合作协议》第2.3.3的性质及条件是否成就为本案争议焦点。《技术合作协议》第2.3.3在第2.3"股权合作"项下,与其并列的另一子条款是第2.1"现金支付",两者都属于第二条"费用支付及合作方式"中的子条款。据此说明现金和股权共同构成了"费用","股权合作"是各方认可的一种付费方式。第2.3"股权合作"项也开宗明义地说明:"在双方合作过程中,北京联创工场公司提供的各项服务,仅收取成都趣睡公司基础人力成本费,经双方协商,开展如下的股权合作。"即股权合作或股权激励是现金付费的补充。李某承诺在特定条件下"让渡"给北京联创工场公司部分股权,虽在用语上使用了"赠与",但实质上并不具有无偿给予的性质,相应的股权属于北京联创工场公司向成都趣睡公司提供软件开发、系统维护服务的对价,李某无权在成都趣睡公司接受北京联创工场公司提供的上述服务后撤销所谓"赠与"。

第三节 实务指南

一、新《公司法》对股权激励的影响：出资方式、出资期限

（一）新《公司法》中的出资方式对股权激励的影响

新《公司法》第48条第1款规定，股东可以用货币出资，也可以用实物、知识产权、土地使用权、股权、债权等可以用货币估价并可以依法转让的非货币财产作价出资；但是，法律、行政法规规定不得作为出资的财产除外。

新《公司法》依然规定货币、非货币财产两大出资类型，并增加了以股权、债权出资的非货币财产出资方式。理论上，股权激励中这些法定方式都可以用来出资；实际上，绝大数情况还是采用货币出资方式，在高新技术企业实施的股权激励中，则普遍存在以知识产权作价出资的方式。

无论采取何种方式出资，都要符合法定要求。对于货币出资，激励对象是直接持股的，需要将货币出资足额存入作为激励者的公司开设的银行账户，间接持股的，将货币足额存入持股平台开设的银行账户；以非货币财产出资的，应当满足可以用货币估价、可以依法转让两大要件，注意依法办理其财产权的转移手续。

（二）新《公司法》中的出资期限对股权激励的影响

新《公司法》第47条第1款规定，有限责任公司的注册资本为在公司登记机关登记的全体股东认缴的出资额。全体股东认缴的出资额由股东按照公司章程的规定自公司成立之日起5年内缴足。

新《公司法》第266条规定，本法自2024年7月1日起施行。本法施行前已登记设立的公司，出资期限超过本法规定的期限的，除法律、行政法规或者国务院另有规定外，应当逐步调整至本法规定的期限以内；对于出资期限、出资额明显异常的，公司登记机关可以依法要求其及时调整。具体实施办法由国务院规定。

《国务院关于实施〈中华人民共和国公司法〉注册资本登记管理制度的规定》第2条第1款规定，2024年6月30日前登记设立的公司，有限责任公司剩余认缴出资期限自2027年7月1日起超过5年的，应当在2027年6月30日前将其剩余认缴出

资期限调整至 5 年内并记载于公司章程,股东应当在调整后的认缴出资期限内足额缴纳认缴的出资额;股份有限公司的发起人应当在 2027 年 6 月 30 日前按照其认购的股份全额缴纳股款。

据上述规定,新《公司法》实行的是有期限的认缴制,对于新设立的公司,股东必须在公司设立之日起 5 年之内实缴完毕,股份有限公司为注册资本实缴登记制。激励对象同样也遵从该规定,激励对象要在法定的出资期限内对获授激励股权价格进行支付。

当激励对象是间接持股,且持股平台为有限合伙企业情况下,持股平台能筹措相应的资金完成对公司注册资本的实缴即可,至于激励对象是否在法定期限内完成实缴,是激励对象与持股平台内部的关系,规定并非需要机械地适用,因为持股平台要阶段性、分批次地将全部预留期权授予激励对象,激励对象陆续获授的激励股权会持续 3 到 5 年甚至超过 5 年的注册资本实缴期限,这样一来将产生注册资本的实缴与激励对象按照正常的分期行权之冲突,不符合股权激励计划内容,也与实施股权激励计划目的相违背。

在激励对象直接持股情况下也会碰到同样情况,比如公司设立后第 3 年开始实施股权激励计划,那么按照"公司设立之日起 5 年内完成实缴"之规定,实缴期间只剩下 2 年,这时间尚不够分批次来实施股权激励计划,激励对象行权时间点会落在 5 年届满之后。

因此,应当考虑设计避免激励对象不需在 5 年内出资的合规方案,激励对象直接持股的,可以在 5 年期届满之前要求激励对象提前出资,这在协议中要明确约定,或者由公司按照新《公司法》财务资助规定,先行向激励对象出借款项,使其在法定期限内完成实缴,再由激励对象以各种形式偿还借款;或对未被激励对象行权的股权进行减资注销,视情况再决定授予激励对象新的股权。

激励对象间接持股的,可以考虑首先让持股平台以借款等方式先行获得实缴资金,接着由激励对象认购股权,然后依据股权激励协议确定的期限和条件行权支付价款,持股平台将回收的价款逐步用于归还借款。

另外,如果激励对象出资能力确实比较弱,公司可通过增资方式来释放股权进行激励,不一定要选择转让原有股权。为了解决激励对象行权时间较长导致实缴出资违反法定期限问题,也可以考虑让公司的创始人进行股权代持。

二、股权激励收益应如何纳税——以股权期权为例

股权激励现已成为越来越多企业吸引人才、留住人才的手段之一,同时股权收益也成为许多员工的薪资结构的一部分,员工在享受股权激励带来的收益的同时,对因参与股权激励计划而产生的所得税如何计算的问题也比较关心。

股权激励的常见股权模式有现股、股权期权、限制性股票、虚拟股权。我们以股权期权举例,在股权激励变为员工收益的过程中,有四个重要时间节点:授予日、可行权日、行权日、出售日。其中行权日与出售日为两个关键的时间节点。行权日是员工按授予价格真正获得股权控制权的时间;出售日是员工出售手中股权获得收益的时间。

行权日是第一个纳税时点。行权时需要按照"工资、薪金所得"项目进行纳税,税率为3%—45%(见表8-1)。行权时应纳税所得额计算公式为(行权股票的每股市场价-员工取得该股票期权支付的每股施权价)×股票数量。

表8-1 个人综合所得税率表

级数	全年应纳税所得额	税率(%)	速算扣除数
1	不超过36000元的部分	3	0
2	超过36000元至144000元的部分	10	2520
3	超过144000元至300000元的部分	20	16920
4	超过300000元至420000元的部分	25	31920
5	超过420000元至660000元的部分	30	52920
6	超过660000元至960000元的部分	35	85920
7	超过960000元的部分	45	181920

出售日是第二个纳税时点。行权日之后,在出售日转让股权期权时,员工出售后获得的收益需要按照"财产转让所得"项目纳税,税率为20%。

(一)非上市公司股权期权计税方式

(1)对于非上市公司的股权期权而言,主要收益来源于行权时的增值收益以及之后转让股权时的增值收益。

举个例子说明:小刘在某非上市公司获授股票期权100000股,施权价为每股2元。随后小刘根据股票期权计划的规定,选择行权。行权当日,股票的平均市价为每股12元。最后,小刘以每股22元的价格,转让了所有股票。

那么小刘行权时应纳税所得额为(12-2)×100000=1000000(元);按照"工资、薪金所得"项目进行纳税为1000000×45%-181920=268080(元)。

转让时个人所得税应纳税额为(22-12)×10000×20%=200000(元)。

这种情况下,小刘合计应缴个人所得税税款为268080+200000=468080(元)。

(2)非上市公司在符合一定条件的前提下,提前向税务局备案,就可以享受递延纳税。所谓递延纳税就是指员工在行权时暂时可以不用缴纳个人所得税,可以递延到转让时按照财产转让所得纳税。

递延纳税要符合以下七个条件,即:

①激励方及对象为境内企业与居民。

②激励目的、对象、标的、有效期、定价方法、授予条件、程序等经董事会/股东会批准。

③股权激励标的应为本公司股权,通过增发、大股东让渡或其他合法方式授予,股权奖励的标的可以是技术成果投资入股到其他境内居民企业所取得的股权。

④激励对象应为技术骨干和高级管理人员,累计不得超过本公司最近6个月在职职工平均人数的30%。

⑤股票期权应持有满3年,且自行权日起持有满1年;限制性股票应持有满3年,且解禁后持有满1年;股权奖励应持有满3年。

⑥授予日至行权日的时间不得超过10年。

⑦公司不属于负面清单行业。

如果上述例子符合递延纳税条件,那么小刘合计应缴个人所得税税款为(转让价-施权价)×股权数量×20%,即(22-2)×100000×20%=400000(元)。

由此可以看出递延纳税与非递延纳税相比,节省了68080元的个税。

(3)递延纳税政策不仅简化统一了税率,同时也可以增强员工的积极性。行权时员工获得的只是股权,而不是实在的财富,这时候要员工纳税的话,往往容易引起排斥心理,不利于股权激励计划的实施。

由于实际的行权环节与转让环节适用的税收政策不同,递延纳税政策并非时刻优于非递延纳税政策。因此,企业在通过授予股票期权进行员工激励时,企业及员工双方需要充分考虑税收负担差异,根据行权日市价与施权价差额所得的不同,选择是否适用递延纳税优惠,合规减轻股权激励的个人所得税税负,提升激励的效果。

(二)上市公司股权期权计税方式

2021年年底国务院出台新规,将上市公司股权激励单独计税政策延至2022年底,即股权激励收入不并入当年综合所得,全额单独适用个人综合所得税率表进行计算。

举个例子说明,如果合并计税的话,小刘其他综合所得在减去五险一金、免征额、各项扣除后为 100000 元,股权激励收入为 50000 元,小刘的应纳税综合所得额为 50000+100000=150000(元),适用 20% 一档税率,小刘应纳税 150000×20%-16920=13080(元)。

单独计税时,股权激励收入与其他综合所得均适用 10% 一档税率,可以节约大量的纳税成本。所以企业使用股权激励作为工资结构的一部分,不仅可以调动员工积极性,还能为员工的税务筹划空间。

三、股权激励中,上市后的减持约束条款如何书写?

许多企业做股权激励,一般会写上一句"公司上市或者被并购后,激励对象减持公司股权应当遵守交易所规则和公司减持政策规定"。这样的表述只能说有考虑到这方面的问题,但仍然比较模糊。下面,以上市公司寒武纪为例,解析股权激励中具体的减持规则。

(一)持股平台的锁定期

寒武纪的持股平台是"艾溪合伙",艾溪合伙承诺:

(1)股票上市后的锁定期为 36 个月,但是,如果到期仍未盈利的,按第(2)条锁定。

(2)在公司盈利之前,股票锁定三个完整的会计年度,在第四、第五个会计年度每年可按照不超过 2% 进行减持,同时还须遵守股东及董事、监事、高级管理人员减持的规则。

(3)达到可以减持的情形后 2 年内的减持,减持价格不低于发行价,每年累计减持不超过自身持股的 50%。

同时,需要加上一个违约条款:违反前述承诺的,所有的收益归公司所有。

(二)对高管的减持约束

(1)公司盈利前,自上市起 3 个完整的会计年度内不得出售股票。

(2)公司盈利后,锁定期为 1 年。

(3)锁定期届满后,在职高管每年减持不超过自己持股的 25%。

(4)在锁定期满后 2 年内减持的,减持价格不低于发行价。

以上,即便在任职期满前离职的,依然需要按照原定任职期计算锁定期。

（三）对核心技术人员的约束

（1）公司盈利前，从上市起3个完整的会计年度内不得出售股票。

（2）公司盈利后，锁定期为12个月。

（3）锁定期满后，每年减持不超过本人持股的25%。

（四）公司市值管理措施

公司上市后3年内，股票连续20个交易日的收盘价都低于最近1年每股净资产值的，公司将启动股价稳定措施。

（1）首先由控股股东增持，若控股股东增持后仍不满足条件的，董事、高管需要加入增持，且每年用于增持的金额不低于上一年税后薪酬的20%。

（2）增持的股份6个月内不得出售。

（3）不履行承诺增持的，公司可扣留其薪酬和分红的80%，直到履行承诺为止。

四、如何撰写关于股权激励计划的法律意见书

与前面分析的法律意见书一样，本法律意见书也采用"致函"方式撰写。

（一）题目

×律师事务所关于×股份有限公司×年股权激励计划的法律意见书

（二）首部致函部分

致：×股份有限公司

×律师事务所受×股份有限公司（以下简称"公司"）委托，作为公司×年股票期权激励计划（以下简称"本次激励计划"）的专项法律顾问，就公司拟实施×年股票期权激励计划事宜（以下简称"本次激励计划"），根据《公司法》《证券法》《上市公司股权激励管理办法》（以下简称《管理办法》）等法律法规、规范性文件以及公司章程规定出具本法律意见书，本所律师已对公司向本所提交的有关文件、资料进行了我们认为出具本法律意见书所必要的核查和验证。

（本段对公司与律师事务所就出具特定事项法律意见的委托关系、出具法律意见的依据进行描述。）

（三）声明内容

1. 律师积极履职的声明和保证

描述依据律师行业管理办法对受托事项进行充分核查验证，保证法律意见书所认定的事实真实、准确、完整，所发表的结论性意见合法、准确，不存在虚假记载、

误导性陈述或者重大遗漏,并承担相应法律责任。

2.鉴于股权激励计划中涉及会计准则等专业知识的律师声明

仅就与本次激励计划有关的法律问题发表法律意见,不对有关会计、审计等专业事项发表评论,同时声明在本法律意见书中提及有关审计报告及其他有关报告内容时,仅为对有关报告的引述,并不表明律师对该等内容的真实性、准确性、合法性作出任何判断或保证。同时声明对股权激励协议中的股票投资价值也不发表意见。

3.公司履行协助义务的保证

即公司作为委托人,描述其已保证向受托律师如实提供材料,无任何重大遗漏及误导性陈述,律师基于该前提出具法律意见。公司对某些事实无法提供直接证据支持的,则需要对律师依据谁出具的何种类型证据来发表意见进行说明。

4.律师同意将法律意见书予以公告并承担责任的保证

同时声明禁止将法律意见书用于其他用途。

(四)正文部分

基于以上所述,进入法律意见书的正文部分。

(1)关于实施本次激励计划的主体资格及条件部分,应描述律师核查作为激励者的公司之主体资格的合法性、真实性过程,比如在国家企业信用信息公示系统做了检索,注明检索日期,认为截至本法律意见书出具之日,公司不存在《公司法》及其他相关法律法规、规范性文件和公司章程规定需要终止的情形。

(2)根据公司公开披露信息,依据×年×月×日中国证券监督管理委员会(以下简称"中国证监会")作出的《关于核准×股份有限公司向不特定合格投资者公开发行股票的批复》,核准公司向不特定合格投资者公开发行新股不超过×万股。

(3)依据《审计报告》以及公司的确认并经律师核查,公司不存在《管理办法》第7条规定的不得实行股权激励的以下情形:最近一个会计年度财务会计报告被注册会计师出具否定意见或者无法表示意见的审计报告;最近一个会计年度财务报告内部控制被注册会计师出具否定意见或无法表示意见的审计报告;上市后最近36个月内出现过未按法律法规、公司章程、公开承诺进行利润分配的情形;法律法规规定不得实行股权激励的情形;中国证监会认定的其他情形。

基于上述核查,律师可以出具结论:公司截至本法律意见书出具之日不存在依法律法规和规范性文件及公司章程规定须终止经营的情形,不存在《管理办法》第7条规定的不得实施股权激励计划的情形,其具备实施本次激励计划的主体资格及条件。

(4)关于本次激励计划的内容

(如下内容非常详尽,即逐项对股权激励计划中的内容之合法性发表意见。)

根据公司第×届董事会第×次会议审议通过的《×股份有限公司×年股权激励计划》并经律师查验,公司本次激励计划的主要内容如下:

①本次激励计划载明事项

简述本次激励计划包含的各项内容,列举其项目名称即可,律师可以得出结论:本次激励计划中载明的事项符合《管理办法》第9条的规定。

②本次激励计划的具体内容

(相比较上面第①点,此处为具体内容的描述并发表对应的法律意见。)

根据《激励计划(草案)》,本次激励计划为限制性股票激励计划,主要内容如下:

简述本次股权激励计划的激励目的,律师可以得出结论:本次激励计划实施目的符合《管理办法》第9条第(一)项的规定。接下来,也是依照该思路,分别简述内容并发表对应的法律意见,指明激励内容符合《管理办法》哪一条款的规定。依照股权激励计划,涉及如下内容的阐述及其法律意见的发表:

激励对象的确定依据和范围;股权激励计划拟授出的权益情况(可细化到标的股票的种类、来源、数量);本激励计划激励对象名单及拟授出权益分配情况;本激励计划的有效期、授予日、限售期、解除限售安排和禁售期;限制性股票的授予价格及确定方法;激励对象获授权益、行使权益的条件;本激励计划的调整方法和程序;激励计划的会计处理;股权激励计划的相关程序;公司与激励对象发生异动时股权激励计划的执行,纠纷解决机制;公司与激励对象各自的权利义务等。

对股权激励计划发表法律意见,即是对公司形成的股权激励计划中涉及的全部内容之合法性发表法律意见,可以依照激励计划中文字表述的顺序,逐句逐段进行概括和发表对应的意见,大量的小结论最终形成法律意见书的大结论。

(五)关于实施本次激励计划履行的主要程序

以上是关于股权激励计划实体内容发表的意见,就激励计划实施的批准和授权、董事会如何表决审议通过激励计划、股东会如何表决批准通过激励计划的过程、独立董事发表独立意见、监事会发表核查意见、内幕信息知情人员自查情况、信息披露、激励计划公布公示情况等,都属于程序性的问题,在接下来也要专门对此发表法律意见。在前面有关其他类型的法律意见书评析中,本书已详细讲到,在此不赘述。如果公司董事会尚未履行相关的公示公告程序,也未将激励计划报给股东会批准,则在此部分进行提醒。

(六)结论意见

(至此,律师可以发表整体的总结性法律意见。)

截至本法律意见书出具之日,公司具备实施本次股权激励计划的主体资格,符合《管理办法》规定的实行股权激励的条件;本次股权激励计划符合《公司法》《证券法》《管理办法》等有关法律法规、规范性文件和公司章程的规定;股权激励计划制定程序合法合规,激励对象范围符合规定,公司就本次激励计划履行了现阶段必要的法定程序和信息披露义务;公司承诺其不会为激励对象提供财务资助,本次激励计划不存在明显损害公司及全体股东利益和违反有关法律、行政法规的情形,合法有效。

第九章　股权激励合同的履行

第一节　请求权基础规范

一、《民法典》规定

第 509 条　当事人应当按照约定全面履行自己的义务。

当事人应当遵循诚信原则,根据合同的性质、目的和交易习惯履行通知、协助、保密等义务。

当事人在履行合同过程中,应当避免浪费资源、污染环境和破坏生态。

第 510 条　合同生效后,当事人就质量、价款或者报酬、履行地点等内容没有约定或者约定不明确的,可以协议补充;不能达成补充协议的,按照合同相关条款或者交易习惯确定。

第 511 条　当事人就有关合同内容约定不明确,依据前条规定仍不能确定的,适用下列规定:(一)质量要求不明确的,按照强制性国家标准履行;没有强制性国家标准的,按照推荐性国家标准履行;没有推荐性国家标准的,按照行业标准履行;没有国家标准、行业标准的,按照通常标准或者符合合同目的的特定标准履行。(二)价款或者报酬不明确的,按照订立合同时履行地的市场价格履行;依法应当执行政府定价或者政府指导价的,依照规定履行。(三)履行地点不明确,给付货币的,在接受货币一方所在地履行;交付不动产的,在不动产所在地履行;其他标的,在履行义务一方所在地履行。(四)履行期限不明确的,债务人可以随时履行,债权人也可以随时请求履行,但是应当给对方必要的准备时间。(五)履行方式不明确的,按照有利于实现合同目的的方式履行。(六)履行费用的负担不明确的,由履行义务一方负担;因债权人原因增加的履行费用,由债权人负担。

二、其他法律规定

（一）上市公司

【授予价格、行权价格】

1.《上市公司股权激励管理办法》

第 23 条 上市公司在授予激励对象限制性股票时,应当确定授予价格或授予价格的确定方法。授予价格不得低于股票票面金额,且原则上不得低于下列价格较高者:(一)股权激励计划草案公布前 1 个交易日的公司股票交易均价的 50%;(二)股权激励计划草案公布前 20 个交易日、60 个交易日或者 120 个交易日的公司股票交易均价之一的 50%。

上市公司采用其他方法确定限制性股票授予价格的,应当在股权激励计划中对定价依据及定价方式作出说明。

第 29 条 上市公司在授予激励对象股票期权时,应当确定行权价格或者行权价格的确定方法。行权价格不得低于股票票面金额,且原则上不得低于下列价格较高者:(一)股权激励计划草案公布前 1 个交易日的公司股票交易均价;(二)股权激励计划草案公布前 20 个交易日、60 个交易日或者 120 个交易日的公司股票交易均价之一。

上市公司采用其他方法确定行权价格的,应当在股权激励计划中对定价依据及定价方式作出说明。

2.《中央企业控股上市公司实施股权激励工作指引》

第 25 条 上市公司拟授予的股票期权、股票增值权的行权价格,或者限制性股票的授予价格,应当根据公平市场价格原则确定。公平市场价格一般按如下方法确定:(一)境内上市公司定价基准日为股权激励计划草案公布日。公平市场价格不得低于下列价格较高者:股权激励计划草案公布前 1 个交易日公司标的股票交易均价,股权激励计划草案公布前 20 个交易日、60 个交易日或者 120 个交易日的公司标的股票交易均价之一。(二)境外上市公司定价基准日为权益授予日。公平市场价格不得低于下列价格较高者:授予日公司标的股票收盘价、授予日前 5 个交易日公司标的股票平均收盘价。(三)股票交易上市地监管规定和上市规则另有规定的,从其规定。

第 26 条 股票期权、股票增值权的行权价格不低于按上条所列方法确定的公平市场价格,以及公司标的股票的单位面值。限制性股票的授予价格不得低于公平市场价格的50%，以及公司标的股票的单位面值。（一）股票公平市场价格低于每股净资产的，限制性股票授予价格不应低于公平市场价格的60%。（二）中央企业集团公司应当依据限制性股票解锁时的业绩目标水平，指导上市公司合理确定限制性股票的授予价格扣比例与解锁时间安排。

第27条 上市公司首次公开发行股票（IPO）时拟实施的股权激励计划，应当在股票发行上市满30个交易日以后，依据本指引第二十五条、第二十六条规定确定其拟授权益的行权价格或者授予价格。

3.《关于规范国有控股上市公司实施股权激励制度有关问题的通知》

四、进一步强化股权激励计划的管理，科学规范实施股权激励

（三）规范股权激励公允价值计算参数，合理确定股权激励预期收益

对实行股票期权（或股票增值权）激励方式的，上市公司应根据企业会计准则等有关规定，结合国际通行做法，选取适当的期权定价模型进行合理估值。其相关参数的选择或计算应科学合理。

对实行限制性股票激励方式的，在核定股权激励预期收益时，除考虑限制性股票赠与部分价值外，还应参考期权估值办法考虑赠与部分未来增值收益。

4.《国有控股上市公司（境内）实施股权激励试行办法》

第18条 根据公平市场价原则，确定股权的授予价格（行权价格）。

（一）上市公司股权的授予价格应不低于下列价格较高者：

1.股权激励计划草案摘要公布前一个交易日的公司标的股票收盘价；

2.股权激励计划草案摘要公布前30个交易日内的公司标的股票平均收盘价。

（二）上市公司首次公开发行股票时拟实施的股权激励计划，其股权的授予价格在上市公司首次公开发行上市满30个交易日以后，依据上述原则规定的市场价格确定。

5.《国有控股上市公司（境外）实施股权激励试行办法》

第12条 股权的授予价格根据公平市场价原则，按境外上市规则及本办法的有关规定确定。

上市公司首次公开发行上市时实施股权激励计划的，其股权的授予价格按上市公司首次公开发行上市满30个交易日以后，依据境外上市规则规定的公平市场价格确定。

上市公司上市后实施的股权激励计划，其股权的授予价格不得低于授予日的收盘价或前5个交易日的平均收盘价，并不再予以折扣。

第 13 条 上市公司因发行新股、转增股本、合并、分立等原因导致总股本发生变动或其他原因需要调整行权价格或股权授予数量的,可以按照股权激励计划规定的原则和方式进行调整,但应由公司董事会做出决议并经公司股东大会审议批准。

6.《上海证券交易所科创板股票上市规则》

10.6 上市公司授予激励对象限制性股票的价格,低于股权激励计划草案公布前 1 个交易日、20 个交易日、60 个交易日或者 120 个交易日公司股票交易均价的 50% 的,应当说明定价依据及定价方式。

出现前款规定情形的,上市公司应当聘请独立财务顾问,对股权激励计划的可行性、相关定价依据和定价方法的合理性、是否有利于公司持续发展、是否损害股东利益等发表意见。

10.7 上市公司授予激励对象第 10.5 条第二项所述限制性股票,应当就激励对象分次获益设立条件,并在满足各次获益条件时分批进行股份登记。当次获益条件不满足的,不得进行股份登记。

公司应当在股权激励计划中明确披露分次授予权益的数量、获益条件、股份授予或者登记时间及相关限售安排。

获益条件包含 12 个月以上的任职期限的,实际授予的权益进行登记后,可不再设置限售期。

7.《科创板上市公司持续监管办法(试行)》

第 24 条 科创公司授予激励对象限制性股票的价格,低于市场参考价 50% 的,应符合交易所有关规定,并应说明定价依据及定价方式。

出现前款规定情形的,科创公司应当聘请独立财务顾问,对股权激励计划的可行性、相关定价依据和定价方法的合理性、是否有利于公司持续发展、是否损害股东利益等发表意见。

【股权激励的时间安排】

1.《上市公司股权激励管理办法》

第 13 条 股权激励计划的有效期从首次授予权益日起不得超过 10 年。

第 24 条 限制性股票授予日与首次解除限售日之间的间隔不得少于 12 个月。

第 25 条 在限制性股票有效期内,上市公司应当规定分期解除限售,每期时限不得少于 12 个月,各期解除限售的比例不得超过激励对象获授限制性股票总额的 50%。

当期解除限售的条件未成就的,限制性股票不得解除限售或递延至下期解除限售,应当按照本办法第二十六条规定处理。

第 30 条 股票期权授权日与获授股票期权首次可行权日之间的间隔不得少于12 个月。

第 31 条 在股票期权有效期内,上市公司应当规定激励对象分期行权,每期时限不得少于 12 个月,后一行权期的起算日不得早于前一行权期的届满日。每期可行权的股票期权比例不得超过激励对象获授股票期权总额的 50%。

当期行权条件未成就的,股票期权不得行权或递延至下期行权,并应当按照本办法第三十二条第二款规定处理。

第 44 条 股权激励计划经股东大会审议通过后,上市公司应当在 60 日内授予权益并完成公告、登记;有获授权益条件的,应当在条件成就后 60 日内授出权益并完成公告、登记。上市公司未能在 60 日内完成上述工作的,应当及时披露未完成的原因,并宣告终止实施股权激励,自公告之日起 3 个月内不得再次审议股权激励计划。根据本办法规定上市公司不得授出权益的期间不计算在 60 日内。

第 52 条 上市公司股东大会或董事会审议通过终止实施股权激励计划决议,或者股东大会审议未通过股权激励计划的,自决议公告之日起 3 个月内,上市公司不得再次审议股权激励计划。

第 72 条 本办法下列用语具有如下含义:

标的股票:指根据股权激励计划,激励对象有权获授或者购买的上市公司股票。

权益:指激励对象根据股权激励计划获得的上市公司股票、股票期权。

授出权益(授予权益、授权):指上市公司根据股权激励计划的安排,授予激励对象限制性股票、股票期权的行为。

行使权益(行权):指激励对象根据股权激励计划的规定,解除限制性股票的限售、行使股票期权购买上市公司股份的行为。

分次授出权益(分次授权):指上市公司根据股权激励计划的安排,向已确定的激励对象分次授予限制性股票、股票期权的行为。

分期行使权益(分期行权):指根据股权激励计划的安排,激励对象已获授的限制性股票分期解除限售、已获授的股票期权分期行权的行为。

预留权益:指股权激励计划推出时未明确激励对象、股权激励计划实施过程中确定激励对象的权益。

授予日或者授权日:指上市公司向激励对象授予限制性股票、股票期权的日期。授予日、授权日必须为交易日。

限售期:指股权激励计划设定的激励对象行使权益的条件尚未成就,限制性股票不得转让、用于担保或偿还债务的期间,自激励对象获授限制性股票完成登记之日起算。

可行权日:指激励对象可以开始行权的日期。可行权日必须为交易日。

授予价格:上市公司向激励对象授予限制性股票时所确定的、激励对象获得上市公司股份的价格。

行权价格:上市公司向激励对象授予股票期权时所确定的、激励对象购买上市公司股份的价格。

标的股票交易均价:标的股票交易总额/标的股票交易总量。

本办法所称的"以上""以下"含本数,"超过""低于""少于"不含本数。

2.《中央企业控股上市公司实施股权激励工作指引》

第28条 股权激励计划的有效期自股东大会通过之日起计算,一般不超过10年。股权激励计划有效期满,上市公司不得依据该计划授予任何权益。

第29条 在股权激励计划有效期内,采取分期实施方式授予权益的,每期权益的授予间隔期应当在1年(12个月)以上,一般为两年,即权益授予日2年(24个月)间隔期满后方可再次授予权益。

第30条 上市公司每期授予权益的有效期,应当自授予日起计算,一般不超过10年。超过有效期的,权益自动失效,并不可追溯行使。每期授予的权益在有效期内,区分不同激励方式,按照以下规定行使:(一)股票期权、股票增值权激励方式:应当设置行权限制期和行权有效期,行权限制期自权益授予日至权益生效日止,原则上不得少于2年(24个月),在限制期内不可以行使权益;行权有效期自权益生效日至权益失效日止,由上市公司根据实际确定,但不得少于3年,在行权有效期内原则上采取匀速分批生效的办法。(二)限制性股票激励方式:应当设置限售期和解锁期,限售期自股票授予日起计算,原则上不得少于2年(24个月),在限售期内不得出售股票;限售期满可以在不少于3年的解锁期内匀速分批解除限售。

3.《关于上市公司实施员工持股计划试点的指导意见》

(六)员工持股计划的持股期限和持股计划的规模

1.每期员工持股计划的持股期限不得低于12个月,以非公开发行方式实施员工持股计划的,持股期限不得低于36个月,自上市公司公告标的股票过户至本期持股计划名下时起算;上市公司应当在员工持股计划届满前6个月公告到期计划持有的股票数量。

4.《国有控股上市公司(境内)实施股权激励试行办法》

第19条 股权激励计划的有效期自股东大会通过之日起计算,一般不超过10年。股权激励计划有效期满,上市公司不得依据此计划再授予任何股权。

第20条 在股权激励计划有效期内,应采取分次实施的方式,每期股权授予方案的间隔期应在一个完整的会计年度以上。

第21条 在股权激励计划有效期内,每期授予的股票期权,均应设置行权限制期和行权有效期,并按设定的时间表分批行权:(一)行权限制期为股权自授予日(授权日)至股权生效日(可行权日)止的期限。行权限制期原则上不得少于2年,在限制期内不可以行权。(二)行权有效期为股权生效日至股权失效日止的期限,由上市公司根据实际确定,但不得低于3年。在行权有效期内原则上采取匀速分批行权办法。超过行权有效期的,其权利自动失效,并不可追溯行使。

第22条 在股权激励计划有效期内,每期授予的限制性股票,其禁售期不得低于2年。禁售期满,根据股权激励计划和业绩目标完成情况确定激励对象可解锁(转让、出售)的股票数量。解锁期不得低于3年,在解锁期内原则上采取匀速解锁办法。

5.《国有控股上市公司(境外)实施股权激励试行办法》

第14条 股权激励计划有效期一般不超过10年,自股东大会通过股权激励计划之日起计算。

第15条 在股权激励计划有效期内,每一次股权激励计划的授予间隔期应在一个完整的会计年度以上,原则上每两年授予一次。

第16条 行权限制期为股权授予日至股权生效日的期限。股权限制期原则上定为两年,在限制期内不得行权。

第17条 行权有效期为股权限制期满后至股权终止日的时间,由上市公司根据实际情况确定,原则上不得低于3年。在行权有效期内原则上采取匀速分批行权办法,或按照符合境外上市规则要求的办法行权。超过行权有效期的,其权利自动失效,并不可追溯行使。

6.《上海证券交易所科创板股票上市规则(2024年4月修订)》

2.4.3 公司上市时未盈利的,在公司实现盈利前,控股股东、实际控制人自公司股票上市之日起3个完整会计年度内,不得减持首发前股份;自公司股票上市之日起第4个会计年度和第5个会计年度内,每年减持的首发前股份不得超过公司股份总数的2%,并应当符合《减持细则》关于减持股份的相关规定。

公司上市时未盈利的,在公司实现盈利前,董事、监事、高级管理人员及核心技术人员自公司股票上市之日起3个完整会计年度内,不得减持首发前股份;在前述期间内离职的,应当继续遵守本款规定。

公司实现盈利后,前两款规定的股东可以自当年年度报告披露后次日起减持首发前股份,但应当遵守本节其他规定。

2.4.5 上市公司核心技术人员减持本公司首发前股份的,应当遵守下列规定:(一)自公司股票上市之日起12个月内和离职后6个月内不得转让本公司首发前股份;(二)自所持首发前股份限售期满之日起4年内,每年转让的首发前股份不得超过上市时所持公司首发前股份总数的25%,减持比例可以累积使用;(三)法律法规、本规则以及本所业务规则对核心技术人员股份转让的其他规定。

【股权激励的约束条件】

1.《上市公司股权激励管理办法》

第10条 上市公司应当设立激励对象获授权益、行使权益的条件。拟分次授出权益的,应当就每次激励对象获授权益分别设立条件;分期行权的,应当就每次激励对象行使权益分别设立条件。

激励对象为董事、高级管理人员的,上市公司应当设立绩效考核指标作为激励对象行使权益的条件。

第11条 绩效考核指标应当包括公司业绩指标和激励对象个人绩效指标。相关指标应当客观公开、清晰透明,符合公司的实际情况,有利于促进公司竞争力的提升。

上市公司可以公司历史业绩或同行业可比公司相关指标作为公司业绩指标对照依据,公司选取的业绩指标可以包括净资产收益率、每股收益、每股分红等能够反映股东回报和公司价值创造的综合性指标,以及净利润增长率、主营业务收入增长率等能够反映公司盈利能力和市场价值的成长性指标。以同行业可比公司相关指标作为对照依据的,选取的对照公司不少于3家。

激励对象个人绩效指标由上市公司自行确定。

上市公司应当在公告股权激励计划草案的同时披露所设定指标的科学性和合理性。

第16条 相关法律、行政法规、部门规章对上市公司董事、高级管理人员买卖本公司股票的期间有限制的,上市公司不得在相关限制期间内向激励对象授出限制性股票,激励对象也不得行使权益。

第18条 上市公司发生本办法第七条规定的情形之一的,应当终止实施股权激励计划,不得向激励对象继续授予新的权益,激励对象根据股权激励计划已获授但尚未行使的权益应当终止行使。

在股权激励计划实施过程中,出现本办法第八条规定的不得成为激励对象情形的,上市公司不得继续授予其权益,其已获授但尚未行使的权益应当终止行使。

2.《中央企业控股上市公司实施股权激励工作指引》

第38条 上市公司实施股权激励,应当建立完善的公司业绩考核体系,结合企业经营特点、发展阶段、所处行业等情况,科学设置考核指标,体现股东对公司经营发展的业绩要求和考核导向,原则上应当包含以下三类考核指标:

(一)反映股东回报和公司价值创造等综合性指标,如净资产收益率、总资产报酬率、净资产现金回报率(EOE)、投资资本回报率(ROIC)等。

(二)反映企业持续成长能力的指标,如净利润增长率、营业利润增长率、营业收入增长率、创新业务收入增长率、经济增加值增长率等。

(三)反映企业运营质量的指标,如经济增加值改善值(ΔEVA)、资产负债率、成本费用占收入比重、应收账款周转率、营业利润率、总资产周转率、现金营运指数等。中央企业主营业务上市公司,一般应当选择经济增加值(EVA)或经济增加值改善值作为考核指标。债务风险较高的企业(资产负债率超过80%),一般应当选择资产负债率作为考核指标。净利润的计算口径一般为扣除非经常性损益后归属于母公司所有者的净利润,或根据对标企业情况选择相同的口径。

第39条 上市公司应当同时采取与自身历史业绩水平纵向比较和与境内外同行业优秀企业业绩水平横向对标方式确定业绩目标水平。

(一)选取的同行业企业或者对标企业,均应当在股权激励计划或者考核办法中载明所属行业范围、选择的原则与依据及对标企业名单。

(二)对标企业在权益授予后的考核期内原则上不调整,如因对标企业退市、主营业务发生重大变化、重大资产重组导致经营业绩发生重大变化等特殊原因需要调整的,应当由董事会审议确定,并在公告中予以披露及说明。

第40条 在权益授予和生效环节,应当与公司业绩考核指标完成情况进行挂钩。业绩目标水平的设定应结合公司经营趋势、发展战略综合确定,并经股东大会审议通过。

(一)权益授予环节的业绩目标,是股权激励计划设定的分期授予权益的业绩条件,体现股东对公司持续发展的绩效考核基本要求。目标水平根据公司发展战略规划,结合计划制定时公司近三年平均业绩水平、上一年度实际业绩水平、同行业平均业绩(或者对标企业 50 分位值)水平合理确定。股权激励计划无分期实施安排的,可以不设置权益授予环节的业绩考核条件。

(二)权益生效(解锁)环节的业绩目标,是各期授予权益在生效(解锁)时的考核要求,由分期实施方案具体确定,体现股东对公司高质量发展的绩效挑战目标。目标水平应在授予时业绩目标水平的基础上有所提高,根据分期实施方案制定时公司近三年平均业绩水平、上一年度实际业绩水平、同行业平均业绩(或者对标企业 75 分位值)水平,结合公司经营趋势、所处行业特点及发展规律科学设置,体现前瞻性、挑战性。行业发展波动较大,难以确定业绩目标绝对值水平的,可以通过与境内外同行业优秀企业业绩水平横向对标的方式确定。

(三)分期实施股权激励计划的,各期实施方案设置的公司业绩指标和目标值原则上应当保持一致性、可比性,后期实施方案的公司业绩目标低于前期方案的,上市公司应当充分说明其原因与合理性。

第 41 条 上市公司应当在公告股权激励计划草案、实施方案的同时披露所设定指标的科学性和合理性。

对政府调控市场价格、依法实行专营专卖的行业,相关企业的业绩指标,应当事先约定剔除价格调整、政府政策调整等不可抗力因素对业绩影响的方法或原则。

第 42 条 上市公司业绩指标的考核,应当采用公司年度报告披露的财务数据,并且应当在对外披露中就股权激励业绩考核指标完成情况予以说明。

第 43 条 上市公司未满足股权激励计划设定的权益授予业绩目标的,当年不得授予权益。未满足设定的权益生效(解锁)业绩目标的,由公司按照以下办法处理:

(一)当年计划生效的股票期权、股票增值权不得生效,予以注销。

(二)当年计划解锁的限制性股票不得解除限售,由上市公司回购,回购价不高于授予价格与股票市价的较低者。

第 44 条 上市公司应当建立健全股权激励对象绩效考核评价机制,切实将权益的授予、生效(解锁)与激励对象个人绩效考核评价结果挂钩,根据考核评价结果决定其参与股权激励计划的资格,并分档确定权益生效(解锁)比例。

激励对象绩效考核评价不合格的,由公司按照本指引第四十三条办法处理。

第 45 条 授予上市公司董事、高级管理人员的权益,应当根据任期考核结果行权或者兑现。

境外上市公司授予的股票期权,应当将不低于获授量的20%留至限制期满后的任期(或者任职)期满考核合格后行权,或在激励对象行权后,持有不低于获授量20%的公司股票,至限制期满后的任期(或者任职)期满考核合格后方可出售;授予的股票增值权,其行权所获得的现金收益需进入上市公司为股权激励对象开设的账户,账户中现金收益应当有不低于20%的部分至任期(或者任职)期满考核合格后方可提取;授予的限制性股票,应当将不低于获授量的20%锁定至任期(或者任职)期满考核合格后解锁。

如果任期考核不合格或者经济责任审计中发现经营业绩不实、国有资产流失、经营管理失职以及存在重大违法违纪的行为,对于相关责任人任期内已经行权的权益应当建立退回机制,由此获得的股权激励收益应当上交上市公司。

第46条 中央企业控股科创板上市公司,根据国有控股上市公司实施股权激励的有关要求,按照《上海证券交易所科创板股票上市规则》等相关规定,规范实施股权激励。

第47条 科创板上市公司以限制性股票方式实施股权激励的,若授予价格低于公平市场价格的50%,上市公司应当适当延长限制性股票的限售期及解锁期,并设置不低于公司近三年平均业绩水平或同行业对标企业75分位值水平的解锁业绩目标条件。

第48条 尚未盈利的科创板上市公司实施股权激励的,限制性股票授予价格按照不低于公平市场价格的60%确定。

在上市公司实现盈利前,可生效的权益比例原则上不超过授予额度的40%,对于属于国家重点战略行业、且因行业特性需要较长时间才可实现盈利的,应当在股权激励计划中明确提出调整权益生效安排的申请。

3.《关于规范国有控股上市公司实施股权激励制度有关问题的通知》

二、完善股权激励业绩考核体系,科学设置业绩指标和水平

(一)上市公司实施股权激励,应建立完善的业绩考核体系和考核办法。业绩考核指标应包含反映股东回报和公司价值创造等综合性指标,如净资产收益率(ROE)、经济增加值(EVA)、每股收益等;反映公司赢利能力及市场价值等成长性指标,如净利润增长率、主营业务收入增长率、公司总市值增长率等;反映企业收益质量的指标,如主营业务利润占利润总额比重、现金营运指数等。上述三类业绩考核指标原则上至少各选一个。相关业绩考核指标的计算应符合现行会计准则等相

关要求。

（二）上市公司实施股权激励，其授予和行使（指股票期权和股票增值权的行权或限制性股票的解锁，下同）环节均应设置应达到的业绩目标，业绩目标的设定应具有前瞻性和挑战性，并切实以业绩考核指标完成情况作为股权激励实施的条件。

1. 上市公司授予激励对象股权时的业绩目标水平，应不低于公司近3年平均业绩水平及同行业（或选取的同行业境内、外对标企业，行业参照证券监管部门的行业分类标准确定，下同）平均业绩（或对标企业50分位值）水平。

2. 上市公司激励对象行使权利时的业绩目标水平，应结合上市公司所处行业特点和自身战略发展定位，在授予时业绩水平的基础上有所提高，并不得低于公司同行业平均业绩（或对标企业75分位值）水平。凡低于同行业平均业绩（或对标企业75分位值）水平以下的不得行使。

（三）完善上市公司股权激励对象业绩考核体系，切实将股权的授予、行使与激励对象业绩考核结果紧密挂钩，并根据业绩考核结果分档确定不同的股权行使比例。

（四）对科技类上市公司实施股权激励的业绩指标，可以根据企业所处行业的特点及成长规律等实际情况，确定授予和行使的业绩指标及其目标水平。

（五）对国有经济占控制地位的、关系国民经济命脉和国家安全的行业以及依法实行专营专卖的行业，相关企业的业绩指标，应通过设定经营难度系数等方式，剔除价格调整、宏观调控等政策因素对业绩的影响。

4.《国有控股上市公司（境内）实施股权激励试行办法》

第34条 国有控股股东应依法行使股东权利，要求上市公司在发生以下情形之一时，中止实施股权激励计划，自发生之日起一年内不得向激励对象授予新的股权，激励对象也不得根据股权激励计划行使权利或获得收益：（一）企业年度绩效考核达不到股权激励计划规定的绩效考核标准；（二）国有资产监督管理机构或部门、监事会或审计部门对上市公司业绩或年度财务会计报告提出重大异议；（三）发生重大违规行为，受到证券监管及其他有关部门处罚。

第35条 股权激励对象有以下情形之一的，上市公司国有控股股东应依法行使股东权利，提出终止授予新的股权并取消其行权资格：（一）违反国家有关法律法规、上市公司章程规定的；（二）任职期间，由于受贿索贿、贪污盗窃、泄露上市公司经营和技术秘密、实施关联交易损害上市公司利益、声誉和对上市公司形象有重大负面影响等违法违纪行为，给上市公司造成损失的。

5.《国有控股上市公司（境外）实施股权激励试行办法》

第28条 有以下情形之一的，当年年度可行权部分应予取消：（一）上市公司年度绩效考核达不到股权激励计划规定的业绩考核标准的;(二)年度财务报告被注册会计师出具否定意见或无法表示意见的;(三)监事会或审计部门对上市公司业绩或年度财务报告提出重大异议的。

第 29 条　股权激励对象有以下情形之一的,应取消其行权资格:(一)严重失职、渎职的;(二)违反国家有关法律法规、上市公司章程规定的;(三)上市公司有足够的证据证明股权持有者在任职期间,由于受贿索贿、贪污盗窃、泄露上市公司经营和技术秘密、实施关联交易损害上市公司利益、声誉和对上市公司形象有重大负面影响的行为,给上市公司造成损失的。

(二)非上市公司

【授予价格、行权价格】

1.《国有科技型企业股权和分红激励暂行办法》(已被修改)

第 16 条　小、微型企业采取股权期权方式实施激励的,应当在激励方案中明确规定激励对象的行权价格。

确定行权价格时,应当综合考虑科技成果成熟程度及其转化情况、企业未来至少 5 年的盈利能力、企业拟授予全部股权数量等因素,且不低于制定股权期权激励方案时经核准或者备案的每股评估价值。

2.《非上市公众公司监管指引第 6 号——股权激励和员工持股计划的监管要求(试行)》

(八)限制性股票的授予价格、股票期权的行权价格不得低于股票票面金额。

限制性股票的授予价格原则上不得低于有效的市场参考价的 50%;股票期权的行权价格原则上不得低于有效的市场参考价。对授予价格、行权价格低于有效的市场参考价标准的,或采用其他方法确定授予价格、行权价格的,挂牌公司应当在股权激励计划中对定价依据及定价方法作出说明。主办券商应对股权激励计划的可行性、相关定价依据和定价方法的合理性、是否有利于公司持续发展、是否损害股东利益等发表意见。

【股权激励的时间安排】

1.《国有科技型企业股权和分红激励暂行办法》(已被修改)

第 22 条　股权激励的激励对象,自取得股权之日起,5 年内不得转让、捐赠,特殊情形按以下规定处理:(一)因本人提出离职或者个人原因被解聘、解除劳动合同,取得的股权应当在半年内全部退回企业,其个人出资部分由企业按上一年度审计后净资产计算退还本人。(二)因公调离本企业的,取得的股权应当在半年内全部退回企业,其个人出资部分由企业按照上一年度审计后净资产计算与实际出资成本孰高的原则返还本人。

在职激励对象不得以任何理由要求企业收回激励股权。

2.《关于国有控股混合所有制企业开展员工持股试点的意见》

四、企业员工股权管理

(三)股权流转。实施员工持股,应设定不少于36个月的锁定期。在公司公开发行股份前已持股的员工,不得在公司首次公开发行时转让股份,并应承诺自上市之日起不少于36个月的锁定期。锁定期满后,公司董事、高级管理人员每年可转让股份不得高于所持股份总数的25%。

持股员工因辞职、调离、退休、死亡或被解雇等原因离开本公司的,应在12个月内将所持股份进行内部转让。转让给持股平台、符合条件的员工或非公有资本股东的,转让价格由双方协商确定;转让给国有股东的,转让价格不得高于上一年度经审计的每股净资产值。国有控股上市公司员工转让股份按证券监管有关规定办理。

3.《非上市公众公司监管指引第6号——股权激励和员工持股计划的监管要求(试行)》

一、股权激励

(七)股权激励计划的有效期从首次授予权益日起不得超过10年。挂牌公司应当规定分期行使权益,激励对象获授权益与首次行使权益的间隔不少于12个月,每期时限不得少于12个月,各期行使权益的比例不得超过激励对象获授总额的50%。

股权激励计划预留权益的,预留比例不得超过本次股权激励计划拟授予权益数量的20%,并应当在股权激励计划经股东大会审议通过后12个月内明确预留权益的授予对象;超过12个月未明确激励对象的,预留权益失效。

【股权激励的约束条件】

1.《国有科技型企业股权和分红激励暂行办法》(已被修改)

第20条 企业不得为激励对象购买股权提供贷款以及其他形式的财务资助,包括为激励对象向其他单位或者个人贷款提供担保。企业要坚持同股同权,不得向激励对象承诺年度分红回报或设置托底回购条款。

第21条 激励对象可以采用直接或间接方式持有激励股权。采用间接方式的,持股单位不得与企业存在同业竞争关系或发生关联交易。

2.《关于规范国有企业职工持股、投资的意见》

(四)严格控制职工持股企业范围。职工入股原则限于持有本企业股权。国有企业集团公司及其各级子企业改制,经国资监管机构或集团公司批准,职工可投资参与本企业改制,确有必要的,也可持有上一级改制企业股权,但不得直接或间接持有本企业所出资各级子企业、参股企业及本集团公司所出资其他企业股权。科研、设计、高新技术企业科技人员确因特殊情况需要持有子企业股权的,须经同级国资监管机构批准,且不得作为该子企业的国有股东代表。

国有企业中已持有上述不得持有的企业股权的中层以上管理人员,自本意见印发后 1 年内应转让所持股份,或者辞去所任职务。在股权转让完成或辞去所任职务之前,不得向其持股企业增加投资。已持有上述不得持有的企业股权的其他职工晋升为中层以上管理人员的,须在晋升后 6 个月内转让所持股份。法律、行政法规另有规定的,从其规定。

(八)关联企业指与本国有企业有关联关系或业务关联且无国有股份的企业。严格限制职工投资关联关系企业;禁止职工投资为本企业提供燃料、原材料、辅料、设备及配件和提供设计、施工、维修、产品销售、中介服务或与本企业有其他业务关联的企业;禁止职工投资与本企业经营同类业务的企业。

国有企业中已投资上述不得投资的企业的中层以上管理人员,自本意见印发后 1 年内转让所持股份,或者辞去所任职务。在股权转让完成或辞去所任职务之前,不得向其投资企业增加投资。已投资上述不得投资的企业的其他职工晋升为中层以上管理人员的,须在晋升后 6 个月内转让所持股份。

(九)国有企业剥离出部分业务、资产改制设立新公司需引入职工持股的,该新公司不得与该国有企业经营同类业务;新公司从该国有企业取得的关联交易收入或利润不得超过新公司业务总收入或利润的三分之一。通过主辅分离辅业改制设立的公司,按照国家有关规定执行。

(十一)国有企业中层以上管理人员,不得在职工或其他非国有投资者投资的非国有企业兼职;已经兼职的,自本意见印发后 6 个月内辞去所兼任职务。

3.《关于国有控股混合所有制企业开展员工持股试点的意见》

五、试点工作实施

(六)规范关联交易。国有企业不得以任何形式向本企业集团内的员工持股企业输送利益。国有企业购买本企业集团内员工持股企业的产品和服务,或者向员工持股企业提供设备、场地、技术、劳务、服务等,应采用市场化方式,做到价格公允、交易公平。有关关联交易应由一级企业以适当方式定期公开,并列入企业负责人经济责任审计和财务审计内容。

4.《非上市公众公司监管指引第6号——股权激励和员工持股计划的监管要求(试行)》

一、股权激励

(六)挂牌公司应当合理设立激励对象获授权益、行使权益的条件,并就每次激励对象行使权益分别设立条件。

激励对象为董事、高级管理人员的,挂牌公司应当设立绩效考核指标作为激励对象行使权益的条件。绩效考核指标应当包括公司业绩指标和激励对象个人绩效指标。相关指标应当客观公开、清晰透明,符合公司的实际情况,有利于促进公司竞争力的提升。

权益行使前不得转让、用于担保或偿还债务。

(九)激励对象参与股权激励计划的资金来源应当合法合规,不得违反法律、行政法规、中国证监会及全国中小企业股份转让系统有限责任公司(以下简称全国股转公司)的相关规定。

挂牌公司不得为激励对象依股权激励计划获取有关权益提供贷款以及其他任何形式的财务资助,包括为其贷款提供担保等。

5.《科创板上市公司持续监管办法(试行)》

第21条 科创公司以本公司股票为标的实施股权激励的,应当设置合理的公司业绩和个人绩效等考核指标,有利于公司持续发展。

6.《上海证券交易所科创板股票上市规则(2024年4月修订)》

10.2 上市公司实行股权激励计划,应当设置合理的公司业绩和个人绩效等考核指标,有利于公司持续发展,不得损害公司利益。

董事、监事和高级管理人员在实行股权激励计划中,应当诚实守信、勤勉尽责,维护公司和全体股东的利益。

10.3 上市公司实行股权激励计划的,应当按照有关规定履行信息披露义务。上市公司应当在年度报告中披露报告期内股权激励计划的实施情况。①

---

① 本小节所言的股权激励的约束条件包含两方面:一是禁止条件,二是业绩条件。

第二节 裁判精要

一、行权约定不明或没有约定

（一）关于款项支付

1. 当事人初始阶段并未约定支付股权出资款的时间，后来约定在一定期限内逐步分次支付股款，且激励对象在某个时间点也一次性支付全部出资款，公司未提出异议的，视为双方用实际行为变更约定的履行方式。此时激励对象虽然全部兑现了认购的股权，但不意味着符合约定的股权回购条件，股权转让无法进行。

在(2020)京0108民初31049号案中，一审法院认为，根据《协议书》的约定，宋某某代彭某某持有博汇晟公司10%的股权，对应出资20万元，彭某某为此向博汇晟公司支付20万元出资款。彭某某于2018年10月退出博汇晟公司。现彭某某根据《协议书》1.6条约定要求宋某某回购"已生效部分"的股权。对此，法院认为，《协议书》第1.6条的约定，系基于对1.4条和1.5条约定的履行，即彭某某认购的博汇晟公司的股份锁定期为4年，4年期间内依约兑现。从双方当事人的陈述来看，该股权系对于博汇晟公司高管的股权激励；从《协议书》约定来看，其并未明确约定彭某某支付股权出资款的时间。因此，1.4条中的兑现应理解为彭某某向博汇晟公司支付出资款。按照1.4条和1.6条的约定，彭某某应在4年期间内向博汇晟公司依约支付出资款，并根据已经支付的出资款实际获得博汇晟公司股权，如彭某某中途退出博汇晟公司运营的，彭某某应放弃已经在1.1条、1.2条中认购的但未兑现部分的股权，已兑现部分由宋某某按原值或协商后价格回购，未兑现部分由宋某某作为后续高管股东股权激励分配。

但是，双方履行《协议书》过程中，并未按照1.4条的约定对于彭某某认购的股权"逐次兑现"，而是彭某某在签约之日即向博汇晟公司支付全部出资款，博汇晟公司、宋某某对此履行也未提出异议。在此情况下，双方已经用实际行为变更了1.4条约定的履行方式。且1.6条约定的回购条款在1.4条约定采用4年"股权锁定期""逐次兑现"股权的方式履行的情况下才能适用，现双方以实际履行行为变更了1.4条的约定，故即使彭某某已经全部兑现了认购的股权，亦不符合1.6条约定的股权回购条件。彭某某据此主张宋某某以20万元回购其持有的博汇晟公司10%的股权，证据不足，且彭某某与宋某某并未就股权转让达成一致意思表示，法院对于彭某某诉讼请求不予支持。

2. 股权激励协议对公司何时支付股权回购款、何时完成股权回购事项没有作出约定，法院可以酌定支付股权回购款的合理期限。

在(2021)京0108民初40656号案中，一审法院认为，东方网力公司何时支付回购款为本案争议焦点。首先，《激励计划》《回购注销限制性股票公告》《首次授予协议书》对于东方网力公司何时应当支付股权回购款、何时完成股权回购事项没有作出约定，东方网力公司与张某某就此也未达成过合意；其次，《东方网力公司2020年第一次临时股东大会决议公告》没有关于支付股权回购款时间的内容，张某某主张东方网力公司应当于该公告日期的次日支付股权回购款，缺乏事实依据；最后，公司员工司某向张某某发送的电子邮件内容中关于付款时间的表述只是东方网力公司根据其自身资金情况预估的付款时间，且已经表明会根据实际情况调整付款时间。因此，该邮件内容并非东方网力公司关于付款时间的承诺，东方网力公司在该邮件意欲说明的是因资金问题无法及时完成回购，与逾期支付回购款的意思表示无关。

根据《民法典》第511条规定，履行期限不明确的，债务人可以随时履行，债权人也可以随时请求履行，但是应当给对方必要的准备时间。本案中，由于各方之间对于何时支付股权回购款没有作出明确约定，因此，张某某通过提起诉讼，要求东方网力公司支付股权回购款，东方网力公司于2021年9月30日收到本案起诉书、证据材料，其应当在合理期限内向张某某支付股权回购款。对于该合理期限，依据公平原则酌定为15日，东方网力公司应于2021年10月15日前向张某某支付股权回购款。

3. 没有约定股权激励方式的，一般只能主张在股权兑现激励计划窗口期通过持股平台实现股权兑现，不能主张公司直接以现金形式向其支付激励股权价值。

在(2020)沪民申2524号案中，再审法院认为，案涉《股权激励计划协议书》明确约定李某某通过受让持股平台合伙份额或者委托持股平台合伙人持有取得激励股权，协议中有关激励股份授予及退出安排与案涉《股权激励管理办法》不一致的，以协议为准，未尽事宜均按照《股权激励管理办法》执行及解释。《股权激励计划协议书》虽约定了李某某离职时可兑现其激励股权，但并未约定兑现的具体方式与程序，故其仍然应当受到《股权激励管理办法》关于股权退出规则的约束，在股权兑现激励计划窗口期通过持股平台实现股权兑现，李某某要求智臻公司直接以现金形式向其支付激励股权价值，事实和法律依据不足。

4.在授予股票期权时并未被确保可以得到明确的补偿金额,而是在将来通过享有的索取权去分享不确定的企业利润,可参照公司资产负债表载明的所有者权益按比例计算股票回购款。

在(2018)沪0115民初30202号案中,一审法院认为,被告英威腾公司在授予原告宋某某股票期权时并未被确保可以得到确定的补偿金额,而要在将来通过享有的索取权去分享不确定的企业利润。原告在其承诺的服务期届满以及离职时未及时行权,至2018年4月才提起本案诉讼,故股价可参照被告英威腾公司2012年9月10日的电子邮件,结合被告英威腾公司2012年度、2017年度资产负债表载明的所有者权益,按比例计算,以此确定被告英威腾公司支付原告宋某某股票回购款(税前)为69360元(150000股×1.36元×34%)。鉴于原告已离职,故其纳税事宜与被告英威腾公司无涉,被告英威腾公司向原告宋某某缴纳的回购款应为69360元。

(二)关于行权权利

【涉及股权本身】

1.股权激励计划对期权"归属"的具体时限未作明确约定的,法院可以参照公司与其他员工所签协议、计划等文件中对期权归属时限的约定以及激励对象自认的内容来推定应当适用的期权归属时限。

在(2018)浙01民终6941号案中,二审法院认为,《股票期权证书》项下,缪某要求确认股票期权"归属"于其的请求是否成立的争议为本案争议焦点。依据两份《股票期权证书》,其中对于授予缪某普通股的数量及对应行权价格的约定清楚明确,同时约定该普通股的授予系"根据该公司已修订和重述的公司组织大纲及章程,依据挖财控股公司的股票期权计划的规定",并约定"可(a)依据期权中规定的行权计划和行权条件;以及(b)计划中规定的行权计划以及其他条款和条件行使本期权",及"本证书非常重要,在行使期权时要求出示本证书,因此应当将它保存在安全的地方",说明挖财控股公司制定了关于股票期权的具体内容和实施的章程和计划,该些章程、计划等文件与《股票期权证书》一同构成了缪某与挖财控股公司之间的股票期权合同。

因在两份《股票期权证书》项下对于期权"归属"(将被授予期权者在符合一定条件下可行权股票特定化的程序,但其仍须后续行权程序以获得公司股票)的具体时限未作明确约定,因目前缪某和挖财控股公司无法就期权归属时限问题达成一致,法院参照被上诉人提交的挖财控股公司与其他员工所签协议、计划等文件中对期权归属时限的约定以及缪某自认的内容来推定本案项下应当适用的期权归属时限为：以缪某被授予股票期权之日为期权归属起始日期，每满1年归属1/4，4年完成归属，于服务公司离职后不再获得期权归属，在离职前最后一次按年归属尚不足1年时按服务月份每月归属。按上述标准，依据两份《股票期权证书》分别载明的期权授予日期以及缪某和挖财网络公司结束双方劳动关系的日期，确定应归属缪某的挖财控股公司期权数量为58100股。

2. 双方未明确约定期权为无限期享有的情形下，激励对象应在离职后的合理时间内主张行权。

在（2021）沪0115民初54010号案中，一审法院认为，《带股票期权录用函》约定，期权授予自2008年4月3日起为期3年，该股票期权的33%、33%、34%分别在授予开始日期后的12个月、24个月、36个月内授予，前提条件为被授予人即原告在3年期间应持续在职，双方均可在任意时间以任意理由或无理由终止雇佣关系等。因原告在签订录用函后未向被告提供过顾问服务，录用函中约定的期权系被告对原告履行顾问服务义务所给予的奖励及对价，根据合同的双务性及公平原则，在原告未实际提供顾问服务的情形下无权获授期权，应认定原告主张的股票期权未满足授予条件。此外，原告首次要求行权的时间是2020年7月，距离签订《带股票期权录用函》已长达12年，在原、被告未明确约定期权为无限期享有的情形下，如认定员工离职后仍享有无期限限制的、随时得主张行权的期权，既不符合期权合同激励在职员工的基本目的，也将使期权合同和公司股权长期处于不确定状态。因此，原告于2020年主张行权时，其基于《带股票期权录用函》的权利义务早已终止，原告不享有期权，更无要求行权的基础。

3. 股权激励协议并未明确股权激励标的股权的来源，且无证据证明股权激励协议已满足实际履行条件的，请求履行该股权激励协议的主张不会得到支持。

在（2020）粤03民终22644号案中，二审法院认为，陈某某根据其与本贸公司签订的股权激励协议，要求本贸公司向其转让2017年6月至2019年8月共2年的固定股权2%及浮动股权0.3%，其明确该固定股权2%及浮动股权0.3%的计算基数为本贸公司的普通股总股本。案涉股权激励协议是陈某某与本贸公司所签订，并未明确股权激励标的股权来源，且本贸公司作为目标公司，其并非本公司股权的持有者，无权对本公司股东的股权作出处分，相关的股权激励事项应当经公司股东大会决议通过后方可实施。因无证据证明案涉股权激励协议已满足实际履行的条件，故陈某某请求本贸公司实际履行该股权激励协议，向其转让相应股权，法院不予支持。

【涉及行权方式】

1. 我国法律未禁止我国境内居民取得境外特殊目的公司的股权,且并未规定必须在劳动关系存续期间行使股票期权,在股权激励协议没有终止的情形下,激励对象向公司提出购买股票的要求即视为行使了股票期权。

在(2013)民申字第739号案中,再审法院认为,孙某某的股票期权是否失效的问题为本案争议焦点。搜房公司共授予孙某某55000股的股票期权,孙某某在期权有效期内享有依据协议选择购买搜房公司上述股票的权利。搜房公司与孙某某于2009年7月1日解除劳动关系,依据《股票期权协议》约定,孙某某的股票期权于2009年7月31日失效。但孙某某早在2009年6月23日就以电子邮件的方式向莫某某提出了行使股票期权即购买股票的要求,并于7月9日和15日分别以电话及快递方式再次提出行使股票期权的要求。而莫某某在签署《股票期权协议》时表明其身份为搜房公司的董事会主席,亦以搜房公司代表人身份出现,故其有权代表搜房公司作出意思表示,搜房公司应当向孙某某出售股票。

搜房公司再审中认为,依据约定,"股票期权中尚不能行使的部分将失效",孙某某的股票期权因2009年7月31日前不能行使而失效。法院认为,《股票期权协议》没有约定以搜房公司上市作为股票期权行使的前提条件,我国法律和行政法规亦未禁止我国境内居民取得境外特殊目的公司的股权。《关于境内居民通过境外特殊目的公司融资及返程投资外汇管理有关问题的通知》(已失效)规定,特殊目的公司在股权转让后30日内,由设立或间接控制该公司的境内居民向外汇管理局申请办理外汇登记变更或备案手续。即搜房公司应在办理完股权转让手续后再办理相应的外汇登记手续。搜房公司以该规范性文件主张孙某某不能成为搜房公司股东的理由不成立。且搜房公司在一审答辩中明确表示,因孙某某离职时搜房公司无法确定上市地点,为保证上市时股权结构的稳定,对授予的股票期权均不允许行权,这与莫某某邮件中表述一致,即"还没有任何员工进行过股票期权转换,这主要是公司的问题。……待公司有明确解决方案时一并解决"。可见,搜房公司是出于自身利益考虑,不愿为孙某某办理股票期权行使事宜,而不是因客观障碍导致股票期权不能行使。综上,搜房公司认为孙某某股票期权失效的申请再审理由不能成立。

2. 持股平台尚未建立及运作,且未签订期权协议具体约定持股及行权方案的,激励对象可以依据劳动合同确定双方权利义务,按照劳动合同的约定来行权。

在(2019)粤0307民初11172号案中,一审法院认为,股权激励方案一般授予在职员工,存在多种激励与管理模式,在员工离职后,其持有的员工股由员工持股平台运营管理还是由公司回购,要看双方期权合同的约定以及公司相关制度规定。由于杨某未能举证证明其提供的三份合伙企业工商信息与云某公司的关系,亦未举证证明云某公司成立了员工持股平台及平台运作方式,故法院认定该公司员工持股平台尚未建立及运作。由于原、被告双方未签订期权协议具体约定持股及行权方案,应依据双方于2015年12月23日签订的劳动合同确定双方权利义务,按照劳动合同的约定,杨某在离职之时可行权的原始股份为25000股,行权价格为1元/股,在杨某离职之时,云某公司有权以2元/股进行回购。云某公司在扣除杨某的行权价款及相关税款之后,将回购款支付给杨某,符合双方劳动合同的相关约定。

3. 激励对象可以向公司提出解除限售的申请,但对于申请后是否能够解除股票限售、公司是否具有无条件同意解除限售的强制缔约义务,股权激励计划中并未约定的,公司有权拒绝解除股票限售。

在(2019)苏06民终3851号案中,二审法院认为,罗莱公司不予解禁袁某所持有的第一期限制性股票是否正确为本案争议焦点。案涉限制性股票授予协议书约定,上诉人在激励计划有效期内退休且退休年度经考核合格的,其可申请解除限售的限制性股票,自退休之日起尚未解除限售的限制性股票将由被上诉人回购并注销。该条规定的仅是上诉人退休时,可以向公司提出解除限售的申请,但对于申请后是否能够解除限售或公司是否同意解除限售,该条并未约定,亦即该条并未规定公司具有无条件同意解除限售的强制缔约义务。在限制性股票第一期解禁日期前,上诉人所任职的上海罗莱公司已经向上诉人送达了劳动合同终止通知书,虽然原告否认退休的事实,但生效裁判文书已认定上海罗莱公司以袁某达到法定退休年龄为由终止劳动合同正确,其实质上已经退休。故在上诉人申请解除限售时,被上诉人不予解禁并不违反案涉限制性股票授予协议书的约定。

对于上诉人所称的被上诉人在协议签订过程中存在欺诈行为,法院认为,协议条款并未限制上诉人的主要权利或加重其义务,且协议书签订时授予日暂未确定,被上诉人亦无法预知授予日与上诉人年满50周岁之间的时间差。即便上诉人在激励计划有效期内退休,被上诉人依然可以根据工作需要对上诉人进行返聘,上诉人所取得的限制性股票仍然按照规定的条件和程序解除限售,故被上诉人在协议签订过程中并不存在欺诈行为。

4. 没有约定股权期权的授予期,但该期限应有一定的边界,公司不能以董事会一直未作出最终决议为由对抗激励对象权利行使。

在(2016)京0108民初28398号案中,一审法院认为,双方劳动合同签订前进行了磋商并达成合意,搜狗科技公司在《聘用信》中明确沈某某通过试用期后进行股权期权申请,沈某某如想获得期待利益,其前提为公司向其授予股票期权。沈某某试用期合格,已符合申请条件,搜狗科技公司抗辩称因公司董事会未作出最终的决议,故未能向沈某某进行股票期权授予。对此,法院认为,董事会进行股权期权的授予期限虽未在《聘用信》进行明确约定,但该授予期限应有一定的边界,公司不能以董事会一直未作出最终决议而对抗劳动者权利行使。沈某某于2015年7月6日已通过6个月的试用期,自2015年7月7日至沈某某离职之时已有近1年的时间,搜狗科技公司与沈某某签订的劳动合同期限也仅为3年,在双方劳动合同已履行过半的情况下,董事会仍未对股票期权授予作出最终决议,导致双方权利义务的严重失衡,搜狗科技公司应承担未能对沈某某进行股票期权授予的过错责任。

二、行权条件是否成就

(一)劳动关系因素

【激励对象原因导致劳动合同解除】

1.激励对象被除名或解除劳动合同的,其行权资格是否存在要依据员工持股计划来判定和执行。

在(2022)闽08民终438号案中,二审法院认为,武汉龙净环保于2018年6月20日作出《关于除名和解除劳动合同的通知书》(以下简称《通知书》),对郝某某予以除名,解除了其与武汉龙净环保之间的劳动合同关系,并通过武汉龙净环保员工杨某成功发送《通知书》至郝某某邮箱,同时也停止为其缴纳社会保险。对以上事实,上诉人郝某某称自己在2018年3月13日向武汉龙净环保提出辞职后,于2018年4月14日正式离开武汉龙净环保,并非擅自离职,也不是被武汉龙净环保除名,且并不知晓《通知书》。但郝某某未提交充分证据证明其已向武汉龙净环保提交了辞职报告且已获得了武汉龙净环保的批准,也未提供证据证明未能收到有《通知书》内容的邮件,应承担举证不能的法律后果。而根据福建龙净环保《员工持股计划(草案)》及《员工持股计划管理规则》,2018年1月福建龙净环保修订的《员工持股计划(草案修订稿)》及《员工持股计划管理规则》规定,郝某某的员工持股计划参与人行权资格自2018年6月武汉龙净环保依法解除郝某某劳动合同之日起已终止,对郝某某上诉向福建龙净环保及武汉龙净环保主张相应资产分配额的主张,法院不予支持。

2.激励对象存在违规违纪问题,符合股权激励协议约定情形的,可以取消激励对象的股票期权行权资格。

在(2018)粤民申12375号案中,再审法院认为,根据孟某对《处理通报》的邮件回复,对于案涉的三项消防工程招标中出现的串标现象,其应当承担管理责任,但只应承担次要管理责任;对于案涉的三项消防工程造成的经济损失亦应承担管理责任,但在内部审计经济损失时适当考虑造成防火涂料厚度不足的影响因素,综合考虑其为次要管理责任。可知,孟某确认案涉的三项消防工程中存在串标现象,亦认可工程部员工在案涉的工程中存在违规违纪问题。结合集团公司在二审期间提交的讯问笔录,可以确认孟某主管的人员即工程部的员工确实存在违规违纪问题。依据集团公司《责任追究管理办法》,孟某对案涉的三项消防工程重大经济损失及多名下属严重违规违纪应承担主要管理责任。孟某对于案涉的三项消防工程出现的串标现象及其负责的工程部多名工作人员的违纪违规行为,均未能及时发现并制止,造成齐河、南京、贵阳三项消防工程严重经济损失。集团公司对其是否符合第二期股票期权第二个行权期的行权条件进行审查,并依据《责任追究管理办法》《第二期股票期权激励计划(草案)修订稿》等,取消了孟某股票期权行权资格,并不违反法律规定。

3.劳动者个人原因导致劳动合同解除的,用人单位可以取消激励待遇;反之,如果用人单位违法解除合同,不能以离职为由取消激励对象的行权待遇。

在(2021)粤03民终9591号案中,二审法院认为,英威腾公司取消王某某第二期和第三期股权激励行权/解锁待遇是否正当合法为本案争议焦点。根据《关于注销部分股票期权及回购注销部分限制性股票的公告(2015-055)》《关于股票期权与限制性股票激励计划第三个行权/解锁期符合条件的公告(2016-055)》记载内容,英威腾公司系以王某某离职为由取消王某某第二期和第三期股权激励行权/解锁待遇。根据2013年7月2日英威腾公司董事会作出《激励计划》关于激励对象发生异动处理的规定,激励对象因不能胜任岗位工作、考核不合格等行为为损害公司利益或声誉而导致的职务变更,或因前列原因导致公司解除与激励对象劳动关系的;激励对象因辞职、公司裁员而离职,在情况发生之日,对激励对象已获准行权但尚未行使的股票期权终止行权,其未获准行权的期权作废,已获授但尚未解锁的限制性股票不得解锁,由公司以授予价格回购注销。2013年8月8日王某某与英威腾公司签订的《股权授予协议书》亦有相同约定内容。

因此,如果激励对象因不能胜任岗位工作、考核不合格等导致公司解除与激励对象劳动关系或者激励对象因辞职、公司裁员而离职，英威腾公司可以取消激励对象股权激励行权/解锁待遇。从上述约定内容来看，如果出于劳动者个人原因导致用人单位解除与其的劳动合同，用人单位可以取消激励对象股权激励待遇。上述规定和约定情形依法属于劳动法律规制范畴，应当依据劳动法律规定予以审查认定，如果合乎法律规定，英威腾公司可以免除激励对象股权激励损失的赔偿责任，反之则须承担相应法律责任。本案中，英威腾公司属于违法解除与王某某劳动合同关系，英威腾公司以王某某离职为由取消王某某第二期和第三期股权激励行权/解锁待遇不能获得支持。

4. 激励对象因公司单方解除劳动合同而未能服务满1周年，但实因激励对象的工作表现未能得到董事会的肯定而遭到解聘，激励对象仍要求公司支付相应的股权激励的，缺乏依据。

在(2018)苏05民终2616、2617号案中，二审法院认为，双方当事人在《高级管理人员聘用合同》中约定授予股权激励的前提条件是每服务满1周年授予1.25%。而林某所担任的总经理岗位不同于企业普通员工，与公司股东会、董事会的信任关系更密切、人身依附性程度更高，现林某虽因康宁杰瑞公司单方解除劳动合同而未能服务满1周年，但实因林某的工作表现未能得到董事会的肯定而遭到解聘。因此，林某仍要求康宁杰瑞公司支付相应的股权激励，缺乏依据，不予支持。

5. 激励对象于实际锁定期结束前离职，会导致约定的股权收益权无条件收回，股权锁定期限也可能因某些客观原因而延长。

在(2021)吉01民初2509号案中，一审法院认为，于某是否应向何某某、张某、徐某、张某2四人分配股权收益权、兑现股权收益的问题为本案争议焦点。按照于某持有高升控股股份的限售承诺，限售期为36个月，即2015年11月4日至2018年11月4日。但2018年9月27日，高升控股因涉嫌信息披露违法违规被中国证监会立案调查，并受到湖北证监局行政处罚。按照有关规定，"上市公司控股股东和持股5%以上股东、董监高减持股份，以及股东减持其持有的公司首次公开发行前发行的股份、上市公司非公开发行的股份,适用本规定"及第6条"具有下列情形之一的,上市公司大股东不得减持股份:(一)上市公司或者大股东因涉嫌证券期货违法犯罪,在被中国证监会立案调查或者被司法机关立案侦查期间,以及在行政处罚决定、刑事判决作出之后未满6个月的"的规定,于某作为持有高升控股首次公开发行前发行股份且持股5%以上股东,在高升控股被中国证监会立案调查以及受到湖北证监局行政处罚后6个月内即2020年6月20日前,其始终处于不得减持股份的状态。

按照案涉《股权收益权激励协议》第3条关于股权收益权期限"锁定期为3年,具体以甲方所持股份实际解锁时间为准"的约定,本案股权收益权应待于某所持高升控股股份于2020年6月20日后实际解锁时方可流通出售,在此之前,均为案涉股权的锁定期。同时,案涉《股权收益权激励协议》第6条约定"持股时期内乙方提出离职,其所获股权收益权及股权将被无条件收回,甲方无需支付任何费用",即若何某某、张某、徐某、张某2在于某所持股权锁定期结束前提出离职,则股权收益权无条件收回。何某某、张某、徐某、张某2均在高升控股受到中国证监会调查后离职,对高升控股被调查一事是知情的,亦必然知道实际锁定期因调查而延长,但实际上何某某、张某、徐某、张某2均于实际锁定期结束前离职,属于《股权收益权激励协议》第6条约定的股权收益权无条件收回的情形。于某所持高升控股股权的锁定期限,因高升控股被中国证监会立案调查并受到行政处罚而延长,系商业风险。何某某、张某、徐某、张某2现主张于某分配股权收益权、兑现股权收益,缺乏事实及法律依据,不予支持。

【协商一致解除劳动合同】

1. 激励对象在变现期届满后离职的,应变现之前付出劳动获得的过户条件已成就的股票。在变现期未届满时离职的,未变现或过户的协议股份应被取消。

在(2015)深南法民二初字第729号案中,一审法院认为,根据《委托持股协议书》约定,股份(乙方持有的远望谷公司10000股)自授予之日起36个月后,被告可按第一年40%、第二年30%、第三年30%的比例分期变现或过户给原告。被告于2009年9月22日授予原告该股份,该条中的"第一年""第二年""第三年"应指每满12个月为1年,即2012年9月21日被告应将协议授予原告股权的40%变现或过户给原告,第二年、第三年指被告应分别于2013年9月21日、2014年9月21日将上述股权的30%变现或过户给原告。

关于《离职审批表》《离职者承诺》中原告承诺,自离职之日起放弃对公司以及大股东因股权激励方案所拥有的未变现或未过户的代持股份等一切权益,以及《委托持股协议书》第7.4条"甲方因辞职而离职的,自离职之日起所有未变现或过户的协议股份即被取消"的理解,法院认为,在离职之前原告在远望谷公司工作,为远望谷公司的发展付出了自己的劳动,根据公平原则,大股东为激励员工而授予的股份应予兑现。

案涉股份是否应当过户给原告,应审查在原告离职之日前,案涉股份的变现或过户条件是否已成就。法院认为,在变现期未届满时原告离职的,未变现或过户的协议股份即被取消;在变现期届满后原告离职的,被告仍应向原告变现或转让原告在职时变现或过户条件已成就的股票。原告于 2014 年 7 月 18 日离职，即原告离职前，协议约定的"第一年"及"第二年"已届满，原告有权取得前两年应变现或过户的股票。《委托持股协议》约定原告委托被告持有 10000 股远望谷公司的股票，2011 年 3 月 21 日实施 2010 年的权益分派方案，每 10 股送 3 股，其股份变更为 13000 股；2012 年 4 月 23 日实施 2011 年的权益分派方案，每 10 股转增 10 股，其股份变更为 26000 股；其后，截至 2014 年 7 月 18 日，远望谷公司未再送股或转增股份。故，原告在第一年和第二年到期后，应得到总股本的 70%（40%＋30%），即 18200 股（26000 股×70%＝18200 股）。故原告主张被告将其代持的远望谷公司 18200 股无限售股份过户给原告，法院予以支持。

2.公司不存在与员工续签劳动合同的意思表示，但是基于法律规定的特殊情形导致劳动关系顺延至该情形消失，从而劳动关系的时间段可能会覆盖股票期权的行权日的，员工不能据此对股票权益提出行权的要求。

在(2022)京民申 2223 号案中，再审法院认为，淘宝朝阳分公司、阿里云公司是否应当基于违法解除劳动合同关系行为赔偿田某 2017 年 4 月 3 日、2018 年 4 月 3 日股权归属利益损失为本案争议焦点。首先，田某选择淘宝朝阳分公司、阿里云公司作为本案被告，阿里巴巴集团未参加本案诉讼，阿里巴巴集团是否与前两者之间存在关联关系不影响本案实体处理和认定。其次，股权激励授予协议对股权的授予条件约定明确，即"……受限制股份单位的相关部分应在授予通知书所列之适用归属日予以归属，但前提是，您自授予日起始终是服务提供者……您明确确认并同意，根据授予通知书的归属进度归属的受限制股份单位仅通过其依照公司或其他集团成员的意愿继续成为服务提供者而获得……"，田某与淘宝朝阳分公司签订的劳动合同到期日为 2017 年 4 月 2 日，从淘宝朝阳分公司提前解除与田某的劳动合同行为及后期诉讼的相关情况来看，淘宝朝阳分公司并无与田某续签劳动合同的意思表示。虽然生效判决认定双方自 2014 年 4 月 3 日至 2017 年 4 月 5 日仍存在劳动关系，但并非基于双方劳动合同的继续履行，而是出现了法律规定的特殊情形，导致劳动关系顺延至该情形消失。最后，根据股权激励授予通知书，第二授权日是 2017 年 4 月 3 日、第三授权日是 2018 年 4 月 3 日、期满日是 2020 年 8 月 21 日，而田某与淘宝朝阳分公司签订的劳动合同到期日为 2017 年 4 月 2 日。田某未提交任何证据证明淘宝朝阳分公司有在劳动合同到期后与其续签的意思表示，根据合同约定田某并不必然享有第二授权日 2017 年 4 月 3 日、第三授权日 2018 年 4 月 3 日的股票权益。淘宝朝阳分公司的行为虽然构成违法解除，但导致的法律后果仅为双方继续履行劳动合同至劳动合同到期日（即2017年4月2日）、支付工资损失及劳动关系终止的经济补偿金。田某主张因淘宝朝阳分公司的解除行为导致其未取得2017年4月3日、2018年4月3日的股权归属权益，要求淘宝朝阳分公司、阿里云公司支付相应赔偿的诉求，缺乏依据。

3.激励对象因辞职、公司裁员而不在公司担任相关职务，激励对象根据本计划对已获授但尚未行权的股票期权不得行权，该条款不属于排除或限制对方主要权利的格式条款。激励对象如主动向公司发送解除劳动合同通知书，则公司可以拒绝激励对象对已获授但未行权的股票期权行权。

在（2022）浙06民终2989号案中，一审法院认为，盈峰环境拒绝霍某某第二个行权期行权是否违反股票期权激励合同约定为本案争议焦点。双方一致确认三期股票期权激励计划草案、草案摘要及修订稿、三期股票期权激励计划实施考核管理办法均系股票期权激励合同内容的一部分，对双方均有约束力。激励计划草案及修订稿规定"激励对象因辞职、公司裁员而不在公司担任相关职务，激励对象根据本计划已获授但尚未行权的股票期权不得行权，并由公司按本计划的规定注销……"对于该约定，第一，关于辞职不得行权的条款，经审查认为这些条款不属于排除或限制对方主要权利的格式条款。股票期权激励制度既为激励也为约束，其目的既是激发管理团队和业务骨干工作积极性，也是约束其持续留在公司不断创造价值，故激励对象与公司（或关联公司）存在在职劳动关系是激励制度实行的基石，当激励对象离职后，激励目的自然无法实现。因此，注销激励对象离职时未行权的股票期权是合理的约束手段，符合股票期权激励制度基本价值取向，也符合激励对象的合同预期，不属于限制或排除对方主要权利的条款，这些条款对霍某某具有约束力。第二，2021年4月6日，霍某某向用人单位盈峰智能发送解除劳动合同通知书，劳动关系解除系霍某某主动发起，盈峰环境拒绝霍某某对已获授但未行权的股票期权行权，符合草案规定。霍某某主张其被拒绝行权系因其考核等级被调整至C，不再符合行权条件，但盈峰环境于2021年4月22日审议通过的关于调整二期及三期股票期权激励计划激励对象、行权数量及注销部分股票期权的议案，4月23日发布的三期股票期权激励计划第二个行权期行权相关事项公告均载明，系因霍某某（包括其余12名激励对象）个人原因离职，不再在公司或控股子公司任职，故注销对应的第二、三个行权期股票期权，非因霍某某个人绩效不达标而拒绝行权，故霍某某关于绩效考核等级被调整的主张与盈峰环境拒绝其行权缺乏关联。霍某某主张在其离职之前，盈峰环境已因绩效考核问题拒绝其行权，但未对该主张提供证据证明,法院不予采纳,而且在霍某某主动解除劳动合同的客观事实下,亦再无必要对绩效考核问题进行评价。第三,关于霍某某绩效考核等级被调整是否系盈峰环境促成草案条款约定情形。首先,考核霍某某绩效等级的主体并非盈峰环境,而系用人单位盈峰智能,其次,用人单位或在调岗、降薪、调整考核等级行为上存在不当,但并无证据证明其目的就是逼迫霍某某离职;再次,霍某某可以通过劳动争议救济途径、合同争议救济途径分别维护其劳动者权益和股票期权激励权益(事实上霍某某也行使了权利救济),但霍某某自行选择解除劳动合同促成离职事实,触发草案约定,系其主动放弃股票期权行权的合同权利,不能认定为盈峰环境促成约定条件。综上,因霍某某主动解除与盈峰环境控股子公司盈峰智能的劳动合同关系,构成股票期权激励计划不得行权并注销期权的合同约定情形,盈峰环境以此拒绝霍某某行权不构成违约。

4.股权激励计划约定,若因激励对象单方提出解除劳动合同,对激励对象已获准但尚未行使的权益股票终止行使,其未获准行使的部分作废。

在(2014)深中法劳终字第3058号案中,二审法院认为,李某某在离职后持有的13000股限制性股票是否符合获准解锁的条件为本案争议焦点。李某某上诉主张其离职的原因是其与捷成深圳分公司双方协商一致,但根据《员工离职申请表》的内容可见,李某某系以"个人发展及家庭"主动向捷成深圳分公司提出辞职,并经捷成深圳分公司同意。故应当认定"双方协商一致"实为李某某单方提出解除劳动关系,而捷成深圳分公司同意的最终结果。原审认定双方劳动关系的解除原因为李某某单方、主动提出,并无不当。李某某作为股权激励对象之一,支付了限制性股票投资款,最终获得39000股限制性股票。李某某主张其30%的股票符合解锁的条件,但根据《股权激励计划》的相关规定,若因激励对象单方提出终止或解除与公司订立的劳动合同或聘用合同,对激励对象已获准但尚未行使的权益股票终止行使,其未获准行使的部分作废。

(二)股权来源因素

1.公司并不能自持其自身股权,激励对象持有的股权不能理解为直接来源于公司自身的股权,而应理解为公司的股东通过转让或其他合法方式将相应股权让渡给激励对象,或者激励对象通过公司增资程序而持有股份成为公司股东。如果员工所持股权是员工通过二级市场支付一定的对价购买的,表明其并未参与持股计划,向公司主张行权没有依据。

在(2019)粤19民终16070号案中,姜某某主张依据案涉《高级人才聘用协议书》第3条第2款的约定,易事特公司应在本案中向其支付相应的股权价值及分红款。对此,法院认为,根据公司法的一般原理,除法定情形外,公司并不能自持其自身股权,即姜某某所诉争的案涉50000股股权并不能理解为可以由公司将直接来源于自身的股权赠与姜某某。而如将该条款理解为易事特公司在正式挂牌上市时姜某某可持有该公司不少于50000股的股权,一是与该条款的文义不符,二是如是理解则应由当时易事特公司的股东通过转让或其他合法方式将相应股权让渡给姜某某,或姜某某通过公司增资程序成为该公司股东。但从本案证据来看,双方并未就此作出进一步具体的约定。

协议书约定在易事特公司正式挂牌上市后对姜某某的股权激励不少于50000股,应理解为在易事特公司正式挂牌上市后,易事特公司愿意通过股权激励的方式给予姜某某不少于50000股的股权激励。股权激励作为专门术语,因易事特公司作为上市公司,其在挂牌上市后实施股权激励计划,应符合相关的监管规定及法定程序,如《上市公司股权激励管理办法》等。同时,公司对员工进行股权激励并非当然无偿给予员工股权。截至姜某某2015年8月13日离职时,易事特公司并未实施股权激励计划。即便以易事特公司2015年1月的员工持股计划来看,该次员工持股计划所涉及来源于二级市场的股权是员工通过支付一定的对价购买的,而姜某某亦未参与该持股计划。故姜某某在本案中主张易事特公司应向其支付股权激励相应的股权价值及分红款,缺乏事实和法律依据。

2.股权期权计划是要约,同时要固定激励对象的承诺证据,方能判断双方对股权期权是否达成合意。达成期权授予合意,并不意味着合约就具有可履行性,当期权授予协议仍处于不具有可履行性的状态时,期权对应权益也完全无法明确。

在(2019)沪01民终3577号案中,二审法院认为,双方就期权授予是否达成合意为本案争议焦点。首先,《股权期权计划要约函》系要约,即希望和他人订立合同的意思表示,该意思表示内容须具体确定。就《股权期权计划要约函》而言,奕原咨询公司以1元对价授予张某某37500份期权的意思表示明确,至于授予何种期权、如何行权以及双方的权利义务等具体内容,双方既可通过后期协商补充,亦可另行签订相关协议,但均不影响《股权期权计划要约函》要约效力。其次,关于张某某的承诺。与37500份期权相比,《股权期权计划要约函》约定的1元对价系象征性的低额对价,加之拟授予之期权对于张某某而言为纯获益性质,结合日常生活经验法则,两相比较,其并无明显或者特别的拒绝理由。且从2011年11月18日的《岗位聘用信》以及2014年8月19日曹某某邮件可见,作为奕原咨询公司子公司的奕瑞科技公司,对期权授予协议成立并生效的事实也并无异议,张某某、奕原咨询公司对于奕原咨询公司授予张某某 37500 份期权业已达成合意,相应的期权授予协议成立并生效。一审法院关于未达成期权授予合意的认定不当,二审法院应予以纠正。

然而,达成期权授予合意,并不意味着该合意就具有可履行性。如前所述,张某某、奕原咨询公司就期权授予达成的仅是框架性或者意向性协议,协议的实质性内容仍有待协商确定。补偿方案虽涉及某合伙企业,在此也仅为一项计算标准,无法当然得出《股权期权计划要约函》所指向的期权平台即为某合伙企业。因此,期权授予协议仍处于不具有可履行性的状态,37500 份期权对应的权益也完全无法明确。张某某依据不具有可履行性的协议,却以对方不履行协议(包括履行不能)为由,要求奕原咨询公司承担赔偿损失的违约责任,法院不予支持。

3. 股票期权实质是上市公司按照规定程序授予本公司及其控股企业员工的权利,该权利允许被授权员工在未来时间内以某一特定价格购买本公司一定数量的股票。限制性股票是指上市公司按照股权激励计划约定的条件,授予公司员工一定数量本公司的股票。员工获得股票期权,不一定是基于股权激励,股票期权也不一定是限制性股票。

在(2017)浙 01 行终 164 号案中,二审法院认为,《财政部国家税务总局关于个人股票期权所得征收个人所得税问题的通知》(以下简称《通知》)第 1 条第 2 款的规定,股票期权实质是上市公司按照规定的程序授予本公司及其控股企业员工的一项权利,该权利允许被授权员工在未来时间内以某一特定价格购买本公司一定数量的股票。上述"某一特定价格"被称为"授予价"或"施权价",即根据股票期权计划可以购买股票的价格,一般为股票期权授予日的市场价格或该价格的折扣价格,也可以是按照事先设定的计算方法约定的价格;"授予日",也称"授权日",是指公司授予员工上述权利的日期;"行权",也称"执行",是指员工根据股票期权计划选择购买股票的过程;员工行使上述权利的当日为"行权日",也称"购买日"。

《股票期权协议书》《股票期权授予通知书》《浙江迪安诊断技术股份有限公司关于股票期权激励计划预留期权授予的公告》等证据显示,吴某某与迪安公司约定以 2015 年 6 月 12 日为激励计划第一个行权期的行权登记日,以事先约定的 26.44元为单价购买迪安公司 114920 万份股票。根据《通知》第 1 条所描述的股票期权的定义,案涉股权激励计划指向的应为股票期权。应按照股票期权的有关规定计缴个人所得税。关于纳税额的计算,西湖地税分局根据《通知》第 2 条第(二)项、第 4

条的规定,计征案涉税款,数额正确。

吴某某上诉认为,其虽行权获得案涉股票,但因其作为高管离职后,按照有关规定,相应股份受到锁定,无法交易,应属于限制性股票。对此,法院认为,依照《通知》第3条的规定,限制性股票是指上市公司按照股权激励计划约定的条件,授予公司员工一定数量本公司的股票。本案中,在案涉股权激励计划中,吴某某所获得的系股权期权,而非限制性股票。吴某某因高管身份离职后,所获股份受到的锁定,并非基于股权激励。综上所述,吴某某的该上诉理由不能成立。

4. 注意区分判断股权激励中是预授股权还是已经正式授予股权。

在(2020)沪01民终9868号案中,二审法院认为,周某某取得的系争安清公司2%股权系预授股权还是正式授予股权以及安清公司和英诺伟公司主张将该系争股权转让给英诺伟公司的诉请能否得到支持为本案争议焦点。系争《投资协议》约定,安清公司未来将预留不超过10.7044%股权用于管理层股权激励;股权激励的前提是安清公司在未来3年内完成全体股东同意的目标,即未来3年完成喉镜的生产、宫腔镜、电子肠胃镜和输尿管镜的注册和转生产以及超小芯片的开发等;周某某调整前期股权激励获得0.7044%,周某某及其工程师团队将获得不超过6.5%股权,市场、销售及其他工作人员获得不超过3.5%股权;约定设定股权激励是为了使周某某符合上海人才引进的条件,《投资协议》签署后3个月内首先启动对周某某的预授股权激励,股权激励比例为2.7044%。

所以,给周某某预授股权系为了使其符合上海人才引进的条件,不需要完成股权激励的前提条件,也并非全部可能享有股权激励的人员均预授股权。实际上,周某某增资取得系争股权并不在《投资协议》签订后3个月内,而是在《投资协议》签订后2年的2018年11月。根据周某某在一审中提交证据显示,2017年7月安清公司已完成可视喉镜、输尿管肾镜、宫腔镜、膀胱镜、支气管镜、胆道镜的相关认证,可视喉镜和输尿管肾镜也进行了生产、销售。故周某某增资取得2%股权时已经有成果产生,应当不是《投资协议》约定的预授股权。

结合《投资协议》约定,安清公司首次达到董事会提出的激励目标时,由周某某提出股权激励的具体分配方案,并经过董事会审核确认股权激励人员名单。故虽然尚未达到宫腔镜、电子肠胃镜和输尿管镜转生产的条件,但因股权激励的具体分配方案系由周某某提出,周某某亦实际增资取得股权,应当视为周某某已经满足取得系争2%股权的条件。同时,周某某于2018年2月2日在"安清股东群"中提交了《安清2018年1月—2019年12月预算》《股权激励》等文件,载明股权激励授予的阶段和条件,系争2%股权已经授予周某某,安清公司的股东和董事均未提出异议,且此时周某某已经增资取得系争股权,安清公司的股东和董事亦应属于明知,故一审认定周某某已经实际取得系争2%股权的激励并无不当,安清公司认为一定要专门召开董事会予以确认的主张,不予采信。综上,周某某已经取得的系争2%股权不属于预授股权,应为周某某已经取得的股权激励,安清公司无权要求周某某将股权转让给英诺伟公司。

5. 公司与员工未约定支付给激励对象股权的来源的,不具备履行条件。

在(2018)京0108民初47608号案中,一审法院认为,《劳动合同补充协议》约定,中科博联公司2014年至2017年每年向陈某某提供不低于50万元股份或现金奖励,股份奖励或现金奖励由陈某某选择。现陈某某依据该条要求中科博联公司向其给付14.64%股权。首先,中科博联公司与陈某某并未约定支付给陈某某的股权的来源,上述条款就此约定不明确。其次,中科博联公司在协议签订时或现在均不持有本公司股权,章程中亦无员工持股计划或股权激励的相关规定。最后,陈某某主张中科博联公司可以通过增资、由其他股东代为履行或者公司向陈某2、续某某回购股权再给付的形式履行协议。但无论是决定增加公司注册资本或是处分自身股权,均属于股东的权利,现并无证据证明中科博联公司股东对此作出过同意的意思表示,参加本案诉讼的两名股东陈某2、续某某均明确表示反对。综上,条款中提供股份的内容不具备履行条件,实际无法履行。

（三）业绩考核因素

1. 基于用人单位用工管理权的性质,可以在协议中约定,激励对象在没有完成工作业绩且考核又没有达标的情况下,无权获取股权激励入股金。

在(2017)沪02民终11134号案中,二审法院认为,股权激励一定与业绩挂钩,其中一个是企业的整体业绩条件,另一个是个人业绩考核指标。德力西公司聘用李某为高级管理人员,在支付其高额工资的同时,又给予李某享受股权激励机制的待遇,目的就是要求李某为企业创造更佳的经营业绩。李某完成工作任务经考核达到合格分值以上,德力西公司应给予奖励(即双方约定的股权激励入股金),李某工作业绩不能达标的,就无权取得股权激励入股金,这是德力西公司对企业高级管理人员设立股权激励机制的初衷。如果李某没有完成工作业绩指标,德力西公司在每月支付李某高额工资的情况下,仍给予李某股权激励的待遇,既违背了德力西公司设立股权激励机制的目的,也丧失了股权激励制度对工作出色员工的奖励功效。双方签订劳动合同约定股权激励入股金分为固定入股金和浮动入股金,这仅是提取入股金的方法,但李某取得其中任何一项入股金的前提条件是完成工作业绩并经考评分值达到合格线以上,并非在没有工作业绩或者工作业绩没有达标的情况下,李某理所当然地取得固定入股金。李某在双方劳动合同存续期间,完成一定工作业绩并经德力西公司考核达到合格分值以上的,德力西公司应按照劳动合同约定保障李某依法享有股权激励入股金的权利,德力西公司应支付李某相应的股权激励金。

2. 限制性股票须满足解除限售的条件,比如激励对象必须是在公司(子公司)任职的董事、高级管理人员以及公司董事会认为需要进行激励的中层管理人员、核心技术(业务)人员,同时对激励对象的工作业绩也有相应的考核要求。

在(2019)苏06民终3851号案中,一审法院认为,限制性股票首次授予日为2017年6月6日,故2018年6月6日起,限制性股票第一期解禁的时间条件已得到满足。从罗莱公司发布的公告来看,罗莱公司已经满足了解除限售的条件。对袁某而言,必须满足绩效考核条件,同时不存在不符合解除限售的条件。根据袁某、罗莱公司签订的协议书并结合激励计划,激励对象必须是在公司(子公司)任职的董事、高级管理人员以及公司董事会认为需要进行激励的中层管理人员、核心技术(业务)人员,且公司对激励对象的工作业绩也有相应的考核要求。在限制性股票第一期解禁日期前,袁某所任职的上海罗莱公司已经向袁某送达了劳动合同终止通知书,虽然袁某否认退休的事实,但是袁某并未提供证据证明其在年满50周岁后仍然属于罗莱公司或其子公司的在职中层管理人员、核心技术(业务)人员,故形式上袁某在限制性股票第一期解禁时已并不属于激励对象。根据双方协议书的约定,袁某失去参与股权激励计划资格,袁某已获授但尚未解除限售的限制性股票由罗莱公司回购后注销。同时,根据协议书约定,自退休之日尚未解除限售的限制性股票将由罗莱公司回购并注销。综上,对袁某要求罗莱公司解锁第一期限制性股票的请求,法院不予支持。

3. 须证明公司确认股权激励已到达合同约定的标准,股权激励条件已成就(如完成公司的技术考核、年度业绩达标等)。如果股权激励的条件并未成就,已没必要再评述股权激励方案的具体内容。

在(2022)最高法民申773号案中,再审法院认为,根据案涉合同约定,安图公司在对白某某进行股权激励的具体依据和计算方案方面拥有较大决策空间。在白某某年度绩效考核未能完全达标,且双方已不可能继续合作的情况下,安图公司认为白某某没有达到实施股权激励的考核标准,并未明显超过案涉合同约定的安图公司的自主决策范围。再考虑到在合同存续期间,安图公司已向白某某支付了案涉合同约定的劳动报酬55000美元/年,合同的履行并未显失公平。再审审查阶段,白某某主张无论其是否落实安图公司技术目标,只要安图公司认可其贡献,安图公司亦有义务实施股权激励。但是,一方面,白某某未能提交充分证据证明安图公司认可其年度绩效考核达标;另一方面,根据对案涉合同有关条款的解释,在没有相反证据的情况下,如果白某某未按照案涉合同的约定完成安图公司案涉合同项目的技术考核,导致其年度绩效考核未能达标,则进行股权激励的条件必然不能成就,对于股权激励具体方案,已无需评述。

4. 激励对象未提交证据证明其在职期间的职责履行情况及工作目标完成情况,难以认定其已满足享受股权激励待遇的条件,且证据不足以证明股东口头承诺赠送股权事实的,其主张交付公司股份依据不足。

在(2019)闽民申2799号案中,再审法院认为,龙泰公司与朱某某签订《关于董事长财务助理的协定》,聘请朱某某担任龙泰公司董事长财务助理,全权负责财务科的各项管理工作。双方约定朱某某有9项管理主要职责及工作目标,龙泰公司在此基础上赋予朱某某副总经理职位,月工资1万元,为完成工作目标可自主安排工作时间,公司承担交通住宿费用以及"在分阶段完成以上职责的基础上,参与公司董事长管理范围内的股权激励,分3期进行,每年一期,每期11万股,不需要支付股份金额,享受目前3300万股的同等权利"等6项待遇,亦即朱某某作为龙泰公司的高级管理人员,除可以取得约定劳动报酬及其他待遇之外,须分阶段履行管理职责及完成工作目标,方可享受龙泰公司分期赋予的股权激励待遇。本案朱某某起诉请求判令龙泰公司交付讼争股权即主张实际享受股权激励待遇,但未提交证据证明其在职期间的职责履行情况及工作目标完成情况,难以认定其已满足享受股权激励待遇的条件。

5. 锁定股票为业绩补偿之履约担保的,亦应满足解锁条件才能主张相关权利。

在(2021)京02民初36号案中,一审法院认为,对于案涉股票,当事人在《股权转让协议》中约定为"业绩补偿之履约担保"。同时约定"目标公司在2019年度完成第8.1.1条所述承诺的业绩或虽未完成业绩承诺、但是利润补偿义务人按照本协议的约定进行了足额补偿,且不需要进行减值补偿或已经按照减值测试报告进行了足额补偿后,乙方有权解锁股票总数的50%""为确保第9.1条、第9.2条可执行,本次股权转让款项应支付至乙方各自指定账户或乙方指定委托人账户,该银行账户应为乙方或其委托人为完成第9.1条所述股票购买所开立的单独账户。……甲方将协助并确保乙方或其委托人将本次股权转让款中的70%转至证券账户,并在乙方或其委托人完成购买并锁定后10日内将股票(包括剩余现金及未来该等股票产生的利息)质押至甲方指定之第三方。如因乙方任何一方的原因,导致乙方任何一方证券账户出现异常无法完成股票(包括剩余现金及未来该等股票产生的利息)质押或质押后可能损害甲方在本协议项下的权利,该乙方应自账户出现异常之日起10日内按甲方要求向甲方提供等值的保函"。

鉴于天地祥云在2019年度未完成业绩承诺,云聚投资、达道投资、石某尚未依约支付业绩补偿款,依照当事人的上述约定,石某名下50%股票未满足解锁条件。科华数据关于质押的股票属于保证业绩补偿款履行的担保财产的答辩意见,符合当事人的约定,予以采纳。现云聚投资、达道投资、石某要求立即解除石某名下7974235股股票的锁定,没有事实和法律依据,不予支持,其可待股票解锁条件满足后依法另行主张权利。

6. 激励对象已离职,且未达到股权激励方案中的分红条件的,其诉请公司分红没有依据。

在(2020)川01民终18300号案中,二审法院认为,昆香公司是否应当向黄某某支付2018年度、2019年度的分红款为本案争议焦点。黄某某主张昆香公司应当按照《股份协议》向其支付2018年度和2019年度的分红款。昆香公司辩称《股份协议》随着黄某某的离职已经终止,同时2019年黄某某并未达到《股权激励方案》的分红条件,故公司不应当向黄某某支付分红款。对此,法院认为,黄某某在2018年4月16日向昆香公司提交辞职报告,昆香公司于同日同意黄某某的辞职,双方之间的劳动合同关系即终止,之后于2018年5月2日双方对之前的应提成款签订结算清单,双方对辞职之前建立在劳动合同关系基础上的分红款已经全部结算。虽然黄某某于2018年5月中旬又到昆香公司上班,距其辞职时间较短,但并不因此改变此前双方协商一致解除劳动合同的事实,且黄某某再次去昆香公司上班后,双方之间并未对提成款项进行约定。

黄某某主张继续按照《股份协议》的约定提成,认为其辞职并非真实意思表示,递交辞职报告后还继续与公司客户进行沟通,继续工作。对此,法院认为,黄某某作为完全民事行为能力人,应当知晓提交辞职报告,公司予以同意后的法律后果,且辞职后与客户沟通并不能当然认为是双方劳动关系未终止,故黄某某主张事实上并未辞职的事项不能成立。

对于黄某某认为《股份协议》不随劳动合同的终止而终止的主张,法院认为,从

《股份协议》的内容来看,虽名为股份协议,但实质是对销售业绩的一种变相提成,是建立在劳动合同关系成立的基础之上,故该主张不成立。黄某某对再次回昆香公司上班后双方之间就提成款如何约定并未提供证据证明,应承担举证不能的法律后果。直到 2019 年 7 月 17 日黄某某与昆香公司签订《股权激励分红协议书》,约定激励期限为 2019 年 2 月 1 日至 2020 年 1 月 31 日。昆香公司对黄某某 2019 年度的考核最终系数为 0,根据《股权激励协议书》的约定,黄某某并不能取得 2019 年度的分红款。

(四)其他约定条件

1. 未能举证公司成立持股平台及平台运作方式,也未签订期权协议约定持股及行权方案,此时应依据劳动合同确定的双方权利义务来判断员工是否已实现其期权利益,是否还存在期权行权的请求权益。

在(2019)粤 03 民终 28868 号案中,一审法院认为,股权激励一般授予在职员工,存在多种激励与管理模式,在员工离职后,其持有的员工股由员工持股平台运营管理还是由公司回购,要看双方期权合同的约定以及公司相关制度规定。由于杨某未能举证证明其提供的三份合伙企业工商信息与云天公司的关系,亦未举证证明云天公司成立了员工持股平台及平台运作方式,故认定该公司员工持股平台尚未建立及运作。由于杨某、云天公司双方未签订期权协议具体约定持股及行权方案,按照劳动合同的约定,杨某在离职之时可行权的原始股份为 25000 股,行权价格为 1 元/股。在杨某离职之时,云天公司有权以 2 元/股进行回购。云天公司在扣除杨某的行权价款及相关税款之后,将回购款支付给杨某,符合双方劳动合同的相关约定,亦不违背股权激励制度的本意。

二审法院认为,杨某与云天公司于 2015 年 12 月 23 日签订的劳动合同约定,云天公司授予杨某 30000 股原始股,分 4 年行权,工作的前 2 年每满 1 年可行使 10000 股,之后 2 年工作每满 1 年可行使 5000 股,行权价格为 1 元/股,若云天公司与杨某失去劳动关系(如辞职等),云天公司有权以 2 元/股回购,具体行权及回购条款在期权协议中体现。双方确认未签订期权协议。一审法院依据上述约定确定双方的权利义务,并无不当。在杨某离职时,云天公司有权以 2 元/股的价格回购杨某持有的符合行权条件的期权。杨某离职时已工作满 3 年,可行权 25000 股,杨某未曾支付期权价款,云天公司根据期权购买价格 1 元/股与回购价格 2 元/股的差额,扣除相关税款后,向杨某支付回购价款 24400 元,符合双方劳动合同的约定,亦不违背股权激励制度的本意。至此,杨某已实现其期权利益,不存在期权行权的请求权益。

2. 股权激励的权益是"可行权",表明部分期权仍须履行行权程序方能转化为实权,未行权的期权可能被废止,激励对象要求公司支付期权补偿价款缺乏依据。

在(2020)闽02民终4722号案中,二审法院认为,《期权授予承诺函》项下的第一期可行权25%是否应由子雯公司(原名微晟公司)对周某予以折价补偿为本案争议焦点。案涉《期权授予承诺函》主要针对授予的期权行权时间及比例、期权稀释和废止等作出约定,对期权相应的权利义务并未作出约定。根据约定,微晟公司授予周某的系该公司期权且分四期行权,也即约定授予的期权必须通过行权方能转化为实权。虽然《期权授予承诺函》约定的第一期可行权的行权价为0元/股且不再需要其他行权条件,但《期权授予承诺函》表述的权益是"可行权",结合股权激励机制的通常模式,该部分期权仍须履行行权程序方能转化为实权。根据查明的事实,该部分争议可行权至今并未实际行权。又因《期权授予承诺函》约定"若公司被其他投资者控股或收购,则已行权的期权由公司原股东折现补偿或双方协商处理,未行权的期权废止或由该控股方(收购方)处理",微晟公司已被其他投资者控股并已更名为子雯公司,依约上述周某未行权的期权均已废止,周某要求子雯公司支付期权补偿价款和主张第一期可行权25%为工资、薪金且无需行权,缺乏法律依据,不予支持。

3. 股权激励中往往将"上市"作为股票行权条件成就的标准,但"上市"是指公司股票在证券交易所公开挂牌交易,即A股上市。如果要将"上市"解读为公司股票在全国中小企业股份转让系统挂牌转让,需要作明确无误的约定。

在(2020)粤03民终9533号案中,二审法院认为,吕某某获取其所主张的股权的条件是否成就为本案争议焦点。根据吕某某的诉讼理由,其主张案涉股权的主要合同依据为中亘公司于2010年4月20日分别与李某某、邯美公司签订的《股权转让协议》以及胡某某分别于2010年6月25日和2012年9月29日出具的《权益证明》《承诺》。对此,法院认为:

第一,吕某某并非上述两份《股权转让协议》的合同主体,按照合同相对性原则,该两份协议并非当然对吕某某产生法律效力。

第二,无论是该两份《股权转让协议》还是《权益证明》,均载明吕某某获得案涉股权的条件是"向中国证券监督管理委员会提交境内发行人民币普通股的上市申请文件",特别是"深装总公司成功上市"。胡某某主张,上述文件所称的"上市"是指公司股票在证券交易所公开挂牌交易,即A股上市,吕某某则主张"上市"亦包括公司股票在全国中小企业股份转让系统挂牌转让。双方对文本条款的理解存在争议。《民法典》第142条、第466条规定,对于合同条款的理解以及有相对人的意思表示的解释,应当按照所使用的词句,结合相关条款、行为的性质和目的、习惯以及诚信原则,确认合同条款等意思表示的含义。首先,从相关条款的文义及交易惯例上看,深装总公司在全国中小企业股份转让系统,即"新三板"挂牌交易,并非属于"上市"范畴,亦不包含于法律意义上的"上市"外延。其次,全国中小企业股份转让系统有限公司于2012年9月20日成立,但上述两份《股权转让协议》和《权益证明》于2010年形成,故在签订案涉《股权转让协议》及《权益证明》时不可能就深装总公司在当时尚未运营的"新三板"上挂牌交易作出约定,吕某某的主张不具有合理性。再次,公司股票在证券交易所上市交易和在"新三板"挂牌交易,对于公司股票价值、公司及股东收益,不可同日而语。胡某某关于公司股票在证券交易所A股上市交易方能够奖励股权的主张具有合理性。最后,李某某出具的《情况说明》载明:"2015年初,胡某某、曾某某等人要求将《股权转让协议》中提到的股权奖励予以兑现……李某某表示公司并没有在A股上市,应待最终正式上市后再议,但胡某某等人表示称如公司后期未能上市,则同意将股权返还给出让人……"按照合同相对性原则,李某某与胡某某之间的法律关系不影响胡某某与吕某某之间的法律关系。单从李某某的上述说明内容上看,胡某某等人获取股权仍应以公司股票在A股上市交易为条件,且胡某某等人负有条件未成就后的返还股权义务,故不能认定吕某某获取股权的条件已经成就且李某某、邯美公司确已兑现股权奖励承诺。综上所述,两份《股权转让协议》和《权益证明》所约定的吕某某获取奖励股权的条件尚未成就。

第三,胡某某出具的《承诺》载明,其义务仅是"促成"大股东奖励吕某某1.5%股权而非由胡某某或其他民事主体向吕某某转让股权,而且如上所述,因条件尚未成就,李某某、邯美公司并未确定性地兑现股权奖励承诺,故一审法院认定吕某某不能据此《承诺》主张股权并无不当。因此,吕某某关于案涉股权的主张缺乏合同等事实依据,不予支持。一审法院认定奖励股权的条件已成就错误,二审法院予以纠正。

三、行权

(一)行权价格的确定

【协议约定标准】

1. 员工行权时,其从企业取得股票的实际购买价(施权价)与购买日公平市场价(股票当日的收盘价)的差额,是员工基于在企业的表现和业绩情况而取得的与任职、受雇有关的所得,应按"工资、薪金所得"适用的规定计算缴纳个人所得税。

在(2019)浙行申1076号案中,再审法院认为,《财政部、国家税务总局关于个人股票期权所得征收个人所得税问题的通知》(财税〔2005〕35号)(以下简称"财税〔2005〕35号文件")第1条第2款规定,企业员工股票期权(以下简称"股票期权")是指上市公司按照规定的程序授予本公司及其控股企业员工的一项权利,该权利允许被授权员工在未来时间内以某一特定价格购买本公司一定数量的股票。根据《股票期权协议书》《股票期权授予通知书》《行权情况公告》等证据显示,吴某某与迪安公司约定以2015年6月12日为激励计划第一个行权期行权登记日,以事先约定的26.44元为单价购买迪安公司11.492万份股票。根据财税〔2005〕35号文件第一条所描述的股票期权的定义,案涉股权激励计划标的应为股票期权。故原杭州市地方税务局西湖税务分局按照股票期权的有关规定计缴个人所得税,并无不当。

财税〔2005〕35号文件第2条第1款第(二)项规定,员工行权时,其从企业取得股票的实际购买价(施权价)低于购买日公平市场价(指该股票当日的收盘价,下同)的差额,是员工基于在企业的表现和业绩情况而取得的与任职、受雇有关的所得,应按"工资、薪金所得"适用的规定计算缴纳个人所得税。对因特殊情况,员工在行权日之前将股票期权转让的,以股票期权的转让净收入,作为工资薪金所得征收个人所得税。此外,财税〔2005〕35号文件规定员工行权日所在期间的工资薪金所得,应按下列公式计算工资薪金应纳税所得额:股票期权形式的工资薪金应纳税所得额=(行权股票的每股市场价-员工取得该股票期权支付的每股施权价)×股票数量。因此,原杭州市地方税务局西湖税务分局根据财税〔2005〕35号文件规定的计算方式对吴某某征收个人所得税4792658.34元,亦无不当。再审复查期间,再审申请人主张股票收盘价并不必然等于购买日公平市场价。但财税〔2005〕35号文件已明确规定,购买日公平市场价就是指该股票当日的收盘价,故其主张缺乏事实和法律依据,不予支持。

2.股权融资协议约定目标公司若未达到预定的利润目标,则由目标公司股东对投资方支付业绩补偿款,该业绩补偿款以年度净利润在预定的利润目标中的占比作为计算系数,该种投融资模式体现了对目标公司经营的激励功能,符合商业惯例,不构成"明股实债"或显失公平的情形,不应适用公平原则对该业绩补偿款进行调整。

在(2022)最高法民申418号案中,再审法院认为,国科基金系华信公司引入的投资人,翟某某系华信公司的大股东也是实际控制人,在国科基金完成向华信公司投资1600万元后,国科基金、周某某、翟某2(甲方)与翟某某(乙方)签订《补充协议》第6.1.1条约定,若公司经具有证券期货从业资格会计师事务所审计的2016年度实际净利润未达到最低承诺业绩 20000000 元的 90%,则甲方有权要求乙方对甲方以其自有资金、现金分红或自筹资金进行补偿现金或股权方式补偿(择其一)。现金补偿公式为现金补偿金额＝甲方各自的投资额×(1－2016 年度实际净利润÷20000000)。同理,第 6.1.2 条、第 6.1.3 条分别约定了 2017 年度、2018 年度的业绩承诺及估值调整。

从上述约定可知,《补充协议》本质上是投资方与融资方达成的股权性融资协议,其是为了解决交易双方对目标公司未来发展的不确定性、信息不对称以及代理成本而设计的包含股权回购、金钱补偿等对未来目标公司的估值进行调整的协议,系资本市场正常的激励竞争行为,双方约定的补偿金计算方式以年度净利润在预定的利润目标中的占比作为计算系数,该种投资模式体现了对实际控制人经营的激励功能,符合股权投资中股东之间对赌的一般商业惯例,不构成"明股实债"或显失公平的情形,依法不应适用公平原则对当事人约定的权利义务进行干预调整。虽然依据《补充协议》约定计算的 3 年业绩补偿款总额高出投资本金,但因该约定是双方自由协商的结果,翟某某应承担该商业风险,且该利润补偿款平均至各年度,增幅占比为 61.75%,在该类商业投融资业务中,并不构成显失公平的情形,翟某某主张调整业绩补偿款,依据不足。

3. 以对公司利润贡献为股权激励条件成就标准的,应在合同中详细约定利润的计算方法,区分个人与他人、公司对利润贡献的区分方法,注意保留财务上的利润数据等证据。

在(2020)最高法民申 2824 号案中,再审法院认为,周某、周某 2 主张周某 3 经营中创英泰公司创造的利润不能完全归于周某 3 个人贡献,应考虑赛为公司所提供的平台和资源。对此,法院认为,双方未约定案涉利润的计算方法,周某、周某 2 主张周某 3 个人与赛为公司对利润的贡献应予以区分,但未能提供证据证明如何区分以及区分的比例。结合录音证据中有关赛为公司财务人员计算周某 3 在 2013 年—2015 年所创造利润总额的内容,原审法院认定周某 3 在中创英泰公司期间带来的业务符合协议约定的业务,并以赛为公司公开发布的年度报告中关于中创英泰公司利润的数据作为周某 3 在 2013 年—2015 年期间贡献利润的参考标准,并无不当。

4. 股权激励合同至少应包含股权激励的依据、计算方案等内容,约定过于笼统导致履行方式不明确,且后续双方未就具体履行方式进一步协商明确的,那么公司对股权激励具体依据和计算方案拥有较大的决策空间,股权激励计算方案属公司单方面制定,而非由双方商定的自主决策行为。

在(2022)最高法民申773号案中,再审法院认为,一般来说,履行方式明确的股权激励合同条款至少包含股权激励的具体依据和计算方案等。而案涉合同仅在第6.2条中约定,根据年度绩效考核,在公司完成IPO后综合制定详细股权(期权)激励方案。因此,该项属于因过于笼统而导致履行方式不明确的条款,且后续双方当事人未就股权激励的具体履行方式进一步协商明确。从第6条标题"劳动报酬"上看,股权激励属于白某某从安图公司获得的劳动报酬的一部分。二审阶段,双方一致确认按照第6.2条约定,应由安图公司单方面制定,而非由双方商定股权激励计算方案。结合第6.2条的文义、合同有关条款和交易习惯,从有利于实现合同目的的角度,第6.2条应包含以下三层意思:在一定条件下,安图公司在完成IPO后应当给予白某某股权激励,这属于白某某劳动报酬的一部分;是否进行股权激励的具体依据是白某某的年度绩效考核;股权激励的计算方案由安图公司制定。

由此可见,根据案涉合同约定,安图公司在确定股权激励具体依据和计算方案方面拥有较大的决策空间。如果白某某的年度绩效考核未能达标,对其进行股权激励的条件必然不能成就。案涉合同有关年度绩效考核标准的主要内容由第5条、第3条、第2条约定。第5条约定,白某某根据案涉合同第3条的总则制定详细的年度工作计划,并经双方确认后,作为白某某进行年度工作绩效考核的重要依据。也就是说,绩效考核工作由安图公司具体实施,白某某根据案涉合同第3条总则拟定的工作计划是考核标准的重要依据。此外,案涉合同第2条明确了白某某的总体职责为核酸诊断技术和相关产品开发(以下简称"案涉合同项目"),是公司5到10年内的重要的战略项目,为推进该项目在技术方面的进展,聘用白某某教授为首席科学家,在技术方面负总责,也是公司关于该项目的技术考核的第一责任人。再审审查阶段,白某某主张应仅按照其提交的年度工作计划确定年度绩效考核标准。根据案涉合同第2条、第3条约定内容,应认定白某某年度绩效考核标准为完成案涉合同项目的技术考核,参考白某某提交的证据所反映的2012年—2015年工作计划。故,白某某关于案涉合同股权激励条款的解释缺乏合同依据,不予支持。

【股票交易价格】

1.以股权激励对象明确要求公司兑现股票增值收益的意思表示首次到达公司的时间点作为股票增值收益兑现即股票价格确定之日。

在(2019)最高法民申327号案中,再审法院认为,如何确定勾某某所享有的股票增值收益的计算基数,即兑现之日的股价如何确定为本案争议焦点。《聘用补充协议》中第4条约定,乙方(勾某某)的所持股票可在其服务满两年后兑现,与公司董事长共进退。乙方获得的股票收益为在兑现之日的股价和入职时确定的股价日之差额。乙方所负责业务的年平均增长率应达到10%,自2014年起算。该条款本质是股权激励条款,赋予了勾某某在满足约定条件时可获得股票增值收益的权利。

该条款对于勾某某享有股票增值收益权的任职期限、业务增长率均作出了明确、没有歧义的约定。从审理情况看,确定股票增值收益兑现之日的股价的核心就在于如何理解前述条款中约定的"与董事长共进退"。"与董事长共进退"并非合同法律文件的专业术语,特别是其中"共进退"三字既不能准确指明时间点,也不能指向具体的股价确定价格,"退"具体是胡某某不再任职还是不再持有股票,也并不明确。在双方当事人就此没有达成清楚确定的合意情况下,不能当然将胡某某退职或退股之日作为勾某某股票增值收益权成立或兑现之日,即确定勾某某所享有的股票增值收益兑现之日这一节点时还需要结合其他的事实。

二审法院确认在胡某某不再担任高精传动公司董事长也不再持有中传集团股票后,以勾某某2017年4月10日明确要求高精传动公司兑现股票增值收益的意思表示首次到达高精传动公司的2017年4月12日作为其股票增值收益兑现之日并不违反双方合同约定。2017年4月12日中传集团股票在二级交易市场上的价格为8.26港元每股。勾某某主张10.95港元每股的价格是依据中传集团与丰盛控股之间的换股方案计算得出,该价格针对特定主体有效,而勾某某并不在这一特定主体范围之内。以勾某某首次清楚、明确要求兑现股票增值收益的意思表示到达之时中传集团二级股票交易市场上的股价作为计算基数并无不妥,也未在当事人之间造成利益失衡。

2. 股权激励协议约定行权的方式为授权公司将承诺的股票在交易市场中出售所得差价归激励对象所有,但公司拒绝将股票在市场中进行交易从而导致激励对象无法实现协议约定的财产权益,法院可以根据行权日之后的一段时间内的股票交易价格平均值来确定股票价值。

在(2019)京03民终6849号案中,二审法院认为,根据双方所签订的协议内容,双方约定了杜某行权条件是行权日前未单方解除劳动合同、辞职并且没有因过错被中弘卓业公司开除、辞退或解除劳动合同。再结合双方签订的《股权激励受让书》来看,上述协议并非《合同法》(已失效)规定的赠与合同性质,而是用人单位为了激励员工勤勉尽职并保持劳动关系稳定性而设立的双务有偿合同,应属于《合同法》(已失效)中的非典型合同范畴。中弘卓业公司主张协议为赠与合同,依据不足,故其主张行使《合同法》(已失效)关于赠与合同中的任意撤销权,缺乏法律依据。协议约定杜某行权的方式为授权中弘卓业公司将承诺的股票在交易市场中出售所得差价归杜某所有，但中弘卓业公司拒绝将股票在市场中进行交易，导致杜某无法实现协议约定的财产权益，故法院根据行权日之后的一段时间内的股票交易价格平均值来确定股票价值并无不妥。

【财务报表、审计报告】

1.《招股说明书（申报稿）》是公司为发行股票向主管机关提交的申报材料，经过了公司全体董事、监事、高级管理人员、保荐人、律师、审计机构、验资机构、资产评估机构的签字、盖章确认，也经过了主管机关的核准，因此应当将该文件记载的数据作为确定公司年度净利润数额的依据。如果《专项审计报告》未在公司年度合并利润表中将股份转让行为产生的管理费用作为支出科目单独列明，而是在第二年度财务报表中进行追溯调整，此做法与会计准则不符，该《专项审计报告》不能作为认定公司年度净利润的依据。

在（2014）民申字第2095号案中，再审法院认为，二审法院认定明星电缆公司2010年度净利润为10495.52万元是否存在错误问题为本案争议焦点。2011年12月21日，明星电缆公司对外披露了《首次公开发行股票招股说明书（申报稿）》[以下简称《招股说明书（申报稿）》]，在"重大事项提示"下的"关于发行人实施股权激励对公司净利润的影响"部分记载，2010年6月，公司实际控制人李某某将其持有的公司股份160万股转让给管理层姜某某77万股和骆某某83万股，公司于2010年11月引进外部投资者的入股价为4.6535元/股，按照《企业会计准则第11号——股份支付》的相关要求，公司于2010年度确认管理费用592.3万元，相应确认资本公积592.3万元。报告期内公司2010年度的净利润为10495.52万元。上述股权激励未对公司净资产造成影响，但减少2010年度净利润为592.3万元，若扣除上述一次性影响，报告期公司2010年度净利润为11087.82万元，在"财务会计信息"下的"财务报表"部分记载，2010年度净利润为104955232.25元。该《招股说明书（申报稿）》是明星电缆公司为发行股票向中国证券监督管理委员会提交的申报材料，经过了包括李某某在内的明星电缆公司全体董事、监事、高级管理人员、保荐人、律师、审计机构、验资机构、资产评估机构的签字、盖章确认，也经过了中国证券监督管理委员会的核准，对于《招股说明书（申报稿）》的真实性、合法性，李某某在一、二审审理期间均予以认可，故二审法院认定《招股说明书（申报稿）》合法有效，并将其作为认定明星电缆公司2010年度净利润数额的依据。

因《招股说明书（申报稿）》明确记载明星电缆公司2010年度净利润为

10495.52万元,故二审法院认定明星电缆公司2010年度净利润为10495.52万元并无不当。李某某申请再审主张《招股说明书(申报稿)》对于明星电缆公司2010年度净利润表述为两个数据,即10495.52万元和11087.82万元,与事实不符,不能成立。

关于《招股说明书(申报稿)》能否单独作为认定明星电缆公司2010年度净利润依据的问题,法院认为虽然乐山众信会计师事务所根据乐山中院委托,在对明星电缆公司2010年到2012年5月7日前财务报表进行专项审计后出具的《专项审计报告》中记载,审计结果为明星电缆公司2010年度合并净利润为110878232.25元,但因《专项审计报告》对李某某将其所持明星电缆公司160万股股份转让给公司高管的行为所产生的592.3万元管理费用未在公司2010年度合并利润表中作为支出科目单独列明,而是在2011年度财务报表中进行了追溯调整,即调增2010年度管理费用592.3万元。上述做法与《会计法》(1999年修订)及《企业会计准则》(已失效)的相关规定不符,故二审法院未依据《专项审计报告》认定明星电缆公司2010年度的净利润,而是依据《招股说明书(申报稿)》认定明星电缆公司2010年度的净利润。

2. 双方可以在协议中约定,聘请会计师事务所对目标公司实现的业绩指标情况出具专项审核报告,利润补偿义务人承诺净利润数与目标公司实际净利润数的差额根据专项审核报告确定。

在(2022)京民终58号案中,再审法院认为,在认定解锁时间、逾期解锁股票数量、损失计算方面,石某、云聚投资、达道投资作为业绩承诺补偿义务人应当知晓天地祥云经营情况。石某、云聚投资、达道投资对会计师事务所于2018年4月12日出具的《2017年度审核报告》、于2019年4月25日出具的《2018年度审核报告》及容诚会计师事务所于2020年4月28日出具的《2019年度审核报告》所载天地祥云业绩完成情况本身并没有异议。

诉讼中,石某、云聚投资、达道投资主张科华数据控制印章擅自签署合同并扣除2017年度、2018年度、2019年度管理费及取消股权激励计划费用,恶意减少天地祥云利润,缺乏依据。石某、云聚投资、达道投资关于科华数据存在前述违约行为,应当赔偿其损失,故其无需对科华数据进行业绩补偿的主张,法院不予支持。石某、云聚投资、达道投资主张科华数据存在逾期解锁2017年度、2018年度应解锁股票的行为以及损失赔偿计算上,一审法院认为案涉当事人在《股权转让协议》中赋予了石某、云聚投资、达道投资解锁股票的权利。科华数据是否解锁股票取决于石某、云聚投资、达道投资是否行使了该项权利,一审法院就相关损失赔偿额的计算方法的正确性予以确认。

3.双方就利润应以营业利润还是净利润来计算产生分歧的,依照净利润作为计算定量考核奖金的依据比较科学。

在(2015)沪一中民三(民)终字第302号案中,二审法院认为,本案双方当事人对于定量考核奖金如何获得有明确约定,即依照利润差来计算,但双方就利润应以营业利润还是净利润来计算产生分歧。经审查,认同原审法院将净利润作为计算定量考核奖金的依据,理由如下:首先,利润是指在一定会计期间的经营成果,包括收入减去费用后的净额、直接计入当期利润的利得和损失。在双方并未特别注明的情况下,依照净利润计算符合一般财务原则。其次,多乐公司2009年净利润减少的原因在于与案外人另案诉讼所赔付他方的损失、支付的违约金等,上述导致利润减少的原因亦是多乐公司的经营行为所致,多乐公司在与蒋某签订《加盟协议》时该案已作出一审判决,多乐公司应当可以预计该判决结果会影响公司的净利润,但多乐公司并未对蒋某作出特别注明。而且相关激励机制亦是对多乐公司总体经营行为产生利润的总体考量,若将同样系经营行为所支付的费用予以扣除显然缺乏依据。故原审法院依照净利润差计算定量考核奖金并无不妥。

(二)行权权利的行使

1.公司对激励对象的疑问均予以合理解释之后,激励对象未在期限之内办理行权手续的,丧失了对股票期权行权的权利。

在(2018)京0108民初33962号案中。一审法院认为,包某某是否未在行权期限内行权而丧失了对股票期权行权的权利为本案争议焦点。包某某与三快科技公司的劳动关系解除后,包某某于2013年11月19日收到股票期权的行权通知,该通知中载明行权时限为自当日起90日内,若决定行权,应在90天内将行权金额、个人所得税汇至美团公司账户并完成相应手续。通过行权事宜往来邮件可见,包某某对可行权股数、市场公允价、纳税等行权事宜提出的异议,对方均逐一回复并给予了合理解释:其一,三快科技公司通知包某某行权时,依据民事调解书中确定的劳动关系解除时间作为核算可行权股数的依据并无不当,符合授予通知中的约定。其二,鉴于授予通知中仅约定行权价,但包某某离职时美团公司并未上市,故无法以股票市值作为核算收益的依据。授予通知中并未对此情形作出约定,在约定不明的情况下,美团公司已举证证明确立市场公允价的参照依据,包某某虽不认可据此确立的市场公允价,但未能提出反证予以推翻。此外与包某某同时期行权的人员适用相同的价格核算期权收益,并未对包某某不公平对待。其三,从双方沟通邮件可见,股票期权的行权会为包某某带来收入,依据国家有关规定,员工应当为股票期权收益缴纳税款。包某某在邮件中以公司未上市为由而对纳税提出的异议缺乏依据。在三快科技公司一方对包某某的疑问均予以合理解释之后,包某某未在期限之内办理行权手续,应当自行承担相应后果,认定包某某未在行权期限内行权,因此丧失了对股票期权行权的权利。

2. 因协议约定的行权方式涉及评估、股权变更等一系列繁杂的手续,需要公司及各股东高度配合,但公司明确表示不同意给予股份的,激励对象可以由主张确认享有股权请求配合办理过户手续变更为主张相应股权的价款。

在(2018)粤 03 民终 7355 号案中,一审法院认为,《关于免费赠与晏某同志期权的协议》约定的期权行权条件为晏某在静港公司连续服务满 5 年,根据生效仲裁裁决的认定,晏某于 2017 年 3 月份与静港公司协议解除劳动关系,自双方 2012 年签订期权协议之日起已满 5 年,协议约定的行权条件已成就,晏某有权请求静港公司兑现该权利。关于晏某的请求不同于协议约定的行权方式的问题,因协议约定的行权方式涉及评估、股权变更等一系列繁杂的手续,需要静港公司及案外各股东的高度配合,且根据庭审查明情况,静港公司明确表示不同意给予晏某股份,在此情况下,晏某请求按照协议确定的价值变现股份并主张价款,符合公平原则,予以采纳。

二审法院认为,双方约定的期权行权条件为晏某在静港公司连续服务满 5 年,根据生效仲裁裁决的认定,晏某于 2017 年 3 月份与静港公司协议解除劳动关系,自 2012 年双方当事人签订协议之日起已满 5 年,协议约定的行权条件已成就,晏某有权请求静港公司兑现该权利。因协议约定的行权方式涉及评估、股权变更等一系列繁杂的手续,需要静港公司及静港公司股东高度配合,且静港公司在一审庭审时明确表示不同意给予晏某股份,虽然后来其又表示同意给予晏某股份,但因该行为违反民事诉讼禁反言原则,不予支持。双方在协议中并未明确约定如何处理晏某不能行使期权的情形,因此,一审法院参照双方约定的赠与期权的价值,判令静港公司向晏某支付 30 万元,符合公平原则,处理正确。

3. 公司法定代表人在行权确认书上签署意见确认并同意其行权的,激励对象与公司形成债权债务关系,行权条件已具备。

在(2013)深中法民终字第 900 号案中,二审法院认为,《首次虚拟股权激励确认书》明确约定准予认购人行权条件包括在集团公司工作(或为集团服务)满 5 年,而被上诉人林某某自 2002 年起即在上诉人中技公司处工作,至 2010 年 3 月已在上诉人中技公司处工作满 5 年,符合双方约定的准予认购人行权条件中的工作年限要求,况且被上诉人林某某于 2007 年申请行权已实际获得了上诉人中技公司的批准,上诉人中技公司的法定代表人对被上诉人林某某 2010 年提出的行权申请亦已签署意见同意其行权,故被上诉人林某某符合行权条件有充分依据。

4. 结合股票解锁时间点是否存在顺延情形,来确定股票解锁的时间点。

在(2021)京 02 民初 36 号案中,一审法院认为,2019 年 4 月 26 日即《2018 年度审核报告》出具次日,石某出具《声明》,针对《股权转让协议》第 9.2 条约定的声明人(乙方)有权解锁股票总数的 30%问题,"声明人个人在目标公司转让时直接和间接持有的全部股份所对应《股权转让协议》第 9.2 条 30%的股票不行使解锁权,该部分股票解锁时间与目标公司在 2019 年度完成《股权转让协议》业绩承诺解锁股票总数 50%的时间相同"。因此,应当认定石某就其个人直接或间接持有的科华数据 30%股票同意解锁时间顺延,其要求科华数据就此部分股票逾期解锁赔偿损失,依据不足,不予支持。

5. 在后签订的补充协议书可基于特定事件的发生,约定对之前签订的股权激励协议中的行权条件进行变更。

在(2022)京 0115 民初 1313 号案中,一审法院认为,刘某某是否符合行权条件的问题为本案争议焦点。第一,分析《股权激励协议书》的约定,对刘某某股权激励,标的是北进缘公司作为股东持股华昊中天公司的部分股权份额,依据《股权激励协议书》及《补充协议书 2》分析,签署激励协议时刘某某应获得的股权激励份额为其中的 0.25%,该股权由北进缘公司"代持"直至刘某某行权完毕,行权时的对价是 4.1 万元,行权的条件之一为华昊中天公司准备在国内资本市场上市。根据中国证券监督管理委员会发布的辅导基本情况可知,刘某某所受激励股权已达到上述行权的条件。

第二,就《补充协议书 2》约定的"不可抗力"的争议问题,《补充协议书 2》签署时间为 2020 年 2 月,已晚于《股权激励协议书》约定的时间条件,但《补充协议书 2》仍载明"722 风暴"属于"不可抗力"并确认刘某某仍有权认购 0.25%的股权份额。虽然"722 风暴"不属于法律意义上的不可抗力,但刘某某仍有权认购 0.25%的股权份额系当事人的真实意思表示,该条款已改变了《股权激励协议书》第 3 条第 5 款约定的行权条件。

第三,就华昊中天公司、北进缘公司主张刘某某违反了《股权激励协议书》5.2、5.3 条约定的抗辩意见。就考核问题,华昊中天公司提交的考核表未经刘某某签字确认,且未证明在考核不合格过程与刘某某有沟通的记录,其在本案中提交单方出具的考核不合格记录表不能作为排除股权激励的依据;就考勤打卡的问题,华昊中天公司未充分证明公司施行严格要求全部员工打卡的规章制度,故对华昊中天公司、北进缘公司以考核不合格、未打卡为由主张刘某某的股权激励资格被取消的意见,法院不予采纳。综上,刘某某已具备对激励股权(北进缘公司持有的华昊中天公司的部分股权)的行权条件,且本案诉讼期间处于行权期内。

第三节 实务指南

一、新《公司法》对股权激励的影响:财务资助

新《公司法》第163条规定,公司不得为他人取得本公司或者其母公司的股份提供赠与、借款、担保以及其他财务资助,公司实施员工持股计划的除外。为公司利益,经股东会决议,或者董事会按照公司章程或者股东会的授权作出决议,公司可以为他人取得本公司或者其母公司的股份提供财务资助,但财务资助的累计总额不得超过已发行股本总额的10%。董事会作出决议应当经全体董事的2/3以上通过。

根据上述规定,公司原则上不得提供各类形式财务资助,但公司实施员工持股计划除外。新《公司法》第162条第3项"将股份用于员工持股计划或者股权激励"为公司不得收购本公司股份之例外情形,可见员工持股计划和股权激励还是有区别的,但此处将员工持股计划视为广义上的股权激励范畴,因此公司实施股权激励计划的,可以提供财务资助。

因此,激励对象如果缺乏资金来源,在直接持股情况下,可以直接向公司创始人或公司借款履行出资义务;在间接持股情况下,由持股平台向创始人或公司借款而获得财务资助先行履行实缴出资义务,持股平台与激励对象之间还可再以借款方式对激励对象实施财务资助。公司在实施财务资助方面要注意几点:

第一,从体系上看,新《公司法》第163条放在第六章"股份有限公司的股份发行和转让"部分,故财务资助的规定仅适用于股份有限公司,新《公司法》对于有限责任公司实施财务资助没有限制性或禁止性规定。

第二,公司创始人或公司向激励对象提供财务资助,在境内上市公司申报前会受到监管机构的质询,质疑股权是否为激励对象真实持有、资金是否真实来源于激励对象。因为这将对上市公司的股权权属清晰问题产生影响,故在公司上市之前应当完成激励对象所持股权的实缴,涉及财务资助的应当先行由激励对象或持股

平台归还完毕借款再启动上市进程。

第三，在程序上，对于有限公司而言，激励对象如果担任公司董事、监事、高级管理人员，则属于新《公司法》规定的关联方。这些特定人群接受财务资助安排的，必须按照新《公司法》第182条规定向董事会或者股东会报告，并依公司章程的规定经董事会或者股东会决议通过。即在没有公司章程特别规定情况下，关联交易事项属于普通决议事项。对于股份公司而言，根据新《公司法》第163条第2款规定，公司为实施员工持股计划而提供财务资助的，要经过股东会决议或者授权董事会决议，且资助总额累计不得超过公司已发行股本总额的10%。

公司决定进行财务资助时，为了保障出借人的利益，公司与激励对象在协议中应当详细约定激励对象的还款方式（比如从激励对象的工资、提成、奖金等收入项目中定期扣除一定比例的金额来还款）、还款期限、提供担保等内容。

二、芯片企业的股权激励——兼论股权激励与上市的衔接

（一）公司基本情况

1. 主要产品

上海南芯半导体科技股份有限公司（以下简称"公司"）是国内领先的模拟和嵌入式芯片设计企业之一，主营业务为模拟与嵌入式芯片的研发、设计和销售，专注于电源及电池管理领域，为客户提供端到端的完整解决方案。2022年6月21日，公司科创板IPO获上交所受理，公司拟公开发行股份不超过6353万股，拟募资16.58亿元。

2. 经营模式

作为专业的集成电路设计企业，公司采用通行的Fabless（无工厂芯片供应商）模式运营。Fabless模式下，公司无需花费高额成本建立晶圆生产线，可以充分发挥技术优势快速开发产品和满足市场需求。因此，该公司股权架构及股权激励具有借鉴意义。

（二）员工持股概览

1. 持股平台基本情况

上海辰木信息技术合伙企业（有限合伙，以下简称"辰木信息"）、上海源木信息技术合伙企业（有限合伙，以下简称"源木信息"）、上海闰木信息技术合伙企业（有限合伙，以下简称"闰木信息"）为公司特设的员工持股平台，均为有限合伙。

之所以设立有限合伙作为持股平台，主要好处是：

(1)实现分股不分权。

(2)转让时的所得税低于有限公司。

(3)方便激励对象进入和退出,实现风险隔离。

2. 持股平台对主体公司的持股架构及比例

辰木信息、源木信息分别对主体公司持股14.2752%、1.7114%,合计控制在15%上下。激励对象通过持股平台持股,并未在持股平台上再设立有限合伙进行"双层持股"。

3. 持股平台的人员构成及实控人所担任的角色

其中,辰木信息的工商基本信息见表9-1。

表9-1 持股平台之一登记信息

企业名称	上海辰木信息技术合伙企业(有限合伙)
统一社会信用代码	91310230MA1JYCBC2C
住所	上海市崇明区长兴镇潘园公路1800号3号楼13235室(上海泰和经济发展区)
执行事务合伙人	阮某某
企业类型	有限合伙企业
经营范围	从事信息科技领域内的技术开发、技术转让、技术咨询和技术服务,企业管理咨询,商务信息咨询,会务服务,展览展示服务,广告设计、制作、代理、发布,日用百货、电子产品的销售。(依法须经批准的项目,经相关部门批准后方可开展经营活动)
主营业务及与发行人主营业务的关系	持股平台,与发行人主营业务没有直接关系
合伙期限	2017年6月2日至2047年6月1日

结合具体的财产份额比例可以看出,实控人阮某某担任该持股平台唯一的普通合伙人、执行事务合伙人。其仅用0.2819万元出资、0.3379%的份额占比,掌握整个持股平台对主体公司14.2752%的投票权。

源木信息的工商基本信息见表9-2。

表9-2 持股平台之二登记信息

企业名称	上海源木信息技术合伙企业(有限合伙)
统一社会信用代码	91310230MA1HG3M18C
注册地址	上海市崇明区长兴镇潘园公路1800号3号楼74383室(上海泰和经济发展区)
执行事务合伙人	阮某某

(续表)

企业名称	上海源木信息技术合伙企业(有限合伙)
类型	有限合伙企业
营业期限	2020年7月30日至2050年7月29日
经营范围	一般项目:从事信息科技领域内的技术开发、技术转让、技术咨询、技术服务,企业管理咨询,商务信息咨询(不含投资类咨询)、会务服务,展览展示服务,广告设计、制作、代理,广告发布(非广播电台、电视台、报刊出版单位),日用百货、电子产品的销售。(除依法须经批准的项目外,凭营业执照依法自主开展经营活动)
主营业务及与发行人主营业务的关系	持股平台,与发行人主营业务没有直接关系

结合具体的财产份额比例可以看出,实控人阮某某担任该持股平台唯一的普通合伙人、执行事务合伙人。其同样仅用 0.0632 万元出资、0.6320%的份额占比,掌握整个持股平台对主体公司 1.7114%的投票权。

4.合计控制

对于实控人阮某某而言,其直接持有发行人 20.2169%的股份,并担任员工持股平台辰木信息、源木信息的执行事务合伙人,有权代表辰木信息、源木信息行使发行人 15.9866%股份的表决权。阮先生以直接和间接的方式合计控制公司 36.2035%的股份。(见表9-3)

表 9-3 发起人持股情况

序号	发起人姓名/名称	持股数量(股)	持股比例(%)
1	阮某某	72780573	20.2169
2	辰木信息	51390183	14.2752
3	源木信息	6160526.00	1.7114
4	闰木信息	2156184	0.599

将有限合伙作为持股平台持股,阮某某的控制权杠杆放大比例为 16 倍。

(三)激励股权的部分来源和定价

1.认购新增注册资本的方式

2020 年 9 月 30 日,公司股东会决议通过:注册资本增加至 553.5537 万元,分别由持股平台辰木信息、源木信息、闰木信息以及该轮的其他投资机构红杉瀚辰、聚源铸芯、浦软晨汇、沃赋一号认缴。

2. 定价优惠

本次C2轮融资投前估值为15亿元；员工持股平台增资价格以员工行权总金额为基础确定，大概按照当时估值的1/3即5亿元的价格认购。

（四）持股平台的部分增值权套现

2020年10月15日，公司C2轮融资中，辰木信息将所持0.5596%的股权转让给精确联芯。本次转让估值13.4亿元，其他转让方系优先权利较少的创始股东及天使轮股东，转让方转让价格略低于本轮融资估值。若按此计算，辰木信息转让所得约750万元。

2021年8月，公司D轮融资中，辰木信息将所持0.1919%、0.3839%、0.1919%、0.5182%及0.1919%的股权分别转让给张江燧锋、全德学、马墨企管、穹瑞企管及冯源绘芯，该轮融资投后估值为55亿元。若按此计算，辰木信息转让所得约8000万元。

（五）激励对象人员构成

辰木信息、源木信息、闰木信息三家持股平台合计的激励对象人员构成情况见表9-4。

表9-4　认购新增注册资本情况

类别	人数（人）
高级管理人员	4
其他员工	99
合计	103

（六）激励模式、实施期间及加速行权

1. 激励模式及实施期间

公司采用了期权激励模式，并在2016年至2020年间陆续授予了员工期权。

2. 加速行权

2020年10月16日，公司召开董事会，审议通过对原期权计划项下，员工已被授予但尚未满足行权条件的期权加速行权，同时转为限制性股权的决议。

此外，董事会审议通过了《公司2020年度股权激励计划（修正案）》，明确了限制性股权的锁定期、限售期等内容。上述议案已由股东会决议通过。

（七）锁定期及解锁

1. 锁定期

根据协议，员工获授的激励股权锁定期为自授予日起36个月。

2. 解锁条件

（1）员工获授激励股权锁定期届满后的当日可解锁即进入可转让状态的比例为70%；

（2）锁定期届满后的第一个周年日的当日可解锁即进入可转让状态的比例为15%；

（3）锁定期届满后的第二个周年日的当日可解锁即进入可转让状态的比例为15%。

同时，公司上市后员工获授的激励股权须遵循3年的限售期。

（八）离职的退出处理

1. 设计思路

区分"锁定期内离职"还是"锁定期届满后离职"。如果是后者，则再进一步区分是"已上市"还是"未上市"；如果是"已上市"，则再进一步区分"持股平台所持公司股份是否已经解除限售"。

2. 退出价格

以年化收益率和"离职时点对应上一年末净资产价格"中更低的为准。具体见表9-5。

表9-5 股权激励中离职退出的处理

是否锁定期	是否上市	限售情况	减持价格
锁定期内离职	—	—	授予价格与员工书面提出离职时点激励份额所对应公司上一年末未经审计净资产价格孰低
锁定期届满后离职	已上市	员工持股平台所持公司股份尚在限售期内	授予价格加上年化4%收益率与员工书面提出离职时点所持激励份额所对应公司上一年末未经审计净资产价格孰低
	已上市	员工持股平台所持公司股份已解除限售	市场价格退出
	未上市	—	授予价格加上年化4%收益率与员工书面提出离职时点所持激励份额所对应公司上一年末未经审计净资产价格孰低

（九）持股平台的上市承诺

辰木信息、源木信息、闰木信息承诺：

(1) 在以下两个日期孰晚之日届满前：

① 自发行人股票在上海证券交易所上市之日起 36 个月；

② 法律法规、规范性文件及中国证券监督管理委员会指导意见规定的其他本企业持有发行人股票上市后的限售期，本企业不转让或委托他人管理本企业持有的发行人首次公开发行股票（以下简称"首发"）前已发行的股份，也不由发行人回购本企业持有的上述股份。

(2) 在发行人股票上市后 6 个月内，如果发行人股票连续 20 个交易日的收盘价均低于首发时的发行价，或者上市后 6 个月期末收盘价低于首发时的发行价的，本企业在发行人首发前所持有的发行人股份的锁定期限在前述锁定期的基础上自动延长至少 6 个月。

(3) 本企业拟将在发行人首发前所持有的发行人股份在锁定期届满后减持的，减持价格不低于首发时的发行价。

(4) 若因发行人派发现金红利、送股、转增股本、增发新股等原因进行除权、除息的，上述股份价格、股份数量须按照上海证券交易所的有关规定作相应调整。

(5) 本企业合伙人中属于发行人董事、监事、高级管理人员、核心技术人员的，其减持发行人股份应遵守其作出的股份锁定、减持意向承诺及相关法律法规的规定。

（十）股份支付

股份支付是指企业为获取职工和其他方提供的服务而授予权益工具或者承担以权益工具为基础确定的负债的交易，其可分为以权益结算的股份支付和以现金结算的股份支付。拟 IPO 企业通过授予激励对象直接或间接持有的公司股权，属于以权益结算的股份支付。

公司的股份支付会计处理情况如下：

1. 权益工具公允价值的确定方法

(1) 对于授予职工的股份，其公允价值按公司股份的市场价格计量，同时考虑授予股份所依据的条款和条件（不包括市场条件之外的可行权条件）进行调整。

(2) 对于授予职工的股票期权，在许多情况下难以获得其市场价格。如果不存在条款和条件相似的交易期权，公司应选择适用期权定价模型估计所授予的期权的公允价值。

2.股份支付计划实施的会计处理

(1)授予后立即可行权的换取职工服务的以权益结算的股份支付,在授予日以权益工具的公允价值计入相关成本或费用,相应增加资本公积。

(2)完成等待期内的服务或达到规定业绩条件以后才可行权换取职工服务的以权益结算的股份支付,在等待期内的每个资产负债表日,以对可行权权益工具数量的最佳估计为基础,按权益工具授予日的公允价值,将当期取得的服务计入成本或费用和资本公积。

(本文由吴疆律师撰写)

三、股权激励中的"股份支付"问题详解

(一)"股份支付"问题为什么重要?

以上市公司"寒武纪"为例,它一共实施了五次股权激励,分别在2017年4月、2017年10月、2018年12月、2019年9月、2019年12月。

每次的购股价格、每次对应的当时公司股价、扣除员工实际出资额后以权益结算的股份支付确认的费用总额见表9-6。

表9-6 以权益结算的股份支付确认的数次费用总额对照

批次	时间	当时公司股价	员工行权价格	因此确认的费用总额
第一次	2017年4月	42元/股	1元/股	2.6亿元
第二次	2017年10月	42元/股	1元/股	1亿元
第三次	2018年12月	41元/股	1元/股	0.41亿元
第四次	2019年9月	/	1元/股	3.6亿元
第五次	2019年12月	61元/股	1元/股	5.3亿元

上图中,"因此确认的费用总额"就是因"股份支付"产生的成本,最终导致的结果是公司五次股权激励所产生的股份支付远超过寒武纪这3年内的总营收。

上述情况直接导致寒武纪在2017年度、2018年度、2019年度的净利润分别是-3.8亿元、-4200万元、-11.8亿元,截至2019年底,公司累计亏损8.6亿元。

(二)"股份支付"具体是什么?

股份支付的本质是一种会计处理。股权激励中,企业将股权分配给核心员工从而代替现金支付薪酬,使得企业在留住人才的同时减少现金支出。

但现金支出减少不代表成本减少;并且,既然是一种财务支出,就必须在会计上体现。因此,该种"员工持股成本"与"市场公允价值股票"的差额,实质上就是一种企业支付给员工的变相的现金薪酬,因此计入公司股权激励成本费用。市场公允价值与员工购股价的差额就是股权支付,差额越大,股份支付的成本就越大。市场公允价值,一般依据该次股权激励授予日权益工具公允价值的外部融资估值价格换算得来。

在实务中,判断是否构成股份支付,主要依以下两个标准:(1)发行人是否换取了职工和其他方提供的服务;(2)是否存在与公允价值之间的差额。

因为未上市企业无法在二级市场确认其股权公允价值,所以为合理确认公允价值以计算股份支付,通常有三种方式,即通过融资机构的估值、净资产、账面价值确认。寒武纪采用了第一种,即以融资机构的估值作为股票公允价值。

(三)股权激励"股份支付"的提示和建议

在进一步分析前,可将"股份支付"问题提炼为一个案例式的表达:

A公司于2021年4月开始实施股权激励,员工持股平台按A公司投后估值5亿元标准对A公司进行溢价增资,获得A公司10%股权,约定激励对象的服务期为5年。

A公司的"股份支付"根据《企业会计准则第11号——股份支付》第6条规定和《A公司员工股权激励情况》,假设以预计最近一轮融资估值25亿元计算,且约定服务期限内股权激励对象无人员离职,股份支付按5年分摊,则2021年至2025年应计入成本或费用的金额约为每年4000万元,即(25亿元-5亿元)/5年。如果将来企业上市时选择有"净利润"要求的财务标准,将会大受影响。

下述由于不同的股权激励方案会产生不同的会计处理方式,且非上市公司选择不同的股权激励方式对公司损益的影响也有所不同,其纳税义务时点也不尽相同。几点重要提示可供参考。

提示一:股份支付费用属于经常性损益。

对于设定服务期限的股份支付,股份支付费用可采用恰当的方法在服务期内进行分摊,并计入经常性损益。

提示二:员工税负成本的考量。

股权激励通常应当按照工资、薪金所得扣缴个人所得税。在满足特定条件的情况下,可申请递延至财产转让时缴纳个人所得税。

根据国家税务总局《关于进一步深化税务领域"放管服"改革培育和激发市场主体活力若干措施的通知》(税总征科发〔2021〕69号),加强股权激励个人所得税管理。严格执行个人所得税有关政策,实施股权(股票,下同)激励的企业应当在决定实施股权激励的次月 15 日内,向主管税务机关报送《股权激励情况报告表》,并按照《财政部国家税务总局关于个人股票期权所得征收个人所得税问题的通知》(财税〔2005〕35 号)、《财政部国家税务总局关于完善股权激励和技术入股有关所得税政策的通知》(财税〔2016〕101 号)等现行规定向主管税务机关报送相关资料。股权激励计划已实施但尚未执行完毕的,于 2021 年底前向主管税务机关补充报送《股权激励情况报告表》和相关资料。

综上所述,实施股权激励的公司应关注股权激励方案对员工个人所得税的影响,股权激励方案如无法满足递延纳税的要求,可能会导致员工短期缴纳高额个人所得税。

若员工股权激励按照工资、薪金最高 45%缴纳个人所得税的,允许授予企业在没有实际现金流支出的情况下可以确认费用按照 25%的税率税前扣除。

而如果激励对象低价增资或从大股东取得股权环节没有按照工资、薪金缴纳个人所得税,抑或是按照《财政部国家税务总局关于完善股权激励和技术入股有关所得税政策的通知》(财税〔2016〕101 号)递延到财产转让时缴纳个人所得税。这种情况下,通常无法在授予企业层面确认费用税前扣除。

笔者建议实施股权激励的公司应综合权衡考量。

附:

根据《企业会计准则第 11 号——股份支付》第 6 条规定,完成等待期内的服务或达到规定业绩条件才可行权的换取职工服务的以权益结算的股份支付,在等待期内的每个资产负债表日,应当以对可行权权益工具数量的最佳估计为基础,按照权益工具授予日的公允价值,将当期取得的服务计入相关成本或费用和资本公积。

根据《财政部国家税务总局关于完善股权激励和技术入股有关所得税政策的通知》(财税〔2016〕101 号)规定,非上市公司享受递延纳税政策须同时满足以下七个条件:

第一,属于境内居民企业的股权激励计划。

第二,股权激励计划经公司董事会、股东(大)会审议通过。未设股东(大)会的国有单位,经上级主管部门审核批准。股权激励计划应列明激励目的、对象、标的、有效期、各类价格的确定方法、激励对象获取权益的条件、程序等。

第三,激励标的应为境内居民企业的本公司股权。股权奖励的标的可以是技术成果投资入股到其他境内居民企业所取得的股权。激励标的股票(权)包括通过增发、大股东直接让渡以及法律法规允许的其他合理方式授予激励对象的股票(权)。

第四,激励对象应为公司董事会或股东(大)会决定的技术骨干和高级管理人员,激励对象人数累计不得超过本公司最近6个月在职职工平均人数的30%。

第五,股票(权)期权自授予日起应持有满3年,且自行权日起持有满1年;限制性股票自授予日起应持有满3年,且解禁后持有满1年;股权奖励自获得奖励之日起应持有满3年。上述时间条件须在股权激励计划中列明。

第六,股票(权)期权自授予日至行权日的时间不得超过10年。

第七,实施股权奖励的公司及其奖励股权标的公司所属行业均不属于《股权奖励税收优惠政策限制性行业目录》范围。公司所属行业按公司上一纳税年度主营业务收入占比最高的行业确定。

(本文由吴疆律师撰写)

四、示范条款的制定:行权价格及确定方法

(一)首次授予股票期权的行权价格

例如,本计划首次授予激励对象的股票期权的行权价格为每份50元,即在满足行权条件的情形下,激励对象获授的每份股票期权可在其行权期内以每份50元的价格购买1股公司股票。

在本计划公告日至激励对象完成股票期权行权期间,公司发生资本公积转增股本、派送股票红利、股份拆细、缩股、配股、派息等事宜的,本计划中股票期权行权价格将作相应的调整。

预留部分股票期权的行权价格与首次授予的股票期权行权价格一致。预留股票期权在授予前,须召开董事会审议通过相关议案,并披露授予情况。

(二)首次授予股票期权行权价格的确定方法

本小节试举几例,包含股票期权行权价格的确定方法、行权价格定价的科学性合理性的说明。

1. 行权价格的确定方法

本次股票期权的行权价格采取自主定价方式,确定为50元/份。

(1)为本激励计划公告前1个交易日公司股票交易均价(前1个交易日股票交易总额/前1个交易日股票交易总量),即每股44.36元的112.72%。

(2)为本激励计划公告前20个交易日公司股票交易均价(前20个交易日股票交易总额/前20个交易日股票交易总量),即每股52.00元的96.16%。

(3)为本激励计划公告前60个交易日公司股票交易均价(前60个交易日股票交易总额/前60个交易日股票交易总量),即为每股59.04元的84.69%。(注:公司股票上市后连续竞价交易未满120个交易日,因此未采用本激励计划公告前120个交易日公司股票交易均价。)

2.定价方式的合理性说明

公司本次股票期权的行权价格采取自主定价方式,目的是建立、健全公司长效激励机制,吸引和留住优秀人才,促进公司发展、维护股东权益,基于对公司未来发展前景的信心和内在价值的认可,有效地将股东利益、公司利益和核心团队个人利益结合在一起,为公司长远稳健发展提供机制和人才保障。

公司核心业务为超算云服务,致力于为广大科研工作者和企业研发人员提供全面、安全、易用、高性价比的超算云服务,产品包括通用云、行业云和AI云。当前行业内对于保有优秀人才的竞争日趋激烈,在未来行业竞争加剧、产品加速更新换代的背景下,公司董事、高级管理人员及核心团队对于公司的长远发展至关重要,团队的稳定有利于为公司营造良好的环境并提供稳定支持。因此公司认为充分保障本次激励计划的有效性是稳定公司高级管理人员及核心人才的重要途径,能够助力公司在行业竞争中获得优势。

综上所述,基于公司中长期经营发展战略考量,公司须进一步完善和丰富董事、高级管理人员及核心团队的中长期激励机制,降低公司核心人才流失的潜在风险。在符合法律法规、规范性文件的基础上,并参考市场实践案例,公司决定将首次授予的股票期权行权价格确定为50元/份。该定价有利于保障公司激励计划实施的有效性,进一步提高核心团队的积极性、创造性,建立预期业绩和公司长远战略紧密挂钩的中长期激励机制,从而有利于公司持续发展,且不会损害股东利益。

因此,公司首次授予的股票期权行权价格相关定价依据和定价方法具有合理性和科学性。

3.股票期权行权价格的合理性说明

本次股票期权的行权价格采取自主定价方式,该定价方式的目的是保障公司本次激励计划的有效性,亦是为保持公司长期且持续激励机制一贯性和延续性的需要,是以促进公司发展、维护股东权益为根本目的,基于对公司未来发展前景的信心及对激励对象内在价值的认可,本着激励与约束对等的原则而确定。

采用该定价方式及上述定价水平是在兼顾并平衡2022年股票期权激励计划的激励力度对员工的影响后,为充分保持激励力度的接续性和科学合理性而最终确定的,其有利于更进一步稳定和激励核心团队和骨干员工、维护并提升股东权益,为公司长远稳健发展提供长效激励约束机制及坚强的人才保障。

公司致力于成为全球一流的电机零部件服务商,并以成为国内冲压行业的标杆为愿景,公司将进一步加深相关业务方面(特别是新能源汽车)的布局、投入,抓住新的发展机遇,实现产业转型升级。在此快速发展、规模扩张和转型升级阶段,公司将持续面临着国际国内竞争、专业人才竞争、市场开拓和技术研发压力等方面的诸多经营挑战,并对公司人力资源提出了更高的要求。公司能否继续维持现有核心团队的稳定及不断引进和激励优秀骨干人才,关系到公司是否能维系在行业内的技术优势和综合竞争力优势。

《上市公司股权激励管理办法》允许上市公司采取其他方法确定股票期权行权价格,市场已有较多成功实践做法,且本公司×年股票期权激励计划亦顺利实施;公司同时聘请了具有证券从业资格的独立财务顾问按照《上市公司股权激励管理办法》第36条的要求发表专业意见,并就激励计划股票期权自主定价的合理性进行补充说明及披露。

本次股票期权激励计划激励工具和定价方式的选择在不损害公司和股东利益的基础上,综合考虑了激励力度、公司业绩状况、员工对公司贡献程度等多种因素,兼顾公司往期激励的实施情况,亦充分考量了公司股份支付费用承受度及激励对象出资能力等实际情况,从稳定核心团队、补充员工薪酬、维护公司整体利益等角度出发,最终选择股票期权作为激励工具,且行权价格采用自主定价方式,行权价格确定为每份10.79元。这对于激发员工动力、留住并吸引行业内优秀人才、保持公司行业领先地位及长远可持续发展有着重大的促进作用。

第十章 股权激励合同的解除

第一节 请求权基础规范

一、《民法典》规定

第 533 条 合同成立后,合同的基础条件发生了当事人在订立合同时无法预见的、不属于商业风险的重大变化,继续履行合同对于当事人一方明显不公平的,受不利影响的当事人可以与对方重新协商;在合理期限内协商不成的,当事人可以请求人民法院或者仲裁机构变更或者解除合同。

人民法院或者仲裁机构应当结合案件的实际情况,根据公平原则变更或者解除合同。

第 557 条 有下列情形之一的,债权债务终止:(一)债务已经履行;(二)债务相互抵销;(三)债务人依法将标的物提存;(四)债权人免除债务;(五)债权债务同归于一人;(六)法律规定或者当事人约定终止的其他情形。

合同解除的,该合同的权利义务关系终止。

第 558 条 债权债务终止后,当事人应当遵循诚信等原则,根据交易习惯履行通知、协助、保密、旧物回收等义务。

第 562 条 当事人协商一致,可以解除合同。

当事人可以约定一方解除合同的事由。解除合同的事由发生时,解除权人可以解除合同。

第 563 条 有下列情形之一的,当事人可以解除合同:(一)因不可抗力致使不能实现合同目的;(二)在履行期限届满前,当事人一方明确表示或者以自己的行为表明不履行主要债务;(三)当事人一方迟延履行主要债务,经催告后在合理期限内仍未履行;(四)当事人一方迟延履行债务或者有其他违约行为致使不能实现合同目的;(五)法律规定的其他情形。

以持续履行的债务为内容的不定期合同,当事人可以随时解除合同,但是应当在合理期限之前通知对方。

第564条 法律规定或者当事人约定解除权行使期限,期限届满当事人不行使的,该权利消灭。

法律没有规定或者当事人没有约定解除权行使期限,自解除权人知道或者应当知道解除事由之日起一年内不行使,或者经对方催告后在合理期限内不行使的,该权利消灭。

第565条 当事人一方依法主张解除合同的,应当通知对方。合同自通知到达对方时解除;通知载明债务人在一定期限内不履行债务则合同自动解除,债务人在该期限内未履行债务的,合同自通知载明的期限届满时解除。对方对解除合同有异议的,任何一方当事人均可以请求人民法院或者仲裁机构确认解除行为的效力。

当事人一方未通知对方,直接以提起诉讼或者申请仲裁的方式依法主张解除合同,人民法院或者仲裁机构确认该主张的,合同自起诉状副本或者仲裁申请书副本送达对方时解除。

第566条 合同解除后,尚未履行的,终止履行;已经履行的,根据履行情况和合同性质,当事人可以请求恢复原状或者采取其他补救措施,并有权请求赔偿损失。

合同因违约解除的,解除权人可以请求违约方承担违约责任,但是当事人另有约定的除外。

主合同解除后,担保人对债务人应当承担的民事责任仍应当承担担保责任,但是担保合同另有约定的除外。

第567条 合同的权利义务关系终止,不影响合同中结算和清理条款的效力。

二、其他法律规定

(一)合同编层面

《民法典合同编通则司法解释》

第32条 合同成立后,因政策调整或者市场供求关系异常变动等原因导致价格发生当事人在订立合同时无法预见的、不属于商业风险的涨跌,继续履行合同对于当事人一方明显不公平的,人民法院应当认定合同的基础条件发生了民法典第五百三十三条第一款规定的"重大变化"。但是,合同涉及市场属性活跃、长期以来价格波动较大的大宗商品以及股票、期货等风险投资型金融产品的除外。

合同的基础条件发生了民法典第五百三十三条第一款规定的重大变化,当事人请求变更合同的,人民法院不得解除合同;当事人一方请求变更合同,对方请求解除合同的,或者当事人一方请求解除合同,对方请求变更合同的,人民法院应当结合案件的实际情况,根据公平原则判决变更或者解除合同。

人民法院依据民法典第五百三十三条的规定判决变更或者解除合同的,应当综合考虑合同基础条件发生重大变化的时间、当事人重新协商的情况以及因合同变更或者解除给当事人造成的损失等因素,在判项中明确合同变更或者解除的时间。

当事人事先约定排除民法典第五百三十三条适用的,人民法院应当认定该约定无效。①

第52条 当事人就解除合同协商一致时未对合同解除后的违约责任、结算和清理等问题作出处理,一方主张合同已经解除的,人民法院应予支持。但是,当事人另有约定的除外。

有下列情形之一的,除当事人一方另有意思表示外,人民法院可以认定合同解除:(一)当事人一方主张行使法律规定或者合同约定的解除权,经审理认为不符合解除权行使条件但是对方同意解除;(二)双方当事人均不符合解除权行使的条件但是均主张解除合同。

前两款情形下的违约责任、结算和清理等问题,人民法院应当依据民法典第五百六十六条、第五百六十七条和有关违约责任的规定处理。②

第53条 当事人一方以通知方式解除合同,并以对方未在约定的异议期限或者其他合理期限内提出异议为由主张合同已经解除的,人民法院应当对其是否享有法律规定或者合同约定的解除权进行审查。经审查,享有解除权的,合同自通知到达对方时解除;不享有解除权的,不发生合同解除的效力。③

第54条 当事人一方未通知对方,直接以提起诉讼的方式主张解除合同,撤诉后再次起诉主张解除合同,人民法院经审理支持该主张的,合同自再次起诉的起诉状副本送达对方时解除。但是,当事人一方撤诉后又通知对方解除合同且该通知已经到达对方的除外。④

第59条 当事人一方依据民法典第五百八十条第二款的规定请求终止合同权利义务关系的,人民法院一般应当以起诉状副本送达对方的时间作为合同权利义务关系终止的时间。根据案件的具体情况,以其他时间作为合同权利义务关系终

---

① 情势变更制度的适用。
② 协商解除合同的适用。
③ 通知解除合同的审查。
④ 撤诉后再次起诉解除合同时合同解除时间的认定。

止的时间更加符合公平原则和诚信原则的,人民法院可以以该时间作为合同权利义务关系终止的时间,但是应当在裁判文书中充分说明理由。①

→参考:司法政策文件《九民会议纪要》

46.【通知解除的条件】审判实践中,部分人民法院对合同法司法解释(二)第24条的理解存在偏差,认为不论发出解除通知的一方有无解除权,只要另一方未在异议期限内以起诉方式提出异议,就判令解除合同,这不符合合同法关于合同解除权行使的有关规定。对该条的准确理解是,只有享有法定或者约定解除权的当事人才能以通知方式解除合同。不享有解除权的一方向另一方发出解除通知,另一方即便未在异议期限内提起诉讼,也不发生合同解除的效果。人民法院在审理案件时,应当审查发出解除通知的一方是否享有约定或者法定的解除权来决定合同应否解除,不能仅以受通知一方在约定或者法定的异议期限届满内未起诉这一事实就认定合同已经解除。

47.【约定解除条件】合同约定的解除条件成就时,守约方以此为由请求解除合同的,人民法院应当审查违约方的违约程度是否显著轻微,是否影响守约方合同目的实现,根据诚实信用原则,确定合同应否解除。违约方的违约程度显著轻微,不影响守约方合同目的实现,守约方请求解除合同的,人民法院不予支持;反之,则依法予以支持。

48.【违约方起诉解除】违约方不享有单方解除合同的权利。但是,在一些长期性合同如房屋租赁合同履行过程中,双方形成合同僵局,一概不允许违约方通过起诉的方式解除合同,有时对双方都不利。在此前提下,符合下列条件,违约方起诉请求解除合同的,人民法院依法予以支持:(1)违约方不存在恶意违约的情形;(2)违约方继续履行合同,对其显失公平;(3)守约方拒绝解除合同,违反诚实信用原则。

人民法院判决解除合同的,违约方本应当承担的违约责任不能因解除合同而减少或者免除。

49.【合同解除的法律后果】合同解除时,一方依据合同中有关违约金、约定损害赔偿的计算方法、定金责任等违约责任条款的约定,请求另一方承担违约责任的,人民法院依法予以支持。

双务合同解除时人民法院的释明问题,参照本纪要第36条的相关规定处理。

(二)上市公司

1.《上市公司股权激励管理办法》

第32条 股票期权各行权期结束后,激励对象未行权的当期股票期权应当终

---

① 合同终止时间的确定。

止行权,上市公司应当及时注销。

出现本办法第十八条、第三十一条规定情形,或者其他终止实施股权激励计划的情形或激励对象不符合行权条件的,上市公司应当注销对应的股票期权。

第51条 上市公司在股东大会审议股权激励计划之前拟终止实施股权激励的,需经董事会审议通过。

上市公司在股东大会审议通过股权激励计划之后终止实施股权激励的,应当由股东大会审议决定。

律师事务所应当就上市公司终止实施激励是否符合本办法及相关法律法规的规定、是否存在明显损害上市公司及全体股东利益的情形发表专业意见。

第52条 上市公司股东大会或董事会审议通过终止实施股权激励计划决议,或者股东大会审议未通过股权激励计划的,自决议公告之日起3个月内,上市公司不得再次审议股权激励计划。

第64条 上市公司终止实施股权激励的,终止实施议案经股东大会或董事会审议通过后,上市公司应当及时披露股东大会决议公告或董事会决议公告,并对终止实施股权激励的原因、股权激励已筹划及实施进展、终止实施股权激励对上市公司的可能影响等作出说明,并披露律师事务所意见。

2.《国有控股上市公司(境内)实施股权激励试行办法》

第35条 股权激励对象有以下情形之一的,上市公司国有控股股东应依法行使股东权利,提出终止授予新的股权并取消其行权资格:(一)违反国家有关法律法规、上市公司章程规定的;(二)任职期间,由于受贿索贿、贪污盗窃、泄露上市公司经营和技术秘密、实施关联交易损害上市公司利益、声誉和对上市公司形象有重大负面影响等违法违纪行为,给上市公司造成损失的。

3.《国有控股上市公司(境外)实施股权激励试行办法》

第25条 股权激励对象因辞职、调动、被解雇、退休、死亡、丧失行为能力等原因终止服务时,其股权的行使应作相应调整,采取行权加速、终止等处理方式。

4.《中央企业控股上市公司实施股权激励工作指引》

第43条 上市公司未满足股权激励计划设定的权益授予业绩目标,当年不得授予权益。未满足设定的权益生效(解锁)业绩目标的,由公司按照以下办法处理:(一)当年计划生效的股票期权、股票增值权不得生效,予以注销。(二)当年计划解锁的限制性股票不得解除限售,由上市公司回购,回购价不高于授予价格与股票市价的较低者。

第55条 股权激励对象因调动、免职、退休、死亡、丧失民事行为能力等客观原因与企业解除或者终止劳动关系时,授予的权益当年达到可行使时间限制和业绩考核条件的,可行使部分可以在离职(或可行使)之日起半年内行使,半年后权益失效;当年未达到可行使时间限制和业绩考核条件的,原则上不再行使。尚未解锁的限制性股票,可以按授予价格由上市公司进行回购(可以按照约定考虑银行同期存款利息)。

股权激励对象辞职、因个人原因被解除劳动关系的,尚未行使的权益不再行使。尚未解锁的限制性股票按授予价格与市场价格孰低原则进行回购,已获取的股权激励收益按授予协议或股权激励管理办法规定协商解决。

5.《关于上市公司实施员工持股计划试点的指导意见》

(七)员工持股计划的管理

4.员工享有标的股票的权益;在符合员工持股计划约定的情况下,该权益可由员工自身享有,也可以转让、继承。员工通过持股计划获得的股份权益的占有、使用、收益和处分的权利,可以依据员工持股计划的约定行使;参加员工持股计划的员工离职、退休、死亡以及发生不再适合参加持股计划事由等情况时,其所持股份权益依照员工持股计划约定方式处置。[①]

第二节 裁判精要

一、合同解除的条件

(一)不予解除合同

1.激励对象签订股权激励协议主要目的在于通过投资合伙企业间接持有公司的股份。合伙企业已成立且依约购买了公司股份,合同目的已经实现,股权激励协议虽然未对办理工商变更登记的时间作出约定,但激励对象不能以股权未办理工商变更登记为由主张解除合同。

在(2019)浙民申4060号案中,再审法院认为,蒋某某表示"合同义务方不履行合同主要义务导致合同目的不能实现"而诉请解除合同,对此分析如下:首先,蒋某某签订案涉合同的主要目的在于投资群英合伙企业从而间接持有大盛公司的股份。现群英合伙企业已成立,且依约购买了大盛公司的股份,合同目的已经实现。至于该部分

---

① 此处是关于上市公司股权激励计划的调整和终止的规定。

的投资出现亏损,系正常的市场投资盈亏情形,与本案各方的合同目的无关联,故不能因此得出合同目的不能实现的结论。其次,虽目前蒋某某并非群英合伙企业的登记合伙人,但群英合伙企业明确表示其认可蒋某某在合伙企业中的份额,且同意配合办理工商变更登记手续。而《股权激励协议》中亦未对办理工商变更登记的时间作出约定,故蒋某某据此提出合同解除的主张不成立。再次,《股权激励协议》并未约定俞某某不能减持大盛公司的股份,亦未对其减持作出限制,且《股权激励协议》明确约定蒋某某应将其在群英合伙企业中的表决权委托给胡某某行使。故俞某某及群英合伙公司减持大盛公司的股份,并未违反合同约定,蒋某某主张解除协议的理由亦不能成立。

2. 根据合同性质及股权激励协议约定的内容,如没有充分证据证明存在导致合同目的无法实现的根本违约情形的,不能行使法定解除权。

在(2018)京01民终6812号案中,二审法院认为,导航者公司提出本案诉请的理由为盛景网联公司未能按期如数提供商业模式初步方案、商业计划书初稿、资本运作路径规划方案及股权激励方案规划四份报告等违约行为致使合同目的不能实现。对此,法院认为,合同约定导航者公司作为盛景网联公司的学员企业,盛景网联公司应调集其资源全方位地推动与协助导航者公司的发展,推动导航者公司快速而稳健地发展,使其成长为优秀企业,降低风险、把握机会,但合同未能围绕实现目标的期限及具体标准作出明确约定。案涉合同对于提供上述四份报告的内容质量亦未作出明确约定,依据双方当事人的陈述及举证情况,案涉合同涵盖的服务不仅包括提供上述书面报告,还包括提供培训课程和日常咨询服务。根据合同性质及约定内容,未能在案涉合同约定的有效期内提供全部上述四份报告,应不致使合同目的完全无法实现。导航者公司提交的证据不能证明盛景网联公司的履行情况存在导致合同目的无法实现的根本违约情形,案涉合同并不具备解除的法定条件,应充分按照双方当事人的明确约定,认定为因有效期届满而处于终止状态。

3. 基于股权激励目的而签订的认购股份合同,约定了公司在公司业绩和个人考核要求的特定情形下享有回购股份的权利,但并不意味着公司须按激励对象出资价格回购股份。且公司中已为离职的激励对象申请了部分股份解除限售,并承诺积极申请办理剩余股份的解除限售,意味着激励对象的离职不一定影响其持有股份,其不属于合同目的不能实现的情形,激励对象离职后请求解除公司按原出资价格回购股份的主张不会得到支持。

在(2019)苏02民终2402号案中,二审法院认为,双方签订案涉认购合同,孙某某作为顺达公司的核心员工,同意按本次股票发行方案认购顺达公司发行的股份,并以现金方式认购股票发行中的 6 万股,缴纳认购款 39 万元,应认定双方已完成合同的主要内容。孙某某称,顺达公司以控制成本压缩人员之名变更工作环境、降低薪资,迫使其离职,致使合同的股权激励目的不能实现,故孙某某诉请解除合同,由顺达公司回购其股份,返还认购款 39 万元。对此,法院认为:第一,双方签订的《公司 2015 年第二次股票发行认购合同》,符合《公司法》(2018 年修正)、《证券法》(2014 年修正)等相关法律法规及规范性文件的规定,合法有效。

第二,孙某某以个人原因为由向顺达公司提请辞职,并无证据证明其被迫离职,且公司经营业绩下滑后,公司管理层决策变更工作环境,整合人员配置,降低成本,并不必然构成违约。事实上孙某某离职行为并不影响其继续持有顺达公司的股份,也不影响认购合同的效力。

第三,孙某某解除合同的实质目的在于要求顺达公司回购其股份,从合同约定看确实赋予了顺达公司在公司业绩和个人考核要求的特定情形下回购股份的权利,但并不必然导致孙某某认购股份的目的不能实现,顺达公司二审诉讼中已为离职的孙某某申请了部分股份解除限售,并承诺在 2020 年度和 2021 年度积极申请办理剩余股份的解除限售。

第四,公司股权激励的目的不仅是保持盈利,也包括共同治理亏损。案涉认购合同中对此已作风险提示,孙某某认购股份应当知晓投资的风险。在公司股票价格下跌且其主动离职的背景下,孙某某要求顺达公司仍按原出资价格回购股份,没有依据,也不符合案涉认购合同的原本目的。据此,孙某某行使法定解除权主张返还认购款二审法院不予支持,一审判决并无不当。

4. 政策性文件不能作为合同解除的依据,合同对解除条件约定不明确的,也不构成解除合同的依据。

在(2016)京 0108 民初 4583 号案中,一审法院认为,汉唐公司与黄某某之间的《股份认购协议》,主要内容为股份认购,双方之间的协议内容现已履行完毕,在此情况下,汉唐公司以黄某某违反诚实信用原则、造成合同目的不能实现、违反相关约定及文件等为由,要求解除股份认购协议并要求黄某某返还认购的全部股份、转增股份及所获收益,于法无据,主要理由如下:其一,《中关村国家自主创新示范区企业股权和分红激励实施办法》(已失效)系政策性文件,汉唐公司以该文件规定作为解除合同的依据于法无据;其二,《汉唐公司 2015 年第一次股票发行及员工持股方案》中"肯定老员工对公司所作出的贡献,吸引与保留优秀人才,建立公司股东与公司管理团队之间的利益共享和约束机制"等相关表述与本案关联性较弱,亦不能成为支持汉唐公司解除案涉合同的有效理由,汉唐公司主张解除股份认购协议及基于前述主张要求黄某某退还股份及收益的诉讼请求,依据不足。

(二)应予解除合同

1.激励对象实质上没有支付过股权转让款的,其行为名为股权转让实为股权赠与。激励对象没有服务满约定的期限,赠与激励股权的条件不成就,其符合股权转让合同解除条件,应返还持有的股权。

在(2013)鄂武汉中民商终字第01503号案中,一审法院认为,股权转让协议的真实意思是什么以及是否具备解除的条件为本案争议焦点。

第一,胡某某与雷某某于2010年9月2日签订的股权赠与协议的目的是实施赫天公司与雷某某签订的聘用合同中所承诺的赫天公司对雷某某的股权激励政策,是在履行赫天公司与雷某某签订的聘用合同。虽然胡某某与雷某某的股权赠与协议明确了胡某某是代洪远公司持有赫天公司的股权,但从本案雷某某实际取得赫天公司1.89%的股权的事实结果和洪远公司在诉讼中出具的情况说明来看,赫天公司和胡某某对胡某某代持洪远公司的赫天公司股权有处分权,赫天公司和胡某某基于聘用合同和股权赠与协议共同行使请求雷某某返还赫天公司1.89%的股权给胡某某的诉权符合法律规定。

赫天公司与雷某某签订的聘用合同约定的期限为自2009年6月20日起至2023年6月20日止。胡某某与雷某某于2010年9月2日签订的股权激励赠与协议约定,激励股权一次性交割并登记到雷某某名下,作为取得并持续拥有标的股份的条件之一,雷某某同意持续作为赫天公司的雇员为公司提供不少于一定年限的服务。协议还约定赫天公司在发现规定的情形之日起2年内有权行使回购权,雷某某应不附带任何条件且不可撤销地将标的股权全部无偿转让给胡某某。从这两份合同约定的内容可以推断,赫天公司对雷某某实施的股权激励是以雷某某在聘用合同期限内忠实、尽责地履行为条件,如果雷某某不能满足股权激励的条件,雷某某应无偿返还胡某某已转让的赫天公司股权。本案雷某某按聘用合同约定应当作为总工程师与赫天公司保持15年的聘用关系,但雷某某在任职不足3年时即向赫天公司提出辞职,单方解除聘用合同,显然未满足股权激励的条件。原审法院对赫天公司和胡某某请求解除股权激励赠与协议,并由雷某某返还其持有的赫天公司1.89%股权的主张予以支持。

第二,刘某与雷某某于2011年7月3日同时签订了股权赠与协议和股权转让协议,股权赠与协议是为履行赫天公司与雷某某签订的聘用合同中的股权激励约定而签订。从刘某与雷某某签订股权转让协议及其履行方式看,订立股权转让协议也应属于履行赫天公司与雷某某签订的聘用合同中关于股权激励的约定。按照股权转让协议约定,刘某应向雷某某转让 0.81%赫天公司股权,雷某某支付刘某 30 万元股权转让款。在雷某某未向刘某支付 30 万元的货币或交付其他等值财产的情况下,刘某向雷某某出具了收到其 30 万元股权转让款的收条,证明刘某转让雷某某 0.81%赫天公司股权不是为了取得雷某某 30 万元股权转让款,而是出于与股权赠与协议同样的目的,即要求雷某某在无偿接受 0.81%赫天公司股权后,至少为赫天公司全职、忠实、勤勉、尽责地服务至 2014 年 6 月 30 日止。诉讼中,虽然雷某某陈述刘某未实际向其支付股权转让协议项下的 30 万元转让款的原因系赫天公司以应当向其支付的 30 万元相抵,但雷某某未能提供证据予以证实,故雷某某的主张不予采信。雷某某未能满足股权赠与的条件,赫天公司和刘某请求解除股权转让协议的主张应当予以支持。而且,即使刘某与雷某某签订股权转让协议与赫天公司和雷某某签订的聘用合同无关联性,雷某某并未实际支付股权转让协议约定的 30 万元转让款,股权转让协议处于双方均未履行的状态,其协议效力也因未征求其他股东是否行使股权优先购买权而处于待定状态,在股权转让协议既未生效又未履行的情况下,应对刘某主张解除股权转让协议予以支持。

二审法院认为,刘某与雷某某签订的股权转让协议及股权赠与协议是否应予以解除,刘某是否应向雷某某返还 30 万元股权转让款的问题为本案争议焦点。刘某与雷某某于 2011 年 7 月 3 日签订股权赠与协议和股权转让协议,同样是为了履行赫天公司与雷某某签订的聘用合同中的股权激励条款。基于刘某与雷某某的约定,协议未经股东会通过未生效,且雷某某已离职,该协议已无履行可能,故应予解除。刘某与雷某某签订的股权转让协议约定,刘某应向雷某某转让 0.81%赫天公司股权,雷某某应向刘某支付 30 万元股权转让款。刘某于同月向雷某某出具了收到 30 万元股权转让款的收条,但雷某某并未向刘某实际支付了 30 万元。雷某某上诉请求刘某返还 30 万元股权转让款意味着其认可股权转让合同的解除,其在未向刘某支付 0.81%股权转让对价的情况下,即主张刘某向其返还股权转让款,没有事实和法律依据,法院不予支持。

2.激励对象已履行义务,激励者没有履行合同约定的主要义务致合同目的不能实现的,激励对象有权解除合同。

在(2017)川01民终5927号案中,二审法院认为,《认购书》明确约定了双方的合同义务,牟某某的义务是以现金方式出资15.2万元认购禾丰公司20万份股,禾丰公司的义务是在合同签订1年后成功上市。依据《认购书》,若1年后公司没有成功到上海股权交易中心E板挂牌,乙方(即牟某某)可要求企业以每股1元退还其认购资金,上述内容系禾丰公司应履行的合同义务,牟某某已按约定履行其合同义务,但禾丰公司未能在1年后成功上市,禾丰公司没有履行合同主要义务,致使合同目的不能实现,牟某某有权要求解除与禾丰公司签订的《认购书》。

二、合同解除的责任

(一)连带责任、退股退伙

1.两公司存在交替用工、共同发放劳动报酬、共同管理和任用等情形,激励对象付出的劳动成果为两个公司共同享有的,两个公司应对激励对象的现金奖励承担连带支付责任。

在(2020)川01民终6039号案中,二审法院认为,根据《合同法》(已失效)关于"当事人对合同的效力可以约定附条件。附生效条件的合同,自条件成就时生效。附解除条件的合同,自条件成就时失效。当事人为自己的利益不正当地阻止条件成就的,视为条件已成就;不正当地促成条件成就的,视为条件不成就"的规定,"A轮融资"完成不产生因所谓"控制权丧失"导致的协议终止;同时,行愿公司未提交相应证据证明梁某考核结果不满足授予激励权益的条件及考核期届满时已出现约定协议终止的情形,故应当认定双方约定的现金奖励条件已成就。基于前述搜油郎公司与行愿公司存在交替用工、共同发放劳动报酬、共同管理和任用等情形,梁某付出的劳动成果由行愿公司与搜油郎公司共同享有,行愿公司与搜油郎公司应对梁某现金奖励承担连带支付责任。

2.协议解除时,应按约定由公司与股东共同向激励对象返还股份的原始本金。

在(2017)粤03民终14536号案中,二审法院认为,《合作协议》约定,张某某持有知亦行公司的55%股份,赠与杨某某股份为知亦行公司的15%,杨某某享有知亦行公司的15%股份对应的分红权,该股份价值36万元。但双方签订《合作协议》的初衷是"为了实现业务上的1+1>2",是双方资源上的整合,结合杨某某在知亦行公司的任职情况,张某某赠与杨某某股份为知亦行公司的15%股份,名为"赠与",但实际上并非张某某无偿地将自己的股份给予杨某某,而是建立在杨某某在职期间对知亦行公司的贡献基础上,属于员工股权激励性质。张某某以赠与合同任意撤销权为由,主张单方解除该协议,于法无据。

依据《合作协议》,张某某赠与杨某某知亦行公司 15% 的股份,既包括价值 36 万元的原始本金,又包括知亦行公司所承诺的每年 20%—30% 的分红,张某某、知亦行公司主张其已支付的 24 万元分红款应予扣除,依据不足,不予支持。鉴于张某某是知亦行公司的法定代表人及主要股东,且合作协议中知亦行公司亦向杨某某明确承诺每年 20%—30% 的分红,因此,杨某某主张知亦行公司与张某某共同承担原始本金 36 万元的支付责任,符合法律规定。

3. 激励对象和公司解除了劳动关系的,不再是公司的员工,不再是股权激励计划的对象,丧失了合伙协议约定的相关资格,应当从合伙企业退伙。

在(2020)粤 13 民终 1999 号案中,二审法院认为,案涉《合伙协议》约定,合伙目的为对公司及其子公司的员工进行股权激励,以充分调动员工的积极性和创造性,实现公司持续健康发展的责任感、使命感,确保公司发展目标的实现,以及约定本合伙企业的普通合伙人只能由公司的实际控制人或实际控制人指定的人员担任;除经普通合伙人特别同意,合伙企业的有限合伙人应当是公司在职的正式员工。上诉人嘉帮富祥咨询企业系公司及其子公司为对员工实施股权激励计划而设立的持股平台,公司及其子公司的员工身份是成为上诉人的有限合伙人的基本条件。根据《合伙企业法》规定,被上诉人已经与公司解除劳动关系,被上诉人已不再是公司的员工,不再是公司实施员工股权激励计划的对象,其已经丧失了合伙协议约定的必须具备的相关资格,应当从合伙企业退伙。上诉人已于 2018 年 11 月 28 日召开合伙人会议,作出了对被上诉人除名的决定,并于 2018 年 12 月 5 日向被上诉人送达了《退伙通知书》,故应当认定被上诉人于 2018 年 12 月 5 日退伙,被上诉人应当协助上诉人办理退伙的工商变更登记。

4. 要研判股权激励计划中的条款,其是仅对激励对象行权的单方限制还是同时规定了缔约双方在一定情形下必须共同履行合同义务,即激励对象将合伙企业财产份额转让给对方、对方按约定支付对价款是应当同时履行的义务。

在(2018)闽 02 民终 2843 号案中,二审法院认为,首先,案涉《补充协议书》第 3 条明确约定,如在都飞科技公司股份改制完成后 1 年内、满 1 年但不满 2 年的期间内以及满 2 年但不满 3 年的期间内的任何时候,都飞科技公司与叶某之间的劳动合同终止/解除的,叶某应在劳动合同终止/解除后 5 个工作日内将其持有的都飞物联企业全部、2/3、1/3的财产份额转让给彭某某或彭某某指定的第三方。结合该条款上下文语境理解,可知该条款系限制性、约束性条款,即在同时满足"都飞科技公司于股份改制完成后1年内、满1年但不满2年的期间内以及满2年但不满3年的期间内"以及"都飞科技公司与叶某之间的劳动合同终止/解除后"两个前提条件下,叶某必须将其持有的都飞物联企业全部或部分财产份额转让给彭某某。该条款并非如彭某某所主张的仅系对叶某股权激励行权的单方限制,彭某某可以选择回购或是放弃叶某持有的合伙企业财产份额,而是同时规定了缔约双方在前述情形下必须共同履行的合同义务,即叶某在限定时间内须将其持有的合伙企业财产份额转让给彭某某(或彭某某指定之人),与此同时,彭某某亦须接受叶某转让给其的合伙企业财产份额,并按照合同约定的价格支付对价。

其次,《补充协议书》约定了都飞物联企业的其他有限合伙人同意放弃叶某持有的合伙企业财产份额优先受让权,虽然其他有限合伙人未在该协议书中签名,但其余3名合伙人在二审中均书面确认愿意受该条款之约束,不向叶某主张其持有的合伙企业财产份额优先受让权。

再次,受限于合伙企业强调人合的这一经营形式,合伙企业财产份额对外转让亦存在诸多限制。

综上,从公平原则和诚实信用原则考量,讼争合同于条件成就时,叶某既负有义务将其持有的合伙企业财产份额转让给彭某某(或彭某某指定之人),亦享有权利要求彭某某按照合同约定的价格回购合伙企业财产份额,叶某有权要求彭某某按照合同约定的对价回购其持有的都飞物联企业财产份额。

(二)返还财产、赔偿损失

1.劳动合同解除后,用人单位应依约返还原激励对象在员工持股计划中的出资额,并承担以出资额为基数的赔偿逾期付款利息的损失赔偿责任。

在(2021)沪0107民初29509号案中,一审法院认为,高某某作为蓝灯公司员工参与蓝灯公司实施的员工持股计划且离职后,蓝灯公司是否返还高某某缴纳的员工持股计划出资的问题为本案争议焦点。《蓝灯员工持股会规则》载明,如核心员工离开蓝灯公司时,核心员工的出资额将由蓝灯公司原始股东进行折算回购。而实际上,高某某与蓝灯公司签订的《协商解除劳动合同终止协议书》明确约定了《股份代持归还计划》。在该归还计划中,蓝灯公司明确承诺于2020年10月31日前分6笔归还高某某25万元。

由此可知,蓝灯公司以签署《股份代持归还计划》的方式去履行《蓝灯员工持股会规则》中的蓝灯公司原始股东进行折算回购的义务。在审理中,蓝灯公司认可《协商解除劳动合同终止协议书》及《股份代持归还计划》中的蓝灯公司人事专用章的真实性,但主张不清楚《股份代持归还计划》的内容,蓝灯公司上述陈述存在逻辑矛盾,不予采信。考虑到员工持股计划与劳动合同关系的密切联系,蓝灯公司在《股份代持归还计划》中加盖人事专用章,应系蓝灯公司的真实意思表示,蓝灯公司应严格遵照履行。蓝灯公司未如约履行支付回购款的义务,应继续履行并承担赔偿逾期付款利息损失的责任。

2. 协议未对退伙的原因区分主动辞职和被动辞职的情形,但两者均产生退伙后清算财产份额的结果,可以判令激励者按实缴出资金额并加上同期贷款利率计算的利息标准向激励对象返还财产。

在(2019)粤01民终16383号案中,二审法院认为,兰某某退出鑫而行时,其应当获得的合伙财产份额如何确定为本案争议焦点。

第一,从鑫而行提交的五舟公司股票在"新三板"市场交易情况来看,交易量基本为0。在没有实际交易以产生成交价格的情况下,并不能够客观反映市场对五舟公司股权价值的判断。一审法院仅以退伙日前的收盘价作为确定股权价值的标准,有失客观。

第二,《补充协议》的签订主要是就合伙人退出鑫而行时如何确定应当向其返还的财产份额而达成的协议。《补充协议》约定的不同梯度的返还标准,主要建立在合伙人自《补充协议》签订后在五舟公司任职时间长短基础上,此外并无明显区分。

第三,《合伙协议》及《补充协议》虽未对退伙的原因作出主动辞职和被动辞职的区分,但两者在本质上并无不同,均产生退伙后清算财产份额的结果。至于兰某某因被动辞职而产生的损失,其在劳动争议案件中已获得了劳动赔偿金,一定程度上得到了补偿。

第四,鑫而行是五舟公司为实施员工股权激励计划而建立的平台,基于其设定的特殊目的,合伙人的权益在一定程度上必然受到限制。在《补充协议》没有就五舟公司主动解除劳动关系导致退伙作特别约定的情况下,参照适用《补充协议》的相关规定,更加符合合伙目的及公平原则。兰某某在《补充协议》签订后,于五舟公司任职未满2年,应当参照适用《补充协议》约定,确定鑫而行、刘某、宋某某应以兰某某实缴出资金额并加上同期贷款利率计算的利息,向兰某某履行返还义务。

3.激励对象已经符合行权条件,公司不能以董事会一直未作出最终决议而对抗劳动者的权利行使,否则应承担过错责任。

在(2016)京0108民初28398号案中,一审法院认为,搜狗科技公司主张《聘用信》中记载"若在您通过试用期后首次公司授予时,因公司原因未对您进行股票期权授予的,公司将在每年以现金形式一次性发放37500美金作为额外奖金(共计4年),若您离职或当年度被授予期权的,上述额外奖金不再发放"。据此规定,因沈某某已离职,故其无权主张37500美金的额外奖金。对此,该段表述从文义上解释,劳动者在公司授予股票期权前(签署股票期权授予协议前)离职的,劳动者无权要求额外奖金;反之,如劳动者在离职前,公司应授予股票期权时,因公司原因未对劳动者进行股票期权授予的,公司则应向劳动者支付额外奖金。

本案实则应审查,搜狗科技公司应在何时对劳动者进行股票期权的授予。搜狗科技公司未就授予期权的时间进行明确约定,属约定不明,此时双方可通过协议补充,不能达成补充协议的,应按照合同有关条款或者交易习惯确定,依据上述原则仍不能确定授予期限的,沈某某在通过试用期后可随时要求履行。沈某某已向搜狗科技公司主张权利,要求进行股票期权授予,搜狗科技公司怠于履行义务,未进行授予,应认定为劳动者在离职前,公司应授予股票期权时,系因公司原因未对劳动者进行股票期权授予,公司应向劳动者支付额外奖金。综上所述,沈某某以其在工作满1年时(即2016年1月7日)搜狗科技公司仍未授予股票期权而要求公司向其支付37500元美金的额外奖金并无不当,故根据2016年1月7日人民币对美元的汇率核算,搜狗科技公司应向沈某某支付额外奖金246172.5元。

4.限制性股票的解锁或者取消取决于劳动合同的履行情况。如果协商解除劳动合同时限制性股票尚未满足解锁条件,劳动合同解除后公司取消了限制性股票,导致激励对象未能最终取得股票权利或利益的,其并非公司的违约或其他不当行为所致,激励对象要求公司赔偿其限制性股票被取消所造成的损失没有依据。

在(2018)川民再409号案中,一审法院认为,首先,双方签订的劳动合同中约定"公司从正式聘用雇员之日起,分配期权2000股,具体分配方法根据MPS的股票分配合同来定",而双方均认可芯源公司已按劳动合同之约定给付了该部分股票期权。而王某某主张芯源公司还应支付1302股,对应其的期限折算为653股,但王某某并无任何证据证明芯源公司负有在《劳动合同》约定给予2000股股票期权的基础上还应负有再给付1302股股票期权的义务,故王某某的诉讼主张无事实依据,不予支持。

其次,双方于离职之日签订的《协商一致解除劳动合同协议书》载明,双方均按法律规定履行了劳动合同有关的全部义务,双方之间不存在任何劳动争议及纠纷,该协议签订后,除该协议约定外,双方均不再向对方主张任何权利。从该协议内容来看,双方于离职之日已确认,芯源公司并未拖欠王某某包括股票期权在内的劳动报酬,故对王某某的诉讼主张不予支持。

二审法院认为,王某某与芯源公司签订的《协商一致解除劳动合同协议书》载明,双方均按法律规定履行了劳动合同有关的全部义务(包括但不限于岗位、劳动报酬、社会保险、住房公积金等全部义务),双方之间不存在任何劳动争议及纠纷,本协议签订后,除本协议约定外,双方均不再向对方主张任何权利。相关《员工离职结算单》也表明芯源公司已授予王某某股票,王某某本人也签字确认。也即,双方在解除劳动关系时,已对双方的权利、义务进行了清算并形成书面文件。一审、二审中,在王某某本人未主张上述协议书及结算单存在欺诈、胁迫的情况下,人民法院未主动审查是否存在欺诈、胁迫等违背双方真实意思表示的情形并无不当。

再审法院认为,王某某与芯源公司原来签订的劳动合同,明确将期权奖励作为合同内容。后来续签的劳动合同虽然未载明期权奖励条款,但王某某仍然被授予MPS公司限制性股票。该限制性股票虽然由MPS公司根据其股权激励计划授予,但显然是基于王某某与芯源公司之间的劳动关系,该限制性股票的解锁或者取消也主要取决于王某某与芯源公司之间劳动合同的履行情况。因此,王某某认为芯源公司解除劳动合同后错误取消了其限制性股票,要求赔偿损失,属于劳动争议的审理范围。但是王某某能否最终取得限制性股票的权利或利益,还需要遵守MPS公司股权激励计划的相关规则,满足限制性股票的解锁条件。王某某与芯源公司于2016年3月28日协商解除劳动合同时,其主张的限制性股票尚未满足解锁条件。因此劳动合同解除后MPS公司取消了上述限制性股票,导致王某某未能最终取得股票权利或利益,并非芯源公司的违约或其他不当行为所致。王某某称其系被迫离职及芯源公司领导口头承诺其限制性股票到解锁期(2016年4月底)兑现,没有证据证明。因此,王某某要求芯源公司赔偿其限制性股票被取消所造成的损失,没有事实和法律依据。

第三节 实务指南

一、新《公司法》对股权激励的影响：无面额股、类别股

（一）无面额股制度对股权激励的影响

新《公司法》第142条规定，公司的资本划分为股份。公司的全部股份，根据公司章程的规定择一采用面额股或者无面额股。采用面额股的，每一股的金额相等。公司可以根据公司章程的规定将已发行的面额股全部转换为无面额股或者将无面额股全部转换为面额股。采用无面额股的，应当将发行股份所得股款的1/2以上计入注册资本。

所谓的无面额股，是指不在票面上记载金额，只标明股份数量或总股本比例的股票。其最大特点就是定价灵活，通常的股票价格都等于或高于1元，但无面额股定价可以低于1元。如果公司通过发行无面额股进行股权激励，这意味着激励对象认购价格可以低于1元，无疑增强了对激励对象的吸引力和激励力度，也降低了激励对象的资金支付压力。但实际上，无面额股也具有消极的一面。过低的股票价值使得激励对象对公司价值产生怀疑，从而影响股权激励效果。因此公司需要结合经营状况、激励对象支付能力、同行业支付水平等来确定合理的支付价格。

实务中，公司可以通过修改公司章程明确能否选择无面额股作为激励股权的股票形式以及面额股与无面额股如何转换，确保至少一半的股款计入注册资本。但公司章程内容须与新《公司法》的规定保持一致。

（二）类别股制度对股权激励的影响

新《公司法》第144条规定："公司可以按照公司章程的规定发行下列与普通股权利不同的类别股：（一）优先或者劣后分配利润或者剩余财产的股份；（二）每一股的表决权数多于或者少于普通股的股份；（三）转让须经公司同意等转让受限的股份；（四）国务院规定的其他类别股。公开发行股份的公司不得发行前款第二项、第三项规定的类别股；公开发行前已发行的除外。公司发行本条第一款第二项规定的类别股的，对于监事或者审计委员会成员的选举和更换，类别股与普通股每一股的表决权数相同。"另外，第143条、第145条、第146条对类别股作了规定。

新《公司法》引入类别股制度，让股份有限公司的公司章程可以对类别股股东

的利润分配、表决权和股份转让等事项作出区别于普通股股东的特殊安排。由此产生公司可对股权激励作出认购股份价格和表决权不必严格对等的设计，避免激励对象分散了创始人、投资人对公司的经营权和控制权，从而保障股权激励中的各方利益。

二、跨境电商上市公司的股权激励解析[①]

2022年6月17日，作为"华南城跨境四天王"之一的赛维时代，已成功过会。如进展顺利，赛维时代将成为国内跨境电商行业第十一家上市公司。分析其股权激励，对同类企业具有借鉴意义。

1. 实施股权激励计划的目的

（1）进一步完善公司治理结构，健全公司激励机制；

（2）对管理层员工和核心员工进行奖励和肯定；

（3）增强员工特别是核心员工的主人翁意识和企业归属感；

（4）使广大员工共享企业发展所带来的丰厚回报；

（5）建立一支目标明确、团结奋发、凝聚力强的稳定优秀管理团队，以提升公司的核心竞争力，确保公司发展战略和经营目标的实现。

2. 股权激励对象的确定标准

（1）为公司或其子/分公司员工，且认同公司的企业文化；

（2）担任公司或其子/分公司以下职务且符合相应资质的人员：为赛维时代发展做出重要贡献的高级管理人员及其他核心员工或董事会认为有必要参加的其他雇员；

（3）遵守所任职公司的规章制度，在职期间有良好的业绩表现；

（4）无刑事犯罪记录。

3. 激励对象的权利义务

（1）激励对象应当按公司所聘岗位的要求，勤勉尽责、恪守职业道德，为公司的发展作出应有贡献；

（2）激励对象持有的持股平台的份额须按照持股平台合伙协议约定的方式进行处置，不得用于担保或偿还债务；

（3）激励对象因本激励计划获得的收益，应按国家税收法规缴纳个人所得税及

[①] 参见 http://reportdocs.static.szse.cn/UpFiles/rasinfodisc1/202303/RAS_202303_D2C793D50D3E4F509010B64282DDFF13.pdf，最后访问日期：2024年12月26日。

其它税费;

(4)激励对象应当积极履行激励计划所需其履行的相关义务,包括但不限于根据激励计划及时修改其合伙协议、不得妨碍激励计划顺利实施等;

(5)法律、法规、公司章程、持股平台合伙协议规定的其他相关权利义务。

4. 激励股份的来源

实控人通过赛益投资将其持有的众腾投资 20.79 万元、0.32 万元出资份额分别以 1518.05 万元、23.362 万元的价格转让给南平赛合和赛屹科技,作为激励股份的来源。

5. 激励对象持股架构

激励对象通过南平赛合和赛屹科技持有众腾投资的出资份额,进而间接持有发行人股份。

6. 激励股份价格

股权激励实施后,南平赛合、赛屹科技通过众腾投资分别间接持有公司股份 1518050 股、23362 股,按照发行人估值 8.888 亿元为作价依据。(公司在 2019 年 12 月增资及转让时的估值大约为 30 亿元,大致为当时估值的三折。)

7. 禁售期

(1)除赛屹科技之外,激励对象持有持股平台的激励份额的禁售期为该合伙人首次获得合伙企业份额之日起 3 年内。除计划规定的特殊情形外,禁售期内激励对象不得转让、出售或以其他方式处置所持合伙企业的全部或部分份额,"以其他方式处置"主要指对其所持有的合伙企业全部或部分财产份额设立抵押、留置、质押等其他债务负担。

禁售期结束后,应对激励对象持有的激励份额一次性解除转让限制。

(2)如果激励对象在公司担任董事、监事或高级管理人员等职务的,则激励对象在前述禁售期届满后,每年可转让的合伙企业的合伙份额视同其通过合伙企业间接持有的公司股权可转让比例,激励对象应当遵守相关法律、法规以及监管机关的要求,并对其转让直接或间接持有的公司股权的相关事项进行承诺。

8. 激励计划的变更、终止及其他事项

(1)职务变更

禁售期内激励对象职务发生变更或被公司委派到子/分公司任职的,若仍符合《员工股权激励方案》规定的基本条件,则其已持有的激励份额及未来的考核安排不作变更,考核内容将视激励对象的岗位变更而调整。激励对象如因职务变更不符合《员工股权激励方案》规定的基本条件,其应当将其持有的激励份额转让给持股平台执行事务合伙人或者其指定的合伙人,转让价格为其取得激励份额的原始投资成本。

(2) 辞退

①因过错被辞退

禁售期内,激励对象因下列行为损害公司的利益或声誉而被公司或其子/分公司辞退的,其应当将持有的全部激励份额转让给持股平台执行事务合伙人或者其指定的合伙人,转让价格为其取得激励份额的原始投资成本。

a. 被依法追究刑事责任的;

b. 非法将公司或其子/分公司的财物占为己有的;

c. 利用职务之便,收受他人回扣或接受其他形式的贿赂的;

d. 泄露公司或其子/分公司的机密或商业秘密的;

e. 因严重失职或滥用职权等行为损害公司或其子/分公司的利益或者声誉的;

f. 因违反公司或其子/分公司的规章制度,或违反其与公司或其子/分公司订立的劳动合同的;

g. 违反竞业禁止协议约定的(激励对象应当与公司或其子/分公司签订竞业禁止协议,无论出于任何原因终止劳动关系,各激励对象将受签订的竞业禁止协议的限制);

h. 激励对象不能胜任工作,经过培训或者调整工作岗位,仍不能胜任工作的;

i. 因法律、法规规定的其他原因被公司或其子/分公司依法辞退的。

②非因过错被辞退

禁售期内,激励对象非因过错被公司辞退,如其被辞退后未自营或者同他人经营与公司相竞争的业务,其已持有的激励份额不作变更,仍可按规定收益。如激励对象被辞退后要求转让、退还激励份额,转让价格为取得该等合伙份额时的原始投资成本。

如其因前述原因离职后自营或者同他人合作经营与公司或其关联方相竞争的业务,该等激励对象应当通过转让合伙份额的方式退伙,转让价格为取得该等合伙份额时的原始投资成本。

(3) 丧失劳动能力

禁售期内,如激励对象因工作原因丧失劳动能力的,其有权继续持有、转让或要求合伙企业退还其持有的持股平台合伙份额。如其要求转让、退还其在持股平台中的合伙份额,转让价格为取得该等合伙份额时的原始投资成本。

如激励对象因非工作原因丧失劳动能力,激励对象应当将其持有的激励份额转让给持股平台执行事务合伙人或者其指定的合伙人,转让价格为激励对象取得激励份额的原始投资成本。

(4) 退休

禁售期内,激励对象达到国家法定年龄退休且退休后不继续在公司任职的,如其退休后未自营或者同他人经营与公司相竞争的业务,其已持有的激励份额不作变更,仍可按规定收益。如激励对象退休后要求转让、退还激励份额,转让价格为取得该等合伙份额时的原始投资成本。如其退休后自营或者同他人合作经营与公司或其关联方相竞争的业务,应当通过转让合伙份额的方式退伙,转让价格为取得该等合伙份额时的原始投资成本。

(5) 死亡

禁售期内,激励对象死亡的,激励对象的法定继承人应将其届时在持股平台中的财产份额转让给执行事务合伙人或其指定的合伙人,转让价格为取得该等合伙份额时的原始投资成本。

(以上各种情形的转让价格均为"取得该等合伙份额时的原始投资成本",并未针对过错与无过错进行区分,这是此股权激励方案明显不合理之处。)

(6) 收回份额的处理

公司因各种原因收回激励对象持有的激励份额,应当作为预留份额,以便当时或后续实施激励计划。

9. 股权激励对象依法纳税的情况

根据《关于股权奖励和转增股本个人所得税征管问题的公告》(国家税务总局公告 2015 年第 80 号) 规定,非上市公司股权的公平市场价格,依次按照净资产法、类比法和其他合理方法确定。

2019 年 12 月,股权激励计划的员工认购价格以公司净资产为基础,经各方协商后,按照发行人估值 8.888 亿元为作价依据。截至 2019 年 12 月 31 日,发行人经审计净资产为 4.687 亿元。前述股权激励估值高于届时的审计净资产,员工获取股权的价格高于相关税收法规认定的公平市场价格,因此激励对象被认定缴纳个人所得税义务的风险较小。

但针对相关税收法规执行层面变化的风险,上述激励对象均已书面确认,"若本人因参与赛维时代科技股份有限公司股权激励计划或后续本人实际转让间接持有的赛维时代科技股份有限公司股权需缴纳个人所得税,本人将按照有关法律法规的规定及主管税务机关要求及时、足额缴纳相应税款,若因未依法缴纳相关税款导致赛维时代科技股份有限公司承担责任或遭受损失,则该等损失由本人足额承担"。

10. 股权激励计划的股份转让价格及股份支付费用的计算过程

2019年12月,股权激励计划的员工认购价格以公司净资产为基础,经各方协商后,按照发行人估值8.888亿元为作价依据。

公司股权激励计划实施后,南平赛合、赛屹科技通过众腾投资分别间接持有公司1518050股和23362股股份,股份支付费用为3435.81万元,具体计算过程如下:

(1) 股份公允价值的确定

2019年12月上海东方证券创新投资有限公司(以下简称"东证创新")以32.29元/股的价格向公司增资入股。鉴于本次股权激励时间与东证创新增资时间较为接近,公司参考东证创新增资价格32.29元/股计算股份支付的公允价值。

(2) 股份支付的计算过程及会计处理

根据上述股份认购价格和公允价值,公司于2019年确认股份支付金额。因股权激励方案未约定与激励员工的服务期限相匹配的非业绩条件或业绩条件,上述股权公允价值4977.22万元与被激励对象实际支付股权转让款1541.41万元的差额3435.81万元应确认为股份支付费用并一次性计入2019年度管理费用。该笔费用增加当年年末资本公积,计入当期非经常性损益。

综上,公司因2019年12月股权激励计划而产生的股份支付费用的计算准确,已计入恰当的会计期间。

(本文由吴疆律师撰写)

三、示范条款的制定:股票期权的授予与行权条件

(一) 获授权益的条件

股权激励计划中设定了向激励对象授予权益的条件,一般采用如下表述模板,其实就是法律法规的规定。

例:

同时满足下列条件时,公司应向激励对象授予股票期权;反之,若下列任一授予条件未达成,则不能向激励对象授予股票期权:

(1)公司未发生如下任一情形：①最近一个会计年度财务会计报告被注册会计师出具否定意见或者无法表示意见的审计报告；②最近一个会计年度财务报告内部控制被注册会计师出具否定意见或无法表示意见的审计报告；③上市后最近36个月内出现过未按法律法规、公司章程、公开承诺进行利润分配的情形；④法律法规规定不得实行股权激励的；⑤中国证监会认定的其他情形。

(2)激励对象未发生以下任一情形：①最近12个月内被证券交易所认定为不适当人选；②最近12个月内被中国证监会及其派出机构认定为不适当人选；③最近12个月内因重大违法违规行为被中国证监会及其派出机构行政处罚或者采取市场禁入措施；④具有新《公司法》规定的不得担任公司董事、高级管理人员情形的；⑤法律法规规定不得参与上市公司股权激励的；⑥中国证监会认定的其他情形。

（二）获授权益的行权条件

股权激励计划中设定了激励对象获授权益的行权条件，一般采用如下表述。

例：

股票期权的行权期内，必须同时满足下列条件时激励对象已获授的股票期权方可行权：

(1)公司未发生如下任一情形：①最近一个会计年度财务会计报告被注册会计师出具否定意见或者无法表示意见的审计报告；②最近一个会计年度财务报告内部控制被注册会计师出具否定意见或无法表示意见的审计报告；③上市后最近36个月内出现过未按法律法规、公司章程、公开承诺进行利润分配的情形；④法律法规规定不得实行股权激励的；⑤中国证监会认定的其他情形。

公司发生上述第(1)条规定情形之一的，公司终止本计划，所有激励对象根据本激励计划已获授但尚未行权的股票期权应当由公司注销。

(2)激励对象未发生如下任一情形：①最近12个月内被证券交易所认定为不适当人选；②最近12个月内被中国证监会及其派出机构认定为不适当人选；③最近12个月内因重大违法违规行为被中国证监会及其派出机构行政处罚或者采取市场禁入措施；④具有新《公司法》规定的不得担任公司董事、高级管理人员的情形的；⑤法律法规规定不得参与上市公司股权激励的；⑥中国证监会认定的其他情形。

任何激励对象发生上述第(2)条规定情形之一的，公司将终止其参与本激励计划，该激励对象根据本激励计划已获授但尚未行权的股票期权应当由公司予以注销。

除了上述(1)(2)点外，还有关于公司业绩层面、激励对象业绩层面的指标要求,一般需要同时达到公司、激励对象业绩指标条件时才触发行权条件。公司业绩指标往往是计算激励对象业绩的参数,两者没有截然分离。

例:

关于公司层面业绩指标要求:本激励计划授予的股票期权,行权考核年度为2024—2026年共3个会计年度,每个会计年度考核一次。股票期权的各年度业绩考核目标见表10-1。

表 10-1　公司业绩考核指标与行权比例的对应情况

行权期	业绩考核目标	行权比例
第一个行权期	2024年主营业务净利润不低于4.2亿元	40%
第二个行权期	2025年主营业务净利润不低于5.0亿元	30%
第三个行权期	2026年主营业务净利润不低于6.0亿元	30%

上述"主营业务净利润"指归属于上市公司股东的净利润,且同时扣除以下事项对归属于上市公司股东的净利润的影响:①股权激励计划产生的股份支付费用;②关联公司对归属于上市公司股东的净利润的影响,包括公司对其确认的投资收益,以及公司对其计提的长期股权投资减值准备等。

股票期权的行权条件达成,则激励对象按照本激励计划规定比例行权。如公司未达到上述业绩考核目标时,激励对象对应考核当年可行权的股票期权不得行权,均由公司注销。

例:

关于激励对象个人层面业绩指标要求:公司董事会薪酬与考核委员会每年度将对激励对象进行绩效考核,并对考核结果进行合议,考核结果将充分考虑激励对象的个人贡献以及与行业对标情况,结合公司期权激励计划实施考核办法,激励对象的个人考核年度结果划分为四档:

A(优秀):出色的、持续超过岗位标准要求;

B(良好):称职、达到岗位标准要求;

C(合格):基本适合岗位标准要求;

D(不合格):未能达到岗位标准要求。

若激励对象上一年度个人绩效考核结果为 A/B/C 档,则上一年度激励对象个人绩效考核为"合格",所获授股票期权中当期进入行权期的可以行权。若激励对象上一年度个人绩效考核结果为 D 档,则上一年度激励对象个人绩效考核为"不合格",公司将按照本激励计划的规定,注销激励对象相应股票期权。若激励对象当期计划行权的股票期权因个人考核原因不能行权的,不符合行权条件的股票期权不可递延,由公司统一注销。

最后,是对业绩指标的科学性合理性进行简要说明,说明的角度可以有多个,结论就是考核指标具有良好的科学性和合理性,能达到股权激励的目的。

例1:从财务状况角度说明

公司本次股权激励计划的业绩考核指标分为两个层次,分别为公司层面业绩考核和个人层面绩效考核。两个层面的考核要求将公司整体业绩和个人绩效进行紧密结合,符合法律法规规定。

营业收入指标是企业的主要经营成果,是企业取得利润的重要保障。加强营业收入管理是实现企业财务目标的重要手段之一。同时公司尚未实现盈利,且存在累计未弥补亏损,尽快实现扭亏为盈是公司重要的经营目标。公司设定了2024—2025年营业收入触发值分别为6.5亿元、8亿元,目标值分别为7亿元、9亿元的考核目标;以及2024—2025年净利润触发值分别为-5000万元、1000万元,目标值分别为-4000万元、2000万元的考核目标。该考核指标的设定既向资本市场传达了公司对未来发展的良好信心,又增强了激励计划的有效性。

除公司层面业绩考核外,公司对个人还设置了严密的绩效考核体系,能够对激励对象的工作绩效作出较为准确、全面的综合评价。公司将根据激励对象前一年度绩效考评结果,确定激励对象个人是否达到可行权的条件。

综上,公司本次激励计划的考核管理体系具有全面性、综合性及可操作性,考核指标设定具有良好的科学性、挑战性和合理性,同时对激励对象具有激励的效果,能够达到本次激励计划的目的。

例2:从优势业务角度说明

公司是行业领先的全球化信息技术、产品和解决方案公司,是产业创新变革的推动者和数字化转型的赋能者。公司成立于1991年,是中国第一家上市的软件公司。公司始终洞察时代发展趋势,探索软件技术的创新与应用,赋能全球客户实现信息化、数字化、智能化发展,在智慧城市、医疗健康、智能汽车互联、企业数字化转型等众多领域处于领先地位。近年,公司坚决执行创新与全球化发展策略,持续聚焦核心业务,在大数据、人工智能、云计算、物联网、区块链等新技术的应用领域不断探索新业务、新模式,为公司发展增加新的动能。

为实现公司战略规划、经营目标、保持综合竞争力,本激励计划决定以主营业务净利润作为公司层面业绩考核指标,该指标能够客观反映公司的经营情况和增长能力。该业绩指标结合了公司现状、未来战略规划以及行业的发展、外部宏观环境等因素综合考虑而制定。该指标一方面有助于提升公司竞争能力以及调动员工的工作积极性;另一方面,能聚焦公司未来发展战略方向,确保公司未来发展战略和经营目标的实现,为股东带来更高效、更持久的回报。

除公司层面的业绩考核外,公司对个人还设置了严密的绩效考核体系,能够对激励对象的工作绩效作出较为准确、全面的综合评价。公司将根据激励对象前一年度绩效考评结果,确定激励对象个人是否达到行权的条件。

综上,公司本次激励计划的考核体系具有全面性、综合性及可操作性,考核指标设定具有良好的科学性和合理性,同时对激励对象具有约束效果,能够达到本次激励计划的考核目的。

第十一章　股权激励合同的违约责任

第一节　请求权基础规范

一、《民法典》规定

（一）违约责任

第 179 条　承担民事责任的方式主要有：（一）停止侵害；（二）排除妨碍；（三）消除危险；（四）返还财产；（五）恢复原状；（六）修理、重作、更换；（七）继续履行；（八）赔偿损失；（九）支付违约金；（十）消除影响、恢复名誉；（十一）赔礼道歉。

法律规定惩罚性赔偿的，依照其规定。

本条规定的承担民事责任的方式，可以单独适用，也可以合并适用。

第 577 条　当事人一方不履行合同义务或者履行合同义务不符合约定的，应当承担继续履行、采取补救措施或者赔偿损失等违约责任。

第 578 条　当事人一方明确表示或者以自己的行为表明不履行合同义务的，对方可以在履行期限届满前请求其承担违约责任。

第 579 条　当事人一方未支付价款、报酬、租金、利息，或者不履行其他金钱债务的，对方可以请求其支付。

第 580 条　当事人一方不履行非金钱债务或者履行非金钱债务不符合约定的，对方可以请求履行，但是有下列情形之一的除外：（一）法律上或者事实上不能履行；（二）债务的标的不适于强制履行或者履行费用过高；（三）债权人在合理期限内未请求履行。

有前款规定的除外情形之一，致使不能实现合同目的的，人民法院或者仲裁机构可以根据当事人的请求终止合同权利义务关系，但是不影响违约责任的承担。

第 582 条　履行不符合约定的，应当按照当事人的约定承担违约责任。对违约责任没有约定或者约定不明确，依据本法第五百一十条的规定仍不能确定的，受损害方根据标的的性质以及损失的大小,可以合理选择请求对方承担修理、重作、更换、退货、减少价款或者报酬等违约责任。

第 585 条 当事人可以约定一方违约时应当根据违约情况向对方支付一定数额的违约金,也可以约定因违约产生的损失赔偿额的计算方法。

约定的违约金低于造成的损失的,人民法院或者仲裁机构可以根据当事人的请求予以增加;约定的违约金过分高于造成的损失的,人民法院或者仲裁机构可以根据当事人的请求予以适当减少。

当事人就迟延履行约定违约金的,违约方支付违约金后,还应当履行债务。

(二)赔偿损失

第 583 条 当事人一方不履行合同义务或者履行合同义务不符合约定的,在履行义务或者采取补救措施后,对方还有其他损失的,应当赔偿损失。

第 584 条 当事人一方不履行合同义务或者履行合同义务不符合约定,造成对方损失的,损失赔偿额应当相当于因违约所造成的损失,包括合同履行后可以获得的利益;但是,不得超过违约一方订立合同时预见到或者应当预见到的因违约可能造成的损失。

第 591 条 当事人一方违约后,对方应当采取适当措施防止损失的扩大;没有采取适当措施致使损失扩大的,不得就扩大的损失请求赔偿。

当事人因防止损失扩大而支出的合理费用,由违约方负担。

第 592 条 当事人都违反合同的,应当各自承担相应的责任。

当事人一方违约造成对方损失,对方对损失的发生有过错的,可以减少相应的损失赔偿额。

(三)定金规则

第 586 条 当事人可以约定一方向对方给付定金作为债权的担保。定金合同自实际交付定金时成立。

定金的数额由当事人约定;但是,不得超过主合同标的额的百分之二十,超过部分不产生定金的效力。实际交付的定金数额多于或者少于约定数额的,视为变更约定的定金数额。

第 587 条 债务人履行债务的,定金应当抵作价款或者收回。给付定金的一方不履行债务或者履行债务不符合约定,致使不能实现合同目的的,无权请求返还定金;收受定金的一方不履行债务或者履行债务不符合约定,致使不能实现合同目的的,应当双倍返还定金。

第588条 当事人既约定违约金,又约定定金的,一方违约时,对方可以选择适用违约金或者定金条款。

定金不足以弥补一方违约造成的损失的,对方可以请求赔偿超过定金数额的损失。

二、其他法律规定

(一)可得利益

《民法典合同编通则司法解释》

第60条 人民法院依据民法典第五百八十四条的规定确定合同履行后可以获得的利益时,可以在扣除非违约方为订立、履行合同支出的费用等合理成本后,按照非违约方能够获得的生产利润、经营利润或者转售利润等计算。

非违约方依法行使合同解除权并实施了替代交易,主张按照替代交易价格与合同价格的差额确定合同履行后可以获得的利益的,人民法院依法予以支持;替代交易价格明显偏离替代交易发生时当地的市场价格,违约方主张按照市场价格与合同价格的差额确定合同履行后可以获得的利益的,人民法院应予支持。

非违约方依法行使合同解除权但是未实施替代交易,主张按照违约行为发生后合理期间内合同履行地的市场价格与合同价格的差额确定合同履行后可以获得的利益的,人民法院应予支持。[1]

第61条 在以持续履行的债务为内容的定期合同中,一方不履行支付价款、租金等金钱债务,对方请求解除合同,人民法院经审理认为合同应当依法解除的,可以根据当事人的主张,参考合同主体、交易类型、市场价格变化、剩余履行期限等因素确定非违约方寻找替代交易的合理期限,并按照该期限对应的价款、租金等扣除非违约方应当支付的相应履约成本确定合同履行后可以获得的利益。

非违约方主张按照合同解除后剩余履行期限相应的价款、租金等扣除履约成本确定合同履行后可以获得的利益的,人民法院不予支持。但是,剩余履行期限少于寻找替代交易的合理期限的除外。[2]

第62条 非违约方在合同履行后可以获得的利益难以根据本解释第六十条、第六十一条的规定予以确定的,人民法院可以综合考虑违约方因违约获得的利益、

---

[1] 可得利益损失的计算。
[2] 持续性定期合同中可得利益的赔偿。

违约方的过错程度、其他违约情节等因素,遵循公平原则和诚信原则确定。①

（二）违约金

《民法典合同编通则司法解释》

第 63 条 在认定民法典第五百八十四条规定的"违约一方订立合同时预见到或者应当预见到的因违约可能造成的损失"时,人民法院应当根据当事人订立合同的目的,综合考虑合同主体、合同内容、交易类型、交易习惯、磋商过程等因素,按照与违约方处于相同或者类似情况的民事主体在订立合同时预见到或者应当预见到的损失予以确定。

除合同履行后可以获得的利益外,非违约方主张还有其向第三人承担违约责任应当支出的额外费用等其他因违约所造成的损失,并请求违约方赔偿,经审理认为该损失系违约一方订立合同时预见到或者应当预见到的,人民法院应予支持。

在确定违约损失赔偿额时,违约方主张扣除非违约方未采取适当措施导致的扩大损失、非违约方也有过错造成的相应损失、非违约方因违约获得的额外利益或者减少的必要支出的,人民法院依法予以支持。②

第 64 条 当事人一方通过反诉或者抗辩的方式,请求调整违约金的,人民法院依法予以支持。

违约方主张约定的违约金过分高于违约造成的损失,请求予以适当减少的,应当承担举证责任。非违约方主张约定的违约金合理的,也应当提供相应的证据。

当事人仅以合同约定不得对违约金进行调整为由主张不予调整违约金的,人民法院不予支持。③

第 65 条 当事人主张约定的违约金过分高于违约造成的损失,请求予以适当减少的,人民法院应当以民法典第五百八十四条规定的损失为基础,兼顾合同主体、交易类型、合同的履行情况、当事人的过错程度、履约背景等因素,遵循公平原则和诚信原则进行衡量,并作出裁判。

约定的违约金超过造成损失的百分之三十的,人民法院一般可以认定为过分高于造成的损失。

恶意违约的当事人一方请求减少违约金的,人民法院一般不予支持。④

---

① 无法确定可得利益时的赔偿。
② 违约损失赔偿额的确定。
③ 请求调整违约金的方式与举证责任。
④ 违约金的司法酌减。

第 66 条 当事人一方请求对方支付违约金,对方以合同不成立、无效、被撤销、确定不发生效力、不构成违约或者非违约方不存在损失等为由抗辩,未主张调整过高的违约金的,人民法院应当就若不支持该抗辩,当事人是否请求调整违约金进行释明。第一审人民法院认为抗辩成立且未予释明,第二审人民法院认为应当判决支付违约金的,可以直接释明,并根据当事人的请求,在当事人就是否应当调整违约金充分举证、质证、辩论后,依法判决适当减少违约金。

被告因客观原因在第一审程序中未到庭参加诉讼,但是在第二审程序中到庭参加诉讼并请求减少违约金的,第二审人民法院可以在当事人就是否应当调整违约金充分举证、质证、辩论后,依法判决适当减少违约金。[①]

→参考:司法政策文件《九民会议纪要》

50.【违约金过高标准及举证责任】认定约定违约金是否过高,一般应当以《合同法》第113条规定的损失为基础进行判断,这里的损失包括合同履行后可以获得的利益。除借款合同外的双务合同,作为对价的价款或者报酬给付之债,并非借款合同项下的还款义务,不能以受法律保护的民间借贷利率上限作为判断违约金是否过高的标准,而应当兼顾合同履行情况、当事人过错程度以及预期利益等因素综合确定。主张违约金过高的违约方应当对违约金是否过高承担举证责任。

(三)定金规则

《民法典合同编通则司法解释》

第 67 条 当事人交付留置金、担保金、保证金、订约金、押金或者订金等,但是没有约定定金性质,一方主张适用民法典第五百八十七条规定的定金罚则的,人民法院不予支持。当事人约定了定金性质,但是未约定定金类型或者约定不明,一方主张为违约定金的,人民法院应予支持。

当事人约定以交付定金作为订立合同的担保,一方拒绝订立合同或者在磋商订立合同时违背诚信原则导致未能订立合同,对方主张适用民法典第五百八十七条规定的定金罚则的,人民法院应予支持。

当事人约定以交付定金作为合同成立或者生效条件,应当交付定金的一方未交付定金,但是合同主要义务已经履行完毕并为对方所接受的,人民法院应当认定合同在对方接受履行时已经成立或者生效。

当事人约定定金性质为解约定金,交付定金的一方主张以丧失定金为代价解

[①] 违约金调整的释明与改判。

除合同的,或者收受定金的一方主张以双倍返还定金为代价解除合同的,人民法院应予支持。①

第 68 条 双方当事人均具有致使不能实现合同目的的违约行为,其中一方请求适用定金罚则的,人民法院不予支持。当事人一方仅有轻微违约,对方具有致使不能实现合同目的的违约行为,轻微违约方主张适用定金罚则,对方以轻微违约方也构成违约为由抗辩的,人民法院对该抗辩不予支持。

当事人一方已经部分履行合同,对方接受并主张按照未履行部分所占比例适用定金罚则的,人民法院应予支持。对方主张按照合同整体适用定金罚则的,人民法院不予支持,但是部分未履行致使不能实现合同目的的除外。

因不可抗力致使合同不能履行,非违约方主张适用定金罚则的,人民法院不予支持。②

→参考:司法政策文件《民法典工作会议纪要》

10. 当事人一方违反民法典第五百五十八条规定的通知、协助、保密、旧物回收等义务,给对方当事人造成损失,对方当事人请求赔偿实际损失的,人民法院应当支持。

11. 民法典第五百八十五条第二款规定的损失范围应当按照民法典第五百八十四条规定确定,包括合同履行后可以获得的利益,但不得超过违约一方订立合同时预见到或者应当预见到的因违约可能造成的损失。

当事人请求人民法院增加违约金的,增加后的违约金数额以不超过民法典第五百八十四条规定的损失为限。增加违约金以后,当事人又请求对方赔偿损失的,人民法院不予支持。

当事人请求人民法院减少违约金的,人民法院应当以民法典第五百八十四条规定的损失为基础,兼顾合同的履行情况、当事人的过错程度等综合因素,根据公平原则和诚信原则予以衡量,并作出裁判。约定的违约金超过根据民法典第五百八十四条规定确定的损失的百分之三十的,一般可以认定为民法典第五百八十五条第二款规定的"过分高于造成的损失"。当事人主张约定的违约金过高请求予以适当减少的,应当承担举证责任;相对人主张违约金约定合理的,也应提供相应的证据。

---

① 定金规则。
② 定金罚则的法律适用。

第二节 裁判精要

一、违约金

（一）违约金的计算

1. 股权激励对象可与公司约定股份投资收益的限制内容以及违反约定时违约金和利息损失的具体计算方式。

在(2015)粤高法民二申字第1098、1099号案中，再审法院认为，《承诺函》对提前辞职的激励对象所能获得的股份投资收益进行限制，并不违反公平原则。根据约定，违约金=(激励对象持有的公司股份在证券市场可以公开抛售之日的收盘价－激励对象发生上述违反承诺的情形之日的上一年度的公司经审计的每股净资产)×(本承诺函签署日激励对象持有的公司股份+激励对象持有的公司股票在证券市场可以公开出售之日前赠送的红股)。因常某某、闫某某在出具《承诺函》之日起至公司上市3年内辞职，违反承诺，应依约将被限制的部分收益即违约金返还给公司。常某某、闫某某未按时支付，应当就其逾期支付的行为给公司造成的利息损失进行赔偿。

2. 合同可以约定当激励对象违反竞业禁止条款时，应将其因行权所得全部收益返还给公司，并承担与其行权所得收益同等金额的违约金，同时需要承担赔偿责任。

在(2019)粤民申2832号案中，再审法院认为，2011年12月30日，华测公司发布《股票期权激励计划》，明确实行股票期权激励计划，计划规定了激励对象获授的股票期权分配情况，并就激励对象的权利与义务作出规定，即激励对象在职期间及离职之日起1年内，不得从事与华测公司及下属子公司所属行业相同或类似工作，不得以直接或间接方式投资、经营与华测公司及下属子公司有竞争关系的机构，不得直接或间接从事或夺取与华测公司及下属子公司具有竞争性的业务，否则，应当将其因行权所得全部收益返还给华测公司，并承担与其行权所得收益同等金额的违约金，给华测公司造成损失的，还应同时向华测公司承担赔偿责任。

在华测公司所确定的首期股票期权激励计划激励对象名单中，徐某某作为中层管理人员被列入。徐某某于2011年8月11日将填写的资料发送给华测公司，证明徐某某认可并接受成为股权激励计划的对象。徐某某于2013年至2015年行使华测公司奖励的股票期权,行权收益 280487.87 元。本案中,华测公司主张徐某某于 2017 年 3 月 31 日离职后,于 2017 年 4 月、5 月在中一公司公司工作,中一公司与华测公司所属行业相同,徐某某违反了竞业禁止的规定。华测公司为证明其主张,提交了录音证据及徐某某的社保缴纳记录等证据。二审判决采信华测公司提交的证据,并认定徐某某违反了其与华测公司之间关于竞业禁止的约定,徐某某应向华测公司返还所得行权收益人民币 280487.87 元及支付违约金 280487.87 元。

3. 向激励对象追索所有任职期间行使限制性股票所生之收益作为违约金,鉴于股票价格一直在变动,股票所生之收益,应当包括股票价格变动的部分,并以公司采取法律行动当日股票市值计算限制性股票价值。

在(2018)沪 01 民终 1422 号案中,二审法院认为,虽然 2011 年 9 月 15 日签订的劳动合同约定违约金为 10 万元,但劳动合同并未约定授予限制性股票。双方于 2012 年 10 月 25 日签订《协议书》约定授予限制性股票及违约责任,徐某某也根据《协议书》取得了限制性股票,因此双方已重新约定了相应的权利义务,应根据《协议书》的约定承担违约责任。徐某某认为违约金仍应以 10 万元作为参考,与约定不符。

根据《协议书》的约定,腾讯上海公司有权向徐某某追索所有任职期间行使限制性股票所生之收益。鉴于股票价格一直在变动,股票所生之收益,应当包括股票价格变动的部分。一审以"行使"限制性股票即解禁日确定收益,与约定不符。2010 年 8 月至 2013 年 9 月,虽然授予徐某某限制性股票为 19220 股,但 3388 股抵扣了税款,实际过户至徐某某名下为 15832 股,因此应以 15832 股计算收益。腾讯上海公司要求以 19220 股计算收益,不予支持。鉴于徐某某拒不提供交易记录,其主张曾有卖出,对此不予采信。且由于徐某某不提供交易记录,导致收益数额难以确定,因此应以腾讯上海公司采取法律行动当日股票市值计算。

4. 股东获得限制性股票后作出任职期限承诺,并约定了违约金,该约定不同于《劳动合同法》规定的基于劳动者身份承担违约金的情形。

在(2015)粤高法民二申字第 1098、1099 号案中,再审法院认为,《承诺函》是常某某、闫某某基于股东身份以优惠条件获得公司限制性股票后对公司作出的任职期限承诺。该函有关违约金的约定不同于《劳动合同法》(2012 年修正)规定的基于劳动者身份承担违约金的情形。格式条款在有歧义的情况下才应作出对提供者不利的解读,并非一概无效。常某某、闫某某向公司购买的是限售股,与流通股性质并不相同。限售股转换为流通股、与流通股同股同权须附条件,故《承诺函》关于对常某某、闫某某任职方面的限制并未违反法律法规的强制性规定。

5. 特殊补偿金不是《劳动合同法》规定的由劳动者承担的违约金,也不是劳动报酬的返还,是基于双方当事人的意思自治产生,应适用一般合同法律的规定,不属于《劳动合同法》调整的范畴。

在(2019)京 0105 民初 18152 号案中,一审法院认为,王某应当按照《承诺函》约定以及《股权管理办法》规定支付特殊补偿金,理由如下。

第一,出具《承诺函》和签字确认遵守《股权管理办法》是王某的真实意思表示,是双方平等自愿协商的结果。王某与陆某签署的《股权转让协议》中明确约定,本次股权转让是基于万得公司现时和将来实施的股权激励机制,因此为实现本次股权转让的激励目的,王某应当遵守与万得公司股权激励机制有关的现时和将来的任何计划、制度、规章,包括其不时的修改,只要部分或全部适用。因此,王某从获得股权激励之初就清楚知晓股权激励是附条件的,具有限制性。而万得公司制定《股权管理办法》之后,王某签字确认已经阅读该《股权管理办法》,并同意遵守该管理办法的规定。王某亦自愿向万得公司出具《承诺函》,对于其因股权激励已经获得的股权转让款以及剩余股份的处分作出承诺,并重申将完全遵照《股权管理办法》的规定,且没有任何证据表明王某作出上述行为时受到胁迫或欺诈。由此可知,在签署上述文件过程中,双方的法律地位平等,王某充分知晓签署和出具相关文件的后果,其完全有权自主选择是否接受激励方案和激励条件,是否签署相关协议和文件,故其应当受到合同的约束。

第二,股权激励合同将劳动关系的存续作为行权条件合法有效。股权激励纠纷中的行权条件虽然直接与劳动关系的存续相关联,但其目的并非限制劳动者自主择业,而是作为行权条件,并不影响股权激励合同的效力。本案中,王某与万得公司在王某劳动关系的解除问题上并无争议,即万得公司并不存在违法解除劳动合同而促成股权激励限制性条件成就的情形,在此情况下,王某应按照约定履行合同。

第三,特殊补偿金不是《劳动合同法》(2012 年修正)规定的由劳动者承担的违约金,也不是劳动报酬的返还。特殊补偿金是基于双方当事人的意思自治产生,应适用《合同法》(已失效)的规定,不属于《劳动合同法》(2012 年修正)调整的范畴。根据《承诺函》约定,王某在没有满足一定的劳动期限的情况下,将向万得公司支付特殊补偿金,计算方式就是按照比例向万得公司返还已经取得的部分股权转让款。因此,从特殊补偿金的产生背景和支付条件来看,王某获得了股权激励,如果在协议约定的期间内解除劳动关系,而没有支付补偿金,那么其获得的股权收益就没有支付相应的对价,故特殊补偿金是建立在股权激励基础上的制约机制,是与激励相对的机制。

从计算方式来看,特殊补偿金的来源是王某因股权激励而获得的股权对外转让之后取得的收益,意在对王某获得的股权激励进行调整,而《劳动合同法》(2012年修正)规定的违约金是建立在劳动关系基础上的补偿或惩罚机制。该法规定,除了劳动者在违反获得专业技术培训后的服务期限约定或违反竞业限制的情形下,用人单位不得与劳动者约定由劳动者承担违约金。该条款的目的是防止用人单位滥用违约金条款,但是并不排斥用人单位给付劳动者额外对价后,劳动者违约后应对用人单位进行补偿的情形,即其立法精神和条文规定亦体现了权责一致,利益均衡。因此,特殊补偿金在性质上、目的上均与《劳动合同法》(2012年修正)中规定的由劳动者承担的违约金不同。而如前所述,股权激励不能完全等同于劳动报酬,因此亦不涉及要求王某返还劳动报酬的情形。

(二)违约金的调整

1.激励对象与公司可能不存在劳动关系,但亦可获得限制性股票认购资格,作为股东享有相应收益,承担竞业禁止等义务,则激励对象与公司之间权利、义务基于限制性股票协议而形成,并非基于劳动合同关系形成。限制性股票协议书之外还会存在股权激励计划书,是限制性股票协议书成立的前提和履行依据,对双方具有约束力。如激励对象存在违约行为,无法确定约定的违约金数额是否过分高于公司的实际损失,则根据约定确定违约金数额。

在(2020)浙01民终676号案中,一审法院认为,聚力公司与张某某签订的限制性股票协议书系依法成立的合同,其合同内容不违反法律及行政法规的强制性规定,具有法律约束力,合同双方均应按约定履行合同义务。张某某曾系海宁永孚公司的高级管理人员,曾与张某某之间存在劳动合同关系的是海宁永孚公司,故聚力公司与张某某之间不存在劳动合同关系。张某某因其曾为海宁永孚公司的高级管理人员而获得海宁永孚公司上级母公司(即聚力公司)的限制性股票的认购资格,张某某认购了聚力公司的限制性股票,作为聚力公司的股东享有相应的收益,并按约定承担竞业禁止等相关义务,双方之间的上述权利、义务基于限制性股票协议书形成,并非基于劳动合同关系,故对于张某某辩称案涉争议本质上属于劳动争议的意见不予采纳。

限制性股票协议书中载明,根据激励计划、实施考核管理办法的有关规定,就聚力公司授予张某某限制性股票一事,订立该协议,并约定聚力公司有关限制性股票的规章制度,包括但不限于激励计划、实施考核管理办法及相关规定;同时在争议解决条款中约定该协议未涉及的部分,按照聚力公司关于激励计划的有关规定解决,因此激励计划也属于案涉合同的一部分,其中约定的权利、义务对双方具有约束力。激励计划约定,除经公司书面同意,激励对象在职期间或离职后2年内不得以任何方式直接或间接自营或为他人经营任何与公司相同、相似或构成任何竞争的业务或产品,也不得以任何方式直接或间接投资与公司经营相同、相似或构成任何竞争业务或产品的经济实体、机构或经济组织,或在上述经济实体、机构或经济组织中任职或服务。

根据聚力公司提供的两份手机通话录音的内容,可知张某某在特丽斯公司任职,其在一审庭审中也陈述在特丽斯公司担任顾问,而特丽斯公司的经营范围与海宁永孚公司及聚力公司的经营范围相同或相似,故张某某从海宁永孚公司离职后未满2年即在特丽斯公司任职的行为违反了上述合同条款,已构成违约,应按约定承担相应的违约责任。激励计划约定,发生上述情形时,激励对象因本计划所获得的全部收益须返还给公司,并承担同等金额的违约金,同时承担因上述行为给公司造成的损失。激励对象因本计划获得的收益按解锁日公司收盘价计算,若解锁日为非交易日,则按解锁日前一个交易日公司收盘价计算。因此,聚力公司要求张某某返还因激励计划所获得的全部收益及支付违约金的诉讼请求有事实和法律依据,予以支持。

另外,按照激励计划的约定,张某某还应支付聚力公司与上述收益等额的违约金901530元。张某某原系海宁永孚公司主管销售的高级管理人员,其违反竞业禁止的约定,极可能会对海宁永孚公司的客户资源、订单数量产生不良影响。上述不良影响可能造成的直接或间接的现有及后续经济损失的具体数额较难估算,相关事实完成举证也较难,根据现有证据,一审法院无法确定双方约定的违约金数额是否过分高于聚力公司的实际损失,张某某也未在本案中主张双方约定的违约金数额过高并请求予以调整,考虑上述因素,对于聚力公司主张的违约金数额不作调整。二审法院持相同观点。

2.股权激励合同可以约定,违约一方要将被限制的部分股权收益以"违约金"名义向公司返还,此时不存在对"违约金"的调整问题。

在(2016)粤民申2457号案中,再审法院认为,因《承诺函》系对《股票激励计划》的变通与延续,而陈某在《承诺函》中约定的收益限制条件属《股票激励计划》

中的合同解除条款,故其离职违反《承诺函》约定的,应以"违约金"形式向公司返还相应财产。结合当公司起诉要求支付"违约金"时,陈某对该债务不予确认的情况,依据《承诺函》的约定计算应返还财产金额并支持相应利息并无不当。陈某主张违约金约定金额过高应予调整,但该违约金实质是陈某依约将被限制的部分收益返还公司,因此并不存在调整的问题。

二、赔偿损失

(一)赔偿数额的计算

1. 公司财务报表或财务账册确定的股权价值、股权转让所获收益包括股权溢价转让价格、股权转让所获收益(例如股权溢价转让价格),都可以成为一方主张赔偿实际损失的标准。

在(2020)最高法民申 6646 号案中,再审法院认为,2017 年 10 月 20 日、2017 年 12 月 29 日和 2018 年 2 月 11 日李某分别向案外人转让自身股权。2017 年 10 月 20 日成都趣睡公司作出的股东会决议载明,全体老股东同意李某将其占注册资本 0.5% 的股权以对价 500 万元转让给成都高投创业投资有限公司。李某的违约行为使北京联创工场公司本应依约受让的成都趣睡公司股权丧失,所以李某之后就该股权转让所获收益包括股权溢价转让价格,都属于北京联创工场公司遭受的实际损失。如果以《审计报告》确认的 2016 年 6 月 30 日成都趣睡公司的股东所有者权益为计算本案股价损失的依据,则会导致违约方李某获利的不公正结果。二审法院选择与 2016 年 6 月 30 日最为接近的时间节点,即以 2017 年 10 月 20 日的股权转让价格为依据计算 0.07% 的股权价值为 70 万元,理由充分。

2. 激励对象在约定期限内行权获得股权后,期权授予时的股票价格与其可以在一定条件下交易该股票时的价格之差,为获得期权利益;"期权奖金"不能完全等同于股票期权利益,它可以是因员工无法获得职位待遇所致的财产损失。

在(2016)粤 01 民终 18528 号案中,二审法院认为,关于张某某所主张的"股票奖金"的定性问题。第一,根据双方在本案中提供的股票期权协议及相关附件,张某某确实获得了一定数量的股票期权。但该期权并非等同于张某某已经获得相应数量的公司股权,而是需要通过在约定期限内的行权行为才能最终获得公司股权。获得公司股权后,期权授予时的股票价格与其可以在一定条件下交易该股票时的价格之差,才为张某某可以获得的期权利益;第二,本案中,并无证据证实张某某对其获得的期权在约定期限内行权,故张某某尚未获得公司股权。而张某某在本案中主张其已经被告知取消期权,也即,事实上张某某已经无法取得公司股权,当然,也就无法取得股票期权利益;第三,张某某无法取得的上述股票期权利益,是否就是张某某在本案中主张的期权奖金?对此法院不予确认。张某某所诉的"期权奖金"并不能完全等同于上述的股票期权利益,而应为因无法获得股票期权利益对其所致的损失,故本案双方的纠纷实质是因员工无法获得职位待遇所致的财产损失纠纷。

3. 公司未上市时,公司净资产价值是公司股权价格最直接参考标准,公司上市以后,公司股票市值是公司股权价格最直接参考标准,可以考虑以公司股票收盘价为依据确定赔偿数额计算标准。

在(2009)民二终字第43号案中,再审法院认为,2004年7月15日,柴某某与李某某签订的《股权赠与协议》约定,柴某某向李某某赠送0.7%的股份,李某某签署《股份受赠承诺书》承诺:在本人离职之日,如果受赠股份未上市流通,赔偿金额=受赠股份数×公司最近一期经审计的每股净资产值;在本人离职之日,如果受赠股份已上市流通,赔偿金额=受赠股份数×离职之日雪莱特公司股票交易收盘价。

双方当事人对该《股权受赠承诺书》约定的其他内容没有异议,对其中关于"受赠股份已经上市流通"的意义以及李某某应向柴某某赔偿的具体数额存在意见分歧。柴某某主张雪莱特公司股份已经上市流通,应适用《股权受赠承诺书》第2项的约定,李某某应赔偿柴某某19294014.7元。李某某主张应以离职为节点看待其持有的股份是否可以在证券交易所上市交易和转让,其为公司发起人股东,在离职时公司上市未满1年,其股份不得转让流通,即使赔偿,也应适用《股权受赠承诺书》第1项规定,具体赔偿金额为1678669.12元。

对此,法院认为,李某某在签署《股权受赠承诺书》时承诺,如其违约,对受赠股份以每股价值为单位计算向柴某某进行经济赔偿的数额,并载明了股权价值的两种计算方法。按照一般的经济生活习惯,在公司未上市时,公司净资产价值是公司股权价格的最直接参考标准,在公司上市以后,公司股票市值是公司股权价格的最直接参考标准。李某某在《股权受赠承诺书》中对股权价值的计算方法,符合通常情况下人们对公司股权价格的参考标准,因此,将《股权受赠承诺书》中约定的"受赠股份已经上市流通"解读为公司股份是否上市流通,更为符合经济生活的常理。李某某上诉主张"受赠股份已经上市流通"系指其所持有的受赠股份可以在证券市场上正常交易和转让,并非指雪莱特公司公开发行的股份在证券交易所上市交易,对此不予采信。柴某某答辩主张"受赠股份已经上市流通"系指公司股份上市流通的观点,予以采纳。本案赠与关系涉及的雪莱特公司在李某某辞职时已经上市,原审法院对柴某某向李某某赠与的0.7%股份,以公司股票收盘价为依据判决确定赔偿具体数额正确,予以维持。

4.协议中没有就逾期解锁股票约定违约金,也没有约定损失赔偿额的计算方法,可以以自应解锁股票之日起至实际解锁股票之日止作为期间,以应解锁股票之日相应股票的总收盘价为基数,按照银行一年期贷款基准利率计算赔偿逾期卖出股票的损失。

在(2021)京02民初36号案中,一审法院认为,股票价格始终处于波动状态,云聚投资、达道投资、石某以科华数据股票收盘价在应解锁之日与实际解锁之日的差额计算股票贬值损失缺乏依据。云聚投资、达道投资、石某主张按4倍LPR计算资金占用利息,也没有依据。尽管当事人在《股权转让协议》中没有就科华数据逾期解锁股票约定违约金,也没有约定损失赔偿额的计算方法,考虑到科华数据未及时解锁股票,云聚投资、达道投资、石某不能卖出股票获得相应资金,会遭受一定损失,结合本案情况,科华数据自应解锁股票之日起至实际解锁股票之日止,以应解锁股票之日相应股票的总收盘价为基数,按照当日中国人民银行公布的一年期贷款基准利率4.35%的2倍计算赔偿云聚投资、达道投资、石某损失是合理的。

(二)返还投资款及分红

【基于限制性股票、股票期权的计算】

1.股权激励协议明确约定须将间接持有的相应股票转让后方可退还股权款,则在股票尚未转让的情况下,要退还股权款的诉讼请求不会得到支持。

在(2021)京0113民初6562号案中,一审法院认为,顾某某要求退出员工股权激励计划应符合长城华冠公司股权激励计划、股权激励制度以及《委托投资协议》的相关约定。因限制性股票在锁定期内不得转让,激励对象主动提出与公司解除劳动关系的,对激励对象所持有的限制性股票,未解锁的,以在情形发生之日(不含当日)前20个转让日均价与授予价格孰低的原则转让;已解锁的,以激励对象与意愿受让方洽商好的每股转让价格转让;《委托投资协议》亦约定股票可以转让后,委托人可以提出卖出数量请求(不超过当年最高可卖出股票数量),投资代表按此数量通过合伙企业向基金提出卖出股票的指令,待基金卖出股票并将卖出股票款项转账至合伙企业后,该款项在扣除应承担的合伙企业税费及应承担的当年基金管理费后,向投资代表分配收益,投资代表在收到分配收益后5天内向委托人的账户支付该笔投资收益。

对此，法院认为，上述文件明确约定须将顾某某间接持有的相应股票转让后方可退还股权款，故在上述股票尚未转让的情况下，对顾某某要求三被告退还股权款的诉讼请求，不予支持。顾某某述称，根据《委托投资协议》第4条第3款，蔡某承担返还投资款的义务。根据《委托投资协议》第5条，顾某某作为甲方表示知悉购买本次股权激励定增股票的风险、知悉并认可投资风险，不得因任何事由向其投资代表索赔，顾某某作为委托投资人应承担投资的风险，顾某某已从长城华冠公司的关联公司离职，结合第4条第1款的内容以及协议签署的背景、目的，第4条第3款应理解为在股权未能转让前顾某某离职的情况下，蔡某在股权转让后仅须退还顾某某投资本金，而不包含投资收益，在股权未转让前，蔡某不承担返还投资本金的义务。

2. 是否应返还限制性股票单位价值以及价值大小如何确定，双方最好在协议中约定返还的条件以及股票价值的计算方式。

在（2020）粤01民终4433号案中，二审法院认为，关于余某应否返还案涉限制性股票单位价值的问题是本案的争议焦点。虽然《C-140号协议》并没有将《保密与不竞争协议》列为附件，但是《B-201号协议》明确将《保密与不竞争协议》列为其附件，且《B-201号协议》明确约定激励对象确认收到激励及其他有效及有对价的，激励对象确认并同意激励对象就公司根据该协议授予其的限制性股票单位、根据此前已经授予的激励或在授予日后可能授予的激励均应受上述保密与不竞争协议条款的限制，包括但不限于激励对象的雇主在该保密与不竞争协议所述的特定情况下，有权要求激励对象返还同该等股权激励相关的股份或现金收益。可见，上述《B-201号协议》已经对《C-140号协议》的内容作出补充约定，而且《B-201号协议》签订在后，故认定《保密与不竞争协议》亦为《C-140号协议》的组成部分。余某取得案涉限制性股票的对价之一是要受《保密与不竞争协议》条款的限制，现余某从博冠公司离职后，即于次月入职腾讯公司，并负责同类型业务的工作，该行为已经违反了《保密与不竞争协议》约定，网易公司有权要求余某返还已行权的限制性股票单位价值。

关于应返还限制性股票单位的具体价值问题。首先，一审期间余某对于网易公司提交的附表一、二项下的三笔交易记录中记载的限制性股票单位数量无异议，由于余某未能提供上述股票单位出售的时间、价格等，网易公司主张的交易情况与相关股票出售确认书及余某招商银行历史转账汇款记录相印证，故一审法院予以采纳并依据协议约定的公平市值计算方式，认定余某应返还共532550.11元的股票价值,合理有据。其次,关于另外两笔交易,余某并不认可,虽然网易公司提供了第三方机构出具的统计表,但是该表并未经余某确认,而且网易公司提供的银行转账记录显示的余某到账金额与其主张的出售该数量的限制性股票单位所对应的金额相差甚远。因此,在网易公司未能提供充分的证据证明余某已行权的股票单位数量的情况下,一审法院以余某账户实际收到的款项为依据,来确定其应返还的股票价值,公平合理。

3. 已解锁的限制性股票获得收益的具体计算方式,可以在股权激励协议中作明确约定,特别是涉及股票成交价格是否扣减佣金、规费、印花税、个人所得税、过户费及其他费用,更要明确细致约定,并对费用支出提供证据支持。

在(2021)粤06民终4282号案中,二审法院认为,关于董某某应否向海天公司返还限制性股票价值及相关价值的数额认定问题为本案争议焦点。海天公司与董某某签订的《首期限制性股票激励计划限制性股票授予协议书》(以下简称《股票授予协议书》)属合法有效的合同,对双方当事人均具有法律拘束力。根据案涉《股票授予协议书》的约定,若董某某与海天公司或其分、子公司签订《竞业禁止协议》后出现禁止行为的,董某某应向海天公司返还因限制性股票而获得的收益。

经审查,董某某只与海天公司的关联公司海天高明公司签订了一份《竞争限制和保密协议》。虽然《竞业禁止协议》与《竞争限制和保密协议》的合同具体名称有所不同,但两份合同的核心内容均明确指向"竞业"。而且,从目的解释的角度分析,当事人签订案涉《股票授予协议书》的主要目的是提高董某某对海天公司及其关联公司的工作积极性和忠诚度,确保公司的核心竞争力,由海天公司对董某某进行股权激励,同时,对董某某违反竞业限制的行为所产生的法律后果作出相应的约定。因此,结合案涉《股票授予协议书》的合同目的及一般交易常理分析,该协议所约定的《竞业禁止协议》应当是指董某某与海天高明公司签订的《竞争限制和保密协议》。综上几点,一审法院就此作出相关认定并无不当。根据一审法院查明的事实,董某某参与出资设立澳之洲公司,该公司与海天高明公司存在竞争关系,董某某的行为已经违反了上述《竞争限制和保密协议》的约定。在此情况下,海天公司根据案涉《股票授予协议书》的约定,要求董某某返还因已解锁的限制性股票而获得的收益,理由证据充分。

关于董某某返还的因已解锁的限制性股票而获得的收益的具体计算方式,案涉《股票授予协议书》已作出明确的约定,故应按该协议的约定进行计算。根据董某某提出的上诉意见,其认为上述协议约定的出售价格应当是指成交价格扣减佣金、规费、印花税、过户费及其他费用后的余额,该主张缺乏合同依据,亦与一般交易习惯不符,不予采纳。

同时,关于案涉限制性股票的回购价格问题,海天公司2018年4月25日确定的最新回购价格为7.1811元/股,结合海天公司于2020年2月13日才提起本案诉讼追讨相关收益款的事实,将上述最新回购价格作为认定董某某应返还的收益款的计算依据,合理正当。董某某主张应按海天公司2016年4月28日确定的回购价格8.7111元/股计算,缺乏事实及法律依据,不予支持。最后,关于应抵扣的个人所得税金额的问题,董某某认为应在本案讼争收益款中扣减其所主张个人所得税金额,根据民事诉讼"谁主张,谁举证"的基本举证规则,应由董某某举证证明其提出的上述抵扣主张,且作为该个人所得税的申报方及缴税义务人,其对此具有相应的举证能力。在董某某未能举证证明应予抵扣的个人所得税具体金额的情况下,一审法院根据证据只确认应抵扣的个人所有税金额为5508元,并无不当。综上几点,经过计算后最终认定董某某应返还的收益款金额为2824291.61元。

4. 股票期权计划书可以约定,激励对象如构成违约,应返还因股票行权所得收益。

在(2019)粤03民终25786号案中,二审法院认为,《股票期权授权协议书》中约定,上诉人在行权后离职的,在2年内不得从事与被上诉人业务相同或类似的工作,如果上诉人在行权后离职并在2年内从事与被上诉人业务相同或类似的工作,上诉人应当将其因行权所得全部收益返还给被上诉人。鉴于上诉人从汇川公司离职后,根据被上诉人提供的视频资料等证据,上诉人长期、多次、有规律地在斯默通公司(斯默通公司与被上诉人经营范围存在高度重合,两者经营范围均以新能源产品及新能源汽车为主)上班,故上诉人的行为已违反《股票期权授权协议书》的约定,构成违约,上诉人应返还被上诉人因股票行权所得收益人民币1167563.02元。

【基于返还款项性质的计算】

1. 股权激励合同涉及出资款返还条款,与公司法上回购股权义务存在本质区别,前者仅是返还股权认购款和拖欠的收益款,属于债权债务关系,激励对象是否取得公司法上的股权,并不影响激励者对返还义务的承担。

在(2021)粤03民终29478号案中,二审法院认为,郑某应否承担返还高某某股权认购款及拖欠的收益款的义务为本案焦点。首先,曾某某、李某某、郑某通过《通知》向部分员工发出认购股权的要约,高某某通过在约定时间支付股权认购款等方式作出承诺,据此,高某某与曾某某、李某某、郑某订立关于股权激励认购及回购的合同,各方当事人之间并无借款合意,郑某关于案涉股权认购款实为借款的主张不能成立。其次,案涉合同系各方当事人真实意思表示,内容未违反法律和行政法规的强制性规定,合法有效,对当事人均具有约束力。在高某某已经履行了认购义务,而爱视医疗公司未能在约定的时间完成首次公开发行股票并上市交易的情况下,曾某某、李某某、郑某应当依约向高某某返还股权认购款和拖欠的收益款。郑某主张,高某某未实际获得爱视医疗公司的股权,股权回购的基础不存在,合同并未实际履行,但本案中的返还义务非公司法意义上的回购股权义务,高某某是否取得公司法上的股权,并不影响返还义务的承担。郑某还主张,爱视医疗公司自认案涉股权认购款用于公司并愿意返还,但案涉《通知》载明的返还义务人为曾某某、李某某、郑某,故郑某上诉主张其不应承担案涉返还义务的理由不成立,曾某某、李某某、郑某应向高某某返还相应股权认购款及拖欠的收益款。

2.返还股票收益款,注意要扣除已缴纳的税款。

在(2021)粤06民终13438号案中,二审法院认为,返还限制性股票收益金额问题为本案争议焦点。2016年10月11日解锁的32400股、2018年12月27日解锁的75600股,已于2019年3月29日前全部卖出,其中2019年3月29日出售的14100股(20000股-5900股)属于何某某自行买入的股票。根据《限制性股票授予协议书》约定的计算方式,即甲方向乙方收回的因已解锁的限制性股票而获得的收益=乙方已出售的已解锁限制性股票数量×(出售价格-限制性股票的回购价格)+乙方未出售的已解锁限制性股票数量×(海天味业股票基准日的收盘价-限制性股票的回购价格)-乙方已缴纳的因激励计划而产生的个人所得税金额。经计算,已出售的已解锁限制性股票数量为108000,因已解锁的限制性股票而获得的收益为6377210.20元。

一审法院向税务局调查取证以下事项:何某某已缴纳的因激励计划而产生的个人所得税数额及其缴纳税款时间、代缴人。税务局向一审法院函复,海天公司分别于2017年3月8日和2019年9月18日为何某某取得股权激励收入应缴纳的个人所得税扣缴了税款,扣缴税款金额分别为131208元和1037356.8元。因此,一审对于扣缴税款金额分别为131208元和1037356.8元予以认定。综上,何某某应返还的金额为5208645.40元=[已出售的已解锁限制性股票收益6377210.20元-已缴纳的因激励计划而产生的个人所得税金额(131208元+1037356.8元)]。

3. 基于劳动付出发放的奖金之性质,与基于股权激励产生的期权奖励金不同。

在(2017)沪01民终15026号案中,二审法院认为,周某某是否应返还国际传媒公司2015年度期权奖励金283500元是本案争议焦点。国际传媒公司主张己方在2016年3月24日由于公司付款安排错误,误向周某某发放了2015年的股权奖励金283500元,而根据《服务期协议》和《企业高管股权激励方案》,周某某无权享有2015年的股权奖励。周某某则认为,2015年度的期权奖励金本质是国际传媒公司发放的奖金,其实际没有任何股东权利,该奖金的发放不需要通过股东决议。且该奖励金是通过国际传媒公司的正规财务流程发放,不存在错误发放的情形。

对此,法院认为,根据国际传媒公司和周某某在服务期协议中的约定,周某某依据《企业高管股权激励方案》享有股权奖励,因双方确认周某某并非国际传媒公司的股东,实际并不持有股权,国际传媒公司也认可期权奖励金实际是以现金形式支付的奖励金,因此期权奖励金实为奖金,并不完全等同于服务期协议中的股权奖励。作为奖金,国际传媒公司有权依据员工各方面的表现及双方的约定或规章制度的规定等酌情予以发放。鉴于国际传媒公司已在2016年3月24日发放周某某2015年度期权奖励金283500元,现国际传媒公司要求周某某返还该部分误发的奖金,在仲裁期间国际传媒公司主张该奖金的发放无董事长确认,但其认可当时并未成立董事会,也没有董事长,只有执行董事顾某,且奖金的发放已经过当时的法定代表人、总经理兼执行董事顾某的签字确认,故不存在误发情形。因此,国际传媒公司要求周某某返还2015年度期权奖励金,依据不足。

【返还款项的责任主体】

1. 依股权激励协议约定,来确定返还投资款及收益、支付利息的连带责任人。

在(2019)京03民终9587号案中,二审法院认为,邓某、邓某2、晟瑞公司与张某某所签《股权激励协议》是各方当事人真实意思表示,各方均应依约履行。金百万公司虽然并非《股权激励协议》的一方当事人,但根据该协议的签订方式、相关资金流向及各方陈述,金百万公司对该协议中对其义务的设定知情且不持异议。一审法院判令金百万公司返还张某某投资款、投资期间的收益及利息并无不妥。张某某上诉主张邓某、邓某2就金百万公司返还投资款及收益、支付利息承担连带责任。根据《股权激励协议》就股权回购的约定,对于员工行权后回购主体的表述有"公司及公司法人回购""公司或法人代表回购",因邓某当时为金百万公司法定代表人,张某某向金百万公司及邓某董事长提出退款申请,同时邓某也在聊天记录中表示准备出售房产及自己的车辆以供还款。根据上述合同内容及沟通情况,应当认定邓某作为当时金百万公司的法定代表人,其根据《股权激励协议》负有与金百万公司连带还款的约定义务。张某某主张邓某就股权回购承担连带责任,应予支持。

2. 股权激励协议虽未载明原股东是连带回购还是按照一定的份额回购,但按照债权债务处理内外有别的基本原则,对于债权人而言,此处的"原股东"作为回购义务的承受主体,系一个义务承受整体,故对于股权回购价款,原股东应当承担连带给付责任。

在(2019)京0113民初21763号案中,一审法院认为,临空投资公司有权要求高某某、吕某某连带给付股权回购款。《补充协议》约定,如果公司2015年12月31日前未实现公开发行上市或被整体并购,则投资方可要求原股东回购投资方持有的公司股权,回购价格应等于投资方对公司的投资额按照12%的年利率计算的本利和利息(单利,扣除投资期间的所得分红)。玖美公司在2015年12月31前确未实现公开发行上市或被整体并购,故涉诉股权的回购条件触发,临空投资公司有权要求原股东高某某、吕某某回购临空投资公司的股权。

协议虽未载明原股东是连带回购还是按照一定的份额回购,但结合《增资协议书》《补充协议》的上下文内容,按照债权债务处理内外有别的基本原则,对于债权人而言,此处的"原股东"作为回购义务的承受主体,系一个义务承受整体,故对于股权回购价款的给付,高某某、吕某某应当承担连带给付责任。至于债务人内部如何分配涉诉债务以及股权回购之后股权登记份额在高某某、吕某某之间如何分配应由二人自行协商确定,属于债务人内部关系,与债权人无关。

3. 激励对象只有享有股权,才能通过股权转让方式退出。公司与持股平台共同实施员工股权激励计划,公司起到发起、指令、沟通等关键作用,持股平台在投资款吸纳与退还、持股安排等事项上予以配合,退还投资款的责任应由公司与持股平台共同承担。

在(2020)京03民终12696号案中,二审法院认为,誉华特企业应否向王某某退还投资款是本案的争议焦点。王某某通过董某某向誉华特企业支付45万元投资款的目的是间接持有长城华冠公司的股票,因王某某未能实现其参与员工股权激励计划的目的,且其已经与长城华冠公司的关联公司解除了劳动关系,一审判决认定誉华特企业应向王某某退还45万元投资款并支付利息,具有事实和法律依据,予以确认。长城华冠公司上诉主张王某某只能按照股权激励文件的约定通过股权转让的方式退出而不能要求誉华特企业退款,其该项主张成立的前提条件是王某某已经实现参与员工股权激励计划的目的。现王某某未能间接持有长城华冠公司股票，不可能亦不应当通过股权转让方式退出。

关于如誉华特企业应退还投资款，长城华冠公司是否负有共同偿还责任的问题。王某某要求退还投资款系因其参与员工股权激励计划的目的未能实现，长城华冠公司认可誉华特企业系其员工持股平台，亦表示王某某须通过持有誉华特企业出资进而间接持有长城华冠公司的股票，因此，对员工股权激励计划项下退还投资款责任归属的判断，应结合长城华冠公司、誉华特企业在实施员工股权激励计划中的角色、行为等综合予以认定。

员工股权激励计划系以长城华冠公司名义实行，长城华冠公司亦实际从事了向王某某介绍认购数额、指定委托投资人、指定王某某向誉华特企业投资并指定汇款账户等行为，誉华特企业对于长城华冠公司指令其受托持股、退还员工相应投资款项行为亦不持异议，故应当认为长城华冠公司与誉华特企业共同实施了案涉员工股权激励计划，长城华冠公司起到发起、指令、沟通等关键作用，誉华特企业在投资款吸纳与退还、持股安排等事项上予以配合。现王某某履行了股权激励文件确定的全部投资义务，但未能实现间接持有长城华冠公司股票的目的，相应民事责任应由长城华冠公司、誉华特企业共同承担。

4. 可以将持股比例、过错程度作为确定返还投资款责任的因素。

在（2020）赣01民终872号案中，二审法院认为，巢某某的股权投资款是否应予返还，由谁返还，是否应当支付同期贷款利息是本案的争议焦点。

首先，巢某某通过向南昌兴铁合伙出资而间接持有的兴铁光华公司5%的股权系代三个法人股东持有，即代深圳前海公司、兴铁资本公司、广东金控公司持有。本案巢某某与三位法人股东虽未签订书面的代持协议，但存在事实上的代持关系，形成事实上的代持合同法律关系，不违反法律、法规的强制性规定，对各方当事人均有约束力。一审法院认定三位法人股东返还巢某某股权投资款，并无不当。

其次，对于巢某某出资金额500000元，各方均无异议。巢某某代持上述的5%股权中包含兴铁资本公司让渡的2%股权、深圳前海公司让渡的2%股权、广东金控让渡的1%股权，一审法院认定三位法人股东按上述比例承担返还责任并无不当。

再次，关于兴铁光华公司是否应当返还上述款项。巢某某与兴铁光华公司之间既未签订《股权激励股份认购协议书》，又未形成事实上的代持或认购关系。另外，本案也不符合公司股权回购的法定条件。因此，对于要求兴铁光华公司返还款项的主张，不予支持。对于南昌兴铁合伙是否应返还上述款项，南昌兴铁合伙作为员工持股平台,只是兴铁光华公司三个法人股东实施股权激励计划的一个工具,巢某某按照股东会决议要求对南昌兴铁合伙出资之后,南昌兴铁合伙随即将出资款全部出资兴铁光华公司。南昌兴铁合伙持有的股权亦来源于三个法人股东的让渡,巢某某要求其返还上述款项,对此不予支持。

最后,是否应当支付同期贷款利息。虽然 2017 年 4 月 17 日审议通过的《关于完善公司薪酬激励体系的议案》明确"巢某某代持期间产生的利息由承接股权者支付",但该决议并未实际执行。另外,巢某某曾是兴铁光华公司的董事,具有制定股权激励方案实施细则和配套协议《股权激励股份认购协议书》的职责,但上述实施细则迟迟未能出台,巢某某也未与兴铁光华公司签订《股权激励股份认购协议书》,对此,其自身存在一定的过错,故对于巢某某支付利息的主张不予支持。

5. 设立持股平台的目的就是代公司的员工认股、持股,持股平台所集全部资金仅限用于向公司投资入股,故激励对象有理由相信其系通过持股平台代持公司的股权,激励对象已从持股平台退伙,在持股平台未能进行结算退还其财产份额的情况下,相关协议明确约定公司可作为退款义务人,则激励对象可以依据该协议要求公司履行退款义务。

在(2020)浙 06 民终 3014 号案中,一审法院认为,郑某某是否有权要求中泰环保公司退还出资款 120000 元及相应利息是本案争议焦点。中泰环保公司、民泰环保企业辩称,《管理办法》与合伙协议之间没有关联性,且《管理办法》中没有体现关于退伙的约定,故郑某某的该诉请没有依据。民泰合伙企业与《管理办法》具有关联性,设立民泰合伙企业的目的就是代中泰环保公司的员工认股、持股,合伙企业所集全部资金,仅限于向中泰环保投资入股,故郑某某有理由相信其系通过民泰合伙企业代持中泰环保公司的股权。现郑某某已经自民泰合伙企业退伙,在合伙企业未能进行结算退还其财产份额的情况下,《管理办法》明确约定了中泰环保公司可作为退款义务人,故郑某某依据该《管理办法》要求中泰环保公司履行退款义务,合情合理。《管理办法》约定在员工离职情形下出资份额应转让给中泰环保公司董事会指定的有限合伙人,郑某某已于 2018 年 4 月 25 日向中泰环保公司发出转让要约,但截至目前,中泰环保公司未能为郑某某办理出资款转让手续,已构成违约,应承担违约责任即其自身作为合同相对方应当向郑某某支付出资转让款 120000 元以及相应的利息损失。

二审法院认为,案涉《管理办法》规定,员工因劳动合同届满或经批准离职的,其所持合伙企业出资份额按照第 12 条价格标准转让给董事会指定的有限合伙人。

根据该条规定，中泰环保公司在认股员工正常离职的情况下，负有指定有限合伙人受让离职员工出资份额之义务，而认股员工在出资之时也对中泰环保公司的该项义务形成合理预期，信赖其在符合条件的情况下可平稳退出合伙企业，并由中泰环保公司指定人员受让其出资份额。现郑某某经中泰环保公司批准后离职，其应当转让所持有的民泰合伙企业的出资份额，中泰环保公司亦应指定有限合伙人受让其出资份额，若中泰环保公司未能指定受让人，应认定其未尽《管理办法》约定之义务，理应向郑某某承担赔偿出资款损失的违约责任。

6. 作为持股平台的合伙企业并未依法清算，诉请合伙企业返还代出资款及利息，没有依据。

在（2020）赣01民终156号案中，一审法院认为，章某某对南昌兴铁合伙持股平台的出资系代让渡5%激励股权的兴铁光华公司的法人股东广东金控公司出资，并且南昌兴铁合伙就是兴铁资本公司、深圳前海公司、广东金控公司决议在兴铁光华公司实施股权激励计划的一个平台，换言之，就是实施股权激励计划的一个工具。章某某等合伙人对南昌兴铁合伙出资之后，南昌兴铁合伙随即将章某某等合伙人的出资款全部出资兴铁光华公司。加之，南昌兴铁合伙并未依法清算，章某某诉请南昌兴铁合伙返还代出资款及利息，于法无据。二审法院持相同观点。

第三节　实务指南

一、一家上市建筑公司的股权激励方案及锁定期满后的减持问题[①]

深圳市华阳国际工程设计股份有限公司（以下简称"华阳国际"）成立于1993年8月9日，2015年10月22日整体变更为股份有限公司，2019年2月26日在深圳证券交易所上市。

作为拥有建筑行业（建筑工程）甲级资质、工程造价咨询甲级资质等多类资质且跻身广东企业500强、深圳500强企业的华阳国际，现有员工约5000人，其员工持股平台是如何搭建的？股权激励计划又如何实施？让我们从其招股书中一探究竟。

---

① 参见http://www.szse.cn/disclosure/listed/bulletinDetail/index.html?ca955013-c47d-4b20-a889-cf2d705aeb91，最后访问日期：2024年12月26日。

（一）华阳国际上市股权结构概览（见图 11-1）

图 11-1　华阳国际股权结构图

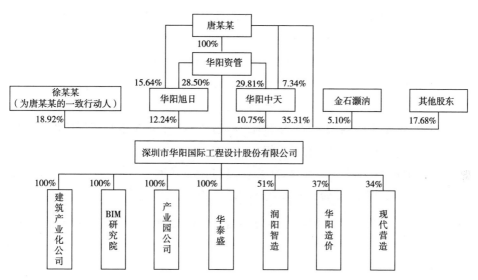

唐某某先生直接持有 5190.30 万股华阳国际股份，占华阳国际股份总额的 35.31%，为华阳国际第一大股东；同时通过华阳旭日和华阳中天两个员工持股平台控制了华阳国际 22.99% 股份的表决权。此外，徐某某女士为唐某某先生的岳母，直接持有 2781 万股华阳国际股份，占华阳国际股份总额的 18.92%。

（个人持股、通过合伙企业持股在享受分红、股权转让和再投资时的税务负担、控制权、股权设计空间等方案存在诸多差异——各具不同的优势和劣势。）

2015 年 7 月 24 日，徐某某女士与唐某某先生签署《一致行动协议》，徐某某女士承诺在经营管理和决策中与唐某某先生保持一致意见。因此，唐某某先生合计控制了华阳国际 77.22% 股份的表决权，为华阳国际的控股股东暨实际控制人。

综上，实控人唐某某分别通过直接持股、合伙企业杠杆持股、一致行动人协议三种方式，实现分股不分权，实现对上市主体的控制。

（二）华阳国际股权激励方案

1. 股权激励目的

在防范核心技术人员流失的风险方面，对于华阳国际核心技术人员，华阳国际通过员工持股计划给予激励，绑定核心员工与华阳国际的利益。

2. 持股平台设立

(1)通过设立两家有限合伙作为持股平台,并以增资入股方式持股主体公司。

(2)2015年8月1日,经华阳有限(华阳国际前身)股东会审议通过,华阳旭日和华阳中天以现金方式向公司增资:华阳旭日出资4500万元,其中970.87万元用于新增注册资本,3529.13万元计入资本公积;华阳中天出资3950万元,其中852.21万元用于新增注册资本,3097.79万元计入资本公积。

华阳国际选择以增资方式提供激励股权的来源,不会产生股权转让的所得税缴纳问题。

(3)2015年8月14日,华阳有限就上述股权转让和增资事宜在深圳市市场监督管理局办理完毕工商变更登记手续。

3. 持股平台设立初期具体信息(见表11-1、表11-2)

(1)深圳市华阳旭日资产管理企业(有限合伙)

表11-1 持股平台之一登记信息

公司名称	深圳市华阳旭日资产管理企业
成立日期	2015年6月4日
认缴金额	4500万元
实缴金额	4500万元
住所	深圳市前海深港合作区前湾一路1号A栋201室(入驻深圳市前海商务秘书有限公司)
经营范围	受托资产管理(不得从事信托、金融资产管理、证券资产管理等业务);受托管理股权投资基金(不得从事证券投资活动,不得以公开方式募集资金开展投资活动,不得从事公开募集资金的管理业务);股权投资。

华阳旭日于2015年6月4日成立,实缴出资为4500万元。华阳旭日为华阳国际员工持股平台,无经营资产和经营人员,未开展实际经营业务,无专利和技术,除持有华阳国际股份之外,华阳旭日未投资其他企业,因此华阳旭日与华阳国际不存在同业竞争和利益冲突。

(2)深圳市华阳中天资产管理企业(有限合伙)

2015年6月2日,华阳中天成立。华阳中天与华阳旭日均为华阳国际员工持股平台,也无经营资产和经营人员,无专利和技术,未开展实际经营业务,除持有华阳国际股份之外,华阳中天未投资其他企业,与华阳国际不存在同业竞争和利益冲突。

表 11-2　持股平台之二登记信息

公司名称	深圳市华阳中天资产管理企业(有限合伙)
成立日期	2015 年 6 月 2 日
认缴金额	3950 万元
实缴金额	3950 万元
住所	深圳市前海深港合作区前湾一路 1 号 A 栋 201 室(入驻深圳市前海商务秘书有限公司)
经营范围	受托资产管理(不得从事信托、金融资产管理、证券资产管理等业务);对未上市企业进行股权投资;开展股权投资和企业上市咨询业务。

(3)相比于一般的员工持股平台,该持股平台的出资资本金较高。究其原因,可能是激励对象的出资能力强,或者是考虑到增资时公司的估值较高,其他投资人不同意过分降低估值和入股价格来实施股权激励。

4. 历次股权激励股权转让价格及原因

2015 年 5 月,华阳有限进行第六次股权转让,此时作为员工股权激励的股权转让价格仅为 1 元/出资额。2015 年 8 月,华阳有限进行第八次股权转让及第三次增资。此时的股权转让价格由初期的 1 元/出资额变为 2.28 元/出资额,因为股权转让实际转让价款系以华阳有限截至 2014 年 12 月 31 日的净资产值为依据进行确定,由此可以得知此时华阳有限净资产值相较于初期已有大幅提升,股权激励效果稳步提升。

5. 股份支付分析

2015 年,华阳国际股份支付金额为 4455.29 万元,系邹某某等七名公司员工于 2015 年受让华阳国际股权及员工持股平台对华阳国际进行增资作为股份支付处理。根据《企业会计准则第 11 号——股份支付》的相关规定,华阳国际将上述股份支付对象的实际支付对价与受让股权公允价值的差异 4455.29 万元计入管理费用,相应增加资本公积(其他资本公积)4455.29 万元。

(三)持股平台减持过程

1. 股东减持股份情况

通过公告查询,持股平台在近期进行了统一减持套现,激励成果突出显现,具体见表 11-3。

表 11-3　股权激励成果显现表

股东名称	减持方式	减持期间	减持均价	减持股数（万股）	减持占总股本比例
华阳旭日	集中竞价	2022年10月31日至2023年11月8日	13.68	104.35	0.53%
华阳旭日	集中竞价	2023年01月30日至2023年02月22日	15.08	104.35	0.53%
华阳中天	集中竞价	2022年10月31日至2022年11月8日	13.67	91.65	0.47%
华阳中天	集中竞价	2023年01月30日至2023年02月22日	15.03	91.65	0.47%
合计				392	2.00%

2.股东本次减持前后持股情况(见表11-4)

表 11-4　股东减持前后持股情况

股东名称	股份性质	本次变动前持有股份		本次变动后持有股份	
		股数（万股）	占总股本比例(%)	股数（万股）	占总股本比例(%)
华阳旭日	合计持有股份	1695.65	8.65%	1591.30	8.12%
华阳旭日	其中:无限售条件股份	1695.65	8.65%	1591.30	8.12%
华阳旭日	有限售条件股份	0	0	0	0
华阳中天	合计持有股份	1488.35	7.59%	1396.70	7.12%
华阳中天	其中:无限售条件股份	1488.35	7.59%	1396.70	7.12%
华阳中天	有限售条件股份	0.00	0.00%	0.00	0.00%

3.本次变动前后,投资者及其一致行动人拥有华阳国际权益的股份情况(见表11-5)

表 11-5　投资者及其一致行动人拥有股份情况

股东名称	股份性质	本次变动前持有股份		本次变动后持有股份	
		股数（万股）	占总股本比例(%)	股数（万股）	占总股本比例(%)
唐崇武	合计持有股份	5190.30	26.48%	5190.30	26.48%
唐崇武	其中:无限售条件股份	1297.58	6.62%	1297.58	6.62%
唐崇武	有限售条件股份	3892.72	19.86%	3892.72	19.86%

(续表)

股东名称	股份性质	本次变动前持有股份		本次变动后持有股份	
		股数(万股)	占总股本比例(%)	股数(万股)	占总股本比例(%)
徐华芳	合计持有股份	2781.00	14.19%	2781.00	14.19%
	其中:无限售条件股份	2781.00	14.19%	2781.00	14.19%
	有限售条件股份	—	—	—	—
华阳旭日	合计持有股份	1695.65	8.65%	1591.30	8.12%
	其中:无限售条件股份	1695.65	8.65%	1591.30	8.12%
	有限售条件股份	—	—	—	—
华阳中天	合计持有股份	1488.35	7.59%	1396.70	7.12%
	其中:无限售条件股份	1488.35	7.59%	1396.70	7.12%
	有限售条件股份	—	—	—	—
一致行动人合计持有股份		11155.30	56.90%	10959.30	55.90%
其中:无限售条件股份		7262.58	37.05%	7066.58	36.05%
有限售条件股份		3892.72	19.86%	3892.72	19.86%

4.股份权益变动产生的影响

华阳旭日与华阳中天均为华阳国际控股股东、实际控制人唐某某先生的一致行动人。本次权益变动前,华阳国际控股股东、实际控制人及其一致行动人合计持有股份11155.30万股,占总股本比例56.90%;本次权益变动后,华阳国际控股股东、实际控制人及其一致行动人合计持有股份10959.30万股,占总股本比例55.90%,持股变动比例达到1%。本次权益变动未使华阳国际控股股东及实际控制人发生变化,这里也可以看出利用有限合伙作为持股平台在保障实控人控制权方面的天然优势。

(四)锁定期届满后减持特征及影响

1.持股平台合伙份额转让

华阳旭日与华阳中天作为员工持股平台,自股份锁定期届满后,有多名有限合伙人退出合伙企业,将其持有的合伙份额转让给唐某某先生。2023年1月17日为今年首次的合伙份额转让,有限合伙人将其持有的华阳中天1.8987%的合伙份额转让给唐某某先生,自此,唐某某先生直接及间接持有华阳中天的合伙份额增加至39.0506%,对应出资额增加至1542.50万元。

2. 华阳旭日与华阳中天系通过将员工持股平台出资额转让给实际控制人的方式进行减持

主要特征为：

(1) 不涉及上市公司直接股份变动，相对隐蔽；

(2) 员工持股平台内部完成，便于操作，程序简便；

(3) 不影响实际控制人控制的表决权比例，有利于实际控制人增加持有上市公司股份数量，满足增持需求；

(4) 实际控制人须具备一定资金实力。

（本文由吴疆律师撰写）

二、如何制定股权激励计划考核办法

（一）结构简述

股权激励计划考核办法，属于公司内部管理制度的一部分，是执行股权激励计划的细则。在结构上通常包括如下几个方面：

第一，考核目的。这与股权激励计划制定的目的有很大的重复之处，具体可参考前面有关章节内容。

第二，考核原则。比如坚持公平、公正、公开的原则，坚持公司中长期发展战略、年度经营目标与激励对象的工作业绩、工作能力和工作态度相结合原则。

第三，考核范围。即激励计划所确定的所有激励对象，包括在公司(含子公司、关联公司)任职的符合条件的人员。

第四，考核机构、执行机构、考核流程。即有关公司董事会、董事会内设的薪酬与考核委员会、公司人力资源部门、公司内审部门等各机构各部门在股权激励事项上的职权分配和在考核流程上协助合作的规定。

第五，绩效考核指标及标准。激励对象获授的权益能否行权将根据公司、激励对象两个层面的考核结果共同确定，这是股权激励计划考核办法的核心条款。

第六，还可以将股权激励与员工持股计划区分开来，单独规定内容。

第七，考核管理。考核后激励对象的申诉、文件归档等事宜。

第八，附则。通常都是规定办法自公司股东会审议通过之日起并自激励计划生效后实施。

(二)核心条款

股权激励计划中,也可以详细约定绩效考核指标及标准,至少要约定框架性标准。但在考核办法中,必须详尽、明确、无误地约定业绩指标,使得股权激励计划得以落地实施。这些条款在股权激励计划中属于约束条款的一部分,以业绩指标方式对公司、对激励对象进行约束,这些指标往往制定得很精细,常见的有如下表达方式:

1. 公司层面的业绩考核要求

例:

▶各行权期业绩考核目标见表 11-6。

表 11-6 行权时间与业绩考核目标对照表

行权安排	考核年度	目标值(A_m)	触发值(A_n)
第一期	2024 年	以 2023 年净利润为基数,2024 年净利润增长率不低于 300%	以 2023 年净利润为基数,2024 年净利润增长率不低于 200%
第二期	2025 年	以 2023 年净利润为基数,2025 年净利润增长率不低于 500%	以 2023 年净利润为基数,2025 年净利润增长率不低于 305%

▶业绩考核行权比例确定情况见表 11-7。

表 11-7 业绩考核与行权比例对照表

考核指标	业绩完成度	公司层面行权比例(X)
各考核期净利润指标完成情况(A)	$A \geq A_m$	$X = 100\%$
	$A_n \leq A < A_m$	$X = A/A_m * 100\%$
	$A < A_n$	$X = 0$

又例:

本计划授予的股票期权分两期行权,在可行权期的两个会计年度中,公司将对激励对象分年度进行绩效考核,以达到绩效考核目标作为激励对象的行权条件。

各年度绩效考核目标见表 11-8。

表 11-8　激励对象可行权期与业绩考核目标对照表

可行权期	业绩考核目标
授予股票期权的第一个可行权期	2024 年度公司营业收入较 2023 年增长率不低于 10%或2024 年度归属于上市公司股东的净利润实现扭亏为盈
授予股票期权的第二个可行权期	2025 年公司营业收入较 2023 年增长率不低于 20%或2025 年度归属于上市公司股东的净利润较 2024 年增长率不低于 10%且不低于 1000 万元

2.激励对象个人层面的绩效考核要求

例：

激励对象个人层面的考核根据公司内部绩效考核相关制度实施。激励对象个人考核评价结果分为"A""B""C""D""E"五个等级。（见表 11-9）

表 11-9　激励对象绩效考核统计表

考核等级	A	B	C	D	E
个人层面行权系数(Y)	100%	90%	80%	50%	0%

个人当年可行权额度＝个人当年计划行权额度×公司层面行权系数(X)×个人层面行权系数(Y)。激励对象当期未能行权的股票期权由公司注销。

又例：

▶关于考核内容：考核内容包括工作态度、工作能力、工作业绩三个方面,重点考核全年的工作业绩。

(1)工作态度(满分 20 分)：主要考核主动性、责任感、纪律性等方面的情况。

(2)工作能力(满分 20 分)：主要考核业务技术水平、操作技能及驾驭全局、处理问题的能力。

(3)工作业绩(满分 60 分)：主要考核履行岗位职责情况,完成工作任务的数量、质量、效率。以公司和部门整体层面上的年度目标和年度工作重点、工作目标作为主要考核要素。

(4)重大失误和违纪减分。工作期间本人或下属发生重大差错或失误给公司造成经济损失数额较大或存在收受回扣、贪污等重大违纪行为应予减分 5 分以上,直至取消业绩分数。

▶关于考核方法：结合年度工作目标和岗位量化考核指标,对激励对象工作态度、工作能力、工作业绩三个维度采取百分制考评、等级评定的办法。

▶关于考核结果等级分布

根据年度工作目标和岗位职责制定每个岗位具体的量化考核指标,据实评分,根据分数对应确定绩效等级,再根据绩效等级确定当期的股权配比比例,见表11-10。

表 11-10　股权激励考核结果统计表

序号	分数	相应等级	当期股权配比比例
1	80 以上	优秀	100%
2	70(含)—80	良好	90%
3	60(含)—70	合格	80%
4	小于 60	不合格	0

三、示范条款的制定:权利与义务

(一)公司的权利与义务

股权激励计划中,对作为激励者的公司之权利义务设定,可从如下角度考虑:

例:

(1)公司对激励计划的解释和执行权;对激励对象绩效的考核权,激励对象未达确定的行权条件,公司可以注销激励对象相应的未行权的股票期权;

(2)激励对象不能胜任所聘工作岗位或者考核不合格,或者存在触犯法律、违反职业道德、泄露公司机密、失职或渎职等行为,严重损害公司利益或声誉的,公司有权要求激励对象退股、退伙并主张赔偿权;

(3)公司不得向激励对象为激励计划获取有关权益提供贷款以及其他任何形式的财务资助,包括为其贷款提供担保;

(4)公司代扣代缴激励对象应缴纳的个人所得税及其他税费;

(5)公司对与激励计划相关的信息及时进行披露,保证信息真实、准确、完整,及时履行申报义务;

(6)公司根据激励计划和主管部门规定,为满足条件的激励对象积极办理行权事宜,非因公司自身原因造成激励对象未能行权,公司不承担责任;

(7)股权激励关系与劳动关系相区分,公司执行激励计划不意味构成继续聘用激励对象的承诺,激励对象与公司的劳动关系按劳动合同执行;

(8)法律、行政法规、规范性文件规定的其他相关权利义务。

（二）激励对象的权利与义务

股权激励计划中，对激励对象权利义务的设定，可从如下角度考虑：

例：

(1)激励对象应勤勉尽责、恪守职业道德，积极为公司的发展作贡献；

(2)激励对象有权按激励计划的规定行权；

(3)激励对象保证用于股权激励的资金来源于激励对象自有及自筹资金；

(4)激励对象按激励计划规定获授的股票期权，在等待期内不得转让、用于担保或偿还债务，股票期权在行权前不享受投票权和表决权，同时也不参与股票红利、股息的分配；

(5)激励对象因激励计划获得的收益，应依法纳税；

(6)若因公司信息披露文件中存在虚假记载、误导性陈述或者重大遗漏，导致不符合授予权益或行使权益安排的，激励对象承诺在上述情形发生后，将因股票期权激励计划所获得的全部利益返还公司；

(7)激励对象承诺，自被确认为因违反规定而不得成为激励对象之日起不再参与激励计划，已获授但尚未行使的权益应终止行使，放弃主张任何赔偿补偿权利；

(8)激励计划经公司股东会审议通过后，激励对象有权与公司签署《股票期权授予协议书》，明确约定各自在激励计划项下的权利义务及相关事项；

(9)法律、行政法规、规范性文件及本激励计划规定的其他相关权利义务。

→参考：股份支付准则应用案例——以首次公开募股成功为可行权条件[1]

例：

甲公司实际控制人设立员工持股平台(有限合伙企业)以实施一项股权激励计划。实际控制人作为该持股平台的普通合伙人将其持有的部分甲公司股份以名义价格转让给持股平台，甲公司员工作为该持股平台的有限合伙人以约定价格(认购价)认购持股平台份额，从而间接持有甲公司股份。该股权激励计划及合伙协议未对员工的具体服务期限作出专门约定，但明确约定如果自授予日至甲公司成功完成首次公开募股时员工主动离职，员工不得继续持有持股平台份额，实际控制人将以自有资金按照员工认购价回购员工持有的持股平台份额，回购股份是否再次授予其他员工由实际控制人自行决定。

---

[1] 参见 https://kjs.mof.gov.cn/zt/kjzzss/srzzzq/gfzfyyal/202105/t20210518_3704069.htm，最后访问时间：2024年3月31日。

财政部意见：

本例中，甲公司实际控制人通过持股平台将其持有的部分甲公司股份授予甲公司员工，属于企业集团内发生的股份支付交易。接受服务企业（甲公司）没有结算义务，应当将该交易作为权益结算的股份支付处理。

根据该股权激励计划的约定，甲公司员工须服务至甲公司成功完成首次公开募股，否则其持有的股份将以原认购价回售给实际控制人。该约定表明，甲公司员工须完成规定的服务期限方可从股权激励计划中获益，属于可行权条件中的服务期限条件，而甲公司成功完成首次公开募股属于可行权条件中业绩条件的非市场条件。甲公司应当合理估计未来成功完成首次公开募股的可能性及完成时点，将授予日至该时点的期间作为等待期，并在等待期内每个资产负债表日对预计可行权数量作出估计，确认相应的股权激励费用。等待期内甲公司估计其成功完成首次公开募股的时点发生变化的，应当根据重估时点确定等待期，截至当期累计应确认的股权激励费用扣减前期累计已确认金额，作为当期应确认的股权激励费用。

第十二章 股权激励纠纷案件性质、诉讼时效、法院管辖

第一节 请求权基础规范

一、诉讼时效

1.《民法典》

第188条 向人民法院请求保护民事权利的诉讼时效期间为三年。法律另有规定的,依照其规定。

诉讼时效期间自权利人知道或者应当知道权利受到损害以及义务人之日起计算。法律另有规定的,依照其规定。但是,自权利受到损害之日起超过二十年的,人民法院不予保护,有特殊情况的,人民法院可以根据权利人的申请决定延长。

第196条 下列请求权不适用诉讼时效的规定:(一)请求停止侵害、排除妨碍、消除危险;(二)不动产物权和登记的动产物权的权利人请求返还财产;(三)请求支付抚养费、赡养费或者扶养费;(四)依法不适用诉讼时效的其他请求权。

2.《诉讼时效司法解释》

第1条 当事人可以对债权请求权提出诉讼时效抗辩,但对下列债权请求权提出诉讼时效抗辩的,人民法院不予支持:(一)支付存款本金及利息请求权;(二)兑付国债、金融债券以及向不特定对象发行的企业债券本息请求权;(三)基于投资关系产生的缴付出资请求权;(四)其他依法不适用诉讼时效规定的债权请求权。

3.《公司法司法解释(三)》

第19条 公司股东未履行或者未全面履行出资义务或者抽逃出资,公司或者其他股东请求其向公司全面履行出资义务或者返还出资,被告股东以诉讼时效为由进行抗辩的,人民法院不予支持。

公司债权人的债权未过诉讼时效期间,其依照本规定第十三条第二款、第十四条第二款的规定请求未履行或者未全面履行出资义务或者抽逃出资的股东承担赔偿责任,被告股东以出资义务或者返还出资义务超过诉讼时效期间为由进行抗辩的,人民法院不予支持。

4.《最高人民法院关于适用〈中华人民共和国企业破产法〉若干问题的规定(二)》(2020年修正)

第19条 债务人对外享有债权的诉讼时效,自人民法院受理破产申请之日起中断。

债务人无正当理由未对其到期债权及时行使权利,导致其对外债权在破产申请受理前一年内超过诉讼时效期间的,人民法院受理破产申请之日起重新计算上述债权的诉讼时效期间。

第20条第1款 管理人代表债务人提起诉讼,主张出资人向债务人依法缴付未履行的出资或者返还抽逃的出资本息,出资人以认缴出资尚未届至公司章程规定的缴纳期限或者违反出资义务已经超过诉讼时效为由抗辩的,人民法院不予支持。

→参考:司法政策文件《九民会议纪要》

16.【诉讼时效期间】公司债权人请求股东对公司债务承担连带清偿责任,股东以公司债权人对公司的债权已经超过诉讼时效期间为由抗辩,经查证属实的,人民法院依法予以支持。

公司债权人以公司法司法解释(二)第18条第2款为依据,请求有限责任公司的股东对公司债务承担连带清偿责任的,诉讼时效期间自公司债权人知道或者应当知道公司无法进行清算之日起计算。

二、法院管辖

(一)民事诉讼法

《民事诉讼法》

第22条 对公民提起的民事诉讼,由被告住所地人民法院管辖;被告住所地与经常居住地不一致的,由经常居住地人民法院管辖。

对法人或者其他组织提起的民事诉讼,由被告住所地人民法院管辖。

同一诉讼的几个被告住所地、经常居住地在两个以上人民法院辖区的,各该人民法院都有管辖权。

第 24 条 因合同纠纷提起的诉讼,由被告住所地或者合同履行地人民法院管辖。

第 27 条 因公司设立、确认股东资格、分配利润、解散等纠纷提起的诉讼,由公司住所地人民法院管辖。

第 29 条 因侵权行为提起的诉讼,由侵权行为地或者被告住所地人民法院管辖。

第 35 条 合同或者其他财产权益纠纷的当事人可以书面协议选择被告住所地、合同履行地、合同签订地、原告住所地、标的物所在地等与争议有实际联系的地点的人民法院管辖,但不得违反本法对级别管辖和专属管辖的规定。

（二）民事诉讼法司法解释

《民事诉讼法司法解释》

第 3 条 公民的住所地是指公民的户籍所在地,法人或者其他组织的住所地是指法人或者其他组织的主要办事机构所在地。

法人或者其他组织的主要办事机构所在地不能确定的,法人或者其他组织的注册地或者登记地为住所地。

第 4 条 公民的经常居住地是指公民离开住所地至起诉时已连续居住一年以上的地方,但公民住院就医的地方除外。

第 18 条 合同约定履行地点的,以约定的履行地点为合同履行地。

合同对履行地点没有约定或者约定不明确,争议标的为给付货币的,接收货币一方所在地为合同履行地;交付不动产的,不动产所在地为合同履行地;其他标的,履行义务一方所在地为合同履行地。即时结清的合同,交易行为地为合同履行地。

合同没有实际履行,当事人双方住所地都不在合同约定的履行地的,由被告住所地人民法院管辖。

第 22 条 因股东名册记载、请求变更公司登记、股东知情权、公司决议、公司合并、公司分立、公司减资、公司增资等纠纷提起的诉讼,依照民事诉讼法第二十七条规定确定管辖。

第二节 裁判精要

一、股权激励纠纷案的性质之辩

（一）属民事案件

【基于股票期权的分析】

从股票期权激励合同约定的权利义务、实际履行股票期权激励合同情况、劳动关系与股权激励关系的区别这几个角度，可以判定因股权激励合同产生的纠纷属于民商事纠纷。股权激励合同不一定要书面形式，当事人未采用书面形式但是一方已经履行主要义务，对方接受时，股权激励关系亦成立。

在(2022)浙06民终2989号案中，一审法院认为，盈峰环境在实行股票期权激励计划过程中，与霍某某建立了股票期权激励合同关系，创设股票期权这一以财产权为核心的权利义务关系，因此引发的纠纷应认定为合同纠纷，依据有二。

第一，基于股票期权激励合同内容。股票期权激励合同标的是股票期权，是公司授予激励对象在未来一定期限内以预先确定的条件购买公司一定数量股份的权利，整个股票期权激励程序包括公司对激励对象的股票期权授予程序，激励对象行权前的考核程序，考核通过后的行权等待程序，以及行权期到来后激励对象选择行权，以预先设定价购买授予股票的程序，只有以上程序共同组合才能完整地组成股票期权激励合同的核心内容。单独地将股票期权授予或股票行权等关系割裂出来，前者就变成期权赠予关系，后者变成现成的股票买卖关系，这都是对股票期权激励合同内容的不完整解读，不符合股票期权激励制度本意。

第二，盈峰环境已经实际履行股票期权激励合同，且霍某某予以接受，可认定双方建立股票期权激励合同关系。依据《上市公司股权激励管理办法》第20条规定，上市公司实行股权激励的，应当与激励对象签订协议，明确股权激励计划的内容并约定双方其他权利义务。被告盈峰环境实行的股票期权激励计划草案载明，"激励计划经公司股东大会审议通过后，公司将与每一位激励对象签署股权激励协议书，明确约定各自在本次激励计划项下的权利义务及其他相关事项"。盈峰环境认可在实行案涉股票期权激励过程中，未与任何一位激励对象签署过股权激励协议书，包括霍某某。但签订书面协议是合同成立的证明之一，不是证明唯一。应当采用书面形式订立合同，当事人未采用书面形式但是一方已经履行主要义务，对方接受时,该合同亦成立。

正如前所言,股票期权授予和股票期权行权共同组成股票期权合同的重要内容,而且,股票期权授予是股票期权行权的基础。本案双方未以任何书面形式签订股票期权激励协议的责任在于盈峰环境,但盈峰环境已于2019年11月26日依照激励计划向激励对象授予计划所载数量的股票期权,包括授予霍某某计划所载的150万份股票期权,并于2019年12月23日在中国证券登记结算有限责任公司深圳分公司完成股票期权授予登记,盈峰环境已经按照激励计划履行合同主要义务,且霍某某予以接受,应认定双方已建立股票期权激励合同关系。

盈峰环境辩称案涉股票期权激励纠纷系被告公司内部治理事项,其主张逻辑基于盈峰环境发出股票期权激励要约后霍某某未能以行权方式承诺,所以双方未建立合同关系,但盈峰环境所指的是双方未建立股权买卖关系,该辩称实际是将股票期权激励合同关系等同于现有股权买卖关系,与股票期权激励计划内容严重不符,不能成立;再者,盈峰环境发出要约的行为本就是合同行为,要约发出之后合同关系成立与否的争议亦属于合同纠纷范畴,其将合同纠纷主张为公司内部治理事项存在逻辑矛盾,不能自洽,对该主张不予采信。

二审法院认为,关于案涉股票期权激励合同纠纷的性质,虽然霍某某与盈峰环境或关联公司具有劳动关系是其成为激励对象的前提,但不代表激励合同本身就必然属于劳动合同,其性质系普通民商事合同纠纷或劳动合同纠纷,仍应根据股票期权激励合同内容并结合当事人意思认知综合分析确定。

第一,双方在本案中均未提出系劳动合同纠纷的主张;第二,盈峰环境作为股票期权激励合同的主体,并非霍某某用人单位,两者之间不存在劳动关系;第三,与霍某某签订劳动合同建立劳动关系的系盈峰智能,且霍某某付出劳动对应的报酬已通过盈峰智能的劳动合同约定获得保障,目前无证据证明劳动报酬受在后实行的股票期权激励牵连;第四,案涉股票期权激励合同内容为期权授予、考核、行权等约定,盈峰环境以优于市场的价格授予霍某某股票给予财产性激励,霍某某对公司负担超过普通员工的履职忠诚和履职勤勉义务,此约定非霍某某争取劳动机会、行使劳动权利等劳动法规定的权利义务,对纠纷的审理也不在于审查合同权利义务是否符合劳动法规定,且霍某某行权价虽优于市场价,但最终能否实现收益与企业经营状况和股票价格密切相关,不仅具有不确定性而且存在亏损的商业风险,与员工劳动报酬保障具有较大差别,故案涉纠纷宜认定为普通民商事合同纠纷,且该认定亦契合霍某某劳动仲裁裁决结果及劳动合同纠纷判决结果。

综上，双方通过三期股票期权激励计划草案及被告实际授予股票期权的方式，建立了股票期权激励合同关系，该合同属于民商事主体之间设立、变更、终止民事权利义务关系的协议，由此产生的纠纷属于合同纠纷。

【基于限制性股票的分析】

1. 股权激励中授予限制性股票所产生的收益不属于劳动法意义上的工资等劳动报酬，该收益是为优化薪酬制度额外实施的收益，起到支付竞业禁止补偿的作用，体现收益与风险对等的商业原则，案件属民商事合同纠纷。

在(2016)粤民申2457号案中，再审法院认为，公司根据《股票激励计划》向高级管理人员及主要业务骨干发行限制性股票，陈某据此持有公司股份。因股权激励合同是劳动者薪资等基本劳动权利保护外为优化薪酬制度实施的，由其产生的股票收益不属于劳动法意义上的工资等劳动报酬，该收益属于奖励，同时起到支付竞业禁止补偿的作用，而激励对象有权选择是否参加，且此类合同反映了收益与风险对等的商业原则，符合商业行为盈利与风险相一致的特征，本案属一般民商事合同纠纷。

2. 限制性股票折价款既不属于劳动报酬，也不属于福利待遇，不符合法律规定的劳动争议受案范围。

在(2023)沪01民终3735号案中，一审法院认为，案涉限制性股票本身既不属于劳动报酬，也不属于福利待遇，不符合《劳动争议调解仲裁法》规定的劳动争议受案范围，本案不属于劳动争议。

二审法院认为，胡某要求安联公司支付其限制性股票折价款，系基于双方对于股票期权的约定，实难认定此属于《劳动争议调解仲裁法》规定的劳动争议受案范围。胡某虽主张安联公司每年授予其的限制性股票实质为劳动报酬及年终奖，但此主张并未获安联公司认可，也不符合劳动报酬的法定支付形式。现胡某仅以安联公司的相关报税方式主张该性质为劳动报酬，以该股票期权的授予条件主张该性质为年终奖，依据均不足，一审法院认定本案不属劳动争议，并无不当。

3. 激励对象作出意思表示并未受到与劳动者身份有关的限制，这是指其有权自由选择是否接受股权激励、是否同意协议约定的行权方式及负担协议约定的义务，很明显区别于劳动者在劳动关系中处于弱势地位的一般情况；股权激励协议约定的权利义务不等同于劳动关系中的权利义务，股权激励并非用人单位的法定义务，获得股权激励亦非劳动者的法定劳动权利；据此获得的财产性收益在性质上不同于劳动法意义上的劳动报酬。这几个方面都可以认定纠纷属于民商事纠纷。

在(2020)粤01民终4433号案中，一审法院认为，案涉《C-140号协议》及《B-

201号协议》约定的内容属于公司治理制度下的限制性股票模式，即授予方按照预先确定的条件授予激励对象一定数量的公司股票，激励对象只有在符合股权激励计划规定的条件时才能出售限制性股票并从中获益。网易公司与余某于本案建立的法律关系为合同关系，分析如下：

首先，从合同签订的主体来看，《B-201号协议》及《C-140号协议》的相对方为网易公司及余某。虽然《保密与不竞争协议》由博冠公司与余某签订，并有涉及竞业限制的条款内容，但该协议经网易公司与余某约定作为《B-201号协议》附件的形式存在，属于网易公司给予股票期权激励的附加义务，并无不妥，故不影响股权激励协议相对方的认定。

其次，现有证据显示，在股权激励协议的签订过程中，余某作出意思表示并未受到与劳动者身份有关的限制，亦不存在意思表示不真实不自由的情形。网易公司开展股票期权激励计划的目的是吸引及挽留人才、促进业务开展，激励对象包括公司及关联企业旗下雇员、董事及顾问。博冠公司为网易公司的关联企业。网易公司正是基于余某与博冠公司的劳动关系而决定将余某作为激励对象。余某作为被激励方，此时有权自由选择是否接受股票期权激励、是否同意协议约定的行权方式及承担协议约定的义务。这区别于劳动者在劳动关系中一般处于弱势地位的情况。

再次，股权激励协议约定的权利义务不等同于劳动关系中的权利义务。设立股票期权激励制度并非用人单位的法定义务，获得股票期权激励亦非劳动者的法定劳动权利。余某作为博冠公司的员工，通过提供劳动从博冠公司获取相应的劳动报酬。而余某通过股票期权激励计划从网易公司获得财产性收益，网易公司相应地对余某在忠诚、勤勉、廉洁、职责等方面提出要求。若余某违反相关约定，其股票期权可能会被终止、限制或剥夺。该约定不存在免除公司责任、加重参加人员责任或者排除参加人主要权利的情形，符合权利义务对等原则，亦符合股票期权激励制度的基本价值取向。

最后，余某据此获得的财产性收益不同于劳动法意义上的劳动报酬。从协议可见，网易公司授予的限制性股票单位数量并不固定，余某必须通过市场交易才能获得现实价值，相应的股票价值或收益亦随着市场价格的变化而发生变化，签订协议时无法当即判断确定。正如余某的答辩意见，劳动法意义的竞业限制补偿金系由用人单位在劳动关系结束后，在竞业限制期限内按月给付劳动者，故两者并不等同。综上，余某与博冠公司存在劳动关系，仅系其能否作为激励对象的前提条件之一。此种限制不必然导致网易公司、余某合同地位不平等。《C-140号协议》《B-201号协议》属于民事主体之间的合同,本案纠纷属于合同纠纷。

二审法院认为,限制性股票激励制度作为股权激励制度的主要方式之一,具体是指上市公司按照预先确定的条件授予激励对象一定数量的本公司股票,但是对于股票的来源、抛售等作出一定的特殊限制,激励对象只有在工作年限或者业绩目标符合股权激励计划规定的条件时,才可以出售限制性股票,并从中获益。作为一种中长期的激励制度,限制性股票激励制度有利于促使公司、激励对象之间建立以拥有业绩收益分享权为基础的激励机制,将被激励对象的利益与公司效益挂钩,形成风险共担、利益共享的机制,从而促使激励对象如同对待自己利益一样对待公司利益,推动企业长期健康发展。

首先,从案涉协议的内容来看,网易公司授予限制性股票不属于企业员工在劳动法意义上依法享有的劳动薪酬或福利,而是企业对具备一定条件的员工(包括关联公司的员工)或经营管理者等参加人给予的一种额外的激励,属于一种长效激励举措。

其次,网易公司授予限制性股票是附条件的,即余某需要对用人单位提供一定期限的连续服务,不违反其与用人单位之间的保密及不竞争协议,不违反法律法规、劳动纪律、政策等规定的其应向雇主履行的其他义务等。故案涉协议符合商业行为盈利与风险相一致的法律特征,本质上属民商事合同。

再次,从案涉协议的签订、履行过程来看,余某与关联公司存在劳动关系只是网易公司选择激励对象的前提条件之一,但是该劳动关系并不直接影响或构成股权激励协议中双方具体的权利义务内容,故该劳动关系的存在并不必然导致签约双方主体地位的不对等。余某作为接受授予股票的一方,其完全可以选择接受或者不接受,其选择不会对其与博冠公司之间的劳动关系产生直接影响,因此余某选择签订案涉协议并未受到与身份有关的限制。根据权利与义务对等的原则,现余某选择签订案涉协议并接受相关的限制性股票,理应遵守相应的义务。一审法院认定本案属合同纠纷是正确的。

4. 限制性股票不属于企业员工在劳动法意义上依法享有的劳动薪酬或福利,而是企业对特定人员给予的一种额外的激励,属于一种长效激励举措;劳动关系并不直接影响或构成股权激励协议中双方具体的权利义务内容,劳动关系的存在并不必然导致签约双方主体地位的不对等;同时,根据协议约定的内容及协议的实际履行情况,均可判断因股权激励产生的纠纷为民商事合同纠纷。

在(2022)粤01民终8068号案中,二审法院认为,杨某某依据案涉《2014年上市后股权激励计划限制性股票单位奖励协议》诉请主张优视公司、阿里巴巴公司支付 500 股阿里巴巴公司的股票证书并办理相关登记手续。从案涉协议约定的内容来看,双方基于上述协议所形成的法律关系应为一般平等民事主体之间的民商事合同关系,而非劳动合同关系。主要理由如下:

首先,从案涉协议的内容来看,阿里巴巴公司授予限制性股票不属于企业员工在劳动法意义上依法享有的劳动薪酬或福利,而是企业给予具备一定条件的员工(包括关联公司的员工)或经营管理者等参加人的一种额外激励,属于一种长效激励举措。

其次,阿里巴巴公司授予限制性股票是附条件的,即杨某某"如作为服务提供商的身份终止,未授予的限制性股票单位的任何部分将被取消,您接收此类限制性股票单位的股份的权利将在您作为服务提供商的身份终止之日终止并丧失……"。故该协议符合商业行为盈利与风险相一致的法律特征,本质上应属于一般的民商事合同。

再次,从案涉协议的签订、履行过程来看,杨某某与优视公司存在劳动关系只是阿里巴巴公司选择激励对象的前提条件之一,但是该劳动关系并不直接影响或构成股权激励协议中双方具体的权利义务内容,故该劳动关系的存在并不必然导致签约双方主体地位的不对等。杨某某作为接受授予股票的一方,其完全可以选择接受或者不接受,其选择不会对其与优视公司之间的劳动关系产生直接影响,因此杨某某选择签订案涉协议并未受到与身份有关的限制。根据权利与义务对等的原则,现杨某某选择签订案涉协议并接受相关的限制性股票,其理应遵守相应的义务,故本案不属于劳动争议纠纷,而属民商事合同纠纷。

【基于股权激励协议的全面分析】

1. 基于股权激励需要,一般股东与激励对象之间签订的以获得股权标的为目的的协议,本质属于股权转让法律关系,此外,这种关系有别于激励对象与用人单位签署的劳动合同关系,因为签署的主体、约定内容、人身依附性均不同,故这类股权激励协议纠纷属于民商事纠纷,不属于劳动争议纠纷。

在(2018)粤民再 271 号案中,原审法院认为,首先,案涉《协议书》详细约定了工作内容、股权授予条件、股权激励计划实施进度、资金来源、激励股份来源等,但上市公司实施股权激励计划须提交董事会审议,由股东大会批准,向证监会报备后方可实施。谭某某等四人并无证据证明案涉协议书的股权激励计划符合前述实施程序,故确认案涉《协议书》虽名为股权激励计划,但性质上属于张某等九人因须完成方迪科技要求的工作任务而取得一定股权的股权受让协议。

其次,张某等九人与方迪科技签订的《劳动合同》约定,方迪科技聘请张某等九人团队的目的及工作内容是要求张某等九人为方迪科技研发云计算相关产品。《协议书》亦明确记载,张某等九人系方迪科技高薪聘请的专业技术团队,负责为方迪科技进行云计算相关产品开发工作;双方签订该《协议书》的目的,系激励张某等九人更好地为方迪科技完成符合公司要求的云产品开发任务。因此,该《协议书》与《劳动合同》的签订目的及工作要求一致,系对《劳动合同》在工作要求和劳动报酬方面的细化和补充。张某等九人完成工作任务后所能获得的方迪科技的股权,性质上属于劳动报酬。

最后,谭某某等四人系方迪科技的主要股东和主要高级管理人员,基于其在方迪科技的职责和身份,谭某某等四人有权代表方迪科技与张某等九人签订作为《劳动合同》工作要求和劳动报酬方面细化和补充的《协议书》,且方迪科技出具的《情况说明》,认可了谭某某等四人代表公司签订《协议书》的行为,亦明确表示承担《协议书》约定的全部权利义务。因此,双方因履行《协议书》产生的纠纷,系劳动者在履行用人单位要求的工作职责及应否获得相应劳动报酬方面产生的纠纷,属劳动争议纠纷,应当先行由劳动争议仲裁机构进行处理,深圳国际仲裁院无权仲裁。

再审法院认为,谭某某等四人与张某等九人签订了案涉《协议书》。依据该《协议书》的约定,张某等九人完成符合方迪科技要求的云产品开发后,谭某某等四人将给予相应的公司股份,据此内容分析,该协议为张某等九人因须完成方迪科技要求的工作任务而取得一定股权的股权受让协议。谭某某等四人与张某等九人基于《协议书》形成股权转让关系,性质上属于商事合同。方迪科技与张某等九人签订的《劳动合同》表明,张某等九人不仅是完成方迪科技分配的工作任务以获得工资,还须受到方迪科技的管理,遵守方迪科技的各项规章制度,张某等九人对方迪科技具有人身依附性。由此可见,谭某某等四人与张某等九人基于《协议书》形成的股权转让关系与张某等九人基于与方迪科技签订的《劳动合同》形成的劳动关系在内容和性质上均不相同。并且,谭某某等四人虽是方迪科技的主要股东和主要高级管理人员,但其与方迪科技在身份上相互独立,《协议书》与《劳动合同》在签订主体上也不一致。因此,《协议书》并不能视为张某等九人与方迪科技之间《劳动合同》的补充协议或者是组成部分,本案不属于劳动争议纠纷,深圳国际仲裁院有权仲裁。

2. 诉讼争议对象的收益高于劳动法对普通劳动者的保护标准;股权激励协议规范的对象是中、高级管理人员等特定员工,并非普通劳动者;激励对象以高级管理人员和高端人才身份行使权利、承担义务,其普通劳动者身份相对弱化;协议约定的并非关乎普通劳动者基本权利或生存条件的事项;协议竞业禁止条款是激励对象获得限制性股票及收益的对价,不是作为普通劳动者获得工资、劳动条件等的对价。从这几方面判断,股权激励纠纷属于民商事纠纷。

在(2019)粤民再227号案中,再审法院认为,关于本案属于何种性质的民事纠纷以及是否应当劳动仲裁前置,分析如下:

第一,从《协议书》的签订目的看,南玻公司向胡某发售限制性股票,其目的在于留住和吸引对公司发展至关重要的中、高级管理人员和高端人才,提高公司在市场中的竞争力。胡某签订《协议书》,目的在于取得南玻公司的限制性股票。限制性股票及其收益高于劳动法确定的对普通劳动者的保护标准。所以,《协议书》的目的是规范公司和中、高级管理人员等不同于普通劳动者的特定员工之间基于限制性股票产生的权利义务,不同于劳动法保护劳动者的合法权益的规范目的。

第二,从《协议书》签订主体的身份看,胡某时任东莞南玻公司财务部经理,2016年离职前任南玻公司集团副总裁。胡某在限制性股权激励计划中更多以公司高级管理人员和高端人才身份行使权利、承担义务,其普通劳动者身份相对弱化,胡某并非劳动法意义上的劳动者。

第三,从《协议书》的内容看,其目的主要在于规范南玻公司和胡某之间基于限制性股权激励计划而产生的权利义务,并非约定劳动关系的产生、变更、消灭,也未约定工作时间、休息休假、社会保险、福利、培训、劳动保护、工伤医疗费、经济补偿或者赔偿金等关乎普通劳动者基本权利或生存条件的事项,案件纠纷的审理焦点并不在于公司和股权激励对象之间的权利义务是否符合《劳动法》等劳动法律法规的规定。

第四,从《协议书》中竞业限制条款的性质看,由于《协议书》是南玻公司实施限制性股票激励计划和胡某参加限制性股票激励计划的产物,其关于胡某在2年内不得从事相同或相类似工作的约定,是胡某获得限制性股票及收益的对价,不是胡某作为普通劳动者获得工资、劳动条件等的对价,本案关于竞业限制条款的约定不同于《劳动合同法》规定的竞业限制。故本案纠纷认定为合同纠纷而不是劳动争议纠纷。

3.双方存在股权激励关系不代表双方也存在劳动关系,这从签约主体不一致可以判断出来;激励对象已收取用人单位劳动报酬,也可反推出股权激励产生的待遇并非劳动报酬;从股权激励协议约定的内容看,授予股权是为了让激励对象忠实履行义务。这几个方面可以认定纠纷属于合同纠纷。

在(2021)粤06民终4282号案中,一审法院认为,董某某提出双方应属劳动争议纠纷的抗辩,故应先行审查海天公司、董某某之间的法律关系。

首先,劳动关系是指劳动者与用人单位在履行劳动合同、实现劳动的过程中所建立的法律关系,在构成主体上具有特定性。海天公司虽系基于董某某与海天高明公司的劳动关系将其纳入激励对象范围,但董某某与海天公司之间并不直接存在劳动关系,与劳动争议的主体特定性存在矛盾。

其次,董某某作为海天高明公司的员工,已经通过劳动从用人单位处获得劳动报酬,海天公司为换取董某某对公司的积极性和忠诚性,确保公司具有核心竞争力,对董某某进行股权激励,该激励股权从性质上不属于劳动报酬或员工福利。

最后,从合同签订及履行过程来看,董某某可以对授予股权选择接受或不接受,即其作出是否接受股权激励的意思表示并未受到员工身份的影响,而从合同约定的权利义务来看,海天公司授予股权给董某某,董某某向海天公司及其关联任职公司履行忠诚义务,是双方协议的核心内容,故海天公司与董某某所签订的协议应属于主体之间的普通商事合同。因此,海天公司与董某某签订的《首期限制性股票激励计划限制性股票授予协议书》应认定为平等民事主体之间设立、变更、终止民事权利义务关系的协议,由此产生的纠纷属于合同纠纷。二审法院持相同观点。

4.从法律关系的主体看,股权激励合同与劳动关系不一样,前者一般是董事、高级管理人员、特定员工,区别于普通劳动者;从法律关系的客体看,获得股权激励主要是基于特定人员具备的知识和管理技能,股权激励获取报酬与个人表现、公司的绩效挂钩,是不确定的薪酬;从当事人的权利义务看,股权激励合同与劳动合同约定的内容不相同;股权激励关系与劳动关系建立的法律依据也不同。这几个方面均可判断出股权激励产生的纠纷为合同纠纷。

在(2019)京0105民初18152号案中。一审法院认为,本案股权激励纠纷不属于劳动争议,应当按照合同纠纷予以处理。理由如下:

一是法律关系的主体不同。本案中,虽然股权激励合同和劳动关系的双方均为万得公司和王某,但是王某在两种法律关系中具有不同的主体身份。《股权转让协议》中明确表示实施股权激励的目的是"保留住对万得公司的长远发展和盈利性有关键性贡献的关键人士""将乙方的利益和万得公司股东的利益更好地联系起来,以培养万得公司内部的所有者文化"。由此可知,万得公司的股权激励并非面向全体劳动者,而是针对部分对万得公司的发展能够作出特殊贡献的人士,这与王某万得公司香港地区首席执行官暨高级管理人员的身份相符合,即使认为高级管理人员也属于劳动者,但其已经不是严格意义上普通的劳动者,并且王某在获得股权激励之后将获得万得公司的股东身份。

二是法律关系的客体不同。本案中,《股权转让协议》中明确表示实施股权激励的目的是"激励乙方提高其工作表现、生产率和效率,努力达到良好的绩效,通过将乙方的整体报酬跟万得公司的绩效挂钩来保持其高水平的贡献率""通过确认对万得公司的股东创造价值所作出的贡献,使乙方报酬在市场上具有竞争力"。由此可知,王某获得股权激励主要是基于其作为高级管理人员所具备的知识和管理技能,并且通过让王某获得股东身份,使其因股权激励获得的报酬与万得公司的绩效挂钩,是不确定的薪酬。此外,股权激励利益的实现途径也主要是股东分红或股权转让的收益等,是资本收益。与此对应,根据《劳动合同》中约定的"乙方基本工资为人民币 15000 元/月,同时如甲方承诺给乙方其他收入,甲方将按时按承诺予以支付",以及《劳动合同补充协议》中约定的"支付乙方年薪至少人民币 20 万元,其中人民币 18 万元将以月薪人民币 1.5 万元的形式支付,其余的以包括年终奖和销售额提成等在内的其他形式发放""甲方每月承担乙方在香港的住房补贴港币 2.5 万元",可见上述劳动合同的客体是劳动,相应的劳动报酬是劳动的对价,即劳动所得,包括按月固定发放的工资、住房补贴以及年终奖、销售额提成等收入。值得注意的是,股权激励是通过让被激励者享有公司的剩余索取权,进一步激发被激励者的积极性,使被激励者的业绩与公司效益正相关。因此,该制度的生成和适用既不以降低被激励对象应得的劳动报酬为手段,也不以此为目的。

本案中,上述股权激励的目的印证了该制度的初衷,王某也不存在因为股权激励而接受较低劳动报酬的情形。根据约定,王某的基本工资为人民币 1.5 万元/月以及港币 2.5 万元/月的住房补贴,按此标准计算,万得公司向王某支付的年收入折算为港币约为 50 万元,王某实际获得劳动报酬的情况也与约定相符,并且与王某所称入职万得公司之前的年收入 50 万元港币差异不大。在 2011 年到 2013 年期间,因为销售提成增长,王某的收入有较大的提升,此后因为王某病假,万得公司调整其岗位和工资导致薪酬降低,均与其获得股权激励无关,二者之间没有必然联系。

三是当事人的权利义务不同。王某通过与陆某签订《股权转让协议》受让万得公司的股权而获得股权激励,合同明确约定了股权转让的对价、份额以及相关权利义务。王某签署《股权管理办法》并向万得公司出具《承诺函》,就其因股权激励而取得的收益限制以及离职后的股份处分进行约定,除了股权激励的行权条件与劳动关系相关之外,并未体现其他与劳动关系相关联的内容。此外,王某获得万得公司的股东身份后,有权依据《公司法》(2018年修正)及万得公司的章程行使股东权利并履行股东义务。与此不同的是,王某与万得公司签署的《劳动合同》以及《劳动合同补充协议》主要约定了王某的劳动合同期限、工作岗位及职责、工作时间和劳动报酬、劳动保险和福利待遇等与双方的劳动关系相关的具体权利义务,符合《劳动合同法》中规定的劳动合同应当具备的条款。

四是股权激励关系与劳动关系建立的法律依据不同。万得公司与王某签订股权激励合同不是基于《劳动合同法》或其他任何法律、行政法规的规定,而是基于当事人的意思自治,是非典型合同。此外,万得公司对王某进行股权激励并非通过单一的法律行为完成,而是王某与陆某签署《股权转让协议》、王某向万得公司出具《承诺函》以及签署《股权管理办法》的行为共同构成了王某与万得公司之间因股权激励而产生的法律关系。与此相对的是,《劳动合同法》规定,建立劳动关系,应当订立书面劳动合同。王某与万得公司按照法律规定签署了《劳动合同》以及《劳动合同补充协议》,此后王某入职万得公司,双方由此建立劳动关系。不可否认,王某获得股权激励建立在其与万得公司存在劳动关系的基础上,王某实现股权激励的利益也与王某的劳动关系存续密切相关,但两种法律关系的产生、消灭以及王某因不同法律关系而具有的权利义务均存在差异,具有独立性。综上,王某与万得公司之间因股权激励合同产生的争议系民事合同纠纷。

(二)属劳动案件

【基于股票期权的分析】

1. 对在公司任职并签署劳动合同的符合条件的员工授予股票期权,协议双方不具有平等的主体地位,获取股票期权的员工以与公司具有劳动关系为前提条件,协议对取得股票期权的员工离职后的就业岗位予以竞业限制,实质属于劳动合同中保密条款和竞业限制补偿条款,因此发生的纠纷属劳动争议。

在(2019)粤03民终20883号案中,二审法院认为,汇川公司主张陈某某违反《股票期权授权协议书》的约定,自其全资子公司技术公司离职后2年内从事了与汇川公司相同或类似的工作,应当返还因股票行权所得收益。对此,法院认为,从《首期股票期权激励计划(草案修订稿)》关于激励对象范围的规定来看,汇川公司是基于激励目的,针对在考核期内于公司任职并已与公司签署劳动合同的符合计划规定条件的公司员工授予股票期权,该《股票期权授权协议书》的双方并不具有平等的主体地位,获取股票期权的员工以与公司具有劳动关系为前提条件,并且协议对取得股票期权的员工离职后的就业岗位予以竞业限制。该协议实际系劳动合同中保密条款和竞业限制补偿条款,因此发生的纠纷属劳动争议案件。

汇川公司称双方签署《股票期权授权协议书》时,陈某某已经不是汇川公司员工,而是技术公司员工,双方不具有劳动关系,本案纠纷不属于劳动争议。对此法院认为,首先,根据陈某某提交的其与汇川公司签订的劳动合同,双方劳动合同期限自2010年8月17日至2013年12月31日,陈某某于2013年2月27日签署《股票期权授权协议书》时尚在其与汇川公司的劳动合同期限内。汇川公司主张陈某某2011年1月1日已经入职技术公司,但没有提供充分证据证明,技术公司出具的《解除/终止劳动合同证明书》中虽然记载劳动合同期限为2012年3月25日至2016年3月31日,但不足以证明陈某某何时入职汇川公司的全资子公司技术公司。其次,技术公司系汇川公司的全资子公司,从《首期股票期权激励计划(草案修订稿)》内容来看,即使陈某某当时已经入职汇川公司的子公司技术公司,汇川公司仍然认为陈某某符合股权激励对象的条件,即"所有激励对象必须在本计划的考核期内于公司任职并已与公司签署劳动合同"。由此可见,汇川公司实施股权激励计划仍是以与其公司或公司的子公司存在劳动关系为前提,并依此要求获得股票期权的员工遵守竞业限制的约定,双方签订《股票期权授权协议书》时仍然不具有平等的主体关系,双方因此发生的纠纷应当属于劳动争议案件。判决撤销一审法院民事判决,驳回被上诉人汇川公司的起诉。

2. 股票期权的行权与劳动关系紧密相连,体现了劳动者从属于用人单位、通过劳动获得报酬的特征,股票期权收益与劳动报酬更为接近,股权激励纠纷属于劳动争议。

在(2022)京民申3321号案中,再审法院认为,员工股票期权的取得及行权均与其劳动关系紧密相连,其中体现了劳动者从属于用人单位管理、通过劳动获得报酬的劳动关系典型特征。员工取得的股票期权收益与劳动报酬更为接近,或者属于一种福利待遇,本案以劳动争议为案由进行审理并无不当。但因该纠纷不仅涉及劳动关系的相关问题,同时涉及公司法、证券法等相关法律及国家对于股权激励的相关规定,因此在适用劳动法规定的同时也要涉及相关法律法规。

3. 股票期权利益基于劳资双方之间存在的劳动关系,属于企业员工的职位待遇,因此产生纠纷属于劳动争议。

在(2016)粤01民终18528号案中,二审法院认为,股票期权系上市公司给予其企业员工在一定期限内以一种事先约定的价格购买公司股份的权利,属对企业员工进行激励的方法之一,由此获得的股票期权利益基于劳资双方之间存在的劳动关系,从广义上讲属于企业员工的职位待遇。就股票期权利益产生纠纷,双方可在劳动争议案件中一并提出。

4.激励对象取得的股票期权权益与劳动关系的建立、履行、解除紧密相关,可以在劳动争议案由项下审理。

在(2018)京0108民初33962号案中,一审法院认为,股票期权是指上市公司按照规定的程序授予本公司及其控股企业员工的一项权利,允许被授权员工在未来时间内以某一特定价格购买本公司一定数量的股票。因股票期权的行权价格通常低于行权时的市场价格,因而会为员工带来收益。股票期权是股权激励的一种方式,公司通过股票期权将员工利益与公司利益挂钩,以此激发员工的积极性。股票期权的被授予方通常是公司的高级管理人员及其他员工,股票期权协议的双方通常存在劳动关系,在协议中经常约定员工一方需要履行忠诚勤勉义务,违反义务的员工会被取消行权资格。在双方劳动关系解除或者终止时,会约定行权的有效期限。由此可见,员工股票期权的取得及行权均与其劳动关系紧密相连,其中体现了劳动者从属于用人单位管理、通过劳动获得报酬的劳动关系典型特征。员工取得的股票期权收益与劳动报酬更为接近,或者属于一种福利待遇,而不是一种单纯的投资收益。

由于股票期权协议通常由用人单位单方制定,在相关条款的解释、权利义务的平衡方面,必须考虑劳动关系双方在缔约时的地位及谈判能力的不对等性,而这正是劳动争议类案件的典型特征。本案中,包某某取得股票期权以与三快科技公司存在劳动关系为前提,并且授予通知中所载的授予股数,系源自此前三快科技公司向包某某作出录用通知中的承诺。包某某的期权权益与劳动关系的建立、履行、解除紧密相关,故本案争议可以在劳动争议案由项下审理。

【基于限制性股票的分析】

1.从限制性股票的获得原因角度考察,其体现了劳动者接受用人单位管理的典型特征;从限制性股票自由流通的条件角度考察,亦体现了劳动者接受用人单位管理的典型特征;限制性股票收益应视为用人单位为劳动者提供福利待遇的一部分。根据这三大角度,认定限制性股票回购损失纠纷属于劳动纠纷。

在(2017)粤03民终1326号案中,二审法院认为,综合考察以下因素,可以认定文某诉请赔偿限制性股票回购损失属于劳动争议案件审理范围。

首先,从文某案涉 40000 股"博彦科技"限制性股票的获得原因角度考察,其中体现了劳动者接受用人单位管理的劳动关系典型特征。文某被确定为博彦股份公司限制性股票激励对象,以大幅低于市场价格的股权激励价格购买 40000 股"博彦科技"股票,是基于博彦深圳公司系博彦股份公司全资子公司以及文某与博彦深圳公司之间存在长时间劳动合同关系这两个基本事实。

首先,本案中,博彦股份公司系上市公司,博彦深圳公司系博彦股份公司的全资子公司,双方之间存在密切关联关系;文某正是基于其与博彦深圳公司之间的长时期劳动合同关系,基于其在博彦深圳公司及其母公司博彦股份公司的业绩、贡献、地位和作用,才被确定为限制性股票激励对象,才能以大幅低于市场价格的股权激励价格购买 40000 股"博彦科技"股票。《2014 年限制性股票激励计划(草案)》亦规定,公司有权要求激励对象按其任岗职位的要求为公司工作;从博彦股份公司授予文某限制性股票的目的考察,亦体现了劳动者接受用人单位管理的劳动关系典型特征。

其次,从文某案涉 40000 股"博彦科技"限制性股票自由流通的条件角度考察,其中亦体现了劳动者接受用人单位管理的劳动关系典型特征。博彦股份公司公布的《2014 年限制性股票激励计划实施考核办法》以及《2014 年限制性股票激励计划(草案)》规定了限制性股票自由流通的条件,要求被激励对象按其职位的要求进行工作,若激励对象不能胜任所任职工作岗位或者绩效考核不合格,将以授予价格回购并注销激励对象尚未解锁的限制性股票;并规定博彦股份公司在行权期的 3 个会计年度中分年度对激励对象进行绩效考核,激励对象上一年度绩效评价在 B 级以上,其获授限制性股票才能解锁并自由流通;如激励对象在绩效考核期间存在触犯法律、违反执业道德、泄露公司机密、因失职或渎职等行为损害公司利益或声誉等情形,其获授限制性股票则不得解锁。上述限制性股票考核工作虽由博彦股份公司进行,但其考核依据仍为劳动者在用人单位的工作表现,本案中的考核依据即为文某在其用人单位博彦深圳公司任职期间的工作表现,包括其任职期间业绩是否达标,是否存在触犯法律、违反执业道德、泄露公司机密、失职或渎职等行为。事实上,博彦股份公司就案涉限制性股票事宜对文某进行 2014 年度考核时,还以《公司人事规章制度汇编》为依据,认为文某违反了该规定。

再次,限制性股票收益应视为用人单位为劳动者提供的福利待遇的一部分。文某基于博彦深圳公司系博彦股份公司全资子公司以及文某与博彦深圳公司之间存在长时间劳动合同关系，以大幅低于市场价格的股权激励价格获得40000股"博彦科技"股票，在符合限制性股票激励计划规定条件下，上述40000股"博彦科技"股票可以按照市场价格自由流通，文某可依此获得一定的股票收益。这种股票收益，应当视为用人单位为劳动者提供福利待遇的一部分，本案属于劳动争议范围。

基于上述分析，无论从文某案涉40000股"博彦科技"限制性股票的获得原因角度考察，还是从文某案涉40000股"博彦科技"限制性股票自由流通的条件角度考察，文某因其限制性股票被博彦股份公司回购注销引起的纠纷，具有劳动者接受用人单位管理的劳动关系典型特征，明显不同于民事主体之间的普通合同纠纷，应当属于文某与博彦深圳公司之间劳动关系引发的纠纷。博彦深圳公司系劳动者文某的用人单位，在其控股公司即博彦股份公司就文某限制性股票解禁事宜进行考核时，有关业绩及工作表现信息均由博彦深圳公司提供，博彦股份公司作为案涉限制性股票激励计划的发布、实施主体，并不影响文某因其限制性股票被回购注销引起的纠纷属于劳动争议的性质。因此，文某因其限制性股票被回购注销而诉请博彦深圳公司、博彦股份公司赔偿损失，属于劳动者福利待遇纠纷，应作为劳动争议处理。

2.协议签订履行与劳动关系的建立、履行紧密相连，一般情况下，股权激励以激励对象与公司或子公司具有劳动关系为前提条件，员工属于公司主要管理人员，则与股权激励计划相关纠纷属于劳动争议纠纷。

在(2020)粤03民终24631号案中，二审法院认为，汇川公司主张戴某某在获授限制性股票并解锁之日起2年内离职，后入职深圳市泰沃德自动化技术有限公司，违反了双方《限制性股票协议书》《第三期股权激励授予协议书》关于服务期限、竞业禁止等约定，请求戴某某返还相关的股权收益。上述协议载明，汇川公司为有效激励员工的工作积极性和创造性订立该协议。协议的乙方是汇川公司（甲方）员工，属于公司/分公司/子公司主要管理人员/核心骨干人员，并约定激励对象的股票解锁资格与个人绩效考核结果挂钩，且股票解锁与劳动合同的存续及履行情况相关联，并约定激励对象必须满足一定的工作年限，并遵守竞业禁止规定等。可见上述协议的签订、履行与双方劳动关系的建立、履行紧密相连，激励对象以与公司具有劳动关系为前提条件。

汇川公司主张戴某某系与其全资子公司建立劳动关系，但案涉协议写明乙方为汇川公司（甲方）员工，属于公司/分公司/子公司主要管理人员/核心骨干人员，可见公司实施股权激励计划的对象仍以与公司或分公司、子公司存在劳动关系为前提。同时，公司以戴某某违反服务期限、竞业禁止等约定为由请求戴某某返还相关的股权收益，而关于服务期限、竞业禁止的纠纷亦属于劳动争议的范畴。因此，本案属劳动争议纠纷，应先经劳动仲裁前置程序。

3. 股权激励计划基于员工与公司存在较长时间劳动关系，具有对劳动者给予福利、实施管理、实施奖励的特征，股权激励纠纷属劳动纠纷。审理焦点系查明用人单位对股权激励对象行使用工管理权或限制劳动权利等是否符合劳动法律法规，应按照劳动争议程序处理；如是涉及实施奖励、基于单一承诺或者并未附加涉及限制劳动者劳动法意义上基本权利的，纠纷按照民事合同处理更简便。

在（2018）粤03民终21922号案中，二审法院认为，股权激励合同是公司与员工签订的，股权激励设定的条件往往涉及劳动者权利，因此，此类合同纠纷属于劳动争议还是平等民事主体之间的一般民事合同纠纷、纠纷处理的程序及相关限制条款的效力存在较大争议。类似案件可以根据当事人之间合同的具体约定、案件争议的事实，个案具体分析判断。对于员工与用人单位之间因绩效考核、劳动关系解除和竞业禁止等引发的股权激励纠纷，因审理焦点系查明用人单位对股权激励对象行使用工管理权或限制劳动权利等是否符合劳动法律法规，故按照劳动争议程序，适用劳动法律法规裁判更符合实际。相反，员工与用人单位之间仅仅是实施奖励、基于单一承诺或者并未附加涉及限制劳动者劳动法意义上基本权利的股权激励关系，按照平等主体之间民事合同处理则程序上更加简便。

本案中，南玻公司与胡某之间的《限制性股票激励计划协议书》，约定的实施对象、具体内容特别是激励利益所附实现条件和考核依据，更多是基于胡某与南玻公司存在较长时间劳动关系，体现了劳动关系中用人单位对劳动者基于劳动者身份给予福利、进行管理、实施奖励的特征，一审认定属劳动争议案件，应适用劳动仲裁前置程序，不应以证券认购纠纷直接向人民法院起诉，并无不当。虽然本案双方签订《限制性股票激励计划协议书》的2008年前后，胡某任职南玻公司控股的关联公司东莞南玻公司总经理，南玻公司据此上诉称胡某其实与南玻公司不存在劳动关系。且不说南玻公司的主张是否成立，这恰恰反映本案双方关于劳动关系是否存在这一关键事实也存在争议，因此本案作为劳动争议处理更加必需和当然。反之，如果南玻公司的主张成立，即其与胡某之间不存在劳动关系，那么其又主张胡某违反了竞业禁止，请求胡某退回南玻公司相关股权收益及赔偿违约金，成了无本之木，逻辑自相矛盾。一审驳回其起诉也无不当。

4. 获得限制性股票的前提是，激励对象为公司的员工；限制性股票解除限售的条件,是激励对象要达到公司绩效考核的目标;设置限制性股票的目的,是提升员工工作的积极性,股权激励计划具有明显的人身属性。从这三点判断股权激励股票回购纠纷属于劳动争议。

在(2021)粤01民终9011号案中,二审法院认为,首先,高澜公司与谢某某签订《股权激励协议书》以及获得该协议书中约定的限制性股票的前提,是谢某某属于高澜公司的员工。其次,限制性股票解除限售的条件,是谢某某要完成高澜公司的绩效考核并达到绩效考核的目标。而绩效考核以谢某某完成高澜公司分配的工作为前提。再者,高澜公司设置限制性股票的目的,是提升员工工作的积极性,使他们能够参与分享企业的红利,从而勤勉尽责地为公司的长期发展服务。据此,高澜公司股权激励计划具有明显的人身属性,本案属于在劳动合同履行过程中产生的争议。

5. 双方之间因竞业限制产生的纠纷属于劳动争议纠纷,因竞业限制纠纷而进一步引起返还限制性股票收益纠纷,因股权激励以双方存在劳动关系为前提,故整个案件属于劳动争议纠纷。

在(2021)粤06民终5600号案中,二审法院认为,戴某某提出本案应属合同纠纷的抗辩,故应先审查海天公司与戴某某之间的法律关系。首先,海天公司与戴某某签订了劳动合同,双方存在劳动关系,且双方因竞业限制产生的纠纷属于劳动争议纠纷。其次,双方因竞业限制纠纷而进一步引起返还限制性股票收益纠纷,且根据双方签订的限制性股票授予协议书的内容可知,海天公司授予戴某某相应的股权激励是以双方存在劳动关系为前提,本案为劳动争议纠纷。

6. 判断激励股权收益是否属于劳动报酬关键在于劳动者获得的股权激励是否具有劳动报酬的本质属性,即从属性和劳动对价性,可以从激励股权的基础、对象、形式、股权利益实现条件等因素进行考察。因财产性收益建立在劳动者和用人单位存在劳动关系的基础上,与劳动者履行劳动合同的效果(如绩效)等因素有关,劳动者据此获得的激励股权涉及的财产性收益应属于劳动者的劳动报酬,因此产生的纠纷属于劳动纠纷。

在(2021)粤01民终13145、13146号案中,二审法院认为,欧派公司确认案涉限制性股票的支付对象为主管级及以上干部、卓越AB类员工、技术骨干等。解除限售的条件根据公司该会计年度审计报告所载的营业收入、扣除非经常性损益后归属于母公司股东的净利润增长率及个人绩效考核结果等予以确定。换言之,案涉限制性股票解除限售的条件与杨某的个人绩效考核挂钩。由此可见,该限制性股票激励基于杨某与欧派公司之间的劳动关系产生,欧派公司根据杨某的职务、工作性质及业绩考核等综合因素予以发放,这是杨某劳动力价值的体现。杨某获得案涉限制性股票是基于自身对欧派公司提供了劳动,而非出于投资增值目的。因此,案涉限制性股票收益应属杨某应获劳动报酬。

7.用人单位授予劳动者限制性股票体现了劳动者接受用人单位管理、平衡劳动者报酬与用人单位效益的劳动关系典型特征,劳动者获得股权激励相应收益的前提是其在用人单位支付了相应的对价,基于此,股权激励所产生的收益是劳动报酬的一种形式,因此产生的纠纷属于劳动纠纷。

在(2020)京 03 民终 13230 号案中,一审法院认为,在世纪卓越公司向焦某某出示并要求焦某某遵守的《亚马逊中国员工手册》中规定,公司采用整体薪酬制度,其中包含基本工资、奖金、其他现金和以限制性股票的形式发放的股权激励。该规定应视为世纪卓越公司向焦某某作出的单方承诺,且不违反法律规定,世纪卓越公司应受该条款制约,限制性股票作为整体薪酬的一部分,应算入劳动报酬。

二审法院认为,《员工手册》之所以明确适用于美国亚马逊公司在中国的所有子公司或关联经济实体,是基于其整体经济利益的考量。虽然双方在《劳动合同》中没有涉及限制性股票,但根据《员工手册》中的规定,公司采用整体薪酬制度,其中包含基本工资、奖金、其他现金和以限制性股票的形式发放的股权激励。该手册不仅明确适用于世纪卓越公司,且该手册中涉及的"公司"是指与劳动者签订劳动合同的公司,并非仅指美国亚马逊公司。焦某某先后在卓越科技公司、卓越信息公司及世纪卓越公司工作,双方确认焦某某自 2007 年开始就获得限制性股票,说明在劳动合同的履行过程中,上述公司均承诺适用《员工手册》,实行的是整体薪酬制度,限制性股票系整体薪酬的一部分。至于世纪卓越公司上诉称其不是限制性股票的发行主体问题,属于其与母公司亚马逊公司之间的关系,与焦某某无关。故焦某某所获的限制性股票应当计入劳动报酬,其已获得的股票对价应计入其离职前十二个月工资中作为计算基数。本案涉及的限制性股票基于焦某某与世纪卓越公司之间的劳动关系,与员工的工作业绩考核紧密相关,无须再单独出资购买,该股票不同于员工通过出资交易购买的本公司股票,该类争议应当属于劳动争议案件。

8.股票回购法律关系建立在之前双方存在的劳动合同关系基础之上,就股票回购款支付产生的争议属于劳动争议。

在(2020)京0108民初45381号案中,一审法院认为刘某是否有权起诉要求高能公司向其支付回购款项是本案争议焦点。首先,刘某获得限制性股票及其与高能公司之间所形成的股票回购法律关系建立在之前双方的劳动合同关系基础之上,双方之间就股票回购款的支付产生的争议并非单纯的合同纠纷。其次,高能公司就《限制性股票授予协议书》的履行提出了抗辩,并提交了刘某向高能公司出具的《关于刘某交款处理方案》,该方案载明刘某同意用其工资及项目提成款抵扣罚款,并同意高能公司将应向刘某支付的股票回购款项作为刘某缴清罚款的担保。再次,案涉《限制性股票授予协议书》的履行,亦同时可能涉及用人单位对罚款的处理是否适当的问题。综上,高能公司对刘某的罚款系基于双方之间的劳动关系产生,而案涉股票回购款的具体支付问题,亦涉及高能公司与刘某之间关于工资抵扣罚款、提成款抵扣罚款的纠纷问题,该争议属于劳动争议。

【基于款项性质分析】

1.离职补偿金是对于原告非主动离职的一种补偿,法律并未限制用人单位与劳动者在法定的补偿标准之上约定额外离职补偿金;双方均认可并未实施员工股权激励计划,在此情形下离职补偿金与股权激励更不存在关系,不能认为离职补偿的方式是对股权份额的行权。从这几方面认定所谓的基于股权激励计划的行权纠纷,其实属于劳动纠纷。

在(2020)京0101民初11828号案中,一审法院认为,首先,依据《股权激励及补偿协议》,被告应一次性支付现金补偿300万元给原告,虽然补偿金约定在股权激励及补偿协议中,但从文义上理解,被告支付原告补偿金的前提,一个是原告离职前公司尚未实施员工股权激励计划,二是原告非主动离职,也就是由用人单位单方解除劳动合同,而不是劳动者主动辞职,满足了上述条件才给予补偿金。而从两个条件的逻辑关系看,补偿金是对于原告非主动离职的一种补偿,也就是用人单位解除劳动合同时给予劳动者的一种补偿,是一种约定的离职补偿金。该补偿金依附于解除劳动合同的原因,并且是对离职劳动者的补偿,由此引发的争议属于劳动争议的范畴。

其次,按照协议,原告作为激励对象,如果实施股权激励计划其享受的股权份额为总股权的0.5%,双方均认可并未实施员工股权激励计划。如果实施了员工股权激励计划,员工非主动离职,进行补偿的方式是对股权份额的行权,而本案中恰恰并未实施股权激励计划,因此不是基于股权激励计划的行权纠纷,被告主张本案建立在公司法基础上,不属于劳动法调整范围的抗辩,不予采信。

最后,双方均认可未实施股权激励计划,也认可原告离职系被告单方解除,根据协议的约定,原告主张被告支付300万元补偿金的条件已经成就。《劳动合同法》(2012年修正)对于用人单位给予劳动者的离职补偿金虽有明确规定,但是并未限制用人单位与劳动者在法定的补偿标准之上约定额外的离职补偿金,因此被告已经依法支付离职补偿金,不影响被告依约定另行给予原告额外的离职补偿。

2. 从合同主体的身份看是否具备股东身份,从合同内容看公司股东分红、股权激励等是否为公司法意义上与股东权益相关的事项,如果不具备这些特点,则可判断合同是关于劳动报酬的约定,而非股权激励的约定,产生的纠纷为劳动纠纷。

在(2019)沪民申2413号案中,再审法院认为,在签订会议纪要时,康某系和熙公司的股东、法定代表人,朱某某尚未取得和熙公司股东(隐名股东)身份,而仅具有劳动者(基金经理)的身份。即使之后朱某某成为了和熙公司的隐名股东,但仍具有劳动者身份。从该会议纪要的行文结构、约定的内容来看,第一部分是关于和熙公司未来股权结构及转让事宜的约定;第二部分是关于和熙公司未来发行及现有存量基金产品收取的业绩报酬和管理费如何分配的约定;第三部分是关于公司营运费用、所有人员工资、奖金由谁承担的约定。第二部分中关于现有存量基金产品的业绩报酬和管理费的分配并未涉及公司股东分红、股权激励等公司法意义上与股东权益相关的事项,故应当认定属朱某某担任基金经理期间劳动报酬的约定。

和熙公司主张朱某某2016年12月19日之后不再担任"和熙混合型1号"的基金经理,无权主张此后的管理费、业绩报酬,但和熙公司提供的证据不足以证明公司曾就变更基金经理事宜告知朱某某,且从"和熙混合型1号"基金的设立、运作模式来看,实际上该基金仅是购入了世纪华通非公开发行限售股份,因世纪华通股份有3年的解禁期,故就该产品本身,除了最初与世纪华通签订认购协议以及最终进行大宗抛售外,在3年解禁期内基金经理并不需要对该基金进行任何操作,而就抛售事宜,康某与朱某某仍在沟通协商,故从公平合理的角度,二审法院认为和熙公司在世纪华通限售股份解禁后收取的一次性业绩报酬亦应计入朱某某应得的业绩奖金计算基数内并无不当。

3. 激励对象没有最终的决策权和所有权,决策权在公司,公司有权根据情况决定股东进入或退出,且激励对象支付协议约定的款项才可以获得岗位晋升资格,也没有实际获得公司股权,可以判断合作协议并非股权激励协议,公司所收投资款属于《劳动合同法》所规定的用人单位以其他名义向劳动者非法收取的款项,据此产生的纠纷为劳动纠纷。

在(2019)粤03民终28230-28232号案中,二审法院认为《投资分红合作协议》的性质究竟是用人单位对劳动者的股权激励还是属于《劳动合同法》(2012年修正)所规定的用人单位以其他名义向劳动者非法收取的款项为本案争议焦点。

智静培训公司上诉主张股份激励本是企业为了自身经营状况以及激励、鼓舞员工而设定的,目的是在企业控制权、经营权稳定的情况下激励员工为企业作出更多的贡献。法院认为,从《投资分红合作协议》的内容上看,三被上诉人并没有最终的决策权和所有权,最终决策人是智静培训公司,而且三被上诉人接受收益权的四大基本条件为人在、钱在、心在、能力在,缺失其中之一按中途退出约定执行,而中途退出约定在非稳健盈利期守约方以1元强行收购其股份并无条件退出,而且智静培训公司有权根据企业不同时期的不同情况决定股东进入或退出,不同意者按中途退出非盈利退出条件执行,而且,三被上诉人支付协议约定的款项才可以获得岗位晋升资格。由此可见,《投资分红合作协议》并非普通意义上的股权激励协议,三被上诉人也没有实际获得智静培训公司的股权或股份,原审认定《投资分红合作协议》所收的投资款属于《劳动合同法》(2012年修正)所规定用人单位以其他名义向劳动者非法收取的款项是正确的。

4.公司未能证明留存款项已实际转化为激励对象对该公司出资的,其属无正当理由扣留激励对象的劳动报酬,公司应予返还,该纠纷属于劳动争议。

在(2018)粤03民终9047号案中,二审法院认为,新佳娜公司留存了部分雍某某应得劳动报酬作为"限制性股权转让款",在新佳娜公司未能证明留存的款项已实际转化为雍某某对于该公司的出资的情况下,其属无正当理由扣留本应向雍某某发放的劳动报酬,故雍某某在双方劳动合同履行期限届满后请求新佳娜公司予以返还预先扣除的劳动报酬,属劳动争议案件的受案范围,也符合双方之间的约定,新佳娜公司亦应予返还。

5.股权激励补偿属广义的劳动报酬的范畴,有关保密费的约定发生在用人单位和劳动者之间,其性质与竞业限制补偿较为接近,如在劳动争议纠纷中加以解决,并未偏离劳动法律关系的范围,且两者与竞业限制补偿金、经济补偿金作为整体约定在离职补偿协议中,基于劳动关系解除的背景,股权激励纠纷属劳动争议。

在(2017)粤01民终13418、13419号案中,二审法院认为,股权激励补偿、保密费与经济补偿金、竞业限制补偿金作为一个整体约定在《员工离职补偿协议》中,发生在劳动者与用人单位劳动关系解除的背景下。在此种情况下,如果将上述四项内容分割处理,并不利于对双方相关争议进行整体把握,也不利于更好地保护和平衡双方的合法权益,反而是一种过度僵化的处理方法。故此,原审法院将股权激励补偿、保密费在本案中一并处理,并无不当。

6. 虚拟股权激励分红权属于薪酬组成部分,因此产生的争议属劳动争议。

在(2013)沪一中民三(民)终字第198号案中,二审法院认为,上诉人甲公司于2009年3月13日根据《CTC公司股权激励基本规章(决案)》向被上诉人甲出具"华予信公司业务合伙人股权凭证",决定赠予甲先生本公司股权3%以资奖励,该股权凭证注明"本股权凭证只作公司内部分红权证明,不可引作其他用途"。从前述内容看,甲公司向甲出具的股权凭证实为一种虚拟的股权激励,该股权激励赋予员工的分红权属于甲薪酬的组成部分,由此产生的争议当属劳动争议。

【基于劳动关系的分析】

1. 股权激励计划是指公司基于员工高级管理人员的身份而将其纳入激励对象范围,股权激励方案与公司管理制度、员工绩效业绩等密切相关,则股权激励纠纷为劳动争议纠纷。

在(2018)粤民申12375号案中,再审法院认为,本案股权激励计划因孟某是美的制冷公司的高级管理人员而将其纳入激励对象范围,且该股权激励方案与公司的管理制度、员工的绩效业绩等密切相关,本案定性为劳动争议纠纷。

2. 员工所获激励的股权与劳动关系存在密切关系,因股权激励产生的纠纷属于劳动争议。

在(2021)粤03民终19702号案中,二审法院认为,曾某与电子公司就授予股权15000股引发的争议是否属于劳动争议为本案争议焦点。曾某主张其要求电子公司授予股权15000股,名义上以股权激励的形式授予,实际上是补偿低价收购成都风采电子科技有限责任公司专利的差价,并不属于劳动争议。电子公司则主张授予股权基于曾某为公司的员工所进行的股权激励,双方的争议属于劳动争议。

本案中,电子公司与曾某于2020年3月27日协商签署的《解除(终止)劳动关系协议书》已明确约定:电子公司向曾某支付人民币16万元的一次性离职补偿,双方劳动关系依法解除,《技术转让框架协议》《技术转让框架协议之补充协议》以及《聘用通知书》中有关的股权激励全部失效,《解除(终止)劳动关系协议书》现已履行完毕。曾某对《技术转让框架协议之补充协议》《聘用通知书》并无异议,并在收到《聘用通知书》后的2019年12月11日与电子公司子公司上海江波龙电子有限公司签订《劳动合同》,确立了劳动关系,曾某应受上述相关文件的约束。

根据《技术转让框架协议之补充协议》，曾某成为电子公司员工之后，才有权加入公司正在实施的员工股权激励计划。根据《聘用通知书》，曾某入职后才有资格参与员工股权激励计划，系入职后经评估获得员工激励股权数15000股。《聘用通知书》写明，曾某参与员工激励计划与其他参与激励计划的员工一致。员工激励股权受公司相关规定的约束，以激励计划经公司董事会及股东大会批准为生效条件，并以公司对曾某的工作表现进行年度评估作为员工激励股权解除锁定/限制的条件，若在锁定/限制期内的某一年度评估结果不达标，将触发公司强制回购机制。根据上述规定，曾某所获的股权明显基于劳动关系的员工激励股权，曾某主张电子公司授予股权15000股属于补偿低价收购成都风采电子科技有限责任公司专利的差价，与客观事实不符，曾某主张电子公司授予股权15000股的争议性质属于劳动争议。

3. 名为股权激励协议，实质上属员工因须完成公司要求的工作任务而取得一定股权的股权受让协议，系公司与员工签订的劳动合同在工作要求和劳动报酬方面的细化和补充，公司的诉求也基于劳动关系产生，纠纷属于履行劳动合同过程中产生的争议，系劳动争议，并非民商事争议。

在（2018）粤03民终3995-4001号案中，一审法院认为，科技公司与张某等七人之间存在劳动合同关系，同时科技公司的实际控制人与张某等七人签订了股权激励协议，虽然两份合同中张某等七人履行的内容均系其以员工身份为科技公司提供相应的劳动，但是劳动合同与股权激励合同在如下方面仍有差别。

其一，科技公司或其实际控制人在不同的合同中支付的对价不同。在劳动合同中张某等七人付出劳动，科技公司应当支付的是相应的工资以及与员工身份相适应的福利待遇，根据《劳动法》（2009年修正）规定，工资应当以货币的形式按月支付，支付的内容以及形式是强制性的，不允许变更；在股权激励合同中，科技公司的实际控制人应当支付的是对应公司的股份，如何支付、何时支付均由协议双方协商确定。

其二，在科技公司因经营产生负债乃至破产时，张某等七人所享有的权利及义务不同。在劳动合同项下，张某等七人只要付出劳动、按时考勤，科技公司就应当无条件向张某等七人支付工资，无论科技公司经营状况如何。在被拖欠工资的情况下，张某等七人可以作为申请人申请对科技公司进行清算或者破产，张某等七人的工资在第一顺位清偿；在股权激励合同项下，张某等七人的股权能否兑现与科技公司经营状况休戚相关，在科技公司清算或者破产时，张某等七人无法依据股权激励合同主张权利。

其三,基于不同合同张某等七人所产生的身份变化不同,由于身份的变化,调整双方之间关系所适用的法律也不同。在劳动合同中,张某等七人仅仅是劳动者,提供劳动并接受科技公司的管理,科技公司与张某等七人在《劳动合同法》(2012年修正)的约束下存在的是隶属关系;在股权激励合同中,在张某等七人取得了对应的股权后,其身份已经转变为科技公司的投资者,与科技公司之间系投资与被投资的关系,双方之间关系适用的是公司法。另外,科技公司的实际控制人与张某等七人在股权激励协议中约定纠纷的解决方式为仲裁,从上述约定也可以看出,科技公司诉请的内容不属于劳动合同争议。

综上,科技公司的诉讼请求基于双方之间签订的股权激励合同,科技公司与张某等七人之间在协商、签订以及履行股权激励合同中是平等的民事主体,科技公司所诉内容系典型的因商事行为而产生的纠纷。科技公司基于股权激励协议与张某等七人产生的纠纷不属于劳动争议,应当另循法律途径解决。裁定驳回科技公司的起诉。

二审法院认为,科技公司所诉内容基于科技公司的实际控制人与张某等七人之间于2015年9月签订的《协议书》,该《协议书》的性质在已生效的他案民事裁定书中已予以明确,虽名为股权激励协议,但实质上属于张某等七人因须完成科技公司要求的工作任务而取得一定股权的股权受让协议,系对科技公司与张某等七人于2014年9月签订的《劳动合同》在工作要求和劳动报酬方面的细化和补充。加之,科技公司与张某等七人之间存在劳动合同关系,提交劳动成果、配合研发软件的测试工作也是劳动者应有之义务,科技公司的诉求也由此关系产生,因此,本案应当属于履行劳动合同过程中产生的争议。二审法院裁定撤销一审法院民事裁定,指令一审法院审理。

4. 激励对象仅享有对所有者权益增值部分的分红权利,不享有重大决策参与权、管理者选择权等权利,也不得出售或转让股权,激励对象不属于公司法规定的股东,因激励协议产生纠纷是劳动纠纷。

在(2018)粤01民终18263号案中,二审法院认为,被上诉人基于工作表现及上诉人《公司股权激励制度》的规定获得激励股权,但仅享有对所有者权益增值部分的分红权利,不享有重大决策参与权、管理者选择权等权利,也不得出售或转让股权,故不属于公司法规定的股东。案涉《公司股权激励制度》载明案涉分红款用于激励对公司有贡献的员工,同时对分红款的履行及竞业禁止、商业秘密保护等违约责任进行了约定。上诉人在实际操作中根据被上诉人的工作考核情况计付具体分红款数额。该分红奖励基于双方的劳动关系,故上诉人以被上诉人违反公司股权激励制度侵害公司合法权益为由,要求被上诉人退还分红款项并赔偿损失,系双方当事人在劳动关系中产生的权利义务纠纷,属劳动争议,应当先经仲裁前置程序处理。

5. 劳动合同约定股权激励承诺的条款,就该条款产生纠纷仍属于劳动纠纷。

在(2011)沪二中民四(商)终字第474号案中,二审法院认为,《聘用合同书》中载明的合同当事双方为周某和沪新公司,且合同的内容也均为作为用人单位的沪新公司与受聘者周某之间就聘用职位、薪酬等劳动用工事项所作出的约定。至于合同约定的"沪新公司给予周某8%股份",亦应属于沪新公司基于聘用关系而对公司高级管理人员作出的股权激励承诺。因此,就案涉《聘用合同书》的内容和签约主体而言,其合同性质属于劳动聘用合同,本案的纠纷依法应由周某通过提起劳动仲裁和劳动争议诉讼的方式予以解决,不属于商事合同法律关系调整的范围。

二、股权激励案件的诉讼时效

(一)履行期限届满之日起计算诉讼时效

1. 股权激励者承诺的履行期限届满之日为诉讼时效起算时间点。

在(2015)粤高法民二申字第1098、1099号案中,再审法院认为,常某某、闫某某在《承诺函》中承诺,"若发生上述违反承诺的情形,本人应在持有公司的股票在证券市场可以公开抛售之日后3个交易日内向公司支付违约金"。常某某、闫某某所持股票可以公开抛售之日为2012年12月30日,由于该日为非交易日,公开出售之日顺延至2012年12月31日。常某某、闫某某违反承诺后,应于此后3个交易日即2013年1月8日前向公司支付违约金,故本案诉讼时效应自2013年1月9日起算,公司于2012年12月26日提起本案诉讼并未超过诉讼时效。

2. 以双方约定的股票兑现期限届满之日起计算诉讼时效。

在(2018)粤02民申9号案中,再审法院认为,由于双方约定诉争的股票至2014年1月1日才能兑现,此时股票没有兑现,是双方劳动争议发生之日。郑某某在2014年、2015年间均向代持股票亦时任伦扬公司总经理的黄某某主张权利,并于2016年3月向伦扬公司邮寄律师信,2016年6月向法院提起诉讼,并在被裁定驳回起诉后提起本案劳动争议仲裁申请,郑某某起诉的诉讼时效因上述主张权利的行为发生中断。

3. 协议约定了分期支付款项,但没有约定支付款项的具体时间,从最后一期款项履行期限届满之日起计算诉讼时效。

在(2021)京03民终18424号案中,一审法院认为,案涉协议约定,闫某某在入职满3年、4年、5年后,北汽制造厂分别向闫某某支付一定比例的股权激励损失,但是双方并未约定款项具体给付时间,根据《民法典》第189条之规定,本案股权激励本金损失的诉讼时效应当自最后一期履行期限届满之日起计算,即使按照北汽制造厂所述,全部股权激励本金损失应当在2018年11月支付完毕,在劳动仲裁案件2021年1月27日调解时,闫某某已经明确表示要保留向北汽制造厂主张股权激励的权利,且于2021年4月19日向一审法院提交诉状,要求北汽制造厂支付股权激励损失,综上,闫某某的诉讼请求并未超过3年诉讼时效。二审法院持相同观点。

(二)劳动关系解除之日起计算诉讼时效

1. 在股权激励协议没有约定相关权利履行期限的情况下,并非可以随时主张权利,要谨慎注意劳动关系存续期间的设定,因为股权激励权利依附于劳动关系,激励对象与公司解除劳动关系时,应当意识到这是能够主张股权激励相关权利的时机,诉讼时效从劳动合同解除协议生效之日起计算。

在(2021)陕知民终95号案中,二审法院认为,根据《聘用书》及《股权激励意向书》中的以1年期工作年限为股权激励时间节点的表述,及"具体安排将另行签署《关于西安康莱雅医药技术有限公司股权授予的协议书》予以约定""以上意向将根据席某某《职位说明书》中岗位目标完成情况调整股权比例并参照公司《员工持股计划》具体执行"等内容,席某某应知悉其所主张的案涉股权激励有关事项须在该劳动关系存续期间及解除后的合理期间内提出,故本案应从2017年3月21日新通公司与席某某签订《劳动合同解除协议》时起算本案诉讼时效,本案起诉时,确已超过3年的诉讼时效。

2. 在办理股权过户手续之前,激励对象对所奖励的股权不享有所有权,其基于股权激励计划对股权过户的请求权系债权请求权,受到诉讼时效限制。激励对象在服务期限届满前离职,股权过户条件尚未触发,不存在办理股权过户依据,激励对象要主张相关权利的,诉讼时效从劳动关系解除之日起计算。

在(2016)浙01民终7401号案中,二审法院认为,《协议书》约定,庞某某将其持有大立股份中188082股无偿奖励给陈某某,并约定其中167184股自2003年8月11日起5年内办理过户手续,20898股自2005年2月6日起5年内办理过户手续。由此可见,在庞某某未按约定将奖励股份的权利转移给陈某某时,陈某某有权要求庞某某按约定履行,但在办理股权过户手续之前陈某某对奖励股权并不享有所有权,即陈某某基于《协议书》取得的权利系债权请求权,故陈某某上诉请求确认大立公司 964910 股归其所有,依据不足,不予支持。

虽然案涉《协议书》表示,陈某某为浙江大立科技有限公司的技术骨干,为浙江大立科技有限公司发展作出贡献;庞某某拟将持有的大立股份中 18.8082 万股股份无偿奖励给陈某某,陈某某表示接受,但该《协议书》同时约定如果陈某某进行侵害庞某某或大立股份的活动,庞某某有权撤销股份奖励,并不将股份无偿转让给陈某某,即陈某某负有不得侵害庞某某或大立公司权益的义务。案涉《协议书》虽然未明确约定陈某某获得奖励股权须在大立公司服务的年限,但双方约定的股权转让期限系从陈某某任职时计算 5 年,在大立股份公司成立后双方也未签订正式的股权转让协议,且在离职后陈某某实际也未提出股权转让要求,结合与其相类似的受聘者范某最终受让奖励股权须工作满 5 年的情形,以及其他公司给予职工股权激励的通行做法,原审认定陈某某获得股权奖励须为大立公司工作满 5 年,符合实际情况。

因陈某某主动申请离职而未能履行为公司工作满 5 年的义务,原审认定陈某某的离职行为侵害了庞某某或大立公司的权益,庞某某有权不将案涉股份无偿转让给陈某某并无不当。即使陈某某的离职行为并不侵害庞某某或大立公司的权益,但由于案涉《协议书》享有的办理股权过户请求权系债权请求权,也应受到诉讼时效限制,然而在案涉股权办理过户期限先后于 2008 年 8 月 31 日、2010 年 2 月 6 日到期后,陈某某直到本案诉讼才主张权利,要求办理案涉股权过户的请求已远超过诉讼时效。

(三)其他情形的诉讼时效

1. 合同可以因约定条件成就解除而终止,也可以因义务履行完毕而终止。股权激励协议将激励对象违约行为作为解除合同条件,则须有确凿证据证明违约行为的发生,违约行为的确认时间点就是诉讼时效起算点;不存在此情形的,则要考虑股权激励协议实际已履行完毕的时间点,比如股款支付完毕之日就是诉讼时效的起算时间点,这种协议事实上已终止的状态对激励对象往往具有迷惑性,很容易错过诉讼时效。

在(2016)沪 01 民终 961 号案中,一审法院认为,首先,从解除合同的形式要件来看,享有解除权的一方解除合同应当通知对方,合同自通知到达对方时解除。小肥羊公司到庭后表示并未通知刘某某解除合同,也未通知刘某某收回激励股权。其次,从解除股权激励合同的实质要件来看,股权激励合同第 6.1 条约定解除条件为"违反与公司签订的正式劳动合同,或有其他营私舞弊、恶意损害公司利益的行为,查清确属其责任的"。结合第 6.2 条有关解除聘用合同不影响刘某某继续持有激励股权的约定来看,小肥羊公司是否可以解除股权激励合同的关键并不在于刘某某是否从小肥羊公司处离职,而在于刘某某是否是因为违反与公司签订的正式劳动合同,或有其他营私舞弊、恶意损害公司利益的行为而被辞退,但根据本案现有证据尚不能认定刘某某因营私舞弊损害公司利益而被辞退,股权激励合同并未被解除。

寇某某虽辩称股权激励合同约定 5 年到期后终止,但首先,寇某某并非股权激励合同的一方当事人,无权代表小肥羊公司就该合同的条款理解作出解释。其次,从合同条款来看,虽然合同第 5 条约定了合同期限为 5 年,但结合合同第 6.2 条"刘某某在小肥羊公司服务未满 5 年而要求辞职可解除合同"的约定以及第 6.3 条有关"即便小肥羊公司以刘某某能力不能胜任为由要求与刘某某解除聘用合同,刘某某仍有权继续持有激励性股权,且不负有补足取得股份时股权价格差价之义务"的约定,可以认定双方约定 5 年有效期的真实意思是要求刘某某在小肥羊公司处工作年限满 5 年,而非 5 年到期后即终止股权激励合同。此后在合同履行过程中,小肥羊公司被收购,并将刘某某的股权转让款按照合同约定支付给作为信托合同受托人的寇某某账户中。小肥羊公司向寇某某支付股权转让款的行为一方面印证了股权激励合同在签订满 5 年后仍有效存续;另一方面,刘某某对于小肥羊公司交付股权转让款并未提出异议,且已经提起诉讼主张。故应当认定小肥羊公司向受托人交付股权转让款后,刘某某与小肥羊公司间的股权激励合同已经履行完毕。根据有关合同终止的规定,系争股权激励合同因债务已经按约履行完毕而终止。

基于以上分析,股权激励合同并未在 2010 年 3 月 11 日解除,也未在签订 5 年后到期终止,而是在 2012 年 5 月小肥羊公司支付股权转让款,合同义务履行完毕时终止。刘某某于 2012 年 6 月 18 日向寇某某发送律师函主张权利,后于 2012 年 7 月第一次起诉至法院,并未超过诉讼时效。

2. 从原告知道或应当知道自己的权利受到侵犯之日开始计算诉讼时效。

在(2019)沪 0115 民初 39388 号案中,一审法院认为,被告授予原告的股票数为 15000 股,现原告称其仅兑现 12000 股,故对其余 3000 股主张权利。但从原告行权时间看,为 2012 年 9 月 14 日,原告在自己的信托账户中可随时看出股票数量,即原告自 2012 年 9 月 14 日即可发现被告授予其的股票数量不符合约定,该日为原告知道或应当知道自己的权利受到侵犯之日,原告的诉讼时效应从次日起算。但此后,原告直至2018年6月才向被告发送电子邮件主张权利,属怠于行使权利,超过了向人民法院请求保护其民事权利的法定期间。

三、股权激励纠纷案的法院管辖

(一)依合同法律关系确定管辖法院

1. 在存在股权激励协议、股权转让协议两份协议的情况下,要看当事人是因履行哪一份协议而主张诉求,如果是依据股权激励协议提起诉讼,则应根据股权激励协议书管辖条款确定管辖法院。股权转让协议书并非案件争议合同,其中约定的仲裁条款与案件无关,不能作为案件管辖依据。

在(2021)闽01民辖终464号案中,二审法院认为,本案系因《股权激励协议书》的履行引起的纠纷,应根据协议书中的协议管辖条款确定管辖,该协议书中明确约定协商不成向福州市高新区创业大厦所在地即福建省闽侯县人民法院起诉,原审法院对本案享有管辖权。《股权转让协议书》并非本案争议合同,其中约定的仲裁条款与本案无关。

2. 先识别股权激励协议争议内容属于民商事纠纷还是劳动纠纷,在属于前者的前提下,再基于合同关系来审查协议管辖条款的有效性,最后确定管辖法院。

在(2017)粤01民辖终2176号案中,二审法院认为,《股权激励协议》所确定的劳动年限,属于股权变更的条件而非劳动报酬,不应以劳动争议确定协议的法律关系,本案不属于劳动争议纠纷,而属于股权转让合同纠纷。《股权激励协议》约定,本协议在履行过程中如果发生任何纠纷,甲乙双方应友好协商解决,协商不成,任何一方均可向广州市天河区人民法院提起诉讼,该约定不违反法律对级别管辖和专属管辖的规定,依法有效。

3. 争议的法律关系(比如是否属股权转让合同纠纷)、协议管辖地与争议的法律关系是否存在实际联系,为判断协议管辖地是否有效的先后两个标准。

在(2015)浙甬辖终字第59号案中,二审法院认为,合同或者其他财产权益纠纷的当事人可以书面协议选择被告住所地、合同履行地、合同签订地、原告住所地、标的物所在地等与争议有实际联系的地点的人民法院管辖。案涉《员工股权激励协议书》载明:"协商无法解决的可通过法律途径解决,由公司所在地人民法院管辖",该条款系当事人协议选择管辖法院的意思表示,不违反法律关于级别管辖和专属管辖的规定,约定有效。被上诉人以股权激励协议书、股权激励补充协议书等为依据向原审法院提起诉讼,因公司在宁波市鄞州区望春工业园区丰成路318号,属于原审法院辖区,而本案系股权转让纠纷,所涉股权系浙江泰来环保科技有限公司的股权,约定的"公司所在地"系与本案争议有实际联系的地点,故原审法院对本案享有管辖权。

（二）涉外股权激励案件的管辖法院

1. 股权激励协议、股权转让协议的一方为外籍人士,案件属涉外民事案件,依此来适用民事诉讼法中涉外程序和管辖标准的特别规定。协议的履行均涉及公司股权,则可确定公司住所地为合同履行地,以此作为管辖法院的标准。

在(2019)京04民初298号案中,一审法院认为,工商行政管理部门的注册信息显示,武某系外籍自然人,本案属于涉外民事案件,应适用《民事诉讼法》(2017年修正)涉外民事诉讼程序的特别规定,没有规定的,适用该法的其他有关规定。本案被告数据公司以及华库公司住所地均位于中华人民共和国天津市,而目前没有证据证明外籍自然人武某在中华人民共和国领域内具有住所,依据《民事诉讼法》(2017年修正),因合同纠纷或者其他财产权益纠纷,对在中华人民共和国领域内没有住所的被告提起的诉讼,如果合同在中华人民共和国领域内签订或者履行,或者诉讼标的物在中华人民共和国领域内,或者被告在中华人民共和国领域内有可供扣押的财产,或者被告在中华人民共和国领域内设有代表机构,可以由合同签订地、合同履行地、诉讼标的物所在地、可供扣押财产所在地、侵权行为地或者代表机构住所地人民法院管辖。案涉《员工股权激励协议》以及《股权转让协议》均记载签订于天津市,但未明确具体地址,两份协议履行事项均指向转让华库公司股权,故应以华库公司所在地为合同履行地。

2. 激励对象与在境外设立的公司(激励者)签订股权激励协议,协议中约定由境外相关法院处理纠纷,该域外管辖条款有效,人民法院对案件无管辖权。

在(2019)京0107民初2578号案中,一审法院认为,在大生公司签署的中国在线教育集团(一家依据开曼群岛法律注册成立的公司)出具的《股份期权授予通知》中载明,被授予人张某,已经根据本股份期权授予通知书、不定期修订的中国在线教育集团员工股权激励计划以及股份期权授予协议的条款和条件被授予购买普通股的期权。即被授予购买普通股的期权还应受到计划、期权协议的条款和条件约束,而期权协议约定公司、被授权人及被授权人根据本期权协议第9条确定的期权受让人同意任何因通知、计划或本期权协议引起的或与之有关的诉讼、起诉或法律程序应当在香港处理,且应提交至香港有管辖权的法院。故人民法院对于张某基于该协议主张股权期权的请求无司法管辖权。

第三节　实务指南

一、办案手记之一：违法解除劳动合同后，当初的激励股权退不退？

兰某为某公司高管，2008年入职该公司。在2015年4月，公司因为兰某表现优异，对兰某实施股权激励，并与其他几个激励对象签订《合伙协议》及《补充协议》，其中约定如果兰某等激励对象在公司任职未满两年就离职，则应当自离职之日起30日内一次性转让其所持有的合伙企业的所有股份。

也就是说，如果两年内兰某离职，所持有的股权是要被强制收回的。

兰某当时对这个条款就有异议，担心被公司故意开除，自己没有保障。不过其他几个激励对象不仅没提意见，而且还很隆重地感谢老板，兰某也就放弃异议了。

正式成为激励对象后，兰某按约出资，比例为3%。2016年2月2日，变故来临，该公司解雇兰某。兰某申请了劳动仲裁，要求认定公司是违法解除，并且请求支付经济赔偿金。

这边劳动的官司还没结束，2016年8月，持股平台召开合伙人决议，通过了一项决议，决议内容为因兰某已经离职，根据当初的股权激励条款，兰某应当被强制退伙。现因兰某故意不配合办理退伙手续，给企业造成损失，因此经其他合伙人一致同意，决议将兰某除名。

这让兰某心急如焚，这边劳动官司还没结果，不确定能否拿到赔偿，那边的股份还被强行剥夺了，真是腹背受敌，不知如何是好。

好在经过了仲裁和一审、二审，法院判决公司属于违法解除。这下可以专心迎战被剥夺股权的案件了。

股权一案，公司方基于激励协议，主动发起进攻，起诉兰某，要求确认其退伙。

一审法院是广州某区法院。法院认为，首先没有出现《合伙企业法》上可以除名的情形；其次股权激励协议约定的是离职必须退股，但未约定被违法解雇该如何处理，也没有直接依据。

因此，企业败诉，兰某胜。兰某对一审判决很满意。

但二审法院另有看法，二审法院认为虽激励协议约定了离职要退伙，但没有明确违法解除要不要退伙。综合全案，持股平台是专为企业进行股权激励而设立的。兰某已经与公司解除劳动关系，不再是员工，则不应是员工股权激励计划的对象，要求其退伙是合理的。且企业已经召开合伙人会议，作出了对兰某的除名决定，故兰某应协助办理退伙工商变更登记。鉴于兰某系因公司违法解除劳动关系退伙，其因此遭受的损失可另循法律途径解决。

二审，兰某败诉。

由本案可得以下启示：

第一，必须承认的是，在股权激励中，激励对象作为员工，确实相对弱势。

第二，虽然最终法院支持收回股权，但企业也付出了成本。一个是违法解除的成本，一个是收回股权所支付的对价。因为是恶意解除，解除的对价就不会再是协议约定的0元或者低价格，而是更高。

第三，从兰某角度出发，还有一个诉讼策略，就是确认公司违法解除的同时，选择继续履行合同而非要求解约赔偿，这样公司会处在两难境地，因为要继续雇佣兰某，既然继续雇佣，兰某就不算离职，被强制退伙的前提也就不存在，从而迫使企业进行谈判，兰某获得主动权。

（本文由吴疆律师撰写）

二、办案手记之二：年底了，你公司的股权激励有没有效果？

现实中，实施股权激励计划的企业很多，但有效果的可能不多，有明显效果的更少。以下问题可以用于自查。

问题一：当初实施股权激励的目标是否达到？

1.股权激励的目标有很多，但不可能一次性都达到

比如，某企业将留住人才作为首要目标，如果关键岗位的人都还在，这就是起到了效果。如果还是有想留的人走了，可能要稍微反思一下，是否方案中的5年行权期限太久，抑或是分股时让员工感觉受到了不公正待遇。

2.股权激励目标中，经常有一个被忽视，就是借此提升企业管理水平的目标

（1）很多企业主误以为实施了股权激励，员工就有了主人翁意识、有了干劲，接下来就可以坐享收益。殊不知，股权激励替代不了管理水平，建立在低劣管理水平上的股权激励效果会大打折扣。

（2）相反，做得好的企业，能够借势完善管理制度、考核制度，借势提高管理能力、执行效力。因为彼时气势正盛、人心向好，员工对于变革举措的接受度高，对适当提升业绩压力不会过于排斥，很多之前通不过的制度都可能顺利实施。

问题二：为什么员工积极性还是不明显、不持久？

实施股权激励需要配合持续的价值宣导。股权激励实现了员工与公司的价值绑定，员工在固定工资之外还有了另外的可期待收益，无疑会提升员工的积极性。但是，人总会有惰性，会忽视已经拥有的东西，会只看眼前、会搭便车。所以，持续的价值宣导必不可少。

股权激励协议不会自带实时提醒功能，股权增值、分红期待、上市梦想，需要经常拿出来温习，持续的努力需要持续的刺激，协议放在抽屉就只是协议。

有如下方式可供参考，以提升员工积极性。

其一，树立员工榜样和标杆，进行宣传，营造你追我赶的企业氛围；

其二，将总目标分解成每个月的小目标，每月总结、跟进、相互打气；

其三，从财务角度，对比员工当初的出资如果不用来加入股权激励计划而是做其他事情（比如买股票、出借、银行理财），会是怎样的结局，让员工觉得入股是最好的选择。

问题三：疫情之后，股权激励路在何方？

确实，疫情让很多企业受到重创，业绩下滑，忙于自保，至于当初做股权激励时的美好憧憬，早就被抛在了脑后。但是，这也正是筛选人才、与员工共渡难关的时候。

优秀的企业，大多做了下面几件事情：

第一，开会讨论调低指标，让员工看得见、够得着，觉得能够实现。确定调整后的具体指标时，要反着来，先定每个部门或者员工的目标，再计算出公司总的指标，从眼前出发，实事求是。

第二，在朋友圈子力争融资，提升公司股权的流动性，既有助于渡过难关，还能让员工多次感受到公司股权的价值。社会经济效益不好，不代表社会上没有资金，总会有手握资金找项目的人，因为这是他们的工作。通常来讲，投资机构更愿意投资一个已经搭好了员工持股架构并预留了股权激励份额的公司。

企业一定要将股权设计、股权融资上升到公司战略的层面，做好产品也是为了让股权更有价值。通过激励对象的进入和退出机制以及外部融资，能让员工感受到企业的信心并对企业产生信心，很难有人愿意离开一个股权流通性高的热闹企业。

（本文由吴疆律师撰写）